Hans J. Mayland

Süßwasser-Aquarium

DASSERMANN

VORWORT UND DANKSAGUNG

Aquarienbücher sind um so anschaulicher, je mehr farbige Abbildungen sie enthalten. Wer diese Neuauflage studiert, wird feststellen, daß es sich hier um ein nicht nur textlich weitgehend überarbeitetes, sondern auch im Bildmaterial stark erweitertes Buch handelt. Um dies zu erreichen, ohne den Umfang wesentlich zu erweitern, mußte der im früheren Band enthaltene Meerwasserteil herausgenommen werden. „Neuheiten" sind überhaupt bei vielen Aquarianern ein beliebtes Thema. Wie ließe sich sonst erklären, daß beispielsweise die Cichlidenfreunde anstelle vieler, oft sehr bunter und leicht nachzüchtbarer Arten aus dem Malawi-See ihr züchterisches Geschick eher an mehr oder weniger unscheinbaren Neuheiten aus dem Tanganjika-See versuchten? Möglicherweise ist es der höhere Preis, der sich für nachgezüchtete Neuheiten erzielen läßt.

Zu diesen neuentdeckten Arten kommen die vom Handel angebotenen Zuchtformen. Daß die (hauptsächlich) südostasiatischen Züchter (Bangkok, Singapur, Hongkong) nach wie vor sehr aktiv sind, bewiesen sie erst in letzter Zeit mit einer Reihe von neuen Zuchtformen – man denke nur an die von *Colisa lalia*.

Es sind aber nicht nur die Fische, die in bestimmten Abständen in immer neuen Arten oder Zuchtformen angeboten werden: Auch die aquaristische Industrie verbessert ihre technischen Geräte oder entwickelt neue, bessere, durch die bestimmte, früher schwieriger zu erreichende Dinge sich heute leichter durchführen lassen oder Energiekosten gesenkt werden konnten. Auch die Kunststoffe, früher zuweilen verpönt, haben sich endgültig durchgesetzt und sind aus der Aquaristik nicht mehr fortzudenken. Wie einfach ist es heute, eine Wasserleitung aus grauen Hart-PVC-Rohren zu legen und sich dabei der sogenannten Klebefittings zu bedienen: Das ergibt eine feste Installation, wo früher der Schlauch oft halsbrecherisch im Zimmer herumlag.

Ein Stück Natur im Haus zu haben ist der Wunsch jedes Aquarianers. Wenn man die Haltung kleinerer Haustiere und die Möglichkeiten einer Stadtwohnung überdenkt, kommt man zu dem Schluß, daß dieser Wunsch mit einem Aquarium am saubersten wie auch am problemlosesten zu verwirklichen ist. Wie man die Sache angeht, und wie man sich den Traum erfüllen kann, erfahren Sie in diesem Buch.

Zum Abschluß lassen Sie mich eine Danksagung anschließen. Hilfe bekommt ein Aquarianer bei anderen Aquarianern, bei Zoofachhändlern, Zierfischimporteuren und anderen Großhändlern, Fabrikanten und – last not least – Wissenschaftlern. Es versteht sich also, daß mein Dank in diese Richtung gehen muß. Namentlich möchte ich dabei besonders erwähnen die Herren:

Heiko Bleher, Kelsterbach
Peter Frech, Trunkelsberg
Siegfried Homann, Schwalbach/Ts.
Eberhard Hüser, Hildesheim
Vachara Jaturanon, Dietzenbach
Vincenzo La Rosa, Frankfurt
Gerd-Dieter Milke, Hamm
Mathias Reschreiter, Oberursel
Friedrich Schmidt-Knatz, Frankfurt
Ernst Sosna, Kamen
Jürgen Warsow, Bad Kreuznach
Georg Wildenauer, München

INHALT

EHEIM

DAS AQUARIUM

Das Aquarium, also der Wasserbehälter selbst, ist das Grundelement der Aquaristik. Nun muß man sich aber bereits vor der Anschaffung eines Bekkens darüber klar werden, welche Ansprüche man an sein Aquarium stellt.
Soll das Becken im Wohnzimmer stehen, muß es sich in die vorhandene Möblierung eingliedern, wobei man sogar Rücksicht auf Stilmöbel nehmen und eine Aquarientruhe aufstellen kann. Bastler oder Heimwerker möchten vielleicht eine eigene Alternative verwirklichen und das Becken auf ihre Weise verkleiden.
Sehen wir uns aber zunächst einmal die Möglichkeiten an, die der Markt bietet.

BECKENARTEN

In den folgenden Abschnitten wird eine Aufzählung der Aquarienbecken gegeben, die aus dem Angebot der Zoofachgeschäfte ausgewählt werden können. Dabei ist zu berücksichtigen, daß es im Handel bestimmte Normen gibt, also in bezug auf Länge, Breite und Höhe genormte Größen, mit denen man auskommen muß.
Individualisten, denen diese Maße nicht passen, weil sie ihr Becken exakt in eine Nische eingepaßt oder gar in die Wand eingebaut haben wollen, müssen in jedem Fall mit erheblichen Kostensteigerungen rechnen. Ausgenommen sind da wieder diejenigen, die handwerkliches Geschick haben und selbst Hand anlegen und den Einbau vornehmen können.
Der Selbstbau eines Aquariums ist für einen Laien aber keine ganz einfache Sache! Vor allem dann nicht, wenn man von dem fertigen Becken einiges an Perfektion in Aussehen, Funktion und vor allem Haltbarkeit erwartet. Ist das Glas nicht sauber geschnitten und sind die Kanten nicht völlig entfettet (!), ist bei Nur-Glas-Becken die Festigkeit der ganzen Konstruktion in Frage gestellt.
Die Angst, ein paar hundert Liter Wasser in der Wohnung zu haben, wird manch einen ebenso abschrecken wie die möglichen Ansprüche, die bei Sachbeschädigung von außen an ihn herangetragen werden könnten. Bei fertig gekauften Becken soll man daher ebenfalls auf die Qualität der Verarbeitung achten und auch darauf, eine längerfristige Garantie zu erhalten.

Ist das Rahmenaquarium tot?

Vor Jahrzehnten noch kannte man nur das Rahmenaquarium als soliden Zierfischbehälter. Später kamen Plexiglas- und Asbestzementbecken dazu,

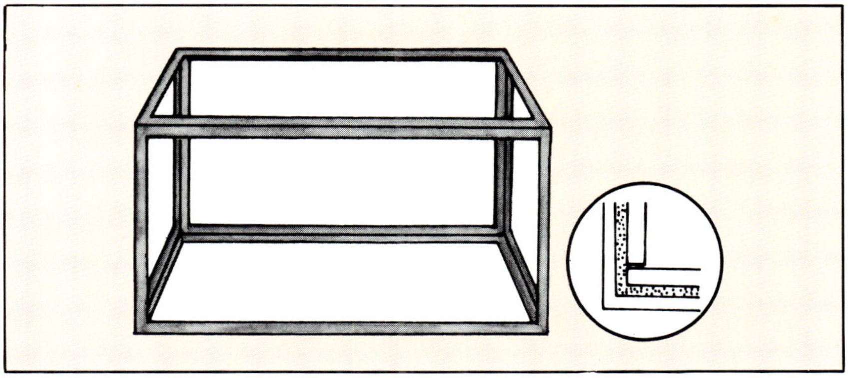

Ein Gestellbecken, wie wir es seit Jahrzehnten kennen, nur sind die Scheiben heute mit Silikonkautschuk (anstelle von Kitt) verklebt.

Verschiedene Aquarienformen und -größen, wie sie der Handel aus modernen Produktionen (hier „Juwel") anbietet.

doch erst mit dem Auftreten des Silikonkautschuks war die Bahn frei für die heute bekannten Nur-Glas-Aquarien. Sie haben den Markt im Sturm erobert. Konnten sie die alten Rahmenbecken verdrängen, und ist das Rahmenaquarium tot?

Diese Frage kann nur verneint werden: Das Rahmenaquarium lebt und ist beliebter als je zuvor, denn auch hier konnten durch technische Verbesserungen am Äußeren wie auch der Sicherheit die ursprünglichen Schwachstellen beseitigt werden.

Wer erinnert sich noch an die alten Zeiten, als der Aquarianer es mit rostenden Eisenrahmen, Kitt und anderen Dichtungsmassen zu tun hatte, wo immer wieder Lecks auftraten? Dafür gab's dann aber wieder ein Dichtmaterial, das von außen anwendbar und „auf der Basis reinen Bienenhonigs" hergestellt war. Gut, daß diese Zeit vorbei ist – Spaß gemacht hat die Aquaristik damals allerdings auch!

Das moderne Rahmenaquarium hat eine stabile Rahmenkonstruktion aus schmalen, eloxierten Aluminiumprofilen (mattsilber- oder mattgoldfarben) oder auch aus schlagfestem Kunststoff (weiß durchgefärbt). Die Scheiben sind zeitgemäß mit Silikonkautschuk verklebt. Wichtig für eine dekorative Anpassung an eine bereits vorhandene Möblierung sind die verschiedenen Möglichkeiten, die sich durch Hinzunahme eines passenden Unterschrankes in verschiedenen Holzmusterungen (verbunden mit gleichfarbenem Gestell) erreichen lassen. Was für „unten" gilt, muß auch für „oben" Gültigkeit haben: Abdeckleuchten, angepaßt an die Aquariengröße, -konstruktion und -eloxierfarbe, werden auf Wunsch mitgeliefert. Für Aquarianer, die ein Vollrahmen stört, werden sogenannte *Vollsichtbecken* angefertigt, bei denen nur Ober- und Unterrahmen (rundum) aus dem erwähnten Aluminiumprofil besteht, während die senkrechten Kanten geschliffen sind und nur eine feine Silikonnaht aufweisen.

Von den Herstellern solcher Aquarien werden auch Vitrinen in ähnlicher Ausstattung geliefert, von denen später noch zu sprechen sein wird.

Aluminiumprofile, besonders wenn sie schön eloxiert sind, gehören allerdings nicht zu den preiswerten Elementen für die Herstellung eines Aquariums, so daß Rahmenaquarien relativ teuer sind.

Nur-Glas-Aquarien

Was würde die moderne Aquaristik ohne Silikonkautschuk tun? Nur-Glas-Aquarien werden ausschließlich mit diesem Material zusammengehalten! Da gibt's kein Schräubchen und keine Metallspange – selbst bei den größten Becken.
Wer Gelegenheit hat, sich ein neu eingerichtetes Zoofachgeschäft oder gar einen Zierfischgroßhandel anzusehen, wird feststellen, daß es dort nur solche Aquarien gibt – oft mit eingebautem Filterfach.
Diese Becken gehören zur preiswerteren Gruppe auch bei den Heimaquarien. Doch auch bei diesen Aquarien sollte man sein Becken sorgfältig wählen. Es gibt nämlich zwei Verklebemethoden, die sich grundsätzlich unterscheiden, wobei sich bei der einen höherer Materialverbrauch möglicherweise im Endpreis widerspiegelt.
Die beste *Glasqualität* ist als *Kristallspiegelglas* bekannt. Wer Wert auf gute Durchsicht durch die Beckenscheiben legt, oder gar fotografieren will, sollte sich Becken aus diesem Glas anschaffen.
Die Glasstärke ist für die Sicherheit des Aquariums von Wichtigkeit – ebenso wie die Qualität der Verklebung. Ich habe in meinen Anlagen fast ausschließlich Nur-Glas-Aquarien. Da ich meist Sonderwünsche hatte, mußten diese Becken außerhalb der Normen angefertigt werden. Dabei achtete ich stets darauf, daß ein Glas verwendet wurde, das eine Glasstärke höher lag, als es die Berechnung vorgeschrieben hätte. Das kostet natürlich einige Mark mehr, doch Glasbruch bringt so vielen Ärger mit sich, daß ich diese Kosten gerne beglich. (Näheres zur Glasstärke siehe Seite 16.)
Ob die Beckenkanten geschliffen sein sollen oder nicht, ist ebenfalls eine Preisfrage. Sinnvoll ist es auf alle Fälle (auch bei Eigenbau), die Oberkanten schleifen zu lassen. Andernfalls könnte man sich leicht einmal eine Verletzung zuziehen, wenn man im Becken hantiert.
Die Beckenoberseite wird durch Glasschienen verstärkt. Viele Hersteller scheinen sich jedoch nicht im klaren zu sein, in welcher Richtung solche, aus normalem Glas geschnittenen und dann geschliffenen Leisten angebracht werden sollen: Es müssen stets die Längsseiten sein, so daß die später aufzulegenden Abdeckscheiben nach rechts oder links geschoben werden können. Je länger näm-

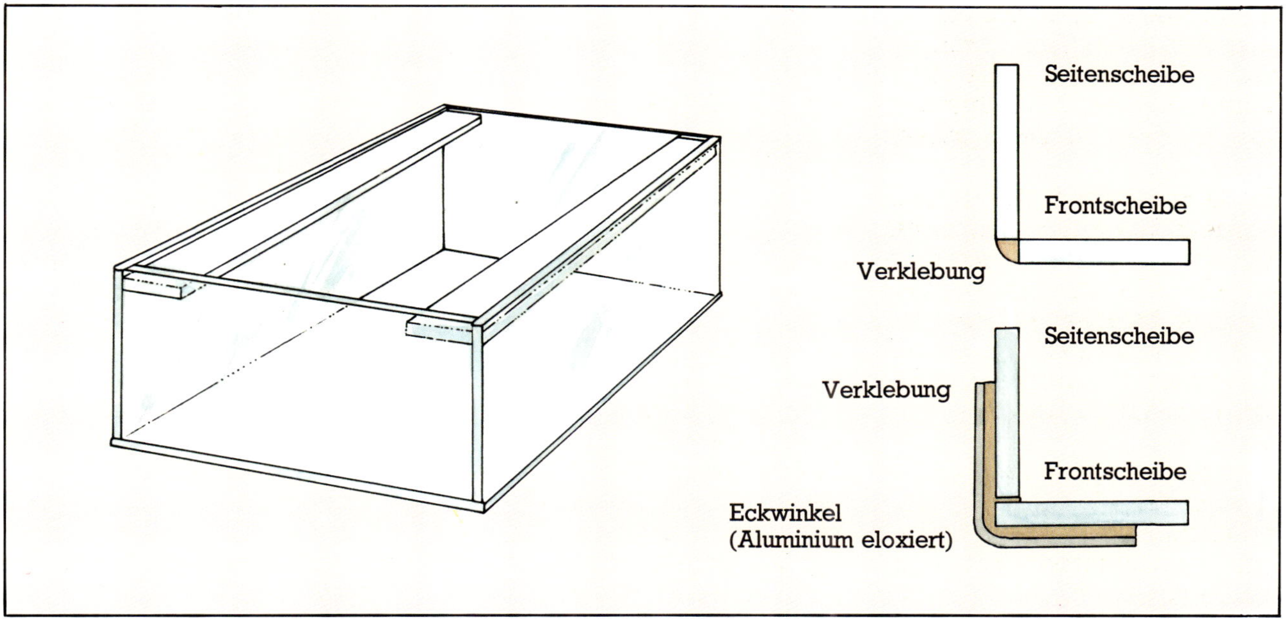

Nur-Glas-Aquarien, wie sie heute üblich sind. Die Verklebung der Scheiben kann jedoch auf unterschiedliche Weise erfolgen.

lich ein Aquarium ist, um so eher neigen die Längsscheiben (= vordere und hintere Scheibe) dazu, sich bei voller Wasserlast leicht durchzubiegen. Glas gehört eben nicht zu den elastischen Materialien, und die Gefahr des Reißens oder Zerspringens ist immer gegeben. Eine innen eingeklebte Verstärkungsleiste verhindert das Durchbiegen und dient gleichzeitig als Auflage für mögliche Abdeckscheiben, mit denen das Becken nach oben hin geschlossen wird.
Fragen Sie beim Kauf eines Aquariums sofort, ob die Abdeckscheiben (falls Sie welche benötigen) im Preis eingeschlossen sind oder nicht! Müssen sie gesondert angeschafft werden, kann das ein erhebliches Loch in Ihre Kasse reißen. Soll man ein Aquarium überhaupt abdecken? Das ist in erster Linie abhängig von den Fischen, die man halten will und von der Beleuchtung, die man vorausplanen muß. Aquarien mit einer sogenannten Abdeckleuchte sollten oben abgeschlossen sein. Wird das Bekken dagegen von einer Hängeleuchte (siehe Thema „Licht") erhellt, so kann man, weil sie nicht direkt auf dem Aquarium aufliegt, mehr Raum über dem Wasser lassen, so daß man auch Schwimmpflanzen einsetzen kann, die bekanntlich unter einer Abdeckscheibe (zuviel Wärme, Schwitzwasser) nicht gedeihen. (Natürlich geht das nur, wenn man Fische pflegt, die nicht springen.)
Stellt sich zum Schluß die Frage nach der haltbarsten Verklebung mit Silikonkautschuk. Wer die Scheiben an ihrer seitlichen Kontaktstelle (senkrechten Fugen) lediglich gegeneinandersetzt und so verfugt, hat sicher nicht die beste Lösung gefunden: Solche Fugen lassen nur einen geringen Kleberauftrag zu, haben Lichteinfall von allen Seiten und können – langfristig – von Algen unterwandert werden. Wer die Scheiben dagegen so zusammensetzt, wie es auf der Zeichnung auf Seite 11 gezeigt wird, hat zweifellos die haltbarere Verklebung gewählt. Hierbei wird von innen und außen ein Silikonwulst aufgetragen: Doppelt geklebt, hält besser!

Aquarien aus Plexiglas

Ein anderes Baumaterial, aus dem Aquarien gefertigt werden können, ist Plexiglas. Es mag dahingestellt sein, ob Glas oder Plexiglas für den einen oder anderen Aquarianer geeigneter erscheint: Man muß für sich die jeweiligen Vorteile erkennen.
Plexiglas hat eine Reihe von Vorteilen, doch auch gewisse Nachteile. Zunächst die Vorteile: Plexiglas isoliert die Wärme des Wassers besser als Glas.

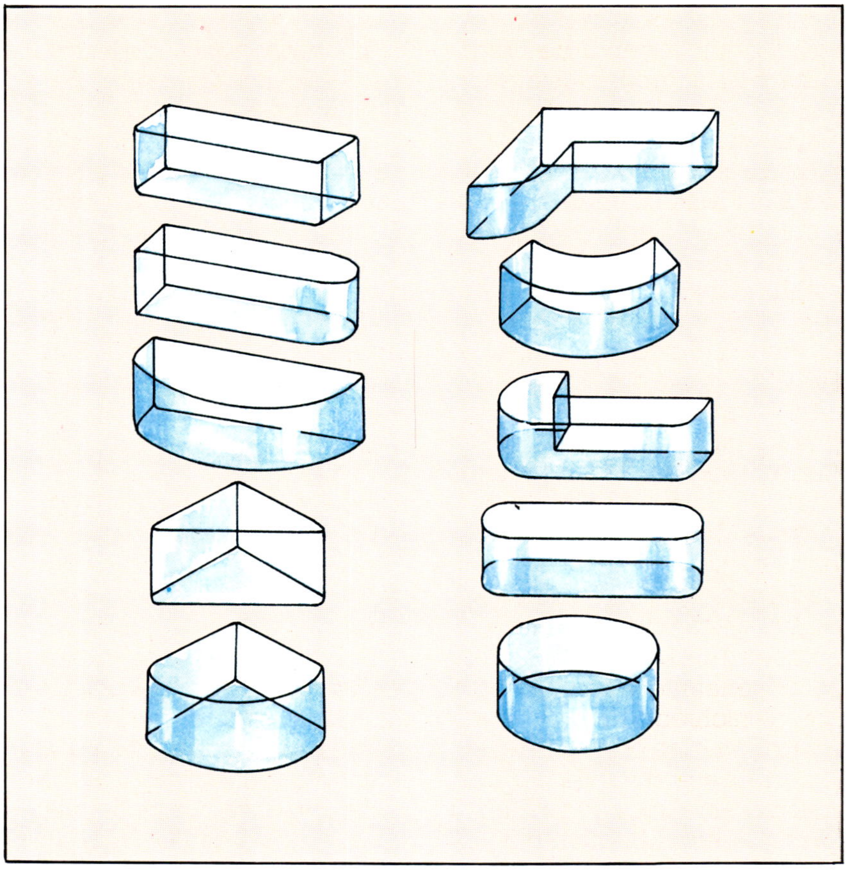

Plexiglas-Aquarien werden mit Hilfe von Acrylglaskleber zusammengefügt. Die Scheiben werden meist nicht eckig miteinander verbunden: Das Material läßt sich an diesen Stellen rund verformen, so daß es mehr Formen gibt als bei Glasaquarien (aus Katalog Schmidt-Lünen).

Bei der Herstellung der Aquarien werden die Kanten miteinander verschweißt, so daß ein Lecken nicht möglich ist.
Man kann die Scheiben an den senkrechten Kanten biegen oder (wie beim Glas) im rechten Winkel (nach dem Sägen) aneinanderschweißen.
Da Plexiglas verformbar ist, kann die Abdeckhaube oder ein gesonderter Filterkasten auch mit abgerundeten Kanten hergestellt werden.
Das Material gibt es in verschiedenen Farben, so daß damit Kontraste geschaffen werden können.
Die Lichtdurchlässigkeit von Plexiglas ist sehr gut! Es gibt kein Vergilben, und die Bruchsicherheit ist größer als die von Glas.
Von allen Aquarien aus den verschiedensten Materialien ist das aus Plexiglas im leeren Zustand zudem am leichtesten. Das mag für ein Becken nebensächlich erscheinen, für die Abdeckhaube ist es das nicht!
So wie ich Plexiglas sehe, ist es der Werkstoff für Individualisten. Extreme Varianten, wie man sie mit Glas wegen dessen Starrheit nicht herstellen kann, lassen sich mit Plexiglas problemlos bauen: Rundbecken, jede Form von engen und weiten Bögen und Ecken, Raumteiler, bei denen die schmale Vorderseite rund und nicht eckig ist, sogenannte Panoramabekken verschiedener Varianten, bei denen eine oder beide Seitenscheiben mit der Frontscheibe eine gebogene Einheit bilden, Dreieckbecken mit vorderer Rundscheibe und vieles mehr.
Die Nachteile des Plexiglases sind:
Nur an wirklich geraden Scheiben lassen sich die Fische fotografieren.
Die Reinigung der Scheiben von innen wie von außen muß mit äußerster Sorgfalt vorgenommen werden, da die Verkratzungsgefahr größer als bei Glas ist. Es empfiehlt sich, vom angebotenen Sonderzubehör für die Pflege (Poliermittel zum Entfernen leichter Kratzer, Plexiklar und Antistatiktücher) Gebrauch zu machen und für die Reinigung der inneren Scheibe von Algen nur Schwämme zu verwenden.

Asbestzement-Aquarien

Wenn heute von Asbestzement die Rede ist, denken viele an die Hinweise, die im Zusammenhang mit der gesundheitsgefährdenden Eigenschaft des Asbeststaubs bekannt wurden. Was ist überhaupt Asbest? Der Name Asbest ist die Sammelbezeichnung für eine bestimmte Gruppe natürlicher Silikatfasern, die man als Mineral überall auf der Welt findet. Der Name bedeutet soviel wie „unauslöschlich, unzerstörbar, unvergänglich".
Asbestzement ist ein Produkt aus Asbestfasern, Zement und Wasser; er wird hauptsächlich im Hoch- und Tiefbau verwendet.
Für die aquaristische Nutzung werden Becken angeboten, die aus verschieden starken Platten zusammengesetzt sind. Gesundheitsgefährdung ist nur dann gegeben, wenn bei Sägearbeiten mit falschen Werkzeugen und ohne Schutz der Atemwege gearbeitet wird. Erwirbt man ein fertig hergerichtetes Becken, das noch dazu mit mehreren Schutzanstrichen versehen ist, so kann man es bedenkenlos aufstellen.
Eternit ist die Handelsmarke, unter der Asbestzement bei uns hauptsächlich vertrieben wird. Eternitaquarien haben beim ersten Hinsehen einen scheinbaren Nachteil: Sie haben nur an der Frontseite eine Scheibe.
Ich habe in früheren Jahren viele Eternitbecken gehabt und kann somit aus eigener Erfahrung bestätigen, daß gut gebaute Eternitaquarien zwar mindestens ebenso schwer sind wie Glasbecken, aber auch ebenso haltbar. Worin liegt nun der Vorteil solcher Becken?
Man kann die Becken mit und ohne Eigenleistung erwerben. Somit ist ein Eternitaquarium „ungestrichen und ohne Scheibe" am preiswertesten. Gestrichen wird am besten mit Epoxidharz-Kunststoffarben, einem Zweikomponentenmaterial. Die Scheibe sollte *vor* dem Anstrich mit Silikonkautschuk eingesetzt werden.

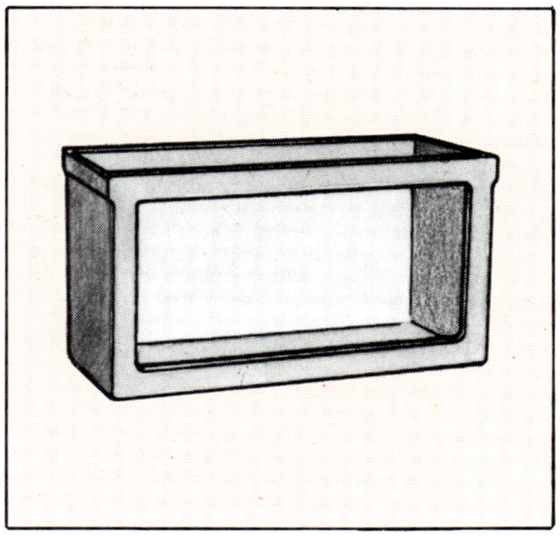

Asbestzementbecken können – wie hier – in einem Stück gegossen werden und haben dann eine leicht konische Form. Man kann sie auch aus gesägtem Plattenmaterial zu rechteckigen Beckenformen zusammenkleben.

Freistehende Asbestzementaquarien lassen sich auf verschiedene Weise von außen der Umgebung anpassen. Am einfachsten ist es, sie mit Selbstklebefolie zu bekleben. Aber es gibt noch viele andere Möglichkeiten: Man kann Asbestzement verputzen, mit Mosaik oder anderen Platten bekleben oder das Aquarium in einen Schrank einbauen. In größere Behälter läßt sich problemlos ein Filterfach installieren.
Es sei jedoch vor Eternitklebern gewarnt: Nicht alle sind giftfrei! Verklebungen bzw. Einbauten sollen daher vor dem schützenden Innenanstrich vorgenommen werden.

Vitrinen sind für viele Aquarianer nicht nur als „Nur-Aquarienschränke", sondern auch als Raumteiler von Interesse (hier „Juwel").

Aquarienmöbel: Vitrinen und Unterschränke

Unterschränke und Vitrinen bezeichnet man auch als *Aquarienmöbel* oder *Schrankaquarien.* Der Markt bzw. der zoologische Fachhandel bietet hier für jeden Geschmack etwas. In großen Räumen soll das Aquarium oft als Raumteiler dienen. Dazu eignen sich Schränke, die nach drei Seiten hin einsehbar sind und im hinteren, zur Wand gerichteten Teil, ein Fach mit den Abgängen für die im Unterschrank befindlichen technischen Apparate haben.
Alles ist möglich: Etwa Unterschränke im altdeutschen Stil, in verschiedenen Holzdekors und mit jeweils dazu passenden Abdeckungen für die Oberseite des Aquariums.
In die Gruppe der Schrankaquarien gehören auch die sogenannten *Säulenaquarien.* Das sind viereckige oder sechseckige Unterschränke oder -gestelle, mit denen das aufgesetzte Aquarium gleichen Formats fest verbunden ist. Je nach Konstruktion ist die Technik im Deckel des Aquariums oder im Unterschrank, bei einigen Typen auch in einer Mittelsäule untergebracht. Säulenaquarien gibt es in einer Höhe zwischen 110 und 125 cm. Da die Becken nicht so groß sind und deshalb nicht so hohe Gewichte wie Standardformate erreichen, ist es nicht nötig, sich wegen der Tragfähigkeit der Zimmerdekke Gedanken zu machen – nur: Wackeln darf auch ein Säulenaquarium nicht!

AQUARIEN-EIGENBAU

Wer ein Aquarium selbst bauen will, der sollte über solide handwerkliche Fähigkeiten verfügen! Bastler, die gewohnt sind, daß alles mit zwei Nägelchen oder „mit Spucke" zusammenhält, sollten an die Folgen und auch an die Regreßansprüche Dritter denken, die entstehen können, wenn ein selbstgebautes Aquarium bricht. Daher: Wenn schon selber machen, dann immer Stabilität vor Augen haben.
Von allen möglichen aquaristischen Basteleien soll aus Raumgründen hier nur auf die Herstellung eines Nur-Glas-Aquariums eingegangen werden.

Einleitend einmal eines: Es lohnt sich eigentlich nur, sich die Mühe zu machen, ein Becken selbst zu bauen, wenn man eine ausgefallene Größe haben möchte und bei deren Herstellung durch Dritte er eine Menge Geld mehr zahlen müßte. Ansonsten sollte man auf das breite Angebot des Zoohandels zurückgreifen.
Ein Becken zu bauen, ist nicht so einfach, wie es manchem erscheinen mag. Vor allem gibt es viele kleine Dinge zu beachten, wie man im Verlauf der folgenden Schilderung sehen kann.
Wichtigste Frage: *Wie stark muß das Glas für welche Beckengröße sein?*
Berechnet werden Längs- und Bodenscheibe. Die bereits vorher erwähnte Randversteifung der oberen Längsseiten wird vorausgesetzt. Sie dient ja nicht allein der Verstärkung der Scheibe, sondern meist auch als Auflage für die Abdeckscheiben.
Wer nach preiswerten Lösungen sucht, soll damit nicht ausgerechnet beim Aquarium beginnen: Drahtglas und Profilglas, wie man sie zuweilen am Boden von sogenannten Billigbecken sieht, sind mehr als leichtsinnig. Fragen Sie einen Fachmann: Diese Gläser haben wegen ihrer Besonderheit nur eine begrenzte Festigkeit!
Wenn Sie sich nach den zu diesem Thema zusammengestellten Zeichnungen richten, werden Sie feststellen, daß sich mit dem Stärkerwerden des Glases zwangsläufig auch die Klebefuge verstärkt. Bei Becken ab etwa 220 cm Länge sollte die Bodenscheibe geteilt sein: Zwei Teile mit kräftiger Silikonnaht dazwischen, das mindert die Spannung!

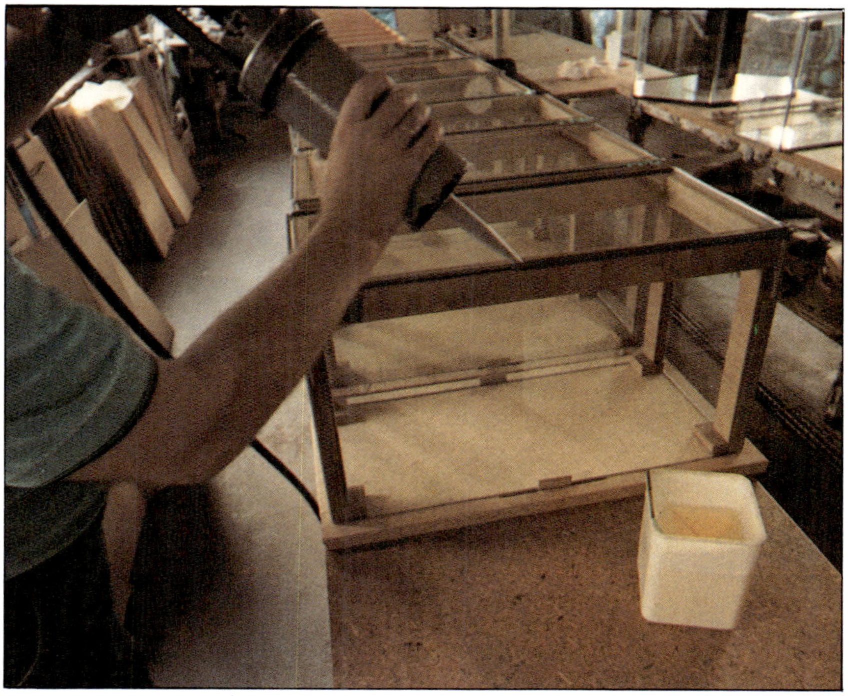

Ein Blick in professionelle Aquarien-Produktion:
Die vier innen zusammengeklebten Scheiben werden nun auch außen abgeklebt und mit Silikonkautschuk derart verbunden, daß der Kleber die gesamte Eckfuge ausfüllt. Auf dem letzten Bild wird der Boden mit Hilfe einer Holzschablone passend aufgesetzt und mit demselben Kleber verfugt.

Nachfolgend zwei kleine Tabellen, aus denen die Glasstärke je nach Aquarienlänge für jeweils die Längs- und Bodenscheibe abzulesen ist. Wer die Glasstärke um einen Wert erhöht, hat noch mehr Sicherheit. (Es wird vorausgesetzt, daß keine extremen Breiten [= Bekkentiefen] gewählt werden, bei denen der Wasserdruck zu hoch stiege!)

Um ein Becken in einer Größe von 100 cm Länge, 50 cm Breite und 60 cm Höhe bauen zu können, muß das Glas der Längsscheiben nach unserer Tabelle eine Stärke von 10 mm haben. Für den Boden wird eine Stärke von 11 mm ausgewiesen.
Glasstärken werden im Handel meist nicht mit einer genauen Stärke, sondern mit einem Mischwert (zum Beispiel 10/12 mm) angeboten. Da soll man – wie erwähnt – im Zweifelsfall immer nach oben ausweichen.
Wir bauen ein solides Becken: Mit der sogenannten offenen Kante, wie man sie bei sehr guten Fertigbecken findet.
Um das Glas passend zu schneiden, müssen wir von jedem Maß seitlich zweimal die Glasstärke für die Silikon-Fugen abziehen – also 2 x 10 = 20 mm. Auf diese Weise sind die Längsscheiben nicht 100, sondern nur 98 cm lang und die Seitenscheiben nicht 50, sondern nur 48 cm. Für die Bodenscheibe, die erst zum Schluß (nach dem Ausvulkanisieren des Silikons) zwischen die aufrechten Scheiben gesetzt wird, müssen in beiden Kleberichtungen beidseitig für die Fugen je 3 mm (zusammen 6 mm) abgezogen werden. So ist die starke Bodenscheibe 97,4 x 47,4 groß.
Wie die Zeichnungsserie zeigt, empfiehlt es sich unbedingt, die Glaskanten vor der Verarbeitung mit einem Kreppband abzukleben.
Der Silikonkautschuk wird in Kartuschen geliefert. Um ihn auszudrücken, bedient man sich einer Spritzmechanik, bei der ein Kolben mit der Kraft der Hand (Zusammenziehen zweier Griffe) das Silikon an der vorderen Tülle der Kartusche herausschiebt. Profis verwenden für diese Arbeit ein mit Preßluft betriebenes Gerät.
Das Glätten des Silikonkautschuks in der jeweiligen Nut kann mit einem Spachtel oder mit dem Finger erfolgen. In jedem Fall werden Spachtel oder Finger vorher in Wasser getaucht, dem ein Schuß eines Spülmittels beigegeben wurde. So klebt das Silikon nicht an!
Nach dem Glattstreichen werden die Kreppstreifen sofort (!) abgezogen – bevor das Silikon ein Häutchen bildet (womit

Erforderliche Glasstärke der Längsscheibe in mm mit in Längsrichtung eingeklebter Glasschiene aus gleicher Materialstärke

Höhe in cm	Länge in cm 30	40	50	60	80	100	120	150	200	250	300	350
30	3,5	3,5	4	4	4,5	4,5	4,5	4,5	4,5	4,5	4,5	4,5
40	–	4,5	5	5	5,5	6	6	6	6	6	6	6
50	–	–	6	6	7	8	8,5	8,5	9	9	9	9
60	–	–	–	7	8	10	11	11	12	12	12	12
80	–	–	–	–	9	10	11	11	12	12	12	12
100	–	–	–	–	–	12	12	13	14	14	14	15

Erforderliche Glasstärke der Bodenscheibe in mm

Höhe in cm	Breite in cm 20	30	40	50	60	70	80	90	100
20	4	5	6,5	7,5	8,5	9	10	11	12
30	4,5	6	7,5	8,5	9,5	11	11	12	13
40	5	6,5	8	9,5	11	12	12	13	14
50	5,5	7	8,5	10	11	12	13	14	15
60	6	7,5	9	11	12	13	14	15	16
80	6	8,5	10	12	13	14	15	16	17
100	7	9	11	12	14	15	16	17	18

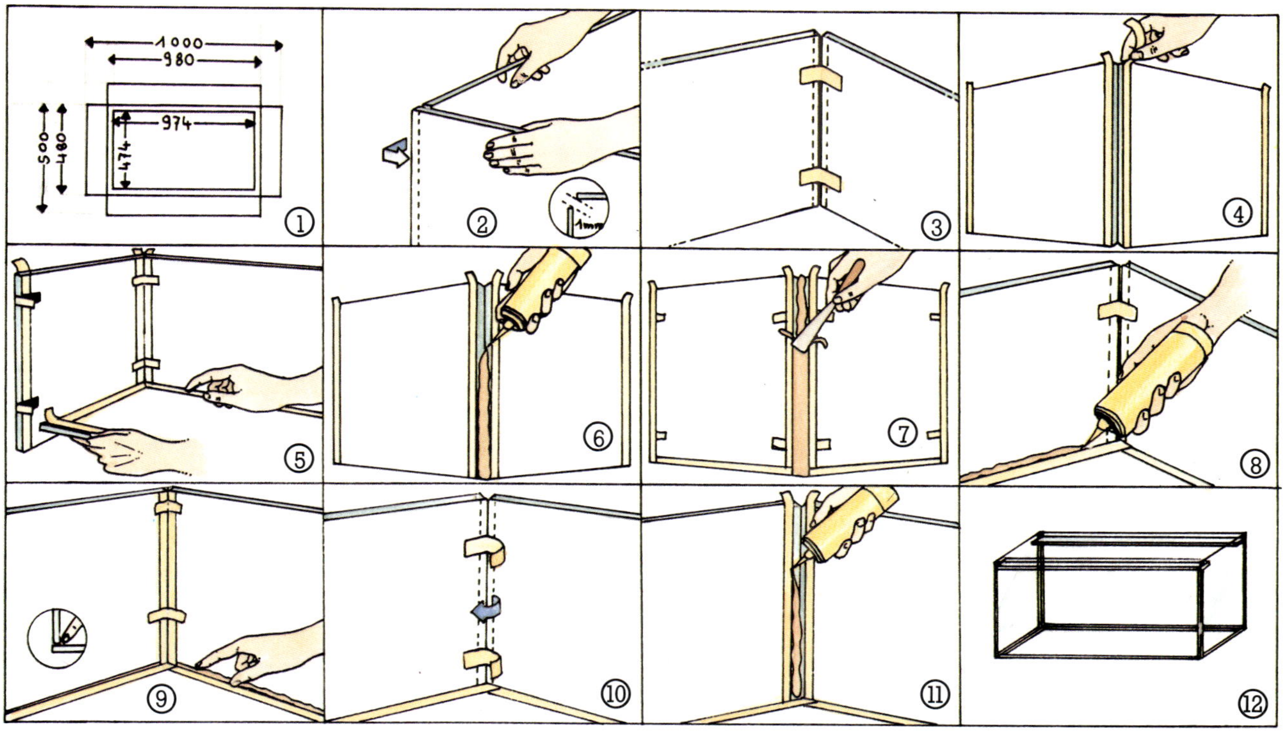

An diesem Beispiel soll gezeigt werden, wie man ein Nur-Glas-Aquarium im Eigenbau herstellen kann. Die Phase Nr. 9 läßt die beiden Möglichkeiten erkennen, wie die Scheiben in den Ecken verklebt werden können. Sicherer ist stets der „offene Winkel", bei dessen Verfugung jedoch mehr Silikonkautschuk benötigt wird.

der Vulkanisierungsprozeß einsetzt).
Es versteht sich, daß auch Bastler auf große Genauigkeit Wert legen müssen. Man soll daher Sorge tragen, daß die zusammengeklebten Seitenscheibenwinkel exakt 90° betragen. Am einfachsten ist es, zwei Holzplatten auf das entsprechende Maß (in unserem Fall 978 x 478 mm) zuzuschneiden und als obere sowie untere Anlagepunkte zu verwenden. Wenn alles richtig fixiert ist, können die Glasplatten sogar mit Klebeband gegen die Holzplatten geklebt und bis zum völligen Ausvulkanisieren des Silikons so belassen werden.
Zum Einkleben der Verstärkungsstreifen wird ebenfalls die jeweilige spätere Fugenlängsseite abgeklebt, bevor (!) das Silikon aufgetragen und eingedrückt wird. Nach jedem Klebeprozeß muß man dem Silikon Gelegenheit geben, ordentlich durchzuvulkanisieren. Das geschieht mit Hilfe der Luftfeuchtigkeit (nicht der Wärme), wobei für eine Materialstärke von 5–6 Millimetern rund 24 Stunden benötigt werden.

Eines ist beim Verkleben besonders wichtig: Um Glas vor dem Verkratzen zu bewahren, wird es häufig mit einem feinen Fett- oder Ölfilm überzogen. Fett aber ist der Feind der Adhäsion (= dem Aneinanderhaften zweier verschiedener Stoffe). Alle Glasteile, die später mit Silikonkautschuk in Berührung kommen, müssen vorher gründlich entfettet werden! Man soll das sehr gewissenhaft machen, beispielsweise mit reinem Aceton. (Nagellackentferner ist kein reines Aceton und daher nicht geeignet!)

AUFSTELLPLATZ UND BECKEN-GEWICHTE

Normalerweise wird ein Aquarium, soweit es im Wohnzimmer seinen Platz haben soll, an einer gut einsehbaren Stelle untergebracht, etwa gegenüber der Couchgarnitur oder seitlich vom Fersehgerät. Die Zeiten, in denen man annahm, daß ein Aquarium Tageslicht haben müsse, sind vorbei. Unsere modernen Aquarienleuchten bringen Licht von oben, wie das auch in der Natur der Fall ist.
Demnach ist der Aufstellplatz nicht vom Licht abhängig, wohl aber (möglicherweise) vom Gesamtgewicht der aquaristischen Anlage. Berechnungen darüber, wie schwer ein Aquarium mit Inhalt ist, kann jeder selbst anstellen.
Zu berücksichtigen bei dieser Punktbelastung ist das Gewicht des Unterschranks samt seines Inhalts (was meist geschätzt werden muß) und des daraufstehenden Aquariums (Eigengewicht + Bodenkies + Gestein + Wasser). Da Abdeckleuchten ebenfalls nicht sonderlich leicht sind, muß man auch sie in die Gesamtbetrachtung miteinbeziehen.
Die schwerste Einheit stellt ohne Zweifel das Aquarium mit Inhalt dar! Dies ist Grund genug, den Schrank, auf dem es stehen soll, sorgfältig auf seine Stabilität zu prüfen. Wie schwer wird ein Aquarium mit Inhalt?
Man rechnet: Volumen = kg + 15% Zuschlag für Einbauten einschließlich Bodengrund. Einige Beispiele:
Mit der Zunahme der Beckengröße steigt nicht nur das Litervolumen (= kg). Durch den Zuschlag für Einbauten einschließlich Bodengrund, der mitwächst, erhöht sich das Gesamtgewicht ebenfalls. Aber ein 120er-Becken und ein 120er-Becken ist nicht dasselbe! Das erste (120 x 40 x 45) hat ein Gesamtgewicht von etwa 248 kg (rund 5 Zentner), das andere (120 x 60 x 65), im Bau kompakter, erreicht ein Gesamtgewicht, das mehr als doppelt so hoch, rund 538 kg (also fast 11 Zentner), ist.
Da sollten dann ein paar Überlegungen mehr angestellt werden, ob Unterschrank und Decke (besonders Balkendecken in Altbauten) dieser Belastung standhalten.

Gesamtgewichte verschiedener Aquarien

Beckengröße Länge x Breite x Höhe in cm	Volumen = kg	15% Zuschlag für Einbauten	Gesamtgewicht in kg
40 x 20 x 25	20	3	23
50 x 25 x 28	35	5,25	40,25
60 x 30 x 33	59,4	8,91	68,31
70 x 30 x 40	84	12,6	96,6
80 x 30 x 42	100,8	15,12	115,92
90 x 40 x 45	162	24,3	186,3
100 x 40 x 45	180	27	207
100 x 50 x 50	250	37,5	287,5
120 x 40 x 45	216	32,4	248,4
120 x 50 x 50	300	45	345
120 x 60 x 65	468	70,2	538,2
150 x 50 x 50	375	56,25	431,25
150 x 60 x 65	585	87,75	672,75
180 x 60 x 65	702	105,3	807,30
200 x 60 x 65	780	117	897
250 x 60 x 65	975	146,25	1121,25

TECHNISCHE HILFSMITTEL DES AQUARIANERS

Ein Aquarium muß „laufen", es muß sich etwas bewegen – wie in der Natur. Das sind in erster Linie Luft und Wasser, vielleicht auch Kohlensäure, die Pflanzennahrung.
Um all das in Gang zu halten, genügt es bei kleineren Aquarien, eine Membranluftpumpe einzusetzen, die die hier leichten Aufgaben, Luft und Wasser zu transportieren, erfüllt.
Werden die Becken größer, so reicht die Kraft der Luft oft nicht aus: Es muß eine elektrisch betriebene Filterpumpe her. Aus ersten bescheidenen Anfängen kann sich auf die Dauer eine anspruchsvollere Aquaristik entwickeln.
Mit technischen Geräten aber geht es wie mit vielen anderen Dingen unseres Lebens: Sie müssen gepflegt und gelegentlich auch gewartet werden. Was aber tun, wenn bei einem sonst gut funktionierenden Aquarium ein technisches Gerät streikt?
Zugegeben, es gibt Geräte, wie Membranluftpumpen bestimmter Hersteller, bei denen man viele Jahre keine Hand rühren muß. Ähnliches gilt für bestimmte Filterpumpen, bei denen der Hersteller die Geräte über Jahrzehnte laufend verbessert hat, bis sie die heutige technische Reife erlangten. Andererseits soll nicht verschwiegen werden, daß es immer wieder Nachahmer dieser Markenprodukte gibt, bei deren Geräten der äußere Schein trügt und bei deren Kauf viel Ärger seinen Anfang nimmt.
Wer also komplizierte technische Geräte erwirbt, der sollte sich am besten noch vor dem Kauf informieren, wie und wo er im Falle einer Panne sein Gerät schnellstens (!) repariert bekommt. Viele Firmen bieten sogenannte Reparatursets an, die den Aquarianer mit den nötigsten Ersatzteilen zum Selbsteinbau ausrüsten.

DIE VERSCHIEDENEN FILTERMETHODEN

Welchen Filter man einsetzt, hängt von der Größe des Beckens, aber auch von der Zahl und der Empfindlichkeit der Fische ab, die man pflegen will. In den folgenden Abschnitten soll daher über die verschiedenen Filtermöglichkeiten informiert werden, die sich dem Aquarianer bieten. Hinzu kommen die unterschiedlichen Filtermaterialien, also die Füllungen der Filtertöpfe.
Grundsätzlich kann man zwei verschiedene Arten der Filterung unterscheiden: Innen- und Außenfilter.
Der Vorteil von *Innenfiltern* liegt in erster Linie darin, daß sie direkt „an die Sache" herangehen, den Schmutz also bereits im Becken binden. Es gibt keine Schlauchverbindungen nach außen. Den Filter selbst muß man durch eine Wurzel oder einen Stein verdecken, wenn er nicht gesehen werden soll.
Ist die Filterpatrone nur aufgesteckt, kann man sie abziehen und reinigen, ohne viel Schmutz aufzuwirbeln. Bei größeren Filtertöpfen kann es vorkommen, daß sich Mulm unterhalb des Behälters ansammelt. Hier muß vorsichtig hantiert werden, damit dieser Schmutz nicht wieder im Becken verteilt wird.
Voraussetzung für das gesunde Funktionieren von Filtern aller Art, besonders aber für Innenfilter, ist ihre gleichmäßige Reinigung: Der Schmutz im Innenfilter wird nämlich nur auf die Seite (sprich: in den Filtertopf) gebracht, er ist aber noch nicht aus dem Kreislauf heraus und gammelt weiter!
Im Gegensatz zu einem Innenfilter steht ein *Außenfilter* neben dem Aquarium, oder er hängt an seiner Außenseite. Luftbetriebene Außenfilter, soweit sie käuflich zu erwerben sind, haben dabei nur selten ein großes Volumen. Ihre Kapazität – und demnach ihre Filterleistung – ist gering; man muß sie öfter reinigen.

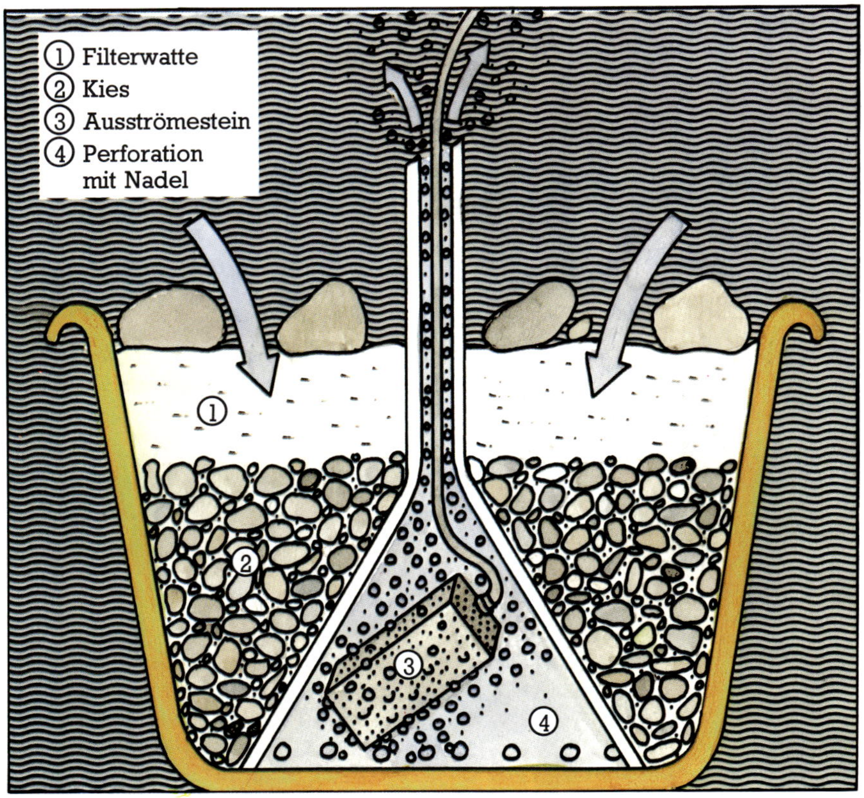

Eine der einfachsten Methoden, das Wasser zu filtern, bietet dieser, aus billigen Haushalts-Plastikartikeln in wenigen Minuten herstellbare Innenfilter.

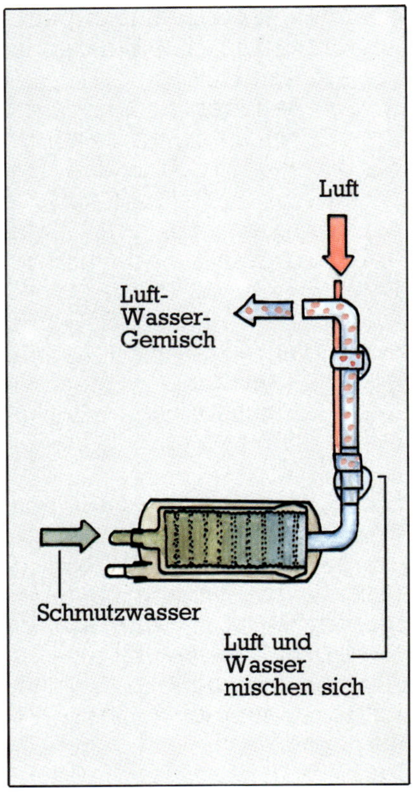

Innenfilter mit schnell auswaschbarer Schaumstoffpatrone.

Hängt solch ein Filtertopf seitlich am Becken und ist oben offen (Zeichnungen), so muß sein Wasserspiegel zwangsläufig mit dem im Becken übereinstimmen. Ein gebogenes Verbindungsrohr (vorher luftfrei mit Wasser füllen) zieht immer wieder das aus der Klarwasserkammer mittels Luftheber ins Becken zurückbeförderte Wasser nach (Prinzip kommunizierender Röhren, nach dem die durch ein Rohr verbundenen Wasserspiegel sich angleichen).
In Verbindung mit einer starken Luftpumpe ist es auch möglich, größere Filter, selbst wenn sie die gleiche Größe wie das Aquarium selbst hätten, auf diese Weise in Betrieb zu halten. So etwas wird auch häufig in größeren Anlagen kostengünstig praktiziert.
Für ein Wohnzimmeraquarium ist ein Großraumfilter jedoch meist zu umfangreich, so daß man hier eher auf kleinere, motorbetriebene Außenfilter zurückgreift. Ist es jedoch möglich, einen großvolumigen, sogenannten *Biofilter* (siehe eines der folgenden Themen) einzusetzen, bei dem es nicht auf schnellen Wasserdurchlauf ankommt, so kann dabei der Kreislauf mit Hilfe eines Lufthebers stärkeren Kalibers in Gang gehalten werden.

Innenfilter mit Luftheber

Sie gehören zu den einfachsten Aquarienfiltern, sind aber deshalb nicht weniger wirkungsvoll, wenn man sie richtig einsetzt. Nur wenn es um die „innere Schönheit“ des Aquariums geht und um geschmackliche Fragen (über Geschmack wollen wir hier nicht streiten!), sind diesen Innenfiltern zuweilen Grenzen gesetzt.
Bei ihnen geht es in erster Linie darum, das Aquarienwasser zu klären. Erst in zweiter Linie wird daran gedacht, die Arbeit der Abbaubakterien miteinzubeziehen. Die heute meistgekauften Innenfilter dieser Art arbei-

ten mit einer Schaumstoffpatrone, durch die das Wasser im Becken mit Hilfe eines Lufthebers angezogen und durch ein Rohr zum oberen Auslaßrohr befördert wird. Durch ein dünneres Rohr wird die Luft von der Membranpumpe zugeführt und tief unten dem Steigrohr eingeleitet. Einem physikalischen Gesetz folgend, entweicht diese Luft im Steigrohr nach oben und reißt das darin befindliche Wasser mit, neues Wasser strömt nach und schließt so den Kreislauf.
In reinen Hälterungs- oder auch in Quarantänebecken kommt es darauf an, möglichst viel Wasser über eine größere Filteroberfläche zu leiten. Importeure (und warum nicht auch Aquarianer?) behelfen sich da mit einer simplen Konstruktion aus der Plastikindustrie: Eine kleinere Kunststoff-Haushaltschüssel von etwa 20 cm Durchmesser dient als Filtertopf, der oben geöffnet ist. Ein Plastiktrichter wird in der schräg zulaufenden runden Wand mit einer Reihe von Löchern (heiße Nadel) versehen und umgekehrt in die Schüssel gestellt, so daß jetzt das Trichterrohr nach oben zeigt. Durch dieses Rohr wird ein Luftschlauch in die untere Trichterkammer geführt und dort mit einem Ausströmerstein versehen. Die Schüssel wird mit Kies nicht zu grober Körnung gefüllt, und der Filter ist einsatzbereit.
Versuchen Sie es einmal, wenn es Ihnen nicht um die Schönheit, sondern um den praktischen und effektiven Wert eines Innenfilters geht.
Auf der gegenüberliegenden Seite ist ein solcher Filter abgebildet. Man kann seine Funktion deutlich erkennen.

Motorbetriebene Innenfilter

Sie reinigen vom System her gleich: Das Wasser wird durch eine Filtermasse (Schaumstoffpatrone, Perlonwatte, Kies, Kohle) transportiert und wieder ins Becken zurückbefördert. Nur bedient man sich bei diesem System der Hilfe einer kleinen Motorpumpe, die das Wasser durchpumpt. Da solch eine Pumpe ohne Luft arbeitet, der Belüftung des Aquarienwassers aber viel Bedeutung zukommt, soll der Pumpenauslauf stets in Höhe des Wasserspiegels im Becken liegen. Durch die erzeugte Wasserbewegung an der Oberfläche nimmt das Wasser Sauerstoff auf. Diese Kleinstpumpen haben ein wasserdicht abgeschlossenes Gehäuse und sind schutzgeerdet. Ihr Stromverbrauch liegt bei 8–10 Watt.

Systemfilteranlagen

Man versteht in der Aquaristik unter diesem relativ neuen Begriff eine Reihe von Teilen, die zu einem Filtersystem zusammengefaßt werden. Marktführend in diesem System ist die Firma Tunze; die „Turbelle", seit

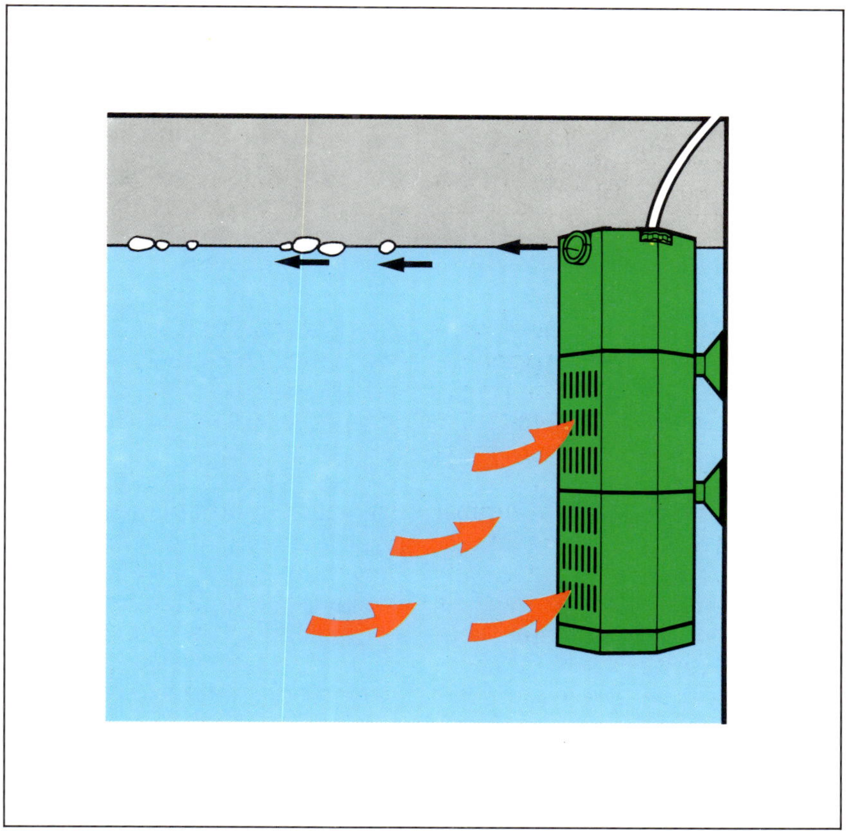

Ein motorbetriebener Innenfilter (hier System Eheim) sorgt für gründliche grobe Wasserreinigung in kleineren Aquarien.

vielen Jahren bekannt, bildet den motorischen Kern dieses Filtersystems.
Neben der Austauschbarkeit hat das Tunzesystem einen ganz besonderen Vorteil, der besonders die Praktiker unter den Aquarianern (... und wer ist das nicht?) anspricht: Die Teile des Systems – Turbelle, Schnellwechselfilter, Bioreaktoren und Osmolator – werden in Schienen eingehängt, die vorher montiert werden. Je nach Größe des Aquariums können mehrere Schnellfiltertöpfe verwendet werden. Dasselbe gilt für die Bioreaktoren. Die Filtertöpfe werden so auf die Stutzen gesteckt, daß sie nur etwa 10 cm tief eingetaucht sind; der obere Topf schaut über dem Wasserspiegel hervor.
Die Pumpe befördert das Schmutzwasser durch den oder die Filtermassen, deren Verschmutzungsgrad sich leicht erkennen läßt. Die Reinigung des einzelnen Topfes ist so einfach, daß man dies selbst im Sonntagsanzug erledigen kann und dabei wirklich nur die Hände naß werden. Schließlich kann die gesamte Filteranlage mit einheitlichen Hauben abgedeckt werden, so daß das übliche Verstauben wegfällt.

Wie arbeitet der Systemfilter?
Das von der *Turbelle* (dem Motor) in die *Schnellwechselfilter* beförderte Schmutzwasser aus dem Aquarium wird von Grob- und Schwebestoffen befreit. Die *Bioreaktoren,* wie sie Tunze im Systemfilter bietet, leisten zusätzlich auf engem Raum den Abbau von giftigen Stickstoffverbindungen, wie wir sie oft sehr schnell durch organische Verunreinigungen im Aquarienwasser (Kot, Futterreste usw.) erhalten. Voraussetzung ist ein gleichmäßiges Arbeiten der Anlage und das damit verbundene Berieseln des in jedem Bioreaktor befindlichen Granulats.
Wird ein *Osmolator* eingesetzt, so steuert er eine Dosierpumpe, die Wasser nachfüllt und somit den Wasserstand im Becken stets konstant hält.
Dieser Osmolator hat somit die Aufgabe, den Wasserstand und den Mineralgehalt des Wassers konstant zu halten. Beim normalen Verdunstungsprozeß entweicht nur destilliertes Wasser: Die Mineralstoffe bleiben im Aquarienwasser zurück und verdichten sich mehr und mehr, wenn beispielsweise während längerer Abwesenheit das Wasser nicht nachgefüllt werden kann.
Im Tunzesystem befindet sich das kleine Steuergerät, das die Dosierpumpe reguliert, in einer Systembox und ist herausnehmbar montiert. Diese „Sensorbox" enthält die eigentliche Sensorkammer, einen durchsichtigen, unten durch eine perforierte (= wasserdurchlässige) Kappe abgeschlossenen Tubus. Darin befindet sich ein Magnetschal-

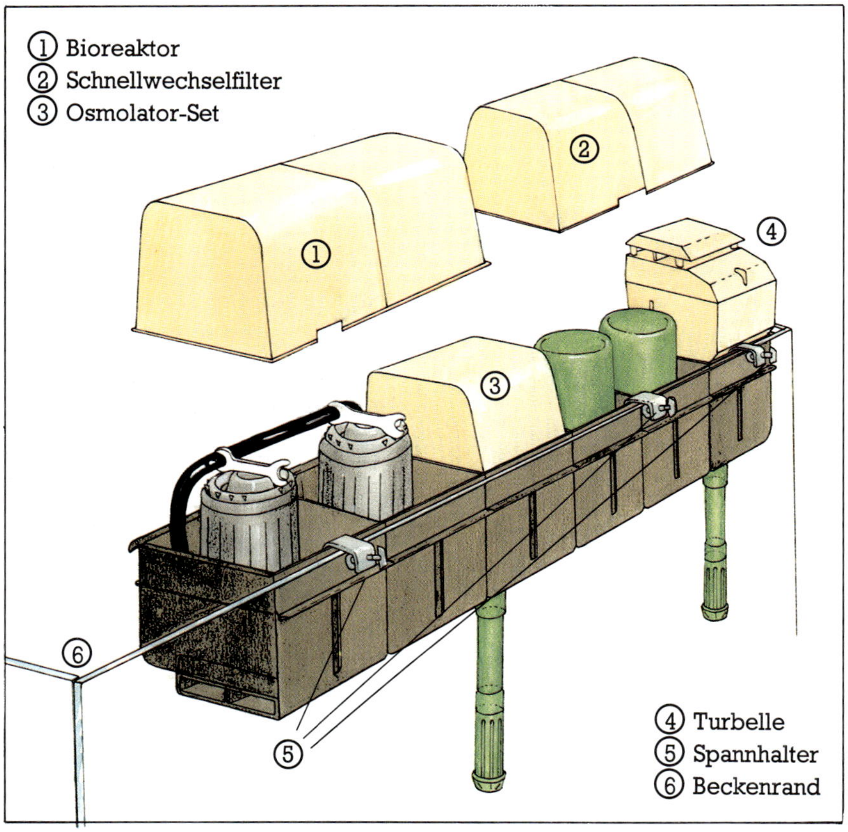

Einbaubeispiel eines Tunze-Systemfilters: Man erkennt im Hintergrund das antreibende Element, die Turbelle; darauf folgen zwei Schnellwechselfilter, der Osmolator-Set sowie eine beliebige Zahl (abhängig von der Pumpenstärke) von Bio-Reaktoren.

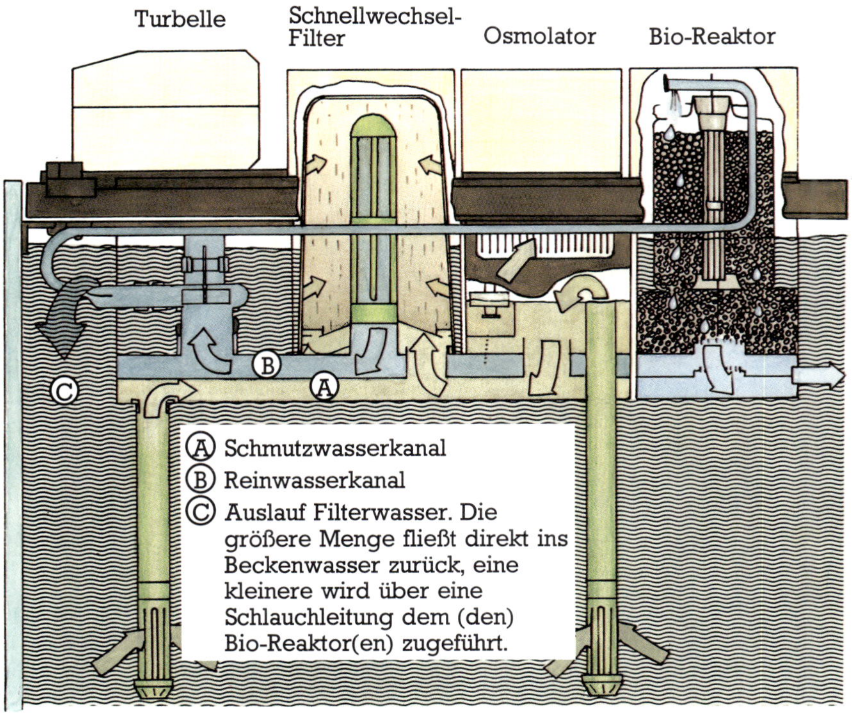

Arbeitsweise des Tunze-Filtersystems: Durch die Kraft der Turbelle wird das Aquarienwasser über die Einlaufrohre in den „Schmutzwasserkanal“ und weiter in die Schnellwechselfilter gezogen und schmutzgereinigt. Gleichzeitig damit wird auch der Osmolator „bedient“ (siehe folgende Zeichnung). Von dem so gereinigten Wasser wird ein größerer Teil direkt wieder dem Aquarienwasser zugeführt, während ein weiterer im Rieselfiltersystem über die Bio-Reaktoren geleitet wird und hier eine biochemische Klärung erfährt.

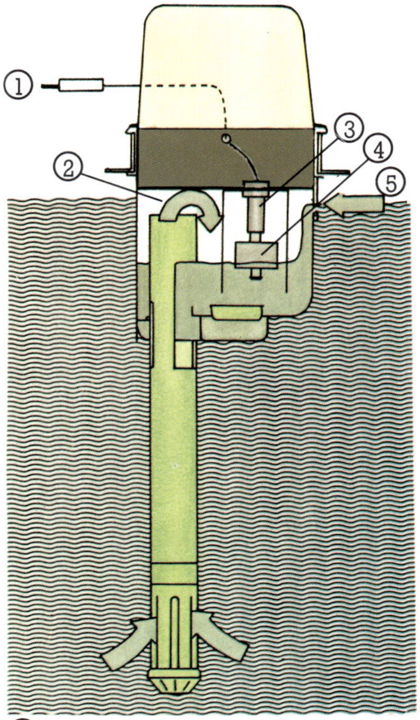

(1) Kontakt zur Dosierpumpe
(2) Wassereinlauf
(3) Magnetschalter (4) Schwimmer
(5) Soll-Wasserstand

Die im System eingebaute Sensor-Box des Osmolator-Sets hat einen Wasserzulauf durch ein Einlaufrohr und zur Sicherheit einen zweiten direkt von der Wasseroberfläche. Der schwimmende Magnetschalter hat einen elektrischen Schaltkontakt zur Dosierpumpe und schaltet nach Kontakt „unten“ ein, nach Kontakt „oben“ aus, so daß der Wasserspiegel mit geringen Schwankungen konstant gehalten wird.

ter, der mit einem Schwimmer gekoppelt ist. Die untere Abschlußkappe dient der Sicherheit; denn eindringende Schnecken könnten den Schaltkontakt verhindern.
Die Dosierpumpe wird nun bei Kontakt durch den abgefallenen Wasserspiegel in Betrieb gesetzt. Diese Pumpe ist stark genug, das Nachfüllwasser in einer Höhe von 50–60 cm anzusaugen (!) und das Wasser über die mehrfache Höhe zu drükken, so daß der ursprüngliche Wasserstand wieder erreicht wird.
Soll die vorher herrschende Konzentration an gelösten Salzen wiederhergestellt werden, so ist destilliertes Wasser nachzufüllen. Geschieht das nicht, und es wird abgestandenes Leitungswasser verwendet, so erhöht sich der Mineralgehalt durch die auf diese Weise zugeführten Mineralsalze.
Nun ist die begrenzte Zufuhr von Mineralien keine grundsätzlich verwerfliche Sache; denn mit der Gabe von Düngepräparaten (Nährsalze) werden ebenfalls (dann aber bestimmte) Mineralien dem Aquarienwasser zugeführt. Es ist durchaus möglich, dem Nachfüllbehälter Nährlösungen wie auch Medikamente hinzuzufügen, um diese dann in Schüben über die Dosierung der Pumpe ins Aquarienwasser zu befördern.

Bodenfilter

Bei der sogenannten Bodenfilterung geht es um Dinge, die zuweilen mißverstanden werden: Die einen denken daran, durch Eindrücken vorgewärmten Wassers unter den eigentlichen Bodengrund auch das Sand- oder Kiesgemisch und damit die Wurzeln der Pflanzen ebenso warm zu halten wie das übrige Aquarienwasser; die anderen wollen einen Wasserkreislauf durch den Boden erzielen, um auf diese Weise den Bodengrund besser zu durchlüften und möglichen Mulm in Richtung Filtereinlauf zu lenken.

Eheim, der einzige Vertreiber der sogenannten *Bodendurchfluter,* bietet solche zusätzlichen Bausätze in Verbindung mit einem Außenfilter an. Es gibt zwei Versionen: Das „Durchströmprinzip", bei dem das gereinigte Wasser unter den Bodengrund gedrückt wird und von hier aufsteigt, und das „Ansaugprinzip", bei dem das Schmutzwasser durch den Bodengrund zum Filter gesaugt wird.

Die Filterung durch den Bodengrund ist nicht neu, nur läßt sie sich heute, bedingt durch die Kraft von motorgetriebenen Filterpumpen, besser einsetzen.

Ob eine Durchflutung des Bodengrundes auf die Dauer vorteilhaft ist oder nicht, ist eine Frage, die sich nur für jeden Beckentyp gesondert beantworten läßt.

Buntbarschfreunde wollen beispielsweise den Kiesgrund ihrer wühlenden Pfleglinge besser sauber halten, indem sie diesen Kies mittels Bodendurchflutung reinigen lassen und legen keinen so großen Wert auf üppigen Pflanzenwuchs.

Will man hingegen ein Pflanzenaquarium mit einem Bodenfilter ausrüsten, so muß man bedenken, daß Aquarienpflanzen zuweilen äußerst empfindlich auf Störungen verschiedener Art reagieren können. Um das zu vermeiden, muß das Wasser langsam, wie in der Natur auch, von unten nach oben durch den Boden befördert werden. Hier kommt nur ein *Bodendurchströmer* in Frage. Es soll nämlich kein besonderer Druck erzeugt werden, weshalb der Hersteller die Bausätze nach dem „Durchströmprinzip" so ausrüstete, daß nur ein regulierbarer Teil des gefilterten Wassers durch den Boden sickert, wohingegen der (größere) Rest über eine Einlauftülle oder ein Düsenrohr wie üblich dem Beckenwasser zugeführt wird. Die Zuleitungsrohre sind in der Höhe verstellbar, so daß man sie jedem Wasserstand anpassen kann. Es ist mit diesem System möglich, nicht nur das Temperaturgefälle zwischen Becken- und Bodenwasser abzubauen, sondern mit Hilfe eines Reglers die Wasserzufuhr unter den Bodengrund so zu steuern, daß allein schon der Druck der Wassersäule im Zulaufrohr genügt, um ein langsames Durchsickern zu erreichen.

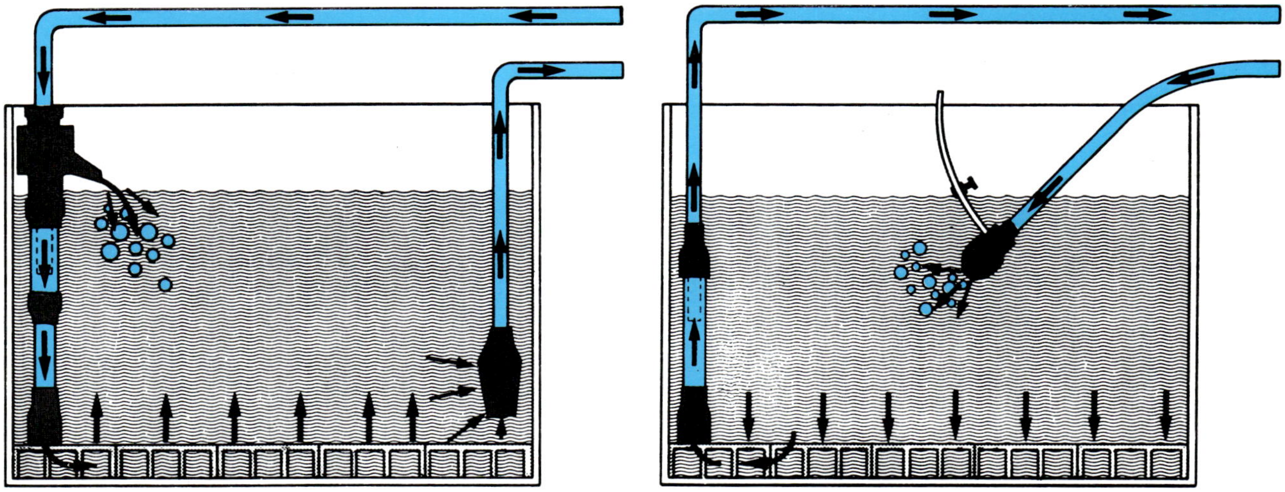

Bodenfilter (System Eheim) mit Wasserdurchfluß „von unten nach oben" und „von oben nach unten".

Ein weiterer Effekt wird durch den Auftrieb des (möglicherweise) bereits im Filtertopf erwärmten Wassers erzielt. Ein derartiger Effekt wird übrigens auch durch Kabelheizungen (siehe dort) erzielt, die in den Boden verlegt werden können. Schließlich soll der mit dem Wasser zugeführte Sauerstoff nicht unerwähnt bleiben, der nicht nur den Pflanzenwurzeln, sondern auch den Bodenbakterien zugutekommt.

Außenfilter mit Luftheber

Einen Filter mit Luft zu betreiben, ist eine der einfachsten Übungen in der Aquaristik – wie bereits beim entsprechenden Innenfilter beschrieben wurde. Die Frage ist nur, wieviel Luft man bewegen muß, um für ein großes oder sehr großes Becken einen wirksamen Filter zu erhalten. Grundsätzlich (und mit entsprechend großem Filtervolumen) kann ein Luftheber für jede Beckengröße Verwendung finden. (Luftheberfilter gelten in der Aquaristik als *Langsamfilter,* werden sie mit Motorkraft betrieben, nennt man sie gewöhnlich *Schnellfilter,* auch wenn diese Begriffe nicht so eng ausgelegt werden dürfen.)

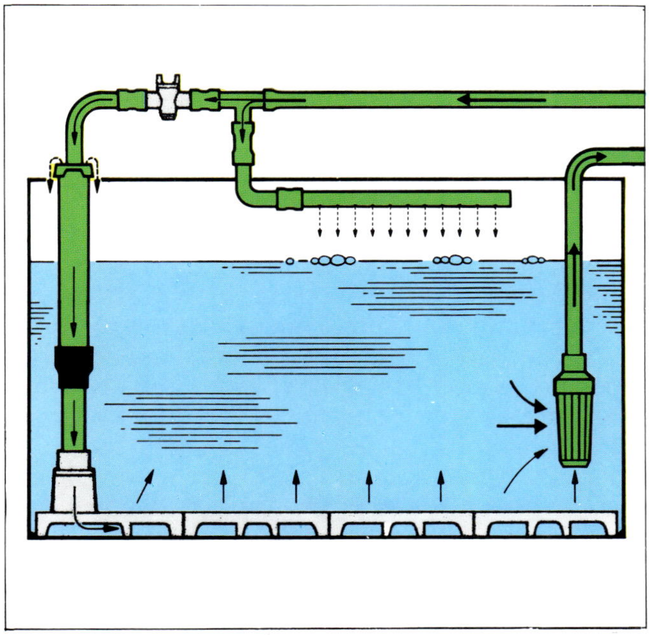

Bei der Methode „von unten nach oben“ ist es oft zweckmäßig, den Wasserfluß durch den Boden minimal zu halten: Ein Hahn zur Drosselung kann zwischengeschaltet werden, und das überschüssige Wasser wird nun über ein Düsenrohr gegen die Wasseroberfläche ins Aquarium geleitet – eine zusätzliche Sauerstoffanreicherung des Wassers.

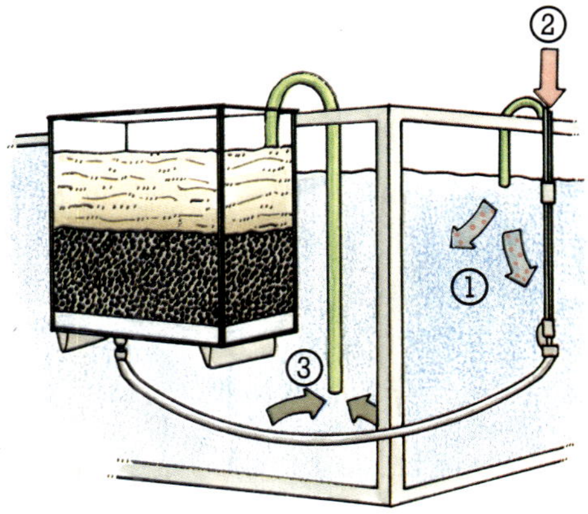

① Klarwasser, angereichert mit Luft
② Luft
③ Schmutzwasser

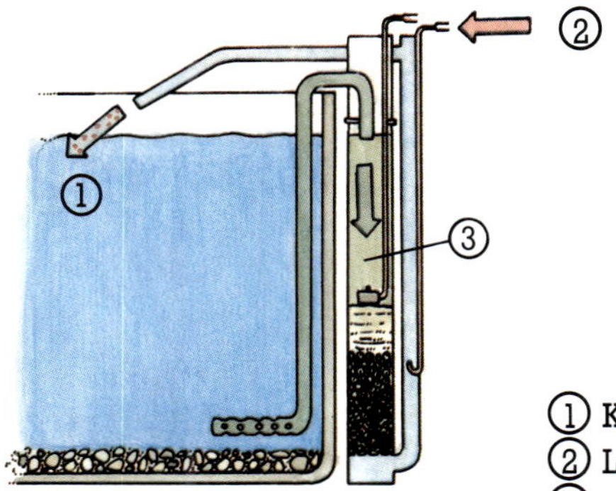

① Klarwasser
② Luft
③ Schmutzwasser

Außenfilter mit Luftheber arbeiten auf verschiedene Weise nach demselben Prinzip.

Eheim-Motorfilter mit aufgesetzter Pumpe von höherer Druckleistung.

Motorbetriebene Außenfilter

Im Zusammenhang mit solchen Filtern bedeutet der Begriff „außen" soviel wie „neben oder unter dem Aquarium". Man muß jedoch die verschiedenen Typen und vor allem Leistungsstärken unterscheiden: Sie sind nicht nur allein von Volumen des Filtertopfes sondern auch von der Motorleistung her an die Beckengröße anzupassen. Mehr noch als bei anderen Filtern entscheidet hier der Filterwiderstand die Gesamtleistung. Frisch eingerichtete Filtermassen gewähren dem Wasser einen freien Durchlauf. Mit zunehmender Verschmutzung (etwa der Watte) kann die geförderte Wassermenge zurückgehen.

Im Rahmen der Energiesparprogramme sahen sich manche Pumpenhersteller gezwungen, die Druck- bzw. Förderleistungen der Pumpen zurückzunehmen. Grundsätzlich kann man davon ausgehen, daß ein Filtertopf, steht er unterhalb des Aquariums im Schrank, vom Wasser durchflossen wird und die Wassersäule im Zulauf-Schlauch sich dem Wasserstand im Becken anpaßt. Die Pumpe benötigt theoretisch somit nur die Druckleistung, die nötig ist, um das gefilterte Wasser über den Beckenrand hinüber ins Aquarium zu befördern. Die Kraftreserve der Pumpe muß jedoch weitaus höher und der Druck (= Förderhöhe m/Ws) kräftiger sein, weil das zugeführte Wasser nicht nur schwach plätschern sondern durch ein Düsenrohr oder einen Diffusor auf die Wasseroberfläche gedrückt werden soll. Nur so kann die Aufnahme von Sauerstoff voll gewährleistet werden. Nach meinem Verständnis soll man den Außenfilter (= Saugfilter) stets eine oder zwei „Nummern" größer, das heißt stärker, wählen, als vom Hersteller empfohlen, um eine befriedigende Filterleistung zu erreichen. So handelt es sich in den Hersteller-Katalogen stets um Zirka-Angaben, bei denen Filterwiderstand (Verursacher = Fischbesatz, Bepflanzung, Länge der Schlauchleitung und Krümmungen usw.) und druckseitiger Widerstand (Düsenrohr, Diffusor, Länge der Schlauchleitung usw.) berücksichtigt werden müssen.

Die neue Eheim-Filtergeneration mit Pumpen meist geringerer Druckleistung, dafür jedoch energiesparenden Motoren: Man soll sich rechtzeitig überlegen, wie sie eingesetzt werden sollen.

Einige Anhaltspunkte soll die folgende Tabelle (nach Eheim) geben, bei der man vom Beckenvolumen ausgeht:

Beckenvolumen bis circa Liter	Fassungsvermögen des normalen Filters	Pumpenleistung Liter/Stunde	Förderhöhe m/Ws	Stromverbrauch W
100	1 ltr.	240	1,20	20
150	1 ltr.	270	1,05	20
250	2 ltr.	360	1,10	20
300	4 ltr.	320	1,40	28
500	6 ltr.	630	2,5	50
1000	18 ltr.	1150	3,5	60
1500	18 ltr.	2000	3,0	65

Für das System der Schlauchverbindungen steht bei jedem Hersteller ein reichhaltiges Programm an Kupplungen, Absperrhähnen, T- und Winkelstücken, Saugern usw. zur Verfügung. Wichtig sind sogenannte Schnelltrennkupplungen mit vor- und nachgeschaltetem Absperrhahn für die Reinigung des Filtertopfes, wobei nach Absperren des Wasserdurchlaufes der Topf ausgekuppelt und zur Reinigung weggenommen wird, ohne alle Zuleitungen entfernen zu müssen.
Es wurden Saugfilter mit integrierter Heizung und eingebautem elektronischen Fühler entwickelt, die ein Heizen mit herkömmlichen Geräten überflüssig machen sollen.
Man kann solche größeren, motorgetriebenen Außenfilter zur chemischen (Kohle), mechanischen (Sand, Watte) oder kombinierten Filterung einsetzen.

Wechsel oder Reinigung der Filtermasse sollte so einfach wie möglich sein, weshalb Eheim für seine Geräte sogenannte Doppelhahn-Schnelltrennkupplungen und für Schlauchbiegungen exakt führende Schlauchschalen liefert.

Biologische Filterung

„Bio-" als Vorsilbe bedeutet soviel wie „Leben". Im Zusammenhang mit der Filterung des Wassers soll damit angedeutet werden, daß es in der Hauptsache lebende Organismen sind, mit deren Hilfe im Filter Giftstoffe organischen oder anorganischen Ursprungs um- oder abgebaut werden. An diesen Vorgängen sind hauptsächlich anaerobe Bakterien beteiligt, winzige Lebewesen, die für ihre Arbeit auf das Vorhandensein von reichlichem Sauerstoff im Wasser angewiesen sind. Es kommt somit bei der Konstruktion eines solchen Filters darauf an, daß das Wasser beim Durchlaufen der Filter so oft wie möglich Sauerstoff aufnehmen kann, der dann den Bakterien zugute kommt.
Bio-Filter gibt es als Durchlauf- und als Rieselfilter. Dem letzte-

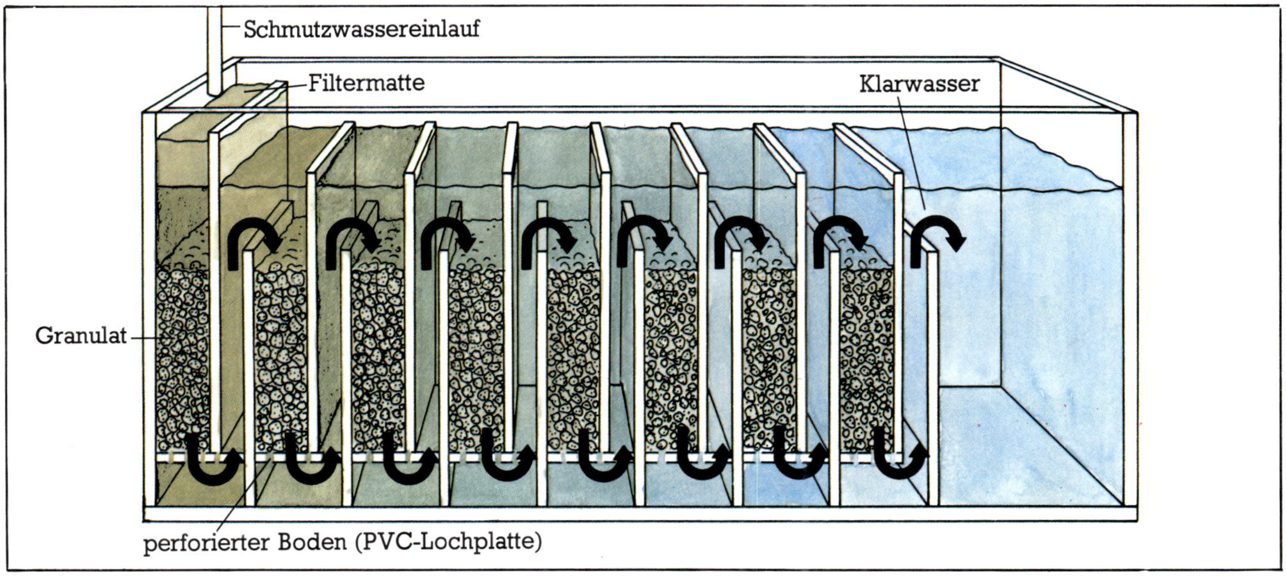

Bio-Filter sollen den aeroben Bakterien ein Substrat und sauerstoffreiches Wasser bieten. Hier das System eines Durchlauffilters, wobei das Wasser nach jedem Durchlauf durch ein Granulat-Abteil über die Oberkante des Zwischenabteils geführt wird und dabei Sauerstoff aufnimmt.

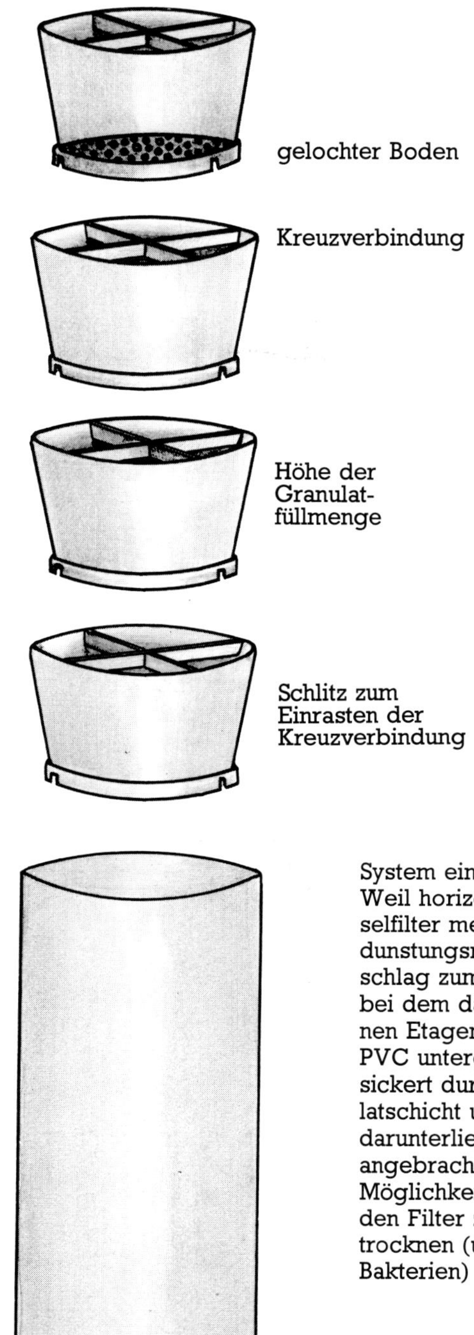

System eines vertikalen Rieselfilters: Weil horizontal ausgebreitete Rieselfilter meist eine hohe Wasserverdunstungsrate haben, hier der Vorschlag zum Bau eines Rieselfilters, bei dem das Granulat in verschiedenen Etagen in einer Hülle aus Hart-PVC untergebracht ist. Das Wasser sickert durch die jeweilige Granulatschicht und tropft darauf in die darunterliegende „Etage". Der unten angebrachte Absperrhahn gibt die Möglichkeit, bei Ausfall der Pumpe den Filter zu fluten, um ein Austrocknen (und damit Absterben der Bakterien) zu verhindern.

ren sagt man mehr Wirkung, also bessere Arbeitsbedingungen für die Bakterien, nach, weil das Wasser durch das Rieseln stärker mit Sauerstoff angereichert wird. Wegen der großen Wasserverdunstung ist ein Rieselbecken mit großer Oberfläche wohl nicht der rechte Weg, dann wohl eher ein Rieseltubus, wie er auf unserer Zeichnung abgebildet ist. Die Berieselung hat in der aquaristischen Praxis einen Nachteil: Wenn der rieselnde Zulauf aus irgendeinem Grund nicht funktioniert (Verstopfung der Leitung, Stromausfall für die Pumpe oder Ähnliches), liegen die Bakterienkulturen trocken und sterben ab; das Granulat trocknet aus. Bei einem Durchlauffilter kann das nicht passieren, weil „im Falle eines Falles" das Filterbecken samt Inhalt mit Wasser gefüllt bleibt.
Bakteriologische Vorgänge laufen auch in anderen Filtern und ihren Füllmassen ab. Mangelt es diesen Behältern jedoch an Sauerstoff, so sind es nicht die aeroben, sondern anaeroben Bakterien, die keinen freien Sauerstoff brauchen, ja für die freier Sauerstoff sogar ein tödliches Gift wäre. Bei anaeroben Bakterien ist der Abbau von Giftstoffen unvollständig – unter Umständen können sich sogar giftige Verbindungen entwikkeln. Ein typisches anaerobes Produkt ist der Faulschlamm, wie er sich zuweilen in zu wenig gereinigten Filtertöpfen am Grund absetzt, und wie man ihn auch in verschmutzten Flüssen finden kann. Es empfiehlt sich also selbst im Bakterienfilter, das zugeleitete Wasser zu belüften.

FILTER-MATERIALIEN

Mechanische Filtermassen

Mechanische Filtermassen haben die Aufgabe, grobe, meist sichtbare Verschmutzung, aus dem Aquarienwasser zu entfernen. Dazu gehören in erster Linie Schwebestoffe.
Eine der bekanntesten Filtermassen ist die Perlonwatte. Sie hat die früher üblichen schweren Massen, wie Sand und Kies, gänzlich aus unseren Filtertöpfen verbannt. Eine Reihe von Herstellern bietet aus Watte geformte Filterpatronen an, die in die jeweils von ihnen vertriebenen Filtertöpfe passen bzw. dort aufgesteckt oder eingesetzt werden können. Filterwatte kann sowohl zur ausschließlichen Filterung als auch als Vorfiltermaterial eingesetzt werden. Man kann sie reinigen oder durch neue Watte ersetzen.
Bei der Reinigung des Aquarienwassers von besonders feinen Partikeln wird ein Diatom-Filter eingesetzt. Der Diatomfilter arbeitet mit Diatomerde als Filtermasse. Das sind fossile Gehäuse von Diatomeen (aus der Gruppe der Kieselalgen), die eine sehr feine gelblichbeige erdige Masse darstellen. Der Filtertopf, ein Glasbehälter, ist mit einer kräftigen Pumpe versehen, denn der Filterwiderstand, bedingt durch die schwere Durchlässigkeit der Diatomerde, ist größer als bei anderen Filtern. Wer sein Wasser besonders behandeln möchte, sei es, um besondere Klarheit zu erzielen oder für züchterische Zwecke Parasiten und Bakterien zu reduzieren oder zu entfernen, setzt ihn gezielt über mehrere Stunden ein. Es handelt sich um reine mechanische Filterung, die keinen Einfluß auf Wasserwerte oder chemische Zusätze (Medikamente) hat. Da dieser Filter feinste Partikel zurückhält, ist er schnell „zu": Die Erde muß ausgespült und kann darauf wiederverwendet werden.

Chemische Filterstoffe

Die chemische Filterung soll giftige oder sich zu giftigen Verbindungen entwickelnde organische Moleküle aus dem Wasser zurückhalten. Wie gut diese „absorptiven Filtermassen" auch sein mögen: Sie binden solche Substanzen nur. Aus dem Kreislauf entfernen muß der Aquarianer sie selbst, wenn er den Filter reinigt und die, mit den Giftstoffen angereicherten, Filtermassen schließlich wieder entnimmt. „Adsorption" ist der Vorgang, bei dem gelöste Stoffe an der Oberfläche fester Körper gebunden werden. Das bekannteste, in der Aquaristik verwendete absorptive Material ist die Filterkohle. Ihre Wirkung beruht auf ihrer sehr porösen Struktur und der damit verbundenen großen Oberfläche. Filterkohle gibt es in unterschiedlichen Wirkungsgraden. Sie bindet neben unsichtbaren giftigen Verbindungen auch Säuren (Torf), die verschiedenen Farbstoffe und andere Medikamente, weshalb man Kohlefilterung im Zusammenhang mit derartigen Säure- oder Medikamente-Gaben nicht durchführen soll. Ein Feind der Filterkohle und ihrer porösen Oberfläche ist Schmutz. Es ist daher unumgänglich, die Kohlefilterung ans Ende einer Filterkette zu setzen oder, im umgekehrten Fall, alle mechanischen Reinigungsprozesse des Wassers vorher durchzuführen. Ist die Kohle durch Schmutzpartikel verstopft, ist sie wertlos.
Der Umgang mit Filterkohle ist nicht jedem Aquarianer geläufig: Die Kohle muß „gebändigt" eingesetzt werden! Wenn man sie als reines Schüttgut verwendet, staubt sie und schwimmt an die Wasseroberfläche. Verschiedene Filterhersteller bieten deshalb für ihre Produkte sogenannte Patronenfilter an, deren äußere Hülle aus mechanischem Filtermaterial (Perlonwatte) besteht, wogegen die innere Patrone leer und zur Aufnahme von Kohle, Torf oder ähnlichen Filtermassen geeignet ist. Um bei loser Ware das Aufschwimmen zu vermeiden, kann man sie in ein Netz geben (ein Stück Damenstrumpf tut es auch) und so gebändigt in den Filtertopf geben.

Biologische Filterung

Biologische Filtermassen haben mit der stärkeren Verbreitung der sogenannten Biofilter ebenfalls mehr Interessenten gefunden. Verwendet werden in erster Linie das preiswerte Lavalit (= Lavabruch verschieden starker Körnung), Tonschlacken und andere Naturprodukte von poröser Struktur und entsprechend großer Oberfläche. Ebenfalls werden die nicht so preiswerten „Biobälle" angeboten, die in erster Linie als Füllmaterial für Rieselfilter gedacht sind. Diese Biobälle bestehen aus Kunststoff

und sind keine Bälle im eigentlichen Sinne, sondern ballrunde Gerippe, die, als Füllmaterial übereinandergeschichtet, ein sehr wasserdurchlässiges Substrat zur Ansiedlung von Bakterien bildet.
Bakterien können sich zu ungeheuren Ansammlungen vermehren, weil diese kleinen Lebewesen sich in etwa einer halben Stunde teilen können. Um Zellmembran einzusparen, können sich Bakterien zu schleimigen Klumpen oder Flocken zusammentun, wie man sie oft auf Filtersubstraten findet. Man spricht dann von Zoogloeen: In Schleim eingebettete Bakterienkolonien, die aus Tausenden von einzelnen Individuen bestehen und ihren Schleim selbst erzeugen. Die Bildung derartiger Kolonien wird durch hohen Sauerstoffeintrag im Filterwasser begünstigt. Diese Bakterien sind es, die Giftstoffe des Wassers abbauen, indem sie sie mit ihren Stoffwechselprodukten in ungefährliche Stoffe umwandeln.

Torffilter

Torffilterung ist ein Ausdruck, der sich in der Aquaristik eingebürgert hat. Strenggenommen ist er jedoch nicht richtig: Wir wissen, daß ein Filter etwas zurückhalten soll; der Torf wird jedoch eingesetzt, um etwas an das Aquarienwasser abzugeben! Viele tropische Gewässer sind mehr oder weniger sauer. Es handelt sich hierbei um Huminsäuren, wie sie von Holz und Laub abgegeben werden. Man kann solche organischen Säuren entweder direkt durch Zugabe von Huminextrakten zuführen oder das Wasser über Torf laufen lassen, wobei es die darin gelagerten Stoffe aufnimmt.
Es sind recht unterschiedliche Torfsorten im Handel. Die für aquaristische Zwecke unterscheidet sich von der für gärtnerische, weil die letzten häufig mit Düngepräparaten angereichert und somit aquaristisch nicht geeignet sind. Ob milder oder starker Torf: Nach wenigen Wochen Einsatz ist dieses Naturprodukt ausgelaugt und gibt nichts mehr her: Man muß den Torf erneuern.
Über Torf mit Huminstoffen angereichertes Wasser ist leicht bräunlich bis bernsteinfarben. Diese Färbung ist jedoch kein Maßstab für die Anwesenheit der Säuren und ihre Wirkung. Säure drückt den pH-Wert (siehe dort) unter den Neutralpunkt (= 7,0), und es ist sehr sinnvoll, beim Einsatz von Torf eine laufende pH-Wert-Kontrolle vorzunehmen. Torf dient ebenfalls dazu, die in den meisten Wässern vorhandene Karbonathärte zu senken. Saures Wasser hält ferner die Bakterienfauna in Grenzen und dient damit der Haut vieler Fischarten, deren Verletzungen nach Beißereien sich nicht durch bakterielles Zutun entzünden. Andererseits kennen wir viele Zierfischarten, die aus besonders reinen und sauren tropischen Gewässern stammen und so wenigstens annähernd ähnliche Bedingungen geboten bekommen.

Zu den biologischen Filtermassen gehören

Keramikröhrchen

Lavalit

(Tunze-) Granulat

HEIZUNGEN

Um kühleres Leitungswasser auf tropische Temperaturen zwischen 24 und 30° C zu bringen, muß das Wasser erwärmt und auf einer Solltemperatur gehalten werden. Dabei ist zu berücksichtigen, daß einmal erwärmtes Wasser ohne zusätzliche Heizung wieder bis auf die Umgebungs- (= Raum-) Temperatur abkühlen würde. Eine wärmedämmende Isolierung haben die meisten Aquarien nicht, und Glas ist kein guter Isolator – Plexiglas isoliert schon besser.
Zum Zweck der konstanten Wassererwärmung benötigt man also zwei Dinge: Einen Heizer und einen Regler. In manchen Geräten sind beide Funktionen vereinigt, und die heißen dann Regler-Heizer. Wichtig ist ebenfalls, daß die vom Heizer abgegebene Wärme gleichmäßig im Becken verteilt wird und sich keine unterschiedlich warmen Zonen bilden, die zu durchschwimmen vielen Fischen schaden könnten. In früheren Jahren, als noch die inzwischen vielfach geschmähten Ausströmersteine in den meisten Becken in Betrieb waren und das Wasser durcheinanderwirbelten, verteilte sich die Wärme auf diese Weise. Heute geschieht das meist durch die Wasserbewegungen, die von den Filterpumpen kommt.

Heizstäbe

Der traditionelle Heizer in der Aquaristik ist der gläserne Heizstab, eine reagenzglasähnliche Röhre, in der sich, auf eine Keramikhalterung gewickelt, die Heizspirale befindet. Um allem einen festen Sitz zu geben, wird meist die Glasröhre nach dem Einführen und Fixieren des Heizkörpers mit Sand gefüllt. Solche Glasröhren sind aber zerbrechlich, vor allem dann, wenn man die Gebrauchsanweisungen nicht beachtet und beim Wasserwechsel das elektrische Kabel nicht vom Netz trennt, also aus der Steckdose zieht! Überhitzte Glashüllen platzen in solchen Fällen fast immer, auch wenn es

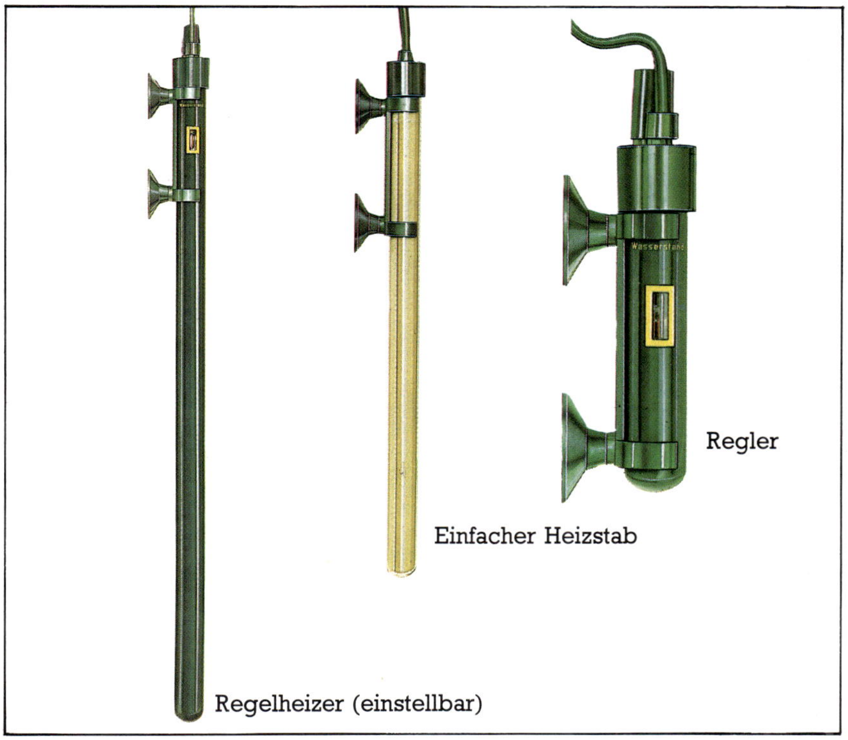

Traditionelle Heizer haben einen Glaskolben, in dem Heiz- und Regelelemente untergebracht sind (hier Geräte von Jäger).

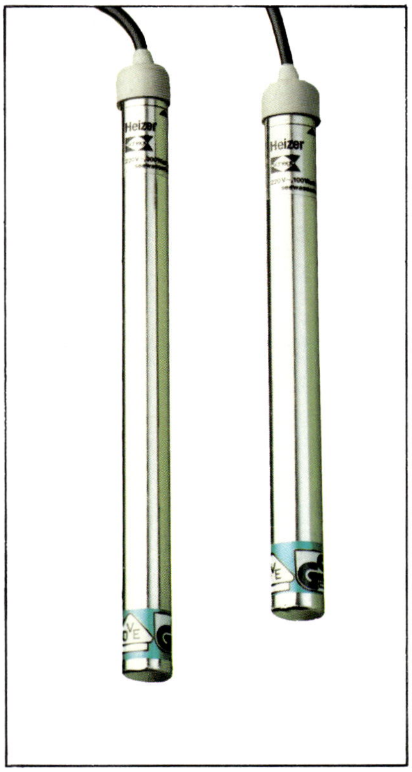

Heizstab mit Metallhaut (Titan) von Schego.

sich um „bruchsicheres“ Glas handeln sollte. Es stellt sich daher die Frage: Wie lange werden die strengen Aufsichtsbehörden solche Heizer noch zulassen? Die Industrie (Schego) hat deshalb bereits Heizstäbe entwickelt, bei denen das Rohr aus einer dünnen Metallhaut besteht.

Bodenheizungen

Eine andere Methode ist es, das Wasser im Becken oder außerhalb davon im Bodengrund oder unter dem (gläsernen) Aquarienboden zu erwärmen. Dies geschieht mit Hilfe von Heizkabeln oder einer Heizmatte, die unter das Aquarium gelegt wird, der Aquarienbodengröße also angepaßt sein muß. Welche dieser beiden Methoden in der Praxis besser ist, muß jeder für sich entscheiden. Das Problem bei Bodenheizungen ist immer die Frage: Was mache ich bei einem Heizerdefekt? Lasse ich das Wasser im Becken soweit ab, daß ich die Matte unter dem Aquarium hervorziehen und eine andere unterlegen kann (wenn das überhaupt geht) oder grabe ich das Heizkabel aus dem Bodengrund aus und ersetze es durch ein anderes.

Die Bodenheizmethode hat für die Pflanzen den Vorteil, daß die erzeugte Wärme gleichzeitig den Bodengrund, und damit das Wurzelwerk der Pflanzen, mit erwärmt. Einem physikalischen Gesetz folgend, strebt das von unten erwärmte Wasser nach oben und kühleres Wasser setzt sich nach unten ab, um erneut erwärmt zu werden: Ein Kreislauf ohne Hilfe von außen!

Kabelheizer, die im Becken selbst verlegt werden, müssen von hochwertiger Qualität sein. Ihr Mantel darf weder altern und bröckelig werden, noch darf er knabbernden Fischen eine Möglichkeit geben, ihn durchzubeißen. Moderne Kabelheizer haben daher einen sehr elastischen festen Mantel aus Silikonkautschuk, einem Material, das selbst größere Temperaturunterschiede leicht verkraftet und selbst von starken Beißern (versuchen Sie einmal, ein Stück ausgehärteten Silikonkautschuk durchzubeißen!) nicht zu zerstören ist.

Heizungen außerhalb des Beckens

Eine Heizung direkt im Filter? Auch das ist möglich! Für diese Art der Wassererwärmung gibt es verschiedene Angebote unterschiedlicher Hersteller. Eheim bietet zum Beispiel für

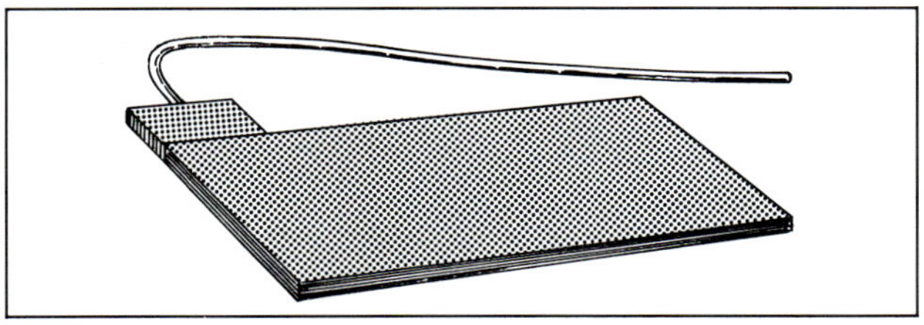

Heizmatten werden unter das Aquarium gelegt und müssen folglich genau passen.

Kabelheizungen verlegt man mit Saughaltern in Windungen im Beckeninneren über dem Boden und bedeckt sie mit dem Bodengrund.

Dupla bietet eine Niedervolt-Kabelheizung an, die sich mit Hilfe eines Thermostats (wahlweise mit Digitalanzeige) exakt steuern läßt.

Becken bis zu 80 Litern Inhalt einen seitlich anzuhängenden und mit einer elektrisch betriebenen Pumpe versehenen „Minifilter“ und in einer separaten Kammer einen elektronisch gesteuerten 65 Watt-Filter an. Er ist mit einer eingegossenen Regelerelektronik ausgerüstet, die das Wasser auf der gewünschten Temperatur hält. Auch bei einigen der größeren Eheim-Saugfilter (für Becken bis 450 und 600 Liter Inhalt) werden integrierte elektronische Regler-Heizungen angeboten. Geschaltet und gesteuert wird hier über einen Drehknopf mit Glimmlampe auf dem Deckel.

Das Wasser außerhalb des Beckens zu erwärmen, ist einmal direkt über den Filter möglich und wurde bereits erwähnt. Eine weitere Methode liegt darin, die Heizelemente in einem separaten Gehäuse unterzubringen, durch welches das Wasser geführt wird. Vitakraft bietet mit seiner „Florida-Therme“ eine solche, elektronisch gesteuerte Außenheizung an, die zusammen mit einem Saugfilter betrieben werden muß. Das von Kern angebotene Gerät arbeitet nach Art eines Durchlauferhitzers, ist jedoch, bei relativ hohen Anschlußwerten, zu gering abgesichert und nicht korrekt steuerbar. Wird das Wasser außerhalb des Aquariums erwärmt, so muß man die Notwendigkeit solcher Maßnahme prüfen, weil in den sicherlich nicht isolierten Schlauchleitungen zum Becken das Wasser geringfügig abkühlen kann und somit die Gefahr besteht, daß das Wasser ständig 1–2° C kälter ist, als man es eigentlich haben möchte.

Heizungen wie diese (Kern) werden außerhalb des Aquariums angebracht und arbeiten nach Art eines Durchlauferhitzers. Bei diesem Gerät fehlt eine thermostatische Reglung und eine Schutzvorrichtung für einen Pumpenausfall.

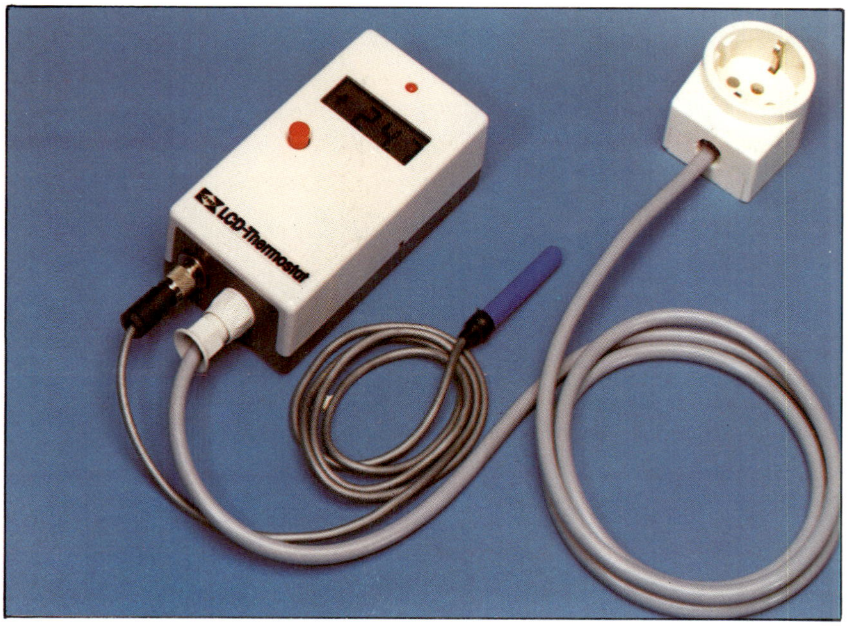

Thermostat-Schaltgerät von Schego.

Temperaturregler

Fast jeder namhafte Hersteller bietet Temperaturregler an: Ein Teil arbeitet mit einem nicht immer ganz zuverlässigen, dafür aber preiswerten Bimetall-Arm. Solche Bimetall-Regler sind in den meisten Regler-Stabheizern oder in einem separaten Regler-Stab untergebracht.

Elektronische Regler gibt es inzwischen in vielen Varianten; ihre Preise sind so unterschiedlich, daß man ihre Wirkung gegenüber dem Preis abwägen muß. Kabelheizungen und Heizmatten kann man nur über elektronische Regler schalten. Elektronisch steuernde Regler müssen jedoch nicht in jedem Fall teuer sein. So bietet Biotherm

Preiswerter Thermostat von „Biotherm".

ein preiswertes Gerät mit hohem (1500 W) Anschlußwert und gleichzeitiger Tag-/Nacht-Automatik zu einem akzeptablen Preis an. Interessant erscheinen die Regelgeräte, bei denen nicht nur die Soll-Temperatur eingestellt wird, sondern über den Fühler auch gleichzeitig die Ist-Temperatur per Digital-Anzeige sichtbar wird. Hier ist alles in einen Schaltprozeß integriert (Dupla), das hat jedoch seinen Preis.
Jeder Regler muß über einen Sensor verfügen, der die wirkliche Temperatur mißt. Bei den von außen her steuernden elektronischen Reglern ist daher ein zusätzlicher Fühler am Gerät notwendig, der ins Aquarienwasser gehängt werden muß.

Wie stark muß die Heizung sein?

Für jeden Aquarianer stellt sich die Frage: Wie stark muß der Anschlußwert meiner Heizer sein? Geheizt wird ja nur über die Raumtemperatur hinaus, weil sich das Aquarienwasser in seiner Temperatur der des umgebenden Raumes anpaßt. In der folgenden Tabelle wird davon ausgegangen, daß es sich um ein normal verglastes Aquarium in einem Wohnraum handelt. (An sogenannte Kelleraquarien werden ohnehin andere Anforderungen gestellt, und man kann sie hier auch mit Styroporplatten umkleiden.) Jedes Aquarium sollte übrigens, gleich wo es steht, mit seiner Bodenplatte auf eine dünnere, gleichgroße Styroporplatte gesetzt werden, um einen zu starken Wärmeabfall im Bodengrundbereich zu vermeiden.

Die aus der Tabelle zu ersehenden Werte entsprechen der Erfahrung bei Normgrößen-Becken. Da die abzulesenden Wattleistungen der Heizer ohnehin nicht genau eingesetzt werden können, müssen sie nach eigenem Ermessen angepaßt werden. Vor dem Wasserwechsel muß die Heizung abgeschaltet werden.

Inhalt des Beckens in Litern	Gewünschte Wassererwärmung in °C über Raumtemperatur											
	1	2	3	4	5	6	7	8	9	10	11	12
20	2	4	6	9	12	14	15	17	20	22	24	26
40	4	8	10	14	17	20	24	28	32	35	38	42
60	5	10	14	18	22	27	32	36	42	45	50	56
80	6	12	16	22	27	32	38	44	48	54	60	66
100	7	14	20	26	32	38	44	50	56	62	68	76
120	8	15	22	28	36	44	50	56	62	70	78	86
150	9	16	26	34	42	50	56	64	72	84	90	98
180	10	18	28	36	44	52	64	72	84	90	98	112
200	11	20	30	40	52	62	72	84	90	100	112	120
250	12	24	36	46	58	68	80	90	98	112	120	140
400	16	32	46	64	80	96	112	130	150	160	175	190
600	20	40	64	80	98	120	140	165	180	200	225	250
800	25	50	72	100	120	150	170	180	200	250	280	300
1000	30	60	88	112	150	170	205	220	260	280	320	350

SICHERHEIT BEIM UMGANG MIT STROM UND WASSER

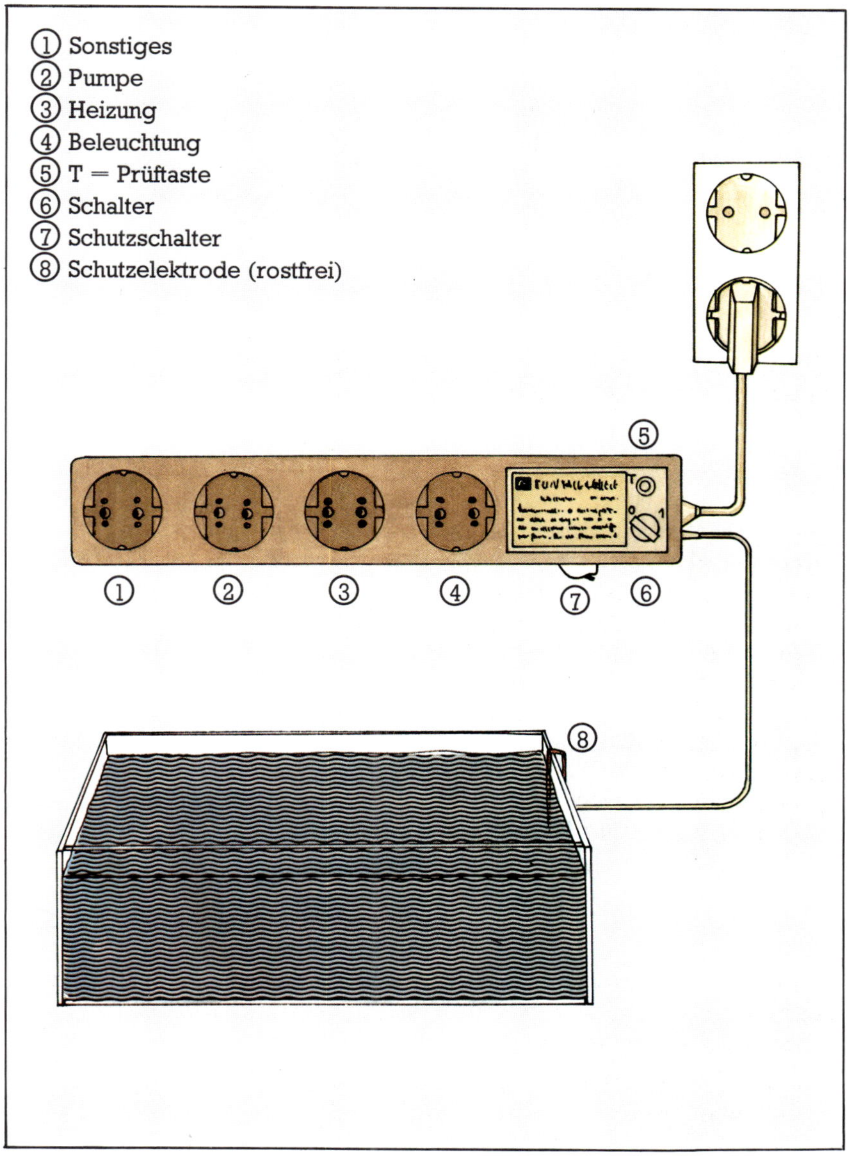

Sicherheit im Umgang mit Strom, besonders in der Nähe von Wasser, wie etwa bei Bruch von Glasheizstäben: Tunze bietet einen Sicherheits-Set – eine Steckdosenleiste mit eingebautem FI-Schalter und einer Schutzelektrode.

Sicherheitsdenken im Umgang mit aquaristischen Geräten ist nicht neu. Der Grund dafür, daß dieses Thema ausgerechnet an dieser Stelle eingepaßt ist, muß man bei Heizer-Unfällen suchen. Sie entstehen in erster Linie dann, wenn durch Nachlässigkeit, Vergeßlichkeit oder ähnliche Gründe vor dem Wasserwechsel der Netzstecker der meist senkrecht im Aquarium stehenden Heizstäbe aus Glas nicht gezogen wird. Matten und Heizkabel liegen meist so tief, daß sie ständig von Wasser überdeckt sind.

Tunze hat einen auf dem Markt befindlichen Sicherheits-Set für die Aquaristik weiterentwikkelt. Es handelt sich dabei um einen sogenannten FI-Schalter (sprich: „ef"-„i"), der bei Strom-Wasserkontakt in der extrem kurzen Zeit von weniger als 30 Tausendstel Sekunden den Kontakt unterbricht. Dieser FI-Schalter ist bei den neueren Modellen seitlich in einer Steckdosenleiste untergebracht, die gleichzeitig Anschluß für mehrere Stecker bietet. Eine Erdungselektrode aus rostfreiem Stahl, verbunden mit dem Schutzleiter, wird ins Aquarienwasser gehängt.

Ich konnte bei verschiedenen Gelegenheiten feststellen, daß viele Aquarianer ihre gesamte Anlage an einer solchen Sicherheitseinrichtung „hängen" haben. Von einer solchen Methode würde ich abraten! FI-Schalter sollte man beispielsweise nicht für den Filteranschluß verwenden, wenn dieser auch die Belüftung des Aquarienwassers übernimmt. Schaltet der FI-Schalter bei einem Heizerbruch die Heizung ab, so muß nicht auch die Luftzufuhr abgeschaltet werden. Fehler, die durch die Filterung verursacht werden können, liegen im anderen Bereich und haben meist nichts mit Elektrizität zu tun.

STRÖMUNG UND BELÜFTUNG DES AQUARIEN-WASSERS

Wollen wir im Aquarium die natürlichen Vorgänge in den Biotopen unserer Zierfische nachvollziehen, so können wir davon ausgehen, daß die meisten dieser Fische in schwach bis mäßig fließendem Wasser leben. Selbst wenn der Hauptteil des jeweiligen Gewässers rascher fließt, leben die Fische doch eher in den Zonen, in denen die Fließgeschwindigkeit des Wassers ihnen nicht zuviel Kraft abverlangt. (Bei der Haltung von Meerwasserfischen sieht die Sache anders aus, weshalb man beide Medien nicht miteinander vergleichen sollte.)

In den meisten unserer Aquarien sorgt heute die Strömung, die mit Hilfe des Filters erzeugt wird, für die notwendige Wasserbewegung. Ob dabei eine Motorpumpe den Transport des Wassers übernimmt oder ob das ein Luftheber macht, ist zweitrangig. Es gibt praktisch zwei Methoden, dem Becken das Filterwasser zuzuführen: Es wird von oberhalb des Wasserspiegels möglichst breitflächig eingespritzt, wobei es meist ausreichend Sauerstoff aufnehmen kann, oder die Motorpumpe drückt das aus dem Filter kommende Wasser unterhalb des Wasserspiegels ins Bekken zurück. Im zweiten Fall kann das Wasser keine Luft von der Oberfläche aufnehmen, und dieser wichtige Sauerstoffeintrag muß auf andere Weise gelöst und erreicht werden.

Ein Diffusor ist ein kleines, meist aus Plexiglas oder einem anderen Kunststoff gefertigtes Gerät, das vor den Pumpenauslauf gesetzt wird. Ein Luftnippel an seiner Außenseite ermöglicht den Anschluß eines Luftschlauchs. Durch das druckvolle Durchfließen des Filterwassers wird über den Luftschlauch Außenluft angerissen und zusammen mit dem Filter-

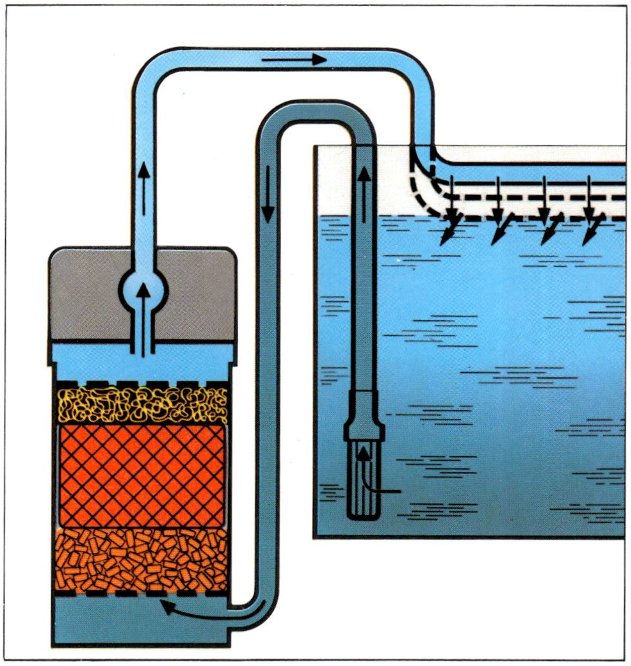

Mit Hilfe eines motorbetriebenen Filters kann man das gefilterte Wasser über ein Düsenrohr ins Aquarium spritzen, wodurch die Sauerstoffaufnahme wesentlich verbessert wird. Die Motorleistung sollte in diesem Fall großzügiger gewählt werden, weil eintretender Filterwiderstand die Druckkraft des Motors mindern kann.

Soll das Wasser unterhalb des Wasserspiegels zugeleitet werden und trotzdem Sauerstoff eintreiben, so wähle man einen Diffusor, wie ihn dieses Modell von Eheim als Beispiel zeigt.

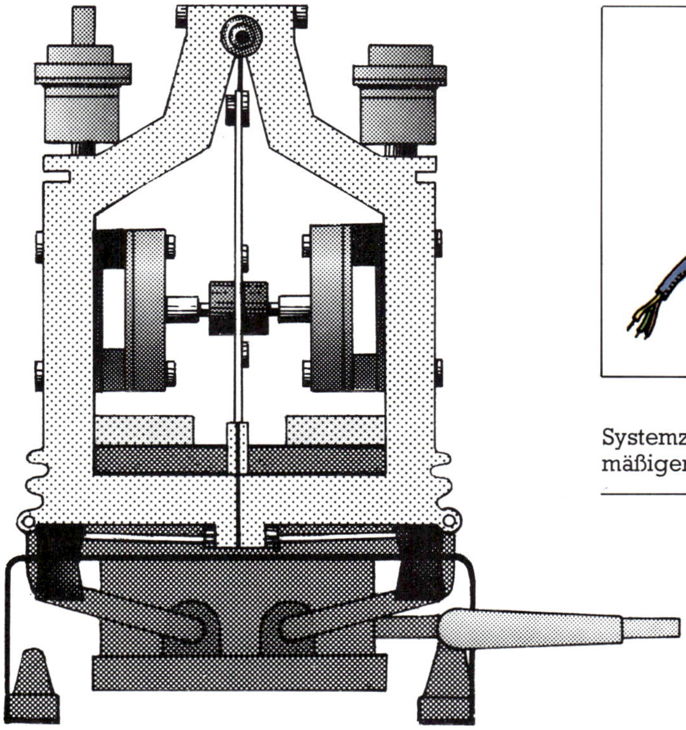

Systemzeichnung einer Membranluftpumpe mit nur mäßiger Leistung.

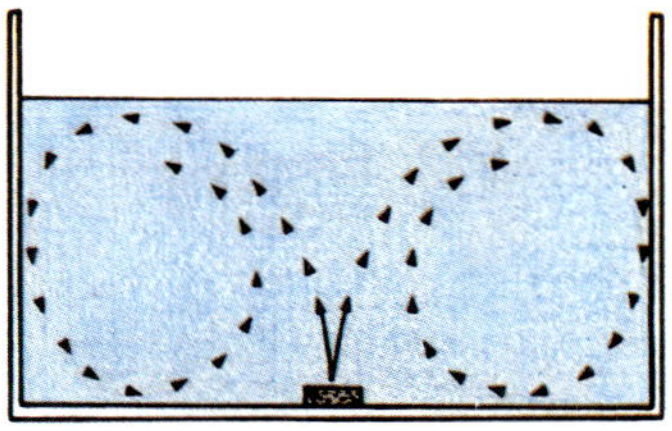

Die Zeichnung der WISA 1000 läßt den Schwinganker mit den gekoppelten Membranen erkennen. Eine solche „Funktionseinheit" kann auch zu 2–4 Einheiten, auf einer Grundplatte montiert, weiter ausgebaut werden.

Der Einsatz eines Ausströmersteines sorgt in erster Linie für Turbulenz im Wasser. Die rasch aufstrebenden, weil groben Bläschen verschmutzen jedoch bald die Abdeckscheibe und mindern somit den Lichteinfall.

wasser ins Aquarienwasser eingedrückt. Durch die im Diffusor entstehenden Wirbel werden die Luftbläschen fein zerschlagen. Sie sind klein und leicht, was zur Folge hat, daß sie nicht so schnell an die Oberfläche streben. Mit Hilfe einer kleinen Druckregulierklemme kann überdies die eingetragene Luft reguliert und nach Bedarf dosiert werden.

„Braucht man denn gar keine Luftpumpe mehr?", fragen viele Aquarianer. So eine Frage ist nicht leicht zu beantworten, und im übrigen haben die meisten Zierfischfreunde „etwas" mehr als nur ihr Hauptbecken. Für mich ist der Besitz einer starken Membranluftpumpe aber eine Selbstverständlichkeit. Mit ihr läßt sich immer einmal das eine oder andere Dreckübel im Aquarium beseitigen. Fällt einmal der Filter aus oder muß gereinigt werden, so kann man sich zwischendurch mit der Membranluftpumpe behelfen. In den heute oft verwendeten Biofiltern arbeitet man häufig mit „Belüftung im Gegenstrom", ein Prinzip, bei dem man Luft gegen die Fließrichtung durch die Filtermasse strömen läßt. Auch hierzu ist eine Luftpumpe nötig. Wenn man ein Fazit zieht, kann man feststellen, daß die meisten Aquarianer eine Luftpumpe besitzen. Sie haben einmal „klein" (was die Beckenausmaße angeht) angefangen und die Filterung mit Luftheber betrieben. Gute Membranluftpumpen kann man jahrzehntelang in Betrieb haben, bevor sie reparaturanfällig werden – und dann ist es meist nur die Membrane, die erneuert werden muß.

AQUARIEN-LAMPEN

Ohne Licht geht nichts im Aquarium! Früher stellte man sein Becken in die Nähe des Fensters, doch brachte dies nicht nur Freude, vor allem deshalb nicht, weil das schräg einfallende Licht die Beckenscheiben sehr schnell veralgen ließ. Mit dem Einzug der modernen Leuchtstoffröhren und der darauf folgenden Entwicklung neuer Leuchten ließ sich das Lichtproblem auf angemessene Weise lösen.

Künstliches Licht soll also in unseren Aquarien natürliches ersetzen. Jeder Aquarianer sollte wenigstens einige Kenntnisse über seine Aquarienleuchten, die Beleuchtungsdauer, die Beleuchtungsstärke sowie die Zusammensetzung des Spektrums (der Lichtfarbe) haben. Licht läßt sich messen, wie jeder von der Arbeit seines Belichtungsmessers im Fotoapparat weiß. Dabei darf man zwei Begriffe nicht verwechseln: Lumen und Lux. Die Lichtfarbe kann man ebenso messen (wie auch einige Fotografen wissen): Man spricht dann von der „Farbtemperatur des Lichts" und mißt nach Kelvin-Graden.

Mit Lumen wird der Lichtstrom, also das abgegebene Licht bezeichnet. Die Stärke der Beleuchtung, das ankommende Licht, nennt man Lux. Meßgeräte, wie sie zur Lichtmessung beispielsweise von Tunze hergestellt werden, nennt man deshalb Luxmeter. Bei der Beleuchtung des Aquarien-Inneren sind zwei Dinge zu beachten: Zwischen Lampe und Aquarienboden gibt es verschiedene Hindernisse, die das Licht zu überwinden bzw. zu durchdringen hat. Das ist erstens die Abdeckscheibe, die man nicht nur als Glasbarriere sondern in den meisten Fällen (bei Verschmutzung) als Lichtfilter ansehen muß. Zweitens gibt es den Wasserspiegel, der seinen Namen nicht umsonst trägt: Er reflektiert einen Teil des auftreffenden Lichts. Drittens ist das Wasser selbst zu nennen: Mit jeweils 10 cm Zunahme der Wassertiefe entstehen bei „mittelklarem" Wasser etwa 50 Prozent Strahlungsverlust. So geschieht es, daß von 2000 Lux, die an der Wasseroberfläche gemessen werden, in einem 65 cm hohen Becken meist nur noch 60 Lux ankommen (bei 10 cm Bodengrundauftrag und 5 cm freiem Raum oberhalb des Wasserspiegels).

Die Lichtfarbe ist möglicherweise für die Fische nicht von derselben Wichtigkeit wie für die Pflanzen. Nun ist es im natürlichen Lebensraum von Fischen und Pflanzen so, daß sich die Lichtfarbe dort während des Tagesablaufes und dem Wandern der Sonne in seinen Spektralfarben verändert: Ist der Himmel bewölkt, so wird das Licht bläulich eingefärbt – die Farbtemperatur steigt auf Werte um 10 000 K (= °Kelvin) an, während sie bei dem bekannten blauen Himmel und direkter Sonneneinstrahlung un-

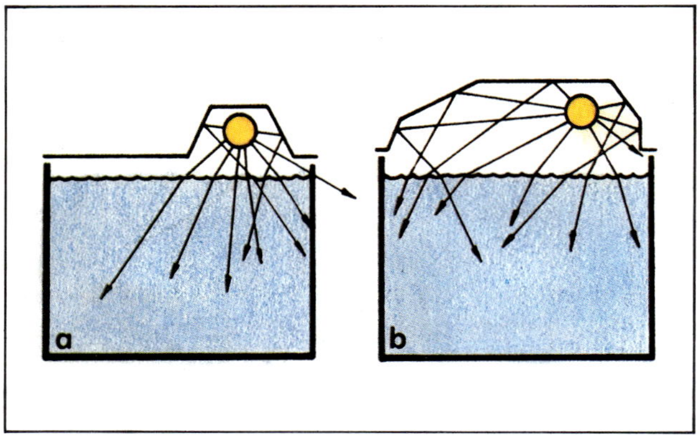

Maßgebend für ausreichende Verteilung des Lichtes in einer Abdeckleuchte sind Größe und Reflektion. Ein zu kleiner Reflektorkasten beleuchtet nur das direkt darunterliegende Aquarienfeld (a). Ein guter Reflektor soll alle Aquarienecken ausleuchten (b).

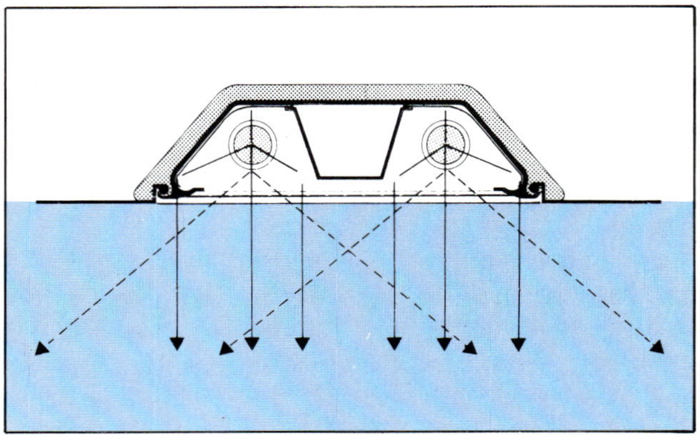

Moderne wasserdichte Abdeckleuchten sind formschön, zweckmäßig und mit beweglichen Arbeitsklappen versehen. Die Verteilung des Lichtes ist in vielen Fällen optimal. Hier ein Schnitt durch einen zweiröhrigen Bautyp von Juwel.

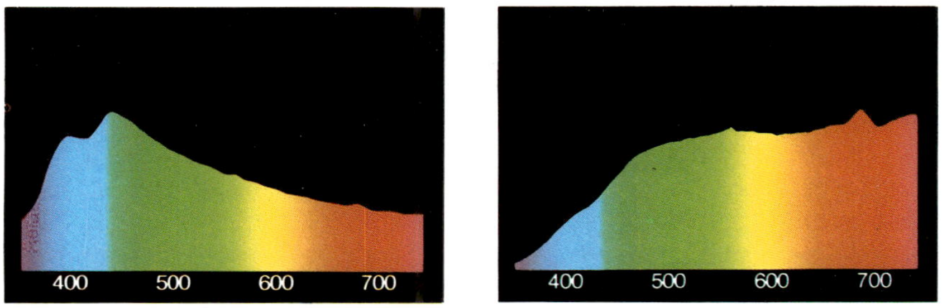

Wie man sieht, ist Tageslicht und Tageslicht nicht dasselbe. Steigt die Farbtemperatur auf 10 000 K, so überwiegen die Blauanteile (= leicht bläuliches Weiß); sinkt die Farbtemperatur (= leicht gelbliches Weiß) durch direkte Sonneneinstrahlung, so verlagern sich die Farbanteile in den gelben bis roten Bereich. Das sichtbare Licht liegt im Bereich zwischen 380 und 780 NM Wellenlänge (NM [oder nm] = Nanometer, also ein milliardstel Meter), von violett bis dunkelrot. Man spricht hier auch von den Regenbogenfarben.

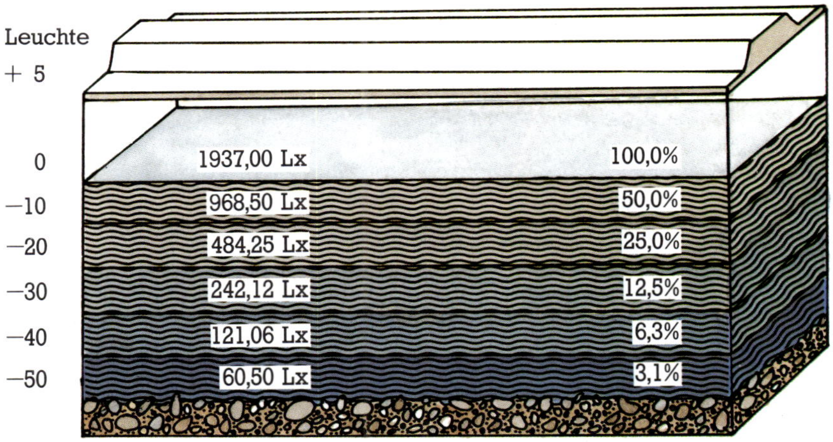

Aquarienwasser ist in den seltensten Fällen farblos. Je stärker der Farbstich, um so mehr Licht wird absorbiert, bis es den Boden erreicht. Die Zeichnung zeigt die Werte der Absorbtion (nach Sylvania).

ter den Neutralwert (= 5 600 K) auf 4 300 K absinkt. Eine gelblichweiße Lichtquelle, wie wir sie von unseren Glühlampen kennen, bringen es auf rund 2 860 K. Für die Fotografie wurde der Neutralwert auf 5 600 K festgelegt (= Tageslicht). Das sogenannte Normlicht für Röhrenhersteller liegt bei 5 000 K. Was kann der Aquarianer mit diesem Wissen anfangen? Er soll dem durchschnittlichen Tageslicht in Farbe und Intensität so nah wie möglich kommen! Leuchtstoffröhren, wie sie im Handel erhältlich sind, muß man unterscheiden können. Schauen wir beispielsweise in einen Osram-Katalog, so stellen wir fest, daß eine 120 cm lange Lumilux-Tageslicht-Röhre (Lichtfarbe 11) einen Lichtstrom von 3 250 lm (= Lumen) abgibt, wogegen es ein Lampentyp Daylight 5 000 de Luxe derselben Länge (jede hat 36 Watt), diesmal mit Lichtfarbe 19, es nur auf 2 000 lm bringt. Hier hat die Exaktheit bei der Farbwiedergabe über die Lichtintensität gesiegt. Nur hat die Tageslicht-Röhre einen höheren Blauanteil. Wem das zuviel an Blau ist oder wer mehr Rotanteile für seine Pflanzen möchte, der muß solche Farben mit sogenannten Pflanzenstrahlern kombinieren. Zu letzteren gehören Osram-Fluora und Sylvania Gro-Lux. Beide haben eine betonte Strahlung im blauen und roten Spektralbereich und sind somit den Wirkungsspektren photobiologischer Prozesse besonders gut angepaßt. Bei den Abläufen der Photosynthese (siehe Thema „Aquarienpflanzen") spielen Licht und Lichtfarbe eine wichtige Rolle: Es bildet sich das Blattgrün aus, und die Aufnahme von Kohlensäure (so auch die CO_2-Düngung) wird in Gang gesetzt, wodurch wiederum die Freigabe von Sauerstoff durch die Pflanzen erreicht wird.

Es gibt viele Aquarianer, die nie die Heimat ihrer Fische aufgesucht haben. Sie können die Lichtverhältnisse in den Lebensräumen nur ahnen – oder glauben sie aus Filmen zu kennen. Was jedoch nur selten beschrieben wird: Ein Tropentag hat (nur) 12 Stunden. Sommertage in unseren Breiten dauern im Durchschnitt 16 Stunden (dafür sind die Wintertage kürzer). Viele Aquarianer machen ihre eigene Zeiteinteilung bei der Beleuchtung ihrer Aquarien. Das ist falsch! Zwölf Stunden kräftige Beleuchtung sind ge-

nug, da nützt es wenig, wenn während eines weiteren Zeitraumes noch ein schummeriges Licht leuchtet: Besser intensiv und nur 12 Stunden als schummerig und 16 Stunden. Wer gern am Abend, während der Hauptfernsehstunden dem bunten Treiben im Aquarium zusehen möchte, der schalte seine Beleuchtung am Vormittag erst später ein.
Zum Thema „schalten" ein paar Anmerkungen: Die meisten Lebewesen im Aquarium verfügen über eine „innere Uhr", das heißt: Sie wissen, wann ihre Schlafenszeit gekommen ist. Es wäre falsch, die naturgegebene Gleichmäßigkeit zwischen Tag- und Nachtzeit ohne zwingenden Grund zu verändern. Auch wenn man den Fischen einen zeitversetzten Tag „anbietet" – sie werden sich daran gewöhnen. Wichtig dabei ist aber eine gleichmäßige Schaltung der Lampen, die pünktlich und preiswert ein automatisches Schaltgerät übernehmen kann. Es nimmt dem Aquarianer die Arbeit des Schaltens zur richtigen Zeit ab – und vergißt sie nie!
Die Beleuchtungsstärke ist ein vieldiskutiertes Thema, allein deshalb, weil nicht jede Pflanze gleichviel Licht benötigt. Ihr Standort im natürlichen Lebensraum ist auch nicht immer gleich mehr oder weniger hell! Es gibt eine Faustregel: Je höher ein Becken ist, um so größer muß der Lichtaufwand sein. Lange und tiefe Aquarien haben eine entsprechend große Oberfläche, die es leicht möglich macht, reichliche Lichtspender anzubringen. Schauen wir ins Innere holländischer Pflanzenaquarien, die bekannt für ihre besonders starke Beleuchtung sind, so sind wir erstaunt, wieviel Leuchtstofflampen man in einer Abdeckhaube unterbringen kann, wenn es notwendig erscheint. Aquarienabdeckungen oder Leuchtkästen sollen stets eine möglichst große Oberfläche haben bzw. die des oberen Beckenrandes voll ausnützen. Zu enge Reflektoren geben das Licht nur begrenzt weiter: Wer mit nur einer Röhre beleuchtet, muß sie entweder nach vorn oder nach hinten rücken – das Licht muß mit der Bepflanzung so abgestimmt werden, daß die Pflanzen voll beleuchtet werden.
Pflanzenfreunde werden bestätigen, daß man bei der Beleuchtung Fehler machen kann, die nicht nur von empfindlichen Pflanzen registriert werden. Dazu gehört vor allem das Auswechseln der Röhren. Pflanzen mögen es nicht, wenn mit der Lichtfarbe experimentiert und die Röhren immer wieder um- oder ausgewechselt werden.
Wer speziell auf guten Pflanzenwuchs Wert legt, der sollte außerdem spätestens nach einem Jahr Leuchtdauer die Röhren über einem Pflanzenbecken auswechseln. Sie geben zwar noch Licht ab, jedoch nicht mehr ihre volle Helligkeit. Man kann sie gegebenenfalls über anderen Becken weiter verwenden. Erst, wenn man die Leuchten mit neuen Röhren bestückt hat, wird klar, wie stark der Lichtabfall der älteren Röhre bereits war.
Bevor ich zu den einzelnen Beleuchtungsmethoden komme, ein Hinweis: Aquarienlampen (fast) jeder Art werden mit Vorschaltgeräten betrieben, die den normalen Strom in Starkstrom verwandeln können. Die VDE-Vorschriften sind heute strenger denn je, und Aquarienleuchten, die auf der Beckenoberkante aufliegen und nicht fest mit dem Aquarium verbunden sind, müssen unterseits wasserdicht abgeschlossen sein, ein Umstand, der diese Leuchten im Preis ansteigen ließ. Über das, was der VDE unter „wasserdicht" versteht, wurde eine Druckschrift veröffentlicht (VDE 0710 Teil 12/4. 79). Darunter fallen auch die verschiedenen Schutzfassungen für Röhren. Man soll also beim Kauf von Abdeckleuchten darauf achten, daß diese das VDE-Zeichen tragen – für Markenartikel eine Selbstverständlichkeit. Diese Vorschriften gelten sinngemäß nicht (da kein Aufliegen auf der Beckenoberkante) für Leuchten, die von der Decke herunterhängen, wie etwa die Duplasun und vergleichbare Leuchten und die meisten der HQL- oder HQI-Lampen, soweit sie auf diese Weise über dem Becken aufgehängt sind.
Wer sich ein Aquarium anschafft, wird sicher vorher die Kosten errechnen. Vergleiche in Preislisten zeigen, daß eine gute Aquarienabdeckung mit zwei oder gar drei Leuchtstoffröhren für kleinere Aquarien teurer sein kann als das Becken selbst. Einen Teil der Kosten muß man meist für „Sicherheit" verbuchen. Ob die Abdeckung nun aus Kunststoff oder aus Aluminium ist, macht den Preis im einen oder anderen Fall nicht billiger: Der technische Aufwand ist es! Hinzu kommen verschiedene bautechnische Feinheiten, welche die Handhabung einfacher machen. So bietet Juwel beispielsweise Aquarienabdeckungen an, bei denen sich das Vorschaltgerät nicht in der Abdeckung son-

dern in einem gesonderten Gehäuse befindet und über eine fünfpolige Steckverbindung (Schaltkasten im Unterschrank) mit den Leuchtkörpern Kontakt hat.
Die Frage, die sich viele Aquarianer stellen: Ist eine Abdekkung der Aquarien-Oberseite notwendig und ratsam? Die Meinungen gehen auseinander, und eines steht fest: Die Wasserverdunstung ohne Abdeckung ist zweifellos größer. Nun kommt es beispielsweise aber darauf an, welches Wasser aus der heimischen Leitung fließt. Wenn man das aufzufüllende Wasser erst über eine Entsalzungsanlage enthärten muß, wird man allein aus Kostengründen die Oberseite des Aquariums abdecken, um Wasseraufbereitungskosten für das Nachfüllwasser zu sparen. Becken, die ohne Abdeckscheiben auskommen können, lassen sich mit Hängeleuchten erhellen. Ob man dazu Röhrenleuchten wählt oder solche, die mit HQL- oder HQI-Lampen ausgestattet sind, hängt in erster Linie von der Höhe des Aquariums ab. Nur Aquarien, die bis 65 cm Höhe haben, sollten mit Leuchtstoffröhren erhellt werden. Mehr „Tiefgang" haben die HQL- bzw. HQI-Lampen.
HQL oder HQI – was ist das? Es handelt sich um sogenannte Quecksilberdampf-Hochdrucklampen (HQL), wie man sie auch in ähnlicher Form in Straßenleuchten verwendet. Die Lampen („Birnen") haben ellipsoide Form mit unterschiedlicher Lichtfarbe. Auch wenn die meisten dieser Lampen mit einem herkömmlichen Schraubsockel (E 27) ausgerüstet sind, benötigt man für ihren Einsatz besonders konstruierte Lampen: Erstens mit eingebautem Vorschaltgerät und zweitens mit besonderem Reflektor. Dem letzten kommt eine besondere Stellung zu, weil der Reflektor ausschlaggebend dafür ist, wie gut das Licht der Lampe abgeleitet wird.
Hinter der Bezeichnung HQI verbirgt sich der Kürzel für Halogen-Metalldampflampen. Es gibt sie in Hängeleuchten mit hoher topfförmiger Bauweise, aber auch in sehr flacher Bauweise (Dupla). In einer Aquarienabdeckung „wasserdicht" bringt Juwel (H-Lux) solche Lampen auf den Markt. HQI-Licht zeichnet sich durch besonders hohe Lichtausbeute und durch hervorragende Farbwiedergabeeigenschaften (mehrere Lichtfarben) aus.

Die Abbildung zeigt eine Hängeleuchte vom Typ Duplasun mit mehreren Röhren. Am Wachstum der im Aquarium befindlichen Pflanzen erkennt man die Intensität dieser Beleuchtungsart.

Dupla bietet Hängeleuchten an, in deren (hier drei) runden Reflektoren sich HQI-Lampen befinden, die ein besonders intensives Licht mit mehr Tiefgang bieten. Sie sind also besonders auch für Becken ab 65 cm Bauhöhe verwendbar.

ERSATZTEILE UND ZUBEHÖR

Es wird vielen Aquarianern nachgesagt, daß sie hervorragende Bastler sind. Das mag stimmen, und sicherlich hat ein handwerklich begabter Fischfreund Vorteile gegenüber einem unbegabten. Ob man nun seine Pumpe selber reparieren kann oder nicht, ist hier nicht die Frage: Zur Pflege von Aquarium und technischem Gerät muß das richtige Zubehör griffbereit an einem Platz liegen. Aquarienpflege wird meist am Wochenende betrieben und (welch ein Zufall!) gibt es auch an diesen Tagen die häufigsten Pannen. Die meisten Hersteller technischer Geräte (Filter- und Luftpumpen) bieten sogenannte Reparatur-Sets an. Da sich ein Heizerbruch (meist verursacht beim Umbau oder beim Wasserwechsel) nicht reparieren läßt, sollte man stets einen Ersatzheizer vorrätig haben.

Als „Zubehör" im aquaristischen Sinne müssen viele kleine und größere Dinge gelten, die immer wieder nützlich sind. Da ist ein Scheibenreiniger oft sehr wichtig; ebenso eine Rohrbürste, mehrere Kescher (Fangnetze) unterschiedlicher Größe, verschiedene Futtersiebe, mehrere (!) Thermometer, Lufthähne, Luft- und Wasserschläuche, dazu Schlauch- und Druckregulierklemmen, Winkel- und Abzweigstücke, Kupplungen und Absperrhähne, Diffusoren und vieles mehr. Für diejenigen, die seit langem die Aquaristik betreiben, sind diese Dinge selbstverständlich: Man schafft sie im Laufe der Zeit an; in der Stunde des Gebrauchs sind sie unentbehrlich. Hat man sie nicht zur Hand, ist das Bedauern groß.

Trennarmaturen für das Schlauchsystem sind für viele Aquarianer unentbehrliche Hilfsmittel, wenn es darum geht, die Wasserführung zu stoppen, umzuleiten oder zum Zwecke der Filterreinigung zu unterbrechen.

DIE EINRICHTUNG DES AQUARIUMS

Wer sein Aquarium vor oder nach der Wasserfüllung einrichten will, benötigt dazu die richtigen Materialien. „Vor oder nach der Wasserfüllung" – da stellt sich bereits die erste Frage. Die Reihenfolge würde ich erfahrungsgemäß wie folgt festlegen: Der gewaschene Bodengrund (Sand/Kies) wird ins Becken eingetragen, nachdem gegebenenfalls die Bodenheizung montiert wurde. Separat werden Wurzelstücke gereinigt und gewässert, so daß sie sich voll Wasser saugen und untergehen. Steine werden ebenfalls vorher gereinigt, so daß nun der Einbau beginnen kann. Größere Stein- oder auch Holzaufbauten sollten nicht vom Bodengrund (Sand/Kies) sondern von der Bodenscheibe aus hochgezogen werden. Viele Fische unterwühlen nämlich gern Steine und Holzteile, um darunter ein Versteck anzulegen: Auf diese Weise könnten auf dem Bodengrund stehende Steinburgen zum Einsturz gebracht werden!

Bevor man das Aquarium mit Wasser füllt oder teilweise anfüllt, muß die Frage nach der Rückwand geklärt sein. Soll sie im Beckeninneren auf- oder eingebaut werden, muß das tunlichst vor dem Einfüllen des Wassers geschehen. Falls mit PU-Schaum gearbeitet wird, darf keinesfalls schon Wasser im Becken sein!

DER BODENGRUND

Der Bodengrund ist ein Faktor, dem man besondere Aufmerksamkeit schenken muß. Er ist vor allem für die Pflanzen bedeutsam, daneben dient er vielen Fischarten zum Gründeln, zum Wühlen sowie zur Laichabgabe. Entsprechend soll seine Beschaffenheit sein.

Am besten haben sich grobkörniger Flußsand von 1,5 mm und Kies von 2–4 mm Körnung bewährt. Dieses Material ist in jeder Zoohandlung erhältlich. Feinerer Sand ist dagegen ungeeignet. Er läßt das im Bodengrund befindliche Wasser stagnieren. Eine Durchlüftung des Bodengrundes aber ist für die Gesunderhaltung der Bodenbakterien-Fauna sehr wichtig. Bekanntlich sind diese Kleinstlebewesen für den Abbau der verschiedenen Stoffe verantwortlich, und der weitsichtige Aquarianer wird auch ihren Lebensbereich in seine Überlegungen mit einbeziehen. Auch heller Sand oder scharfer Quarzsand sind ohne dunkle Bodenauflage ungeeignet, weil sie das Licht reflektieren und damit das Wohlbefinden der Fische stören.

Kies von 2–4 mm Körnung gehört zu den am meisten verwendeten Bodengrundarten.

Der Bodengrund muß vorher reingewaschen und somit frei von Schwebestoffen sein. Wenn er außerdem keimfrei ist, werden dadurch beispielsweise Schneckenlaich und sonstige, nicht erkennbare Keimlinge aus dem Becken ferngehalten. Um das zu erreichen, wird das Bodenmaterial in einen Plastikeimer gegeben und mit Wasser überdeckt. Unter Umrühren wird soviel Kaliumpermanganat (in Drogerien oder Apotheken erhältlich) zugegeben, bis sich das Wasser kräftig dunkelrot färbt. Nun wird alles gut durchgerührt und 1–2 Tage stehengelassen, damit das Mittel wirken kann. Darauf wird das Wasser abgegossen, und Sand und Kies werden unter kräftigem Umrühren mehrere Male gut gespült.

Sumpfpflanzen, wie dieser Echinodorus, leben nur zeitweise völlig untergetaucht und müssen daher auch Nahrung aus dem Boden aufnehmen können.

Die Frage nach der richtigen Zusammensetzung des Bodengrundes ist so alt wie die Aquaristik selbst. Manche Aquarianer vermischen die untere Sandschicht mit Lehm, dem die Pflanzenwurzeln gewisse Nährstoffe entnehmen können. Natürlich wird der Bodengrund in erster Linie für die Pflanzen eingebracht; doch nur die wenigsten von ihnen nehmen den überwiegenden Teil ihrer Nahrung über die Wurzeln auf. Meist entnehmen sie die Nahrung in gelöster Form direkt dem Wasser. Die untergetaucht (submers) lebenden Arten sind dazu mit Hydropoten (sog. Wassertrinkern) ausgestattet, die über die gesamte Blattfläche verteilt sind. Die als Sumpfpflanzen bekannten Arten wie die Cryptocorynen haben diese Hydropoten nicht primär. Als überwiegend emerse (überwasserlebende) Pflanzen, die aber auch submers leben können, besitzen sie Spaltöffnungen, durch die sie gasförmiges Kohlendioxyd aufnehmen können. Nach dem Übergang vom Medium Wasser in das Medium Luft oder umgekehrt werfen diese Pflanzen ihre alten Blätter ab, um sich mit neuen dem veränderten Medium anzupassen. Solchen Pflanzen dient der Bodengrund nur als fester Halt für die Pflanzenwurzeln. Ein sandiger Bodengrund in unserem Aquarium kann nicht ausreichend durchlüftet werden. Schon nach kurzer Zeit ist er meistens verklebt und mit Mulm zugesetzt. Der erwähnte feine Kies von 2–4 mm Körnung ist daher, zusammen mit gröberem Sand (1,5 mm Korn), als Bodengrund am besten geeignet. Um etwaige Mangelerscheinungen im Wasser auszugleichen, sollte in bestimmten Abständen gedüngt werden: Flüssiger Spezialdünger wird tropfenweise in das Aquarienwasser gegeben. Er ist in Zoo-Handlungen erhältlich.

Manche Fische und Pflanzen benötigen extrem weiches Wasser. Für sie müssen auch im Bodengrund alle Härtebildner (Schneckenhäuser und Muschelschalen oder Teile davon) aussortiert werden, weil sie Kalk enthalten, der schon in kleinen Mengen das Wasser ständig wieder aufhärtet.

STEINE, HOLZ UND WEITERE DEKORATIONS-MATERIALIEN

Außer dem Bodengrund sollte auch ein großer Teil des Dekorationsmaterials vor dem Einsetzen keimfrei gemacht werden. Steine werden unter einem Wasserstrahl mit einer Bürste vorgereinigt und schließlich überbrüht. Am natürlichsten wirken abgeschliffene, faustgroße Tiefen- oder Ergußgesteine wie Granit, Porphyr, Gneis, Quarz, Basalt und Feuerstein. Absatz- und Schichtgesteine wie Kalkstein, Dolomit, Marmor, Sandstein, Tropfstein und einige Tuffsteine dürfen nicht für solche Fische verwendet werden, die in weichem Wasser leben. Sie würden es aufhärten. Auf einfache Art läßt sich feststellen, ob ein Stein kalkhaltig ist: Man betropft ihn mit Salz- oder Schwefelsäure. Bildet sich Schaum, so ist das Gestein kalkhaltig und sollte in weichem Wasser nicht verwendet werden.

Gut eignen sich in den meisten Becken flache Steine und Steingrotten. Bei der Einrichtung von Cichlidenbecken empfiehlt es sich, mit dem Aufbau der Höhlensteine schon im trockenen Becken zu beginnen. Sollen große, starke Fische eingesetzt werden, hat es sich als vorteilhaft erwiesen, die Steine miteinander zu verbinden, da ein wühlender Fisch einen weniger stabilen Aufbau schnell zum Einsturz bringen kann. Die Höhlen kann man auch außerhalb des Beckens vorfertigen, indem man sie von der (später un-

Quarzit oder Schiefer gehört zu den bevorzugten Steinen für den Innenaufbau. Das Gestein ist so gewachsen, daß es sich leicht teilen läßt.

Gesteinshaufen wie diesen findet man in vielen Steinbrüchen. Dort werden diese Stücke sehr preiswert Interessierten überlassen.

Lochgestein kommt aus verschiedenen Regionen Europas. Es ist sehr schwer und als Auflage auf dünne Bodenscheiben nicht geeignet.

Sogenanntes Grottengestein, wie es im Fachhandel angeboten wird (Dohse), eignet sich sehr gut zum Bau von Höhlen, weil es kaum verrutscht.

Wer die Gelegenheit hat, Gebiete der Torfgewinnung aufzusuchen, findet dort langgezogene Wälle aus Moorkienholz, das getrocknet und verbrannt wird.

Moorkienholz, meist Wurzelkernholz, ist Tausende von Jahren abgelagert und ein Abfallprodukt bei der Torfgewinnung.

sichtbaren) Innenseite mit Silikonkautschuk in trockenem Zustand (!) zusammenklebt. So kann man Steingebilde auch punktförmig mit der rückwärtigen oder seitlichen Glasscheibe verbinden, um einem Aufbau mehr Halt zu geben.
Wem Blumentopfteile oder halbierte Kokosnußschalen vom Aussehen her nicht gut genug sind, der kann aus sogenanntem Grottengestein (Dohse) Höhlen zusammensetzen. Dieses Material, das wie „Keramikschlacke" aussieht (so ein Material gibt es normalerweise nicht), ist so bizarr geformt, daß eine einmal zusammengesetzte Formation nur schwer durch Fische auseinandergeschoben werden kann.
Verschiedene Schieferarten, ob anthrazitfarben, mittelgrau oder beige, lassen sich nicht nur zu Abgrenzungen für Terrassen verwenden sondern auch zu versteckreichen Aufbauten vor der rückwärtigen Beckenscheibe zusammenfügen, die vor allem gern von verschiedenen Buntbarschen aus dem Tanganjika-See angenommen werden.
Häufig wird Lochgestein unterschiedlicher Herkunft im Handel angeboten. Man kann auch mit diesen Steinen bizarre Aufbauten zusammenstellen. Da die Steine jedoch meist ein enormes Gewicht haben (wodurch sie sich von den Fischen nicht leicht fortbewegen lassen), soll man sie niemals punktförmig ungepuffert auf den Beckenboden legen. Es kann dann, wenn das Gesamtgewicht der Belastung zu hoch wird, zum Bruch der Bodenscheibe führen. Dieses Gestein, das aus stark komprimiertem,

Mangrovenholz stammt aus Brack- oder Meerwassergebieten. Es enthält Salz- und hohe Gerbsäurerückstände und muß gut vorgewässert werden. Hier ein Blick in einen abgestorbenen Mangrovensumpf.

kalkhaltigem Material besteht, gibt Härte an das Aquarienwasser ab. Es ist daher nicht für Aquarienaufbauten geeignet, in denen hauptsächlich Fische aus extrem weichen Gewässern gehalten werden sollen.
In früheren Jahren war das Moorkienholz das einzige bekannte Holz, soweit es sich um aquaristische Verwendung handelte. Heute gibt es Importe verhältnismäßig neuer und daher weniger bekannter Holzarten. Da wäre als erstes die Mooreiche zu nennen, von deren Holz meist sehr bizarre Stücke angeboten werden. Des weiteren werden unterschiedliche Hölzer meist unbekannter Herkunft angeboten, darunter auch solche aus Mahagoni. Viele von diesen Hölzern sind so schwer, daß man sie nicht erst vorwässern muß: Sie gehen sofort unter und schwimmen nicht anfangs auf der Wasseroberfläche. Man soll diese Stücke trotzdem gut reinigen und nach Möglichkeit auch Vorwässern; sie geben oft viele – zu viele – Huminstoffe ab, die in zu starker Konzentration das Aquarienwasser über Gebühr belasten.
Mangrovenholz stammt meist von den Stelzwurzeln dieser Pflanzen, die in ihrer natürlichen Heimat stets sehr nahe, wenn nicht direkt am Meer stehen. Diese Wurzeln oder Holzstücke müssen über einen längeren Zeitraum vorgewässert werden. Zuerst muß das Salz und der hohe Anteil an Gerbsäure entweichen.
Moorkienholz bietet die preiswertesten Stücke, mit denen wir unser Aquarium schmücken und gleichzeitig den Fischen eine räumliche Gliederung anbieten können. Man findet die Hölzer in einheimischen Moorgebieten, wo sie beim Abraum von Torf als lästiges Übel angesehen und meist seitlich der Abraumfläche auf Halden gesammelt und später verbrannt werden. Moorkienholz muß, bevor es im Wasser seine Tragfähigkeit und somit auch seinen Auftrieb verloren hat, über längere Zeit vorgewässert (es saugt sich sehr langsam voll Wasser) oder in einem großen Topf über kürzere Zeit „gargekocht" werden. Dieser letztgenannte Prozeß soll das Holz empfänglicher für das Eindringen des Wassers machen und verbliebene Luft im Holz austreiben. Wurzeln sollen *nicht* auf den Bodengrund gelegt werden. Nischen zum Auffangen des Mulms brauchen wir nicht extra einzubauen. Moorkienholzäste haben neben ihrer dekorativen Wirkung noch eine biologische Aufgabe: Sie helfen mit, das Aquarienwasser in einem bestimmten Säurebereich zu halten. Die Fische benutzen die Äste gern als „Unterstände". Jeder Fisch versucht, vor allem beim Ausruhen, zur Wasseroberfläche hin gedeckt zu sein, also sucht er Unterschlupf. Wurzeln, die auf dem Boden liegen, taugen dazu herzlich wenig. Sie müssen vielmehr in die Aquariendekoration derart einbezogen werden, daß sie optisch aus der Rück- oder einer Seitenwand herauswachsen; ähnlich wie an den Wänden der Flußufer: Mit einigem Abstand zum Grund. Phantasie und Geschicklichkeit des „Dekorateurs" sind dabei kaum Grenzen gesetzt. Zwischen dem feinen Geäst dieser Wurzeln kann man Javamoos, Lebermoos sowie in den oberen Wasserschichten Schwimmpflanzen festklemmen.

Steinholz kann Nitrate enthalten und an das Wasser abgeben, weshalb sein aquaristischer Wert fragwürdig ist. Wer Rohre aus Bambus, Schilf, Tonking benutzen will, sollte sie mit Wasserstoffperoxyd oder Kaliumpermanganat zuerst desinfizieren und nach dem Abspülen und Trocknen zumindest an den offenen Enden in Kunststoff-Versiegelung tauchen, um sie haltbarer zu machen. Das Rohr wird im Wasser sehr unregelmäßig gruppiert, so wie es in der Natur gewöhnlich auch der Fall ist.

DIE VERWENDUNG VON KUNSTSTOFFEN

Kunststoffe sind ein Produkt unserer Neuzeit und die aquaristische Industrie hat sich ihrer bereits seit Jahrzehnten bemächtigt; ebenso haben sie in den Bastelräumen der meisten Aquarianer Einzug gehalten. Ohne einen Kunststoff wäre die moderne Aquaristik sicher nicht mehr denkbar: den Silikonkautschuk.

Ein eingebautes Aquarium, dessen Rückwand eine Kombination aus Lochgestein und mit Javafarn bewachsenem PU-Schaum erkennen läßt.

An anderer Stelle wurde schon erwähnt, daß man bei der Handhabung mit Kunststoffen darauf achten muß, ob das verwendete Material, untergetaucht im Aquarienwasser, keine Giftstoffe abgeben kann. Ein Zweikomponentenkleber ist nicht unbedingt deshalb ein Allheilmittel, weil er aus eben diesen beiden Grundmaterialien besteht. Silikonkautschuk ist ein Einkomponentenmaterial, das man so, wie es aus der Tube oder Kartusche kommt, unbesorgt verarbeiten kann. Aus der Verwendung der Lösungsmittelkleber beim Hausgebrauch (den sogenannten Allesklebern) weiß man, daß sie unter der Einwirkung von Wärme fest genug abbinden.
Dieser Wärmeeinfluß ist nicht unbedingt für das Abbinden aller Kunststoffe von Nutzen. Wir kennen beispielsweise den Acrylglaskleber, mit dessen Hilfe man Plexiglas verklebt: Er bindet unter dem Einfluß des Lichtes ab. Der erwähnte Silikon-Kautschuk braucht keine Wärme zum Abbinden; er vulkanisiert unter dem Einfluß der Luftfeuchtigkeit durch. Lösungsmitteldämpfe, in größeren Mengen eingeatmet, können zu Gesundheitsschäden führen. Beim Umgang mit streichfertigen Kunststoffarben muß man darauf achten, daß der Raum, in dem gearbeitet wird, gut durchlüftet ist. Wer beim Innenanstrich eines größeren Aquariums aus Eternit seinen Kopf zu tief in den Behälter steckt, darf sich nicht wundern, wenn ihm schon nach kurzer Zeit übel wird. Viele Bastler könnten sich Ärger und Arbeit ersparen, wenn sie die Gebrauchsanleitung vorher studieren würden.

„Schäume sind Träume" – nicht für viele Aquarianer, die zum Schäumen Polyurethan-Schaum (kurz: PU-Schaum) verwenden. Auf dem Baumarkt werden von vielen Herstellern Dichtungs- und Isolierschäume angeboten. In den meisten Fällen will der Aquarianer mit diesem Material aber weder dichten noch isolieren. Schaum wird unter anderem in Druckflaschen angeboten und hat eine beige bis lehmgelbe oder auch weiße Färbung, wenn er aufgetragen wird und ausgehärtet ist. Das Praktische an ausgehärtetem PU-Schaum: Man kann ihn beschneiden, stutzen oder Höhlen einarbeiten. Er verbindet sich mit Kunststoffen und Steinen, auch dann, wenn diese feucht sind. Es liegt also nahe, das vieldiskutierte Thema „Rückwand" mit Hilfe dieses Kunststoffes in Angriff zu nehmen. Schaumstoff dieser Art verbindet sich auch mit Glas: Hat er in weichem, noch reagierendem Zustand eine der Beckenscheiben berührt, soll man ihn aushärten lassen, bevor man ihn beschneidet – auch wenn er einmal an die falsche Stelle geraten ist. Vorsicht mit der Kleidung! Aufgetragener Schaumstoff läßt sich von elastischem Material nur schwer entfernen.

Terrassenkästen kann man aus Hart-PVC-Platten in passender Größe mit Tangit zusammenkleben (kaltverschweißen). Die höhere Etage kann auf diese Weise von den Fischen nicht mehr mit den unteren auf ein Niveau gebracht werden. Die Zeichnung stellt einen Schnitt dar. Man kann die vordere Platte mit Bodenkies beschichten (Silikonkautschuk kann als Kleber dienen) und die Oberkante der Terrassenbox mit einem entsprechend ausgefrästen Wurzelholzstück (mit rostfreien Schrauben von der Innenseite fixieren) dekorieren. Kästen nicht zu groß machen! Sie lassen sich, wenn kleiner, besser handhaben und gegebenenfalls auch herausnehmen.

DIE GESTALTUNG DER RÜCKWAND

Wie bereits im vorausgegangenen Abschnitt angesprochen, ist über das Thema „Rückwand" schon viel diskutiert worden. Ich halte beispielsweise nichts von den Konstruktionen, die man lediglich als Schauobjekt konstruiert und hinter die rückwärtige Aquarienscheibe setzt. Verschiedene Hersteller von Aquarienzubehör bieten hervorragend aussehende Fotorückwände an – entweder auf Kunstdruck-Karton in bestimmten Größen zugeschnitten oder als Endlosware auf Rollen, wobei es sich um ein wasserunempfindliches PVC-Material handelt, das von außen gegen die hintere Beckenscheibe geklebt werden kann.

Soll die Rückwand im Inneren des Aquariums eingebaut werden, so müssen einige Anforderungen an die Materialien gestellt werden: Es können grundsätzlich nur diejenigen verwendet werden, mit denen auch sonst im Aquarien-Inneren gebaut wird, also hauptsächlich Steine und Holz. Normalerweise verklebt man die Rückwandteile miteinander und befestigt das Ganze an der rückwärtigen Glasscheibe des Aquariums. Je nach Art der Verklebung kann es aber später hinter dem Aufbau zu unkontrollierbaren Ansammlungen von Schmutz kommen, so daß es mir sinnvoller und sauberer erscheint, die Rückwand als eine Einheit außerhalb des Beckens zu bauen und später (trocken) einzukleben. Das geschieht wie folgt:

Man nehme eine 4–6 mm starke Platte aus grauem Hart-PVC

Rückwände, die aus eingefärbten Styroporteilen (Plattenbruch) zusammengeklebt sind, lassen sich trotz des hohen Auftriebes dieses Kunststoffes mit Silikon-Kautschuk anbringen.

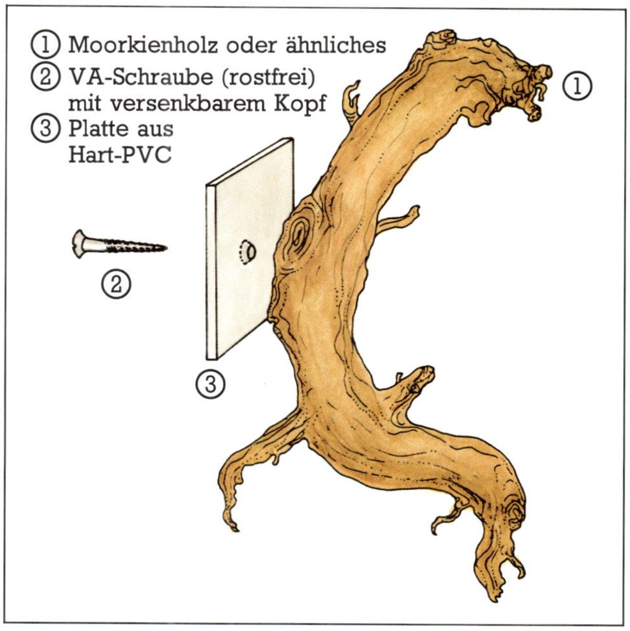

Soll ein Wurzelstück aus der Rückwand „herauswachsen", wie das oft an Gewässerufern festzustellen ist, so montiert man das Holzstück auf eine kleine Hart-PVC-Platte. Wurde auch die innere Rückwand mit einer Platte aus gleichem Material versehen, so kann man beide mit Hilfe von Tangit miteinander verbinden (kaltverschweißen).

und schneide sie exakt auf die Größe der Rückwand zu, so daß sie bis unter die obere Schiene für die Abdeckplatte reicht. Auf diese Platte kann man dann im liegenden Zustand mit Silikonkautschuk Steinaufbauten kleben (trocken!). Das geht selbst mit Steinen, die später ins Bekken hineinragen sollen, jetzt also aufrecht stehen müßten. Als Stütze kann man aus einem Abfallstück des Hart-PVC ein Dreieck schneiden und dies mit „Tangit" auf die Platte kleben (kaltverschweißen). Sollen Wurzelstücke „aus der Wand herauswachsen", so legt man sie bereit und läßt den Platz auf der Platte für sie frei. Ist alles verklebt und das Silikon durchvulkanisiert, werden die freien Räume auf der Platte, wo ihre graue Farbe noch sichtbar ist, aber auch andere Zwischenräume, mit PU-Schaum ausgespritzt. Bei dieser Gelegenheit wird auch die vorher angefeuchtete Wurzel derart in den Schaum gedrückt und einige Minuten in dieser Stellung festgehalten (Schaum arbeitet – er „reagiert" und würde dabei die Wurzel hochdrücken), wie sie später ins Aquarium ragen und den Fischen Deckung geben soll. Nach einigen Stunden ist der Schaum ausgehärtet und kann mit einem kleinen Messer weiterverarbeitet werden. Gut eignet sich dazu ein sogenanntes Grapefruitmesser, das vorn leicht gebogen und beiderseits mit einer feinen Säge ausgerüstet ist. Wenn alles fertig ist, kann man die Platte mit einer Ringsum-Wulst gegen die Rückwand kleben. Man verwendet auch dazu Silikon-Kautschuk. Alle Klebestellen müssen völlig trocken sein! Mögliche seitliche Zwischenräume können später mit Schaum ausgespritzt und darauf passend beschnitten werden.

DAS WASSER

Jeder weiß aus eigener Erfahrung, daß Wasser unterschiedliche Qualität und vielfältige Eigenschaften besitzt. Mit Ausnahme des destillierten Wassers sind in der durchsichtigen Flüssigkeit, die von Wissenschaftlern als „Urmutter" für alles Leben bezeichnet wird, viele Stoffe gelöst. Unterschiedliche Landschaften bringen unterschiedliches Wasser hervor. Das Wasser nimmt Stoffe aus dem Boden auf und wird in seiner Qualität durch die Bodenbeschaffenheit der jeweiligen Landschaft geprägt.
Im Gegensatz zum Meerwasser, das über unendlich weite Flächen vereint und daher in seiner Zusammensetzung auch recht gleichartig ist, sind Flüsse und Seen weit mehr durch die sie umgebenden Landschaftsstrukturen (Landschaften mit Kalkgestein, Sumpfgebiete, Flußmündungsdeltas usw.) geprägt. Meerwasser ist durch Mineralstoffe, vom Grund gelöst, enorm hart. Bei Flußwasser ist das anders. So führt beispielsweise der Rio Negro (Schwarzer Fluß), ein riesiger Nebenfluß des Amazonas, ein äußerst weiches, mineralarmes Wasser, und zwar deswegen, weil in dem durchflossenen Gebiet der Kalk fast vollständig fehlt. Ein großer Anteil an Huminsäuren (Sumpfgebiete bei Überschwemmungen, Laub, faulendes Holz) und ein hoher Kohlensäurewert erzeugen bei diesem dunkelbraunen Wasser (Schwarzwasser) einen stark sauren pH-Wert. Fast alle bekannten Giftstoffe (Ammoniak, Nitrit und Nitrat) fehlen. Deshalb sind Fische aus diesen Gebieten oft heikle Gäste im Aquarium: sie stellen viele Ansprüche an den Pfleger. Außerdem gibt die Mineralarmut jenem Wasser einen geringen elektrischen Leitwert, was wiederum einen niedrigen osmotischen Druck nach sich zieht. Diese Werte sind dafür maßgebend, daß sich die Fische aus diesem Ursprungsgebiet in unserem Wasser nur sehr schwer züchten lassen. Erst seitdem die naturgegebenen Zusammenhänge erkannt worden sind, lassen sich die Wasserverhältnisse nachahmen und bessere Erfolge erzielen.

NEUE WASSER-NORMEN

Der „Normenausschuß Wasserwesen (NAW)" beim Deutschen Institut für Normung hat seit einigen Jahren eine neue Norm und damit neue Begriffe

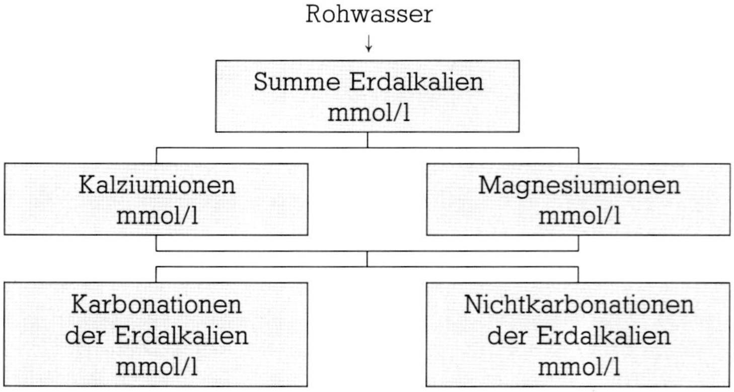

Alte Bezeichnungen	Neue Bezeichnungen
Gesamthärte	Summe Erdalkalien
Kalziumhärte	Kalziumionen
Magnesiumhärte	Magnesiumionen
Karbonathärte	Karbonationen der Erdalkalien
Nichtkarbonathärte	Nichtkarbonationen der Erdalkalien

geschaffen, die leider in aquaristischen Arbeiten bisher kaum erwähnt werden.
In diesem Buch sollen zwar weiterhin die bekannten Begriffe wie „Härtegrade" verwendet werden. Will man jedoch Informationen beim Wasserwerk einholen, so muß man damit rechnen, daß dort ausschließlich die neuen Begriffe gebraucht werden, weshalb sie in der Tabelle auf Seite 50 kurz vorgestellt werden.
Die neueste Meßeinheit der Härte ist somit die „Summe Erdalkalien" (= Konzentration an Kalzium- und Magnesiumionen) in mmol/l. Daneben findet man (wie auch fernerhin in diesem Buch) die alten Angaben der Härte in „Grad deutsche Härte" (° dH), Begriffe, die in der Bundesrepublik und der DDR schon lange gelten: 1° dH = 10 mg/l Kalziumoxyd CaO. In der Umrechnung entspricht 1 mmol/l = 56,08 mg CaO/l.

WASSERKUNDE FÜR DIE AQUARISTIK

Man muß nicht unbedingt ein Amateur-Limnologe sein (Limnologe = Süßwasser-Forscher), um zu ordentlichen Ergebnissen in der Aquaristik zu kommen. Begriffe wie „Wasserhärte", „ph-Wert", „elektrische Leitfähigkeit" und andere finden wir in vielen Berichten der aquaristischen Literatur und

Auch der Rio Negro führt Sedimente, die durch den Rio Branco (= weißer Fluß) eingeschwemmt werden und sich im Gebiet des Arquipélago das Anavilhanas (oberhalb der Stadt Manaus) zu einem Insellabyrinth abgesetzt haben und noch absetzen. Wird das Wasser stark bewegt (wie hier beim Diskusfang), so wird das Sediment aufgewirbelt: Es entsteht der Milchkaffee-Effekt.

müssen damit etwas anzufangen wissen. Jeder Aquarianer sollte zumindest die Härtegrade seines Leitungswassers kennen. Wie kann er sonst wissen, ob er seinen Pfleglingen das richtige Wasser zumutet? Meist genügt ein Anruf beim Wasserwerk, um einen ersten Überblick zu bekommen. Früher war es üblich, Tabellen über die Wasserwerte in Gemeinden und Städten herauszugeben, doch stimmen diese heute oft nicht mehr, weil Verbundnetze entstanden oder neue Rohwasserreservoire erschlossen wurden.
Der aquaristische Handel bietet überdies einfache wie auch höherpreisige Meßutensilien, -chemikalien und -geräte an, welche die Feststellung der Wasserwerte ermöglichen.

Wasserhärte

In der aquaristischen Literatur überwiegen bei Angaben zur Wasserhärte die Bezeichnungen nach Graden deutscher Härte (° dH). Daneben kennen Leser ausländischer Literatur andere Berechnungen, denen entsprechend geänderte Werte zugrunde liegen. In der folgenden kleinen Tabelle lassen sich die Umrechnungswerte ablesen (nach Klee, ergänzt):

	deutsch ° dH	englisch ° eH	französ. ° fH	amerik. ° usH	UdSSR ° suH
1 dtsch. Grad	1,00	1,25	1,78	17,8	7,15
1 engl. Grad	0,798	1,00	1,43	14,3	5,70
1 französ. Grad	0,560	0,702	1,00	10,0	4,00
1 amerik. Grad*	0,056	0,070	0,10	1,0	0,40
1 sowjetruss. Grad	0,14	0,111	0,078	0,0078	1,00

*Angaben in ppm (= parts per million) unter der Voraussetzung, daß 1 Liter Wasser eine Masse von 1 kg enthält.

Die Bewertung des Härtegrades (1° dH) = 10 mg/l Kalziumoxyd (CaO) bedeutet die Lösung vom 1/1000 Gramm in 1 Liter Wasser. Nach dem Verhalten des Wassers beim Kochen unterscheidet man zwischen temporärer (vorübergehender) und permanenter (bleibender) Härte. Die erste wird auch als Karbonathärte bezeichnet (KH); sie besteht aus den sich beim Kochvorgang zersetzenden Hydrogenkarbonaten des Kalziums und Magnesiums. Die permanente Härte wird auch Nichtkarbonathärte (NKH) genannt und beruht auf den Kalzium- und Magnesiumsulfaten und ähnlichen Komponenten. Karbonathärte und Nichtkarbonathärte ergeben zusammen die Gesamthärte.
Bei Wassertests, wie wir Aquarianer sie meist durchführen, handelt es sich um eine vereinfachte Methode der Labortests. Es kann dabei zu Resultaten kommen, die nicht zusammenzupassen scheinen, wenn nämlich die gemessene Karbonathärte höher ist als die ermittelten Werte der Gesamthärte. Mit dieser vereinfachten Messung wird meist nur die Summe aller Kalzium- und Magnesium-Salze erfaßt. Reagenzien, mit denen man jedoch separat (!) die Karbonathärte feststellen kann, messen die Hydrogenkarbonate, in einem Wasser über 8 pH (wie man es beispielsweise in den drei großen afrikanischen Seen und Regionen Mittelamerikas kennt) werden auch die Karbonat-Ionen mitgemessen, was zu einem anderen Ergebnis führt und diese Messungen fragwürdig erscheinen läßt. Wässer mit weiteren gelösten Verbindungen, etwa Natriumhydrogenkarbonat, läßt auch diese im Meßergebnis erscheinen, was verständlicherweise zu falschen Schlüssen führen muß.
Die temporäre Härte läßt sich durch Kochen beseitigen. Was bleibt, ist die permanente Härte, die sich nur mit Hilfe eines Austauschers mehr oder weniger vollständig entfernen läßt. Man verwendet solche Anlagen, um ein weiches Zuchtwasser herzustellen (siehe dort).
Als Basis für alle Messungen

Je niedriger das Wasser des Rio Negro steht, um so weiter ragen an vielen Stellen die Sandbänke heraus.

dient das destillierte Wasser mit einem Härtegrad von null. Nur, wenn ein solches Wasser völlig entmineralisiert ist, schlägt auch der Leitwertmesser nicht mehr aus, aber null Mikrosiemens (siehe dort) sind selten. Man findet einen solchen Wert in natürlichen Gewässern eher als in dem käuflichen destillierten Wasser. In der Aquaristik hat sich für die Wasserhärte folgende Ausdrucksweise eingebürgert:

Sehr weiches Wasser	= von 0 bis 4° dH
Weiches Wasser	= von 5 bis 8° dH
Mittelhartes Wasser	= von 9 bis 12° dH
Ziemlich hartes Wasser	= von 13 bis 18° dH
Hartes Wasser	= von 19 bis 30° dH
Sehr hartes Wasser	= von über 30° dH

Wie man in einem späteren Kapitel erfahren kann, ist das Wasser in den Heimatregionen unserer Zierfische nicht überall gleich. Hartes oder gar sehr hartes Wasser ist jedoch in den tropischen Lebensräumen unserer Zierfische sehr selten. Es dürfte sich herumgesprochen haben, daß die Gewässer Amazoniens wie auch Zentralafrikas sehr weich sind, und auch das Wasser der zentralafrikanischen großen Seen ist, trotz seines höheren pH-Wertes, nicht etwa besonders hart! Manche Aquarianer ziehen hier falsche Schlüsse! So konnte ich im Malawi-See beispielsweise eine Gesamthärte zwischen 3 und 5° dH feststellen, im Tanganjika-See zwischen 7 und 11° dH und im Viktoria-See sogar nur zwischen 1 und 2° dH!

Wer nicht züchten will, muß für seine Fische im Aquarium nicht die extremen Werte ihrer Heimatbiotope nachahmen! Bei vielen Arten kann man vermuten, daß sie sich in etwas (!) härterem (sprich: mineralreicherem) Wasser fast wohler fühlen. Da Pflanzenwuchs in sehr weichem Wasser ohnehin kaum möglich ist, kann dieser Wassertyp, nachgeahmt oder nicht, für die meisten Aquarianer sowieso kaum in Frage kommen. Bestimmte Fische, wie verschiedene Lebendgebärende Zahnkarpfen aus Mittelamerika, können in sehr weichem Wasser nicht gedeihen. In ihren Heimatbiotopen ist das Wasser meist sehr mineralreich und nie sauer – meist alkalisch.

Wasserreaktion und pH-Wert

Wir unterscheiden alle Wässer nach ihrem Gehalt an Säuren und Basen. Der pH-Wert ist das Maß für die Stärke einer Säure oder Base bei gegebener Konzentration. Ionen sind im Wasser Träger der sauren und alkalischen Eigenschaften. Treten sie in gleicher Zahl auf, reagiert das Wasser „neutral", was auch bei destilliertem Wasser der Fall ist oder sein sollte. In jedem Wasser sind eine bestimmte Zahl von H_2O-Molekülen, gespalten in H^+- Ionen (= positiv geladene Wasserstoff-Ionen) und OH-Ionen (= negativ geladene Hydroxyd-Ionen) enthalten. Das Produkt aus H^+- und OH-Ionen hat einen konstanten Wert: 10^{-14} mol/l (mol = Molekulargewicht in Gramm, vergleiche auch Abschnitt „Neue Wassernormen"). Da in neutral reagierendem Wasser gleichgroße Zahlen von H^+- und OH-Ionen vorkommen, entfallen auf jede Ionenart 10^{-7} mol/l. Neutrales Wasser hat also eine Wasserstoff-Ionen-Konzentration von 10^{-7} g in einem Liter Wasser, so daß sich 0,000 000 1 g H-Ionen und ebensoviele OH-Ionen darin befinden. Nicht einfach zu verstehen und wenig anschaulich! Man nennt diese Zahl den pH-Wert des Wassers, was soviel bedeutet wie „Gewicht des Wasserstoffs" (**p**ondus **H**ydrogenii). Wegen der geringen Anschaulichkeit schreibt man nicht die ganze Zahl, sondern nur den Logarithmus der Wasserstoffzahl ohne das negative Vorzeichen, also „7". Demnach wird der neutrale pH-Wert mit – abgekürzt „ph 7" bezeichnet. Der pH-Wert des Regen- und Schneewassers liegt zum Beispiel bei 7. Im sauren Wasser ist der Wert geringer als 7, im alkalischen Wasser höher. Gewässer der gemäßigten Zonen haben meist pH-Werte zwischen 7,5 und 9, sind also (mit Ausnahme der Moor- und Sumpfgewässer) leicht alkalisch. Tropische Gewässer haben dagegen meist pH-Werte von 5 bis 6,8, sind also mehr oder weniger sauer. Natürlich gibt es Ausnahmen. Die bekannteste bilden die zentralafrikanischen Seen. Obgleich der Zaire-Fluß nicht allzu weit entfernt ist und mit 6,5 einen leicht sauren pH-Wert hat, liegt der Wert des Tanganjika-Sees durchschnittlich schon um 9,0 (der südlichere Malawi-See hat etwa 8,4). Im Norden weist der fischarme Rudolfsee sogar Werte zwischen 9,5 und 10,0 auf. Doch selbst in den bekannten ostafrikanischen Natronseen (der bekannteste ist der Lake Magadi) mit einem pH-Wert von etwa 11,5 und einer Lösungsdichte von 1,015 bis 1,030 (ein Meerwasseraquarium hat eine Wasserdichte von 1,020 bis 1,028) leben noch Fische *(Oreochromis grahami);* ein Beweis für ihre Anpassungsfähigkeit.

Den pH-Wert zu messen, ist nicht mehr schwierig. Die Industrie liefert dem Aquarianer Meßreagenzien, mit denen mühelos die gesuchten Werte zu bestimmen sind. Diese Reagenzien gibt es im Zoogeschäft. Die Packungen enthalten eine Farbscheibe oder -tafel, die man nach dem Meßvorgang mit der Färbung des Aquarienwassers vergleicht. Entsprechend der Farbabstufung läßt sich der Wert ablesen.

Es erscheint erwähnenswert, darauf hinzuweisen, daß entsalztes Leitungs- oder sehr mineralarmes Naturwasser einen oft nur schwer feststellbaren pH-Wert hat. Es kommt bei der Indikatormethode (Messen mit „ph/Papier" oder mit flüssigen Indikatoren) zu Meßfehlern, die um so größer werden, je geringer der Salzgehalt des Wassers ist.

Vollentsalztes Wasser nimmt Kohlensäure aus der Luft auf! Durch geringste Mengen Kohlensäure wird der pH-Wert des Wassers beeinflußt. Vollentsalztes Wasser zeigt bei 15° C im Gleichgewicht mit der Luftkohlensäure bereits einen pH-Wert von 5,7.

Nicht nur am Beispiel des Rio Negro läßt sich die Verschiedenfarbigkeit des Wassers tropischer Flüsse erkennen. Dieses Foto zeigt den Zusammenfluß des kleinen Rio Sunac mit grünem Klarwasser (Vordergrund) in den Rio Pastaza (Ecuador), der braunes Weißwasser führt.

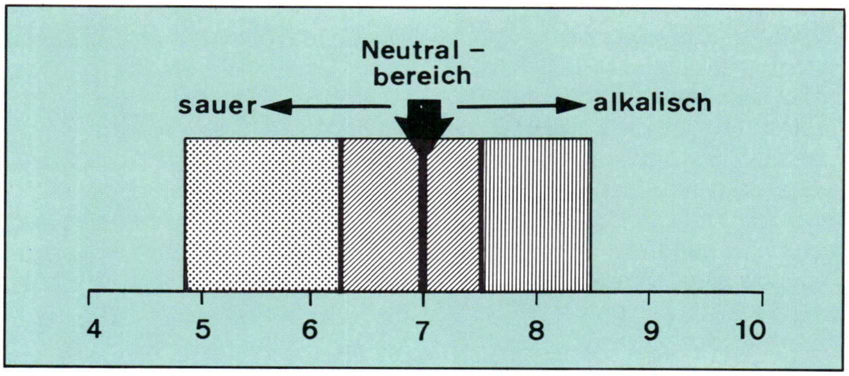

Die meisten Pflanzen gedeihen am besten in einem Wasser, dessen pH-Wert um den Neutralbereich (7,0) liegt. Bei Werten unter 5,0 und über 8,5 stellen sie meist ihr Wachstum ein oder sterben gar ab.

Elektrische Leitfähigkeit (Mikrosiemens)

Wenn ich unterwegs in tropischen Gebieten bin, habe ich stets meinen elektronisch gesteuerten Leitwertmesser bei mir: Es gibt nur sehr wenige Gewässer, die so rein sind, daß elektrischer Strom nicht geleitet wird. Und doch habe ich sie mehrere Male in Südamerika angetroffen. Es müssen Ionen (= elektrisch geladene Teilchen) im Wasser vorhanden sein, damit der Strom geleitet werden kann!
Die Leitfähigkeit des Wassers bestimmt auch die „osmotischen Verhältnisse" (Elektrolytgehalt) im Aquarienwasser. Dieser osmotische Druck ist ebenfalls entscheidend für den biologischen Wert des Zuchtwassers. Die meisten Zuchten gelingen nur, wenn sich Soll- und Ist-Werte so weit wie möglich einander angenähert haben. In der tropischen Heimat der Aquarienfische ist das Wasser meist sehr weich und mineralarm. Wie schon beim Thema „Wasserhärte" erwähnt, finden sich in den Gewässern des Amazonasbeckens oft so extreme Wasserwerte, daß man sich wundert, wie die Fische zum Beispiel mit einem pH-Wert von 4,5–4,9 existieren können. Bekanntlich leben u. a. Rote Neon *(Paracheirodon axelrodi)* in diesem Wasser, und es war bis vor wenigen Jahren kaum möglich, diese kleinen Kostbarkeiten der Aquaristik nachzuzüchten, so wenig, wie einige Rasbora-Arten aus Südostasien. Die in neuerer Zeit erzielten Zuchterfolge sind in erster Linie auf die Erkenntnisse der Zusammenhänge zwischen elektrischer Leitfähigkeit des Aquarienwassers und dem osmotischen Druck zurückzuführen.

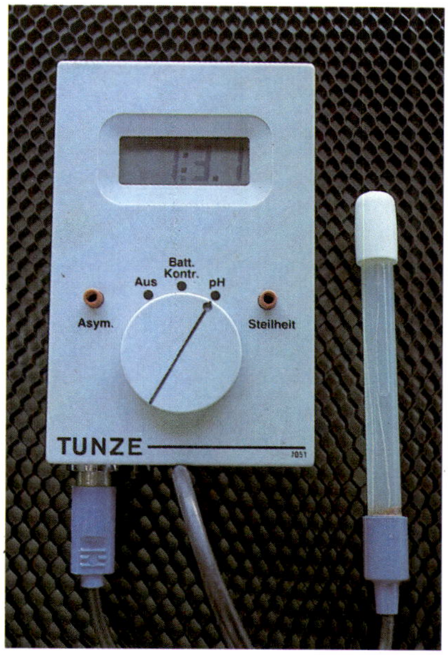

Elektronisch gesteuerte Leitwertmesser (hier mit Digitalanzeige) sind relativ klein und handlich und speziell für aquaristische Ansprüche konstruiert. Es gibt sie von verschiedenen Herstellern wie Tunze, Dupla, Stein, Bischof und anderen.

Wassertemperatur in °C bei Messung	Temperaturfaktor bezogen auf 20° C
15	1,132
16	1,095
17	1,071
18	1,046
19	1,023
20	1,000
21	0,979
22	0,958
23	0,937
24	0,919
25	0,901
26	0,840
27	0,810
28	0,790
29	0,770
30	0,750

Die Leitfähigkeit des Wassers wird mit einem kleinen Gerät in Taschenformat gemessen: Dem Transistor-Leitwertmesser. Dieses Gerät ist relativ preiswert und liefert dem interessierten Züchter genaue Werte. Die Bestimmung des Leitwertes erfolgt bei 20° C. Wenn bei der Messung im Freien das Wasser nicht auf diese Temperatur zu bringen ist, so muß die gemessene Temperatur angegeben werden. Die Angabe erfolgt dann beispielsweise als μS_{26}. Die Temperatur des Wassers hat einen entscheidenden Einfluß auf das Meßergebnis. Leitwerte im Süßwasser zwischen 25 und 140 µS sind für den Züchter ideal.
Daß man das Wasser auch unter Berücksichtigung der elektrischen Leitfähigkeit mischen kann, wird beim Thema „Zuchtwasser" erwähnt. Betont sei jedoch nochmals, daß destilliertes Wasser zwar 0° KH oder auch dH haben kann, fast nie jedoch 0 µS. Die Praxis hat gezeigt, daß destilliertes Wasser immer eine Leitfähigkeit von mehreren Graden behält.
Werden Fische in Becken mit anderswertigem Wasser umgesetzt, kann es Probleme geben. Deswegen wird ein Zuchtpaar bei zu krassen Leitwert-Veränderungen vorsichtshalber in Etappen umgesetzt. Es kann sich auf diese Weise den neuen Lebensbedingungen allmählich anpassen. Zu den Naturgegebenheiten gehört, daß Fische, die aus sehr mineralarmen Gewässern stammen, zur Nachzucht das gleiche Wasser benötigen, auch wenn sie schon seit Generationen in härterem und somit mineralrei-

cherem Wasser gehalten wurden. Die Ursache dafür liegt im Aufbau des Fischeis. Diese Eier, wie auch die Spermien (Samen), bestehen aus Zellen, die von einer sehr dünnen Haut, der sogenannten Membrane, umgeben sind. Die Zellen enthalten u. a. Wasser, und darin finden sich gelöste Mineralien. Auch das Ei aber ist umgeben von Wasser, in dem ebenfalls Mineralien gelöst sind. Hier treffen also, nur getrennt durch die erwähnte dünne Membrane, zwei Elemente aufeinander, die zwar gleich zu sein scheinen, es aber oft nicht sind.

Wie bereits erwähnt: Die Bestimmung des Leitwerts und das Ergebnis der Messung sind temperaturabhängig. Erhöht sich die Temperatur nur um 1° C, so erhöht sich mit ihr der Meßwert um ungefähr 2%. Meist wird auf 20° C umgerechnet. Wie das aussieht, kann man aus der Tabelle auf Seite 55 sehen.

Gifte im Aquarienwasser: der Stickstoffkreislauf

Die Fische haben ein Verdauungssystem und scheiden Verdauunsprodukte – Kot und Urin – aus. Diese Substanzen werden meist bald vom Wasser gelöst und können mit mechanischer Reinigung nicht mehr „gepackt" werden. Bei anderen Stoffen ist dies ebenso: Überschüssiges oder nicht genommenes Futter zersetzt sich wie auch ein unentdeckter toter Fisch. Genauso ist es mit Resten der abgestorbenen Pflanzenteile. Sie alle bilden organische Abfallprodukte, die einen Kreislauf in Gang halten, der mit dem Auge nicht wahrnehmbar ist und deshalb zuweilen von vielen Aquarianern übersehen wird.

Normalerweise kommt es in einem natürlichen Gewässer zur Selbstreinigung. Dies setzt dort verständlicherweise eine nicht zu hohe Belastung des Wassers voraus und reichliche Anwesenheit von Sauerstoff. Wie bereits beim Thema „Bakterienfilter" angeschnitten, unterscheidet man aerobe und anaerobe Bakterien. Wichtig für den gewünschten Verlauf naturgegebener Abbauvorgänge sind die erstgenannten, die aeroben Bakterien. Sie sind auf Sauerstoff angewiesen, und mit ihrer Hilfe erst werden die erwähnten organischen Verbindungen dann in anorganische Stoffe (Kohlensäure, Nitrit, Nitrat, Sulfat, Phosphat und Wasser) umgewandelt. Der sogenannte Stickstoffkreislauf beginnt, wenn die für die Arbeit der Bakterien nötigen Voraussetzungen geschaffen sind. Auf aquaristische Werte umgesetzt heißt das: Reichliche Belüftung und Wasserumwälzung sind wichtig.

Ammoniak (NH_3) ist die erste Stufe des Abbaus und das gif-

Ein Beispiel, das die Wirkung der Osmose auf ein Fischei verdeutlichen soll: Durch die Anpassung zwischen den Konzentrationen von Innen- und Außenlösung kann das Ei aufgebläht werden oder schrumpfen. Beides zerstört die Keimfähigkeit und macht somit das Ei für die Zucht unbrauchbar.

tigste aller Abbauprodukte: Ein stechend riechendes Gas, das sich im Wasser unter Bildung von Ammonium-Ionen löst und eine basisch reagierende Lösung bildet. Der Ammoniakgehalt steigt mit zunehmender Verlagerung des pH-Wertes in den basischen Bereich (über 7,0) an – seine Giftigkeit nimmt zu! Ammoniakvergiftungen gehören zu den bösen Überraschungen für den Aquarianer. Je höher also der pH-Wert, um so größer die Möglichkeit einer Vergiftung. Es gibt Reagenzien, um den Ammoniakgehalt zu messen und somit unter Kontrolle zu halten. In Aquarien mit saurem Wasser ist eine Ammoniakvergiftung jedoch kaum gegeben. Ein Teilwasserwechsel – notfalls in mehreren Schüben – mit gleichzeitiger, vorsichtiger Senkung des pH-Wertes behebt die Vergiftungserscheinungen. Einfacher ist es, die natürlichen Abbauvorgänge so zu fördern (Bakterienfilter, wenn das Becken stark besetzt ist), daß diese zügig voranschreiten können.

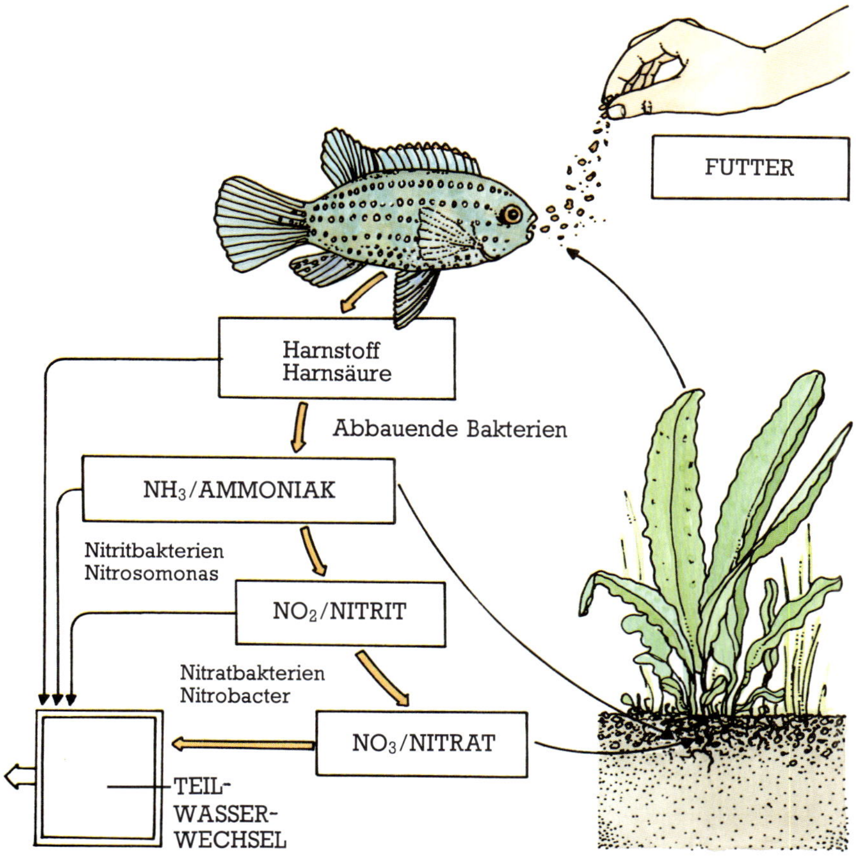

Der Stickstoffkreislauf ist für das Auge unsichtbar. Bis es zu relativ ungefährlicher Nitratanreicherung kommt, macht der Abbau einige nicht ungefährliche Phasen (Ammoniak, Nitrit) durch.

Nitrifikation nennt man den weiteren Abbau des gelösten Ammoniaks durch besondere Bakterien, welche das giftige Ammoniak über Nitrit (NO_2) zu Nitrat (NO_3) oxydieren. Diese „spezialisierten" Bakterien (*Nitrosomonas* und *Nitrosococcus*) bauen zuerst das Ammoniak in Nitrit um, worauf eine weitere Gruppe (*Nitrobacter* und *Nitrocystis*) die Oxydation von Nitrit zu Nitrat besorgt. Nitrit ist nicht viel weniger giftig als Ammoniak, weshalb auch der Nitritgehalt kontrolliert werden sollte! Zeigen die Fische Zeichen der Vergiftung, so ist ebenfalls ein baldiger Teilwasserwechsel vorzunehmen.
Nitrat ist das Endprodukt der Nitrifikation. Es läßt sich nur schwer aus dem Aquarienwasser entfernen, ist aber erst in hoher Konzentration schädlich. Mit jedem Teilwasserwechsel wird mit dem älteren Wasser Nitrat entfernt. Das darf jedoch nicht zu dem Schluß führen, daß Leitungswasser völlig ohne Nitrat sei. Fragen Sie Ihr Wasserwerk. Nitrat läßt sich auch über Kunstharze aus dem Wasser entfernen (s. „Zuchtwasser").

Regelmäßiger Teilwasserwechsel, aber wie?

Beim Wasserwechsel wird häufig gesündigt, und bevor man dazu kommt, hier ein paar Tips: Es soll immer ein Wasser mit den Wärme-, dH- und möglichst auch pH-Werten nachgefüllt werden, wie es die Fische im Becken hatten, bevor der Wasserwechsel durchgeführt wurde. Beim Teilwasserwechsel geht es darum, Abbauprodukte zu reduzieren und besonders

das Endprodukt des Abbaus, das Nitrat, durch Wasseraustausch gering zu halten.
In der Regel wird der Aquarianer sein Wasser aus der Leitung beziehen. Es gibt bei jedem Wasserwerk Auskunftsstellen, bei denen man sich über die Härte, den pH-Wert, den Nitratgehalt und schließlich auch über den Gehalt an Chlor informieren kann. In der Aufbereitungspraxis werden vor allem Chlor und seine keimtötend wirkenden Verbindungen sowie in steigendem Maße Ozon eingesetzt. Eine starke Chlorung (vorwiegend durch Chlorgas erreicht) läßt sich durch Chlorgeruch feststellen. Unter den in der Wasseraufbereitung üblichen Bedingungen ist elementares Chlor oberhalb von pH 6 nicht mehr im Wasser vorhanden. Im Trinkwasser unserer Leitungsnetze sollen normalerweise nicht mehr als 0,3 mg/l wirksamen Chlors vorhanden sein.
Die Gefährlichkeit der Chlorung des Trinkwassers wird meist überschätzt. Das Chlorgas entweicht dem Wasser, wenn dieses stark bewegt (gesprudelt) wird. Es wäre daher vorteilhaft, wenn der Aquarianer das beim Teilwasserwechsel zugeführte Wasser vorher in einem gesonderten Behälter – etwa einer Kunststofftonne – abstehen und dabei belüften lassen könnte. Das Wasser in unseren Leitungen steht unter teilweise hohem Druck und ist nicht (!) sauer. Die Entfernung von freiem, für die Leitungsnetze aggressivem CO_2 (= Kohlendioxyd), die Entsäuerung, ist mit einer Anhebung des pH-Wertes verbunden, der meist auf Werten zwischen 7,2 und 7,5 liegt. Wenn man Leitungswasser direkt mit dem Aquarienwasser vermischt (schneller Direkteinlauf aus dem Hahn), kann es vorkommen, daß die im Leitungswasser gelösten Gase sich nach der Druckentlastung befreien. Man erkennt das an vielen kleinen Bläschen, die sich an Scheiben und Aufbauten wie auch am Fischkörper festsetzen. Sie können im (!) Fisch zu Gasembolien führen! Der meist empfohlene regelmäßige Teilwasserwechsel soll den Sinn haben, das Wasser häufiger in kleineren Einheiten auszuwechseln und somit keine zu krassen Unterschiede zwischen älterem und neuerem Wasser aufkommen zu lassen.
Auf eine Sache sollte noch hingewiesen werden: Mit jedem Teilwasserwechsel werden verschiedene Zugaben wie Pflanzendünger (auch CO_2) und natürlich krankheitsbekämpfende Medikamente herausgenommen und müssen entsprechend nachdosiert werden.

Sauerstoff

Sauerstoff soll in jedem Aquarienwasser in möglichst großen Mengen gelöst sein. Sauerstoff ist ein Gas, dessen Löslichkeit im Wasser temperaturabhängig ist: Je wärmer ein Wasser ist, um so schneller entweicht der Sauerstoff. Man darf im Sauerstoff nicht allein ein Lebenselement für die Fische sehen: Auch die Wasserentgiftung ist sauerstoffabhängig, weil der Abbau von Giftstoffen in erster Linie von sauerstoffabhängigen Bakterien durchgeführt wird.
Sauerstoff kann vom Wasser überall aufgenommen werden, doch geschieht das in natürlichen (Fluß-, See- und Teich-) Gewässern fast ausschließlich an der Oberfläche. Brunnen- und Quellwässer sind deshalb arm an Sauerstoff. Erfolgt in einem Aquarium ein starker Sauerstoffeintrag durch Einblasen von Außenluft, so kann dieser vorhandene Kohlensäure austreiben.
Oft wird in aquaristischen Arbeiten von „Sauerstoffsättigung" geschrieben. Sie kann nicht nur erreicht werden, sondern es kann sogar zu einer Übersättigung kommen, wenn durch pflanzliche Assimilation ein zusätzlicher überstarker Eintrag erreicht wird. Die Temperatur des Wassers ist es, wie bereits angeführt, welche die Sauerstoffaufnahme bestimmt: Je kälter ein Wasser (oberhalb des Gefrierpunktes), um so mehr Sauerstoff kann es bis zur Sättigung aufnehmen. Dies gilt ebenso auch für andere Gase, wie Kohlensäure, wenn auch in anderem Maße.

Als Beispiel für die Praxis soll die folgende Tabelle dienen:

Wassertemperatur in °C	Sauerstoffsättigung in mg/l
0	14,2
6	12,1
12	10,0
18	9,2
24	8,2
26	8,0
28	7,7
30	7,5
32	7,3
34	7,1
40	6,6

Was sagt die Tabelle für den Aquarianer aus? Wird aus züchterischen oder therapeutischen

(= eine Krankheit ist zu behandeln) Gründen die Wassertemperatur über die Norm erhöht, so muß der Sauerstoffeintrag entsprechend erhöht werden. Der kundige Aquarianer wird an der Atemfrequenz seiner Fische erkennen, wenn dieser Zustand erreicht ist. Es ist jedoch falsch, bei schnellerer Atmung der Fische ausschließlich auf Sauerstoffmangel zu schließen. Daran können auch andere Dinge „die Schuld" tragen, wie Vergiftungen oder Kiemenwürmer (vergleiche „Krankheitsdiagnose"). Der Sauerstoffgehalt des Aquarienwassers läßt sich mit Reagenzien messen, die man im aquaristischen Handel erwerben kann.

Kohlensäure

Kohlensäure ist im Wasser gelöstes Kohlendioxyd, das man in der Literatur zuweilen auch „Kohlenstoff" nennt. Aquarianer sollten aber diese Begriffe, wenn sie in chemischen Formeln niedergeschrieben sind, nicht verwechseln:
Kohlenstoff = C (von Carboneum = Kohle)
Kohlenoxyd, Kohlenmonoxyd = CO
Kohlendioxyd = CO_2 (ein geruch- und farbloses Gas, auch als Pflanzennahrung eingesetzt)
Kohlensäure = H_2CO_3 (in Wasser gelöstes Kohlendioxyd; eine schwache Säure).
Erste Feststellung: Kohlensäure macht das Wasser sauer. Dies ist ein Grund für die Wasserwerke, das Wasser vor dem Einführen ins Leitungssystem (Netz) zu entsäuern. Säure ist aggressiv und würde die Leitungen angreifen.
Jedes natürliche Wasser enthält Kohlensäure in unterschiedlicher Menge in gelöster oder gebundener Form. Gebunden wird Kohlensäure an Kalzium- und Magnesiumverbindungen oder, anders herum: Um Kalk in Lösung zu halten, ist eine bestimmte Menge an freier Kohlensäure nötig. Bei der darüber hinaus überschüssigen Kohlensäure spricht man von freier oder gelöster Kohlensäure. Je höher der Kalziumbikarbonatanteil eines Wassers ist, um so höher auch sein Anteil an gebundener Kohlensäure.
Unter CO_2-Düngung versteht man in der Aquaristik die Düngung der Aquarienpflanzen mit Kohlendioxyd mit Hilfe eines Diffusors. Um die Kohlensäure aufnehmen zu können, benötigen die Pflanzen viel Licht. Das Licht erst bringt die Assimilation in Gang, und die reichliche Aufnahme von CO_2 wird von den Pflanzenblättern mit der Abgabe feiner Sauerstoffbläschen angezeigt. Wird die Zufuhr von Kohlensäure ins Aquarienwasser übertrieben, so kann man das am Rückgang des pH-Wertes erkennen. Zu starker Kohlensäureeintrag behindert die Atmung der Fische und hat dann schädigende Wirkung: Die Fische hängen unter der Wasseroberfläche und versuchen, dort sauerstoffreicheres Wasser durch ihre Kiemen zu spülen.
Zuweilen kommt es in einem gestörten Aquarienmilieu zu kalkhaltigen Ablagerungen an der Oberseite der Pflanzenblätter. Man spricht dann von „biogener Entkalkung" oder auch von „Bikarbonatassimilation" die sich um so stärker zeigt, je höher die Karbonathärte des Wassers bei gleichzeitiger kräftiger Beleuchtung ist. Jetzt läuft aus Mangel an Kohlensäure der Vorgang umgekehrt ab: Ist keine freie oder gelöste Kohlensäure vorhanden, so nehmen die Pflanzenblätter an ihrer Unterseite Kalziumbikarbonat auf, lösen im Blattinneren die gebundene Kohlensäure aus und geben Kalziumhydroxyd ($Ca[OH]_2$) an der Blattoberseite ab: Die Karbonathärte des Wassers wird geringer, sein pH-Wert steigt an. Auf den Blättern bleibt ein grauer Niederschlag sichtbar, und die Oberfläche fühlt sich entsprechend hart (sandig) an.
Es ist vielen Aquarianern bekannt, daß in weichem Wasser die Pflanzen ein weniger gutes Gedeihen zeigen. Das liegt in erster Linie daran, daß mit dem Kalk der Puffer für die Kohlensäure fehlt. Andererseits genügt bei der sogenannten CO_2-Düngung eine relativ geringe Zufuhr an Kohlensäure, um die Pflanzen reichlich zu ernähren. Während der Nacht ruht die Assimilation, und die CO_2- Zufuhr ist zu stoppen.

Meßreagenzien, Tropfanalysen

Die meisten Wassertests, die für die normale wie auch die gehobene Aquaristik notwendig sind, lassen sich auf einfache Weise auch für Ungeübte durchführen. Man benötigt dafür kein besonderes Laborgerät. Tetra, einer der führenden Vertreiber solcher Reagenzien, bietet Analyse-Sets an für die Feststellung der deutschen Härte (dH), der Karbonathärte (dKH) und den pH-Wert. Ferner gibt es Tropfanalysen zur Ermittlung des Nitrit- und Nitrat-

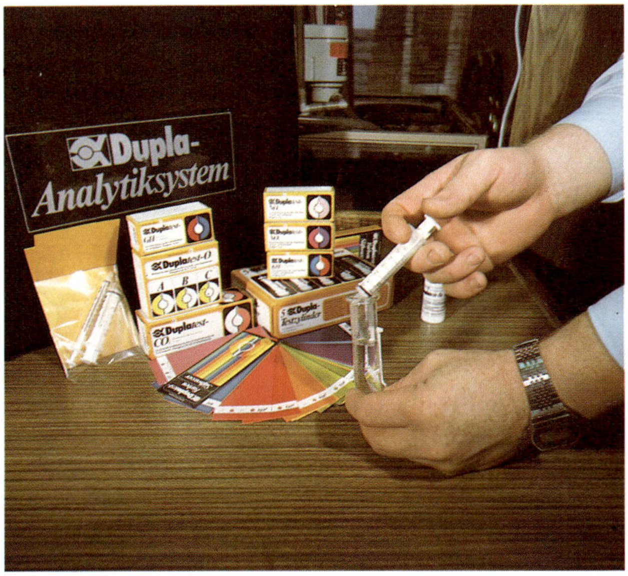

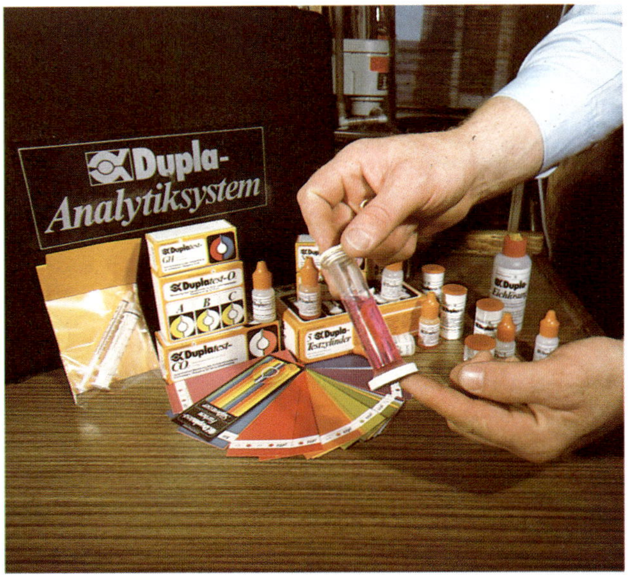

Wassertests mit (aquaristisch) handelsüblichen Meßreagenzien sind einfach und preiswert. Es gibt Reagenzien von verschiedenen bekannten Zubehörfirmen (Dupla, Tetra, Sera, Eheim usw.). Die Abbildungen zeigen das Einfüllen des Aquarienwassers sowie den darauffolgenden Farbvergleich nach Eintropfen der Reagenz.

gehaltes sowie Sets für die Sauerstoffmessung und der Feststellung des CO_2-Gehaltes im Wasser. Andere Hersteller (Brustmann, Sera, Merck) bieten Analyse-Sets an, mit denen man den Gehalt an Chlor, Eisen, Ammonium und Ammoniak messen kann.

Wie der Name „Tropfanalyse" bereits erkennen läßt, wird die Feststellung des gesuchten Wertes mittels Tropfen erreicht. Dabei handelt es sich entweder um Reagenzien, also flüssige Stoffe, die – zusammen mit einem anderen – eine bestimmte chemische Reaktion herbeiführen und ihn so identifizieren. Diese Identifikation geschieht am einfachsten durch Farbumschlag oder Einfärbung. Ein Beispiel:

Zur Feststellung der Gesamthärte füllte man Aquarienwasser in einen bei der Packung befindlichen kleinen Kunststoff-Meßzylinder – meist bis zur Markierung „5 ccm" oder „5 ml". Darauf tropft man die Reagenz ins Wasser und zählt jeden einzelnen Tropfen. Zuerst nimmt das Wasser eine vorgegebene Farbe an (z. B. rot). Die Zahl der eingegebenen Tropfen bis zum Farbumschlag (z. B. auf blau) läßt den Härtegrad (10 Tropfen = 10° dH) erkennen. Es gibt ebenso Test-Sets, bei denen es keinen Farbumschlag wie geschildert gibt: Das Wasser nimmt lediglich nach Eingabe einer bestimmten (!) Tropfenzahl eine Farbe an. Diese muß mit einer mitgelieferten Farbskala (Farbscheibe) verglichen werden. Bei farblicher Übereinstimmung zwischen Meßergebnis und Farbskala läßt sich an der letzten der gesuchte Wert ablesen. Nicht alle Tests sind so einfach wie geschildert. Das gilt besonders für das Messen flüchtiger Gase. Für bestimmte Bereiche genügen solch einfache Tests nicht, weil sie zu generell, zu pauschal, zu oberflächlich sind. Nun wird von keinem Aquarianer erwartet, daß er ein Chemiker ist. Für bestimmten Einsatz gibt es auch elektronische Meßgeräte.

Elektronische Bestimmung von Leitfähigkeit und pH-Wert

Es versteht sich, daß man die elektrische Leitfähigkeit des Wassers auch elektrisch messen muß. Für viele Züchter, aber auch für Messungen in der Natur sagt diese Messung viel aus. Der Meßvorgang selbst ist sehr einfach: Man hält die mitgelie-

ferte Elektrode ins Wasser, eicht auf Null und mißt, was durch Drehen eines Knopfes geschieht. Die meisten Geräte (Tunze, Bischof, Jura) haben einen Meßbereich von 0 bis 4000.
Die elektronische Messung des pH-Wertes ist etwas schwieriger, dafür jedoch – richtig gemacht – äußerst präzise. Es sind Geräte mit Analog- (= Nachführzeiger-) und Digitalanzeige auf dem Markt. Ihre Preise liegen (teilweise weit) über dem für Leitwertmesser. Da für Leitwertmessung das Beachten der Wassertemperatur notwendig ist, wird ein Gerät (Bischof) angeboten, bei dem die Temperatur des Wassers mitgemessen und mit dem Meßergebnis zusammengeführt wird.

Ansäuern (= Senken) und Anheben des pH-Wertes

Das Ansäuern des Aquarienwassers erfolgt normalerweise mit verdünnter Phosphorsäure. Besser für die Fische dürfte aber das Ansäuern mit Huminpräparaten (z. B. Torumin) sein; das sind besonders für die Aquaristik entwickelte Präparate, die dem Wasser gleichzeitig auch andere Stoffe zuführen – etwa aus abgefallenen Blättern, Früchten, Ast- und Rindenstücken. Zudem sind Gerbstoffe infolge ihrer bakterienhemmenden Wirkung ein wichtiges Schutzmittel gegen Bakterienbefall für jene Fische, die in der Natur in nichtalkalischem, weichen Wasser leben. Eine leichte Ansäuerung kann man über eine Torffilterung erreichen. Meist genügt es schon, das enthärtete Wasser über einen mit Torfmull gefüllten Kescher laufen zu lassen, ehe man es in das Becken füllt.
Da Gerbstoffe sich durch ihre Bindung an Eiweißstoffe (Futter, tote Fische, Mikroben, Verdauungsrückstände) ständig vermindern, müssen sie ersetzt werden. Es genügt, daß man Moorkienholzwurzeln ins Bekken bringt. Auch das Filtern über Torf hält den Säuregehalt einigermaßen konstant – vorausgesetzt, die Filtermasse (Torf) wird etwa alle 2 Wochen erneuert. Solche mit Huminstoffen angereicherten Aquarienwasser eignen sich insbesondere zur Haltung von Neonfischen, speziellen *Nannostomus*-Arten, *Aphyosemion*-Arten, Keilfleckbarben, Zwergrasboren und Diskus-Fischen. Steigt der Gerbstoffgehalt zu hoch an, können das die Fische vielleicht noch verkraften, doch zeigen die Pflanzen schon bald ihr Unwohlsein. Besonders sog. Schwarzwasserpräparate muß man sehr vorsichtig dosieren, da sie in der Lage sind, das Aquarienwasser bei Überdosierung fast schwarz und damit undurchsichtig zu machen. Beim Test für richtiges Wasser soll ein 10 cm hoch gefülltes Reagenzglas gegen eine weiße Unterlage von oben her bernsteingelb erscheinen. Bei Überschuß läßt sich der Gerbstoff durch Einsatz eines Kohlefilters oder mit einem Teilwasserwechsel entsprechend reduzieren.
Das Anheben des pH-Wertes erfolgt am einfachsten durch die Zugabe von Natriumhydrogencarbonat (doppelkohlensaures Natron), das man sich in einer Apotheke oder Drogerie besorgen kann.
Bei den meisten Fischarten spielen Wasserhärte und Wasserreaktion keine Rolle, wenn diese Werte in gewissen Grenzen liegen: Härte 6 bis 15° und pH-Wert 6,0 bis 7,5. Viele *Rasbora*-Arten, Labyrinther und verschiedene *Hyphessobrycon*-Arten lieben pH-Werte zwischen 6 und 7; verschiedene Barben, afrikanische Cichliden *(Hemichromis)* und Welse *(Otocinclus)* fühlen sich erst bei 7 und mehr wohl. Nur wenige Fische benötigen – und da besonders zur Zucht – pH-Werte zwischen 5 und 6 sowie Härtegrade von 3 bis 6. Es sind dies: Salmler: *Paracheirodon innesi, Paracheirodon axelrodi, Hyphessobrycon heterorhabdus, Nannostomus trifasciatus* und *Phenacogrammus interruptus.* Karpfenfische: *Rasbora heteromorpha* und *R. maculata. Aphyosemion*-Arten: Sie, wie auch viele ihrer Verwandten (Eierlegende Zahnkarpfen), benötigen wahrscheinlich geringe Karbonathärte.
Buntbarsche: *Symphysodon discus* und *S. aequifasciatus,* einige *Apistogramma*-Arten sowie auch afrikanische Zwergbuntbarsche *(Pelvicachromis).*
Im Gegensatz dazu gibt es Fische, wie *Poecilia*-Arten, die leichtes Brackwasser, also einen Meersalzzusatz, verlangen (1 geh. Eßlöffel = 30 g/10 Liter, alle 2 bis 3 Wochen wiederholen). Auch für verschiedene Wüstenfisch-Arten (zum Beispiel *Cyprinodon*) ist ein Salzzusatz angebracht (1 geh. Teelöffel = 15 g/10 Liter). Das Salz wird in einem Glas mit warmem Wasser gelöst und langsam unter Umrühren ins Beckenwasser gegeben. Dieses Umrühren ist unbedingt nötig, damit sich das schwerere Salzwasser gut

mit dem Beckenwasser mischt und nicht in die unteren Wasserschichten absinkt. Am besten ist es, das Salzwasser in mehreren Portionen über den Tag verteilt zuzusetzen. In Angleichung an die ständige Veränderung des Wassers in der Natur durch Regen und Schneeschmelze muß das verdunstete Beckenwasser mindestens alle 8–14 Tage ergänzt werden. Dazu verwendet man natürlich am besten weiches Wasser, da ja beim Verdunstungsprozeß die im Wasser gelösten Mineralstoffe nicht mitverdunsten, sondern im Wasser bleiben. Über den in regelmäßigen Abständen stattfindenden Teilwasserwechsel wurde schon gesprochen, und es sei deshalb an dieser Stelle nur darauf hingewiesen. Dabei ist darauf zu achten, daß die durch den Wasserdruck in den Leitungen gebildeten kleinen Bläschen sich nicht an den Fischen und Pflanzen absetzen, sondern schnell ausgetrieben werden.

WASSERAUFBEREITUNG FÜR ZUCHTZWECKE

Wer Aquarienfische zur Nachzucht bringen will, muß in den meisten Fällen einiges anders machen, als es für die bloße Haltung von Aquarienfischen nötig ist. Wie aus späteren Kapiteln erkennbar wird, sind die meisten Großbiotope, die wir als Heimat besonders beliebter (weil farbprächtiger) Aquarienfische ansehen, extrem mineralarm. Der Schwerpunkt bei den Vorbereitungen der Nachzuchten liegt demnach im Bereich „Wasser“.

Die Vorstellung, daß extrem weiches Wasser gut für jede Zucht sei, ist falsch. Manche Fischarten zeigen auch in der Nachzucht gewisse Anpassungserscheinungen. Ebenso kann man für die meisten Fische keinen Härtebereich klar umreißen, in dem eine Nachzucht gelingt oder nicht. Es sind stets mehrere Dinge, die – zusammengenommen – den Wert eines guten Zuchtwassers ausmachen, und was für die Härte nicht genau festzulegen ist, gilt auch für den pH-Wert des Wassers. Er ist ohnehin veränderlich und in sehr weichem Wasser wesentlich schwerer unter Kontrolle zu halten, als in etwas härterem. Zudem dürfen wir nicht vergessen, daß beispielsweise die in den letzten Jahrzehnten mehr in den Vordergrund getretenen Buntbarsche aus den zentralafrikanischen Seen an relativ hohe pH-Werte gewöhnt sind und ihnen demgemäß saures Wasser nicht gut bekommt.

Für züchterische Zwecke im Bereich der Wasseraufbereitung stehen in erster Linie folgende Dinge im Vordergrund:

- Teil- oder Vollentsalzung von zu hartem Wasser durch den Einsatz von Kunstharzen;

Die erwähnten Ministil-Geräte (Christ) enthalten Anionen- und Kationen-Harze im Mischbett. Hier ist ein Regenerier-Service notwendig. Unsere Fotos zeigen das Trennverfahren der Harze, wobei sich im Schauglas die Kationen-Harze unten absetzen. Nach dem Regenerieren, Spülen und erneutem Mischen werden die gespülten Austauschpatronen erneut gefüllt, wobei das Harz mit Vakuum eingesaugt wird. Die Patronen, mit aufgesetztem µS-Meßgerät, können in unterschiedlichen Größen bezogen werden.

- Reinerhaltung des Zuchtwassers durch Filterung über Aktivkohle;
- Ansäuerung des Zuchtwassers über Torf;
- Wasserentkeimung mit Hilfe von UV-Licht;
- Einsatz von Ozon.

Teil- oder Vollentsalzung von zu hartem Wasser

Das Wasser in vielen Regionen Europas ist zur Zucht tropischer Fische nicht geeignet: Es ist zu hart und muß aufbereitet werden. Man spricht auch von Entsalzung oder Entmineralisierung, und man kann eine Teilentsalzung oder eine Vollentsalzung durchführen.

Bei der Teilentsalzung oder Entkarbonisierung werden die im Wasser gelösten Bikarbonate entfernt, wogegen die Härtebildner, die als Sulfate, Chloride usw. vorliegen, erst mit der anschließenden Vollentsalzung entfernt werden. Vollentsalztes Wasser erhält man normalerweise durch den Einsatz einer Zweisäulen Kationen- und Anionen-Vollentsalzungsanlage. Sie wird für aquaristische Zwecke beispielsweise von Stein, Duisburg, in mehreren Größen (mit Rohrhöhen von 90, 120 und 170 cm) angeboten. Ein solches Gerät ist auch mit integriertem Leitwertmesser lieferbar, und nach dem Erschöpfen der Kunstharze selbst zu regenerieren.

Ein anderes Verfahren, bei dem ein eigenes Regenerieren der Reagenzien nicht möglich ist, nennt man das Mischbettprinzip. Hier sind die Kunstharze gemischt, und dem Wasser werden beim Durchlauf sämtliche gelösten Salze wie auch Kiesel- und Kohlensäure und in neuerer Zeit auch Nitrat entzogen. Das Wasser hat eine bemerkenswerte Reinheit, und seine Leitfähigkeit liegt zwischen 1 und 0,1 mg/l. Ein Gesamtsalzgehalt von 0,1 mg/l entspricht etwa 0,2 µS – die meisten „destillatgleichen Wässer" werden mit 10–20 µS noch als ausreichend angesehen.

Auf die in Patronen unterschiedlichen Volumens (und entsprechender Größe) und Leistungsvermögens gelieferten Kunstharz-Mischbettbehälter kann wunschgemäß ein Leitwertmesserkopf aufgesetzt werden. Ist die Kunstharzmasse erschöpft, wird die Patrone entwässert (Gewicht sparen!) und an die nächstgelegene Austauschstation gesandt und dort gegen eine regenerierte eingetauscht (Christ-Ministil; Hersteller: Christ GmbH, 7250 Leonberg, Pf. 1251, erteilt Auskunft über Kundendienstnetz).

Was leistet eine solche Vollentsalzungsanlage? Es versteht sich, daß ihre Leistung von der Härte des eingegebenen Leitungswassers abhängig ist. Zudem hat jedes Gerät – entsprechend seines Volumens – eine andere Durchlauf-Stundenleistung. Nehmen wir als Beispiel die Standardmodelle P-6, P-12 und P-21 (mit der gleichlautenden kg-Kunstharzfüllung):

Härte des eingegebenen Leitungs-Wassers:		Leistung der Vollentsalzung in Litern P-6	P-12	P-21
5° dH		1200	2400	4000
10° dH		600	1200	2000
20° dH		300	600	1000
30° dH		200	400	660
Patrone:				
Gesamthöhe	mm	400	610	575
Breite	mm	230	230	325
Betriebsgewicht	kg	9	15	25
Transportgewicht Austauschpatrone	kg	8	13	20

Das aus der Vollentsalzungsanlage kommende Wasser ist destilliertem Wasser gleichzusetzen. Destilliertes Wasser ist biologisch tot; man kann es in dieser Form für die Fischzucht nicht benutzen. Es benötigt zuweilen jedoch nur eine kleine Aufmischung, um daraus bestes Zuchtwasser entstehen zu lassen. Mit Hilfe der sogenannten Kreuzregel läßt sich eine solche Mischung leicht herstellen. Dazu werden zuerst natürlich die Werte des Leitungswassers benötigt. Beispiel: Wir wollen ein Zuchtwasser von 4° dH herstellen und unser Leitungswasser hat eine Härte von 20° dH.

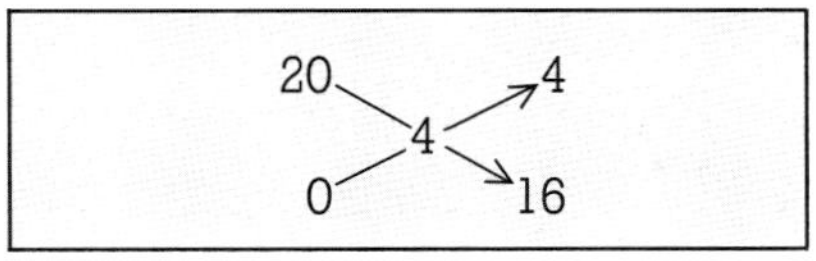

Ergebnis: 16 Teile destilliertes Wasser und vier Teile Leitungswasser ergeben ein Gemisch von 4° dH.

Wenn man einen elektronischen Leitwertmesser besitzt, läßt sich eine Zuchtwassermischung auch nach µS-Werten errechnen. Beispiel: Unser vollentsalztes Wasser hat noch einen Restleitwert von 2 µS, das Leitungswasser wird mit 520 µS gemessen. Ein Zuchtwasser von 60 µS wird gewünscht.

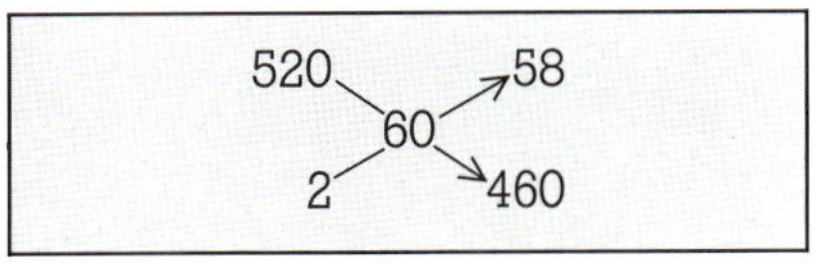

Ergebnis: Wenn wir 460 Teile destilliertes Wasser mit 58 Teilen Leitungswasser mischen, erhalten wir ein Zuchtwasser von 60 µS.

Der Einsatz von Aktivkohle und Torf

Kohle ist nicht gleich Kohle und Torf nicht gleich Torf – eine Binsenweisheit. Wenn man jedoch beide Materialien für züchterische Zwecke verwenden will, muß man sie vorher ausprobieren. Man will ihre Wirkung genau kennen! Das Absorptionsvermögen der Aktivkohle ist besonders wichtig, um wirklich alle Gifte (oder solche, die es werden können) zurückzuhalten. Eine besonders stark absorbierende Kohle ist die Knochenkohle, die durch trockene Destillation entfetteter und zerkleinerter Knochen hergestellt und als Aktivkohle verwendet wird. Man bekommt sie im Handel für Laborbedarf und muß solche für Wasserfiltrierung verlangen! Für Filter an Zuchtbecken gilt besonders das, was bereits für normale Filter gesagt wurde: Um die Kohle nicht über Gebühr zu verschmutzen und damit unbrauchbar zu machen, muß eine mechanisch stark absorbierende weitere Filtermasse, etwa feinere Perlonwatte, vorgeschaltet werden.

Konstante pH-Werte gibt es weder in der Natur noch im Aquarium. Ein guter Torf drückt diesen Wert nach unten, säuert also das Wasser an. Um eine genauere Aussage des pH-Wertes vor und nach dem Torfeinsatz zu erhalten, soll man dreimal täglich (morgens, mittags und abends) etwa um die gleiche Uhrzeit messen. Woher weiß man aber, wie ein Torf wirkt, bevor (!) man ihn einsetzt? Viele im aquaristischen Handel angebotenen Torfe säuern nur schwach. Man soll sich bei der Zucht daher nicht auf Umschlag- oder Verpakkungs-Aussagen verlassen, sondern selbst prüfen. Dies kann man am ehesten, wenn man eine Handvoll Torf in einen Liter destilliertes Wasser gibt, das einen pH-Wert von 7,0 (neutral) haben sollte. Man läßt den Torf 24 Stunden ziehen. Bleibt der angezeigte pH-Wert oberhalb der 5,5-Grenze, so ist der Torf kaum geeignet.

Warum Torf ins Zuchtwasser? Dem Torf wird seit jeher eine fast wundersame Wirkung bei der Haltung und Zucht tropischer Zierfische nachgesagt. Moderne Erkenntnisse bestätigten seinen positiven Einfluß durch die pilz- und bakterienhemmenden Eigenschaften, die allerdings auch mit Chemikalien erreicht werden können (Rivanol, Methylenblau u. a.). Es wird sogar behauptet, im Torf befände sich weibliches Geschlechtshormon, das die Laichwilligkeit der Tiere positiv beeinflusse. Falls diese Dinge zutreffen, liegen Zuchterfolge also weniger am niedrigen pH-Wert des Wassers, sondern eher am Vorhandensein solcher Stoffe.

UV-Lampen und Bakterienwelt

So sehr wir in bestimmten Zusammenhängen (beispielsweise beim Abbau von Giftstoffen) Bakterien zu schätzen wissen, so sind sie doch bei Züchtern meist weniger beliebt: Er setzt pilz- und bakterienhemmende Mittel wie Torf ein, um die Eier der Zuchttiere zu schützen.

UV-Licht wirkt keimtötend auf tierische und pflanzliche Keime, doch wird vorausgesetzt, daß diese sich nicht mit einem Schmutzmantel umgeben haben. Ein keimfreies Zuchtwasser ist für jede Zucht von Vorteil.

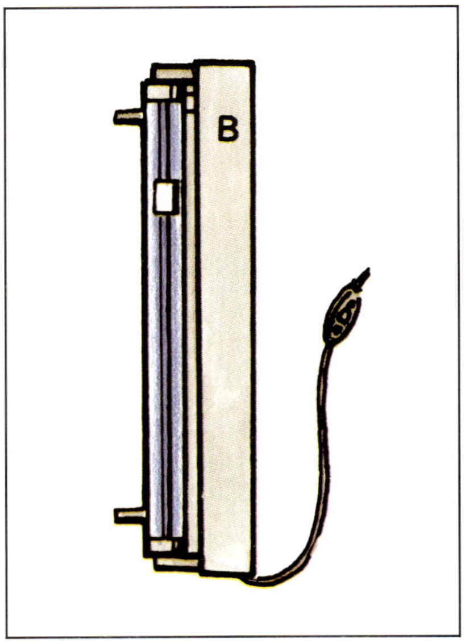

Die Zeichnung verdeutlicht: Das Glasrohr hat oben und unten Ein- und Auslauf (Schlauchstutzen) für das gefilterte Aquarienwasser.

Der Einsatz einer UV-Lampe, wie sie von „hw“ (Wiegand) seit Jahren vertrieben wird, soll im Anschluß an die Filterung erfolgen. Das Licht dieser Lampe soll nicht direkt ins Aquarium dringen können, weil es der Brut schadet. Die Lampe in der Form einer Leuchtstoffröhre ist von einem weiteren Glasmantel umgeben, der einen Ein-und Auslauf hat. Das gefilterte Aquarienwasser wird an der isolierten UV-Röhre vorbeigeführt: Es umspült sie während des Vorbeilaufes.

Der Einsatz einer UV-Lampe ist auch in Verbindung mit einem Quarantänebecken empfehlenswert, jedoch muß die Verwendung solcher Strahler stets in Verbindung mit nitratarmem Wasser gesehen werden. Bei Dauerbetrieb neigt das UV-Licht dazu, nach beiden Seiten zu wirken, also oxydierend wie auch reduzierend: Die Reduzierung von Nitrat zu Nitrit ist in einem Aquarium unerwünscht.

Einsatz von Ozon

Ozon wird heute zunehmend bei der Entkeimung des Trinkwassers verwendet. Es handelt sich hierbei um „Trisauerstoff“ (O_3), eine energiereichere Form des Sauerstoffs, das stärkste praktisch anwendbare Oxydationsmittel mit keimtötender Wirkung. In größerer Konzentration wirkt Ozon verätzend auf die Schleimhäute, insbesondere der Atmungsorgane, eine Warnung, dieses Hilfsmittel weder im Dauerbetrieb und vor allem nicht im Aquarium selbst einzusetzen.

Wenn man sich die aquaristisch interessanten Wirkungen des Ozons vor Augen hält: Abtötung von Bakterien, Zerstörung organischer Substanzen und (für den Züchter weniger interessant) Erzeugung eines hohen Redox-Potentials, so rechtfertigten diese allein den Einsatz. Ähnlich dem UV-Licht läßt man das Ozon in einem Kontaktrohr mit dem Aquarienwasser in Berührung kommen, nachdem das Gas in einem Ozonisator (= Hochspannungstransformator mit Entladungsraum) erzeugt und mittels Luft aus einer Membranpumpe mit dieser vermischt durch den Ausströmer im Inneren des Kontaktrohres gedrückt wird. Während des kurzen Kontaktes mit dem Wasser erfolgt die Wirkung. Das darauf entweichende Ozon ist nicht beständig: Es zerfällt bei Raumtemperatur bereits wieder in die energieärmere Form des Sauerstoffs.

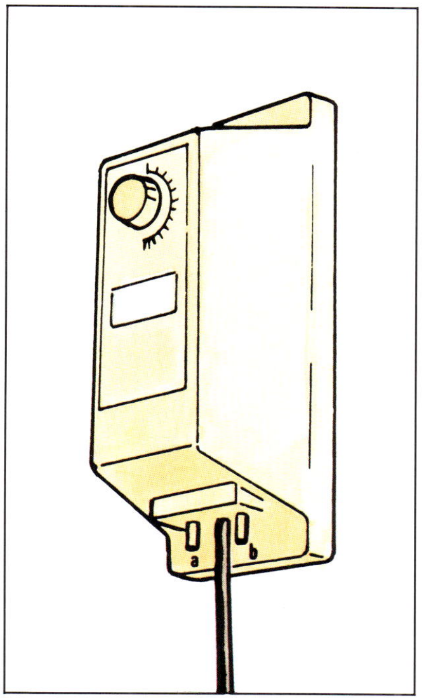

Dieses Gerät erzeugt ein Ozon/Luft-Gemisch (System Sander): Im Durchlauf (Ein- und Ausgangnippel a+b) wird die von der Membranluftpumpe kommende Luft an der Ozonröhre vorbeigeführt.

Ozon wie auch UV-Licht zerstören Bakterien. Nun stellt sich die Frage, ob auch die nützlichen Bakterien darunter sind. Grundsätzlich machen Ozon und UV-Licht keine Ausnahme, doch halten sich diese Bakterien kaum im freien Wasser auf: Sie besiedeln den Bodengrund und die Substrate in biologisch arbeitenden Filtern. Die rapide Senkung der Keimzahl im Wasser zeigt sich für den Züchter hauptsächlich durch eine auffällig zurückgehende Zerstörung von Laich. Ferner wird Ozon in Randgebieten der Aquaristik verwendbar, wie etwa bei Quarantänemaßnahmen und Krankheitsbehandlung.

Ozongeräte, hergestellt von Sander, arbeiten effektiver, wenn die ihnen von der Luftpumpe zugeführte Luft recht trocken ist. Es empfiehlt sich daher, einen vom selben Hersteller angebotenen Lufttrockner mitzuerwerben. Ozongeräte gibt es in verschiedenen Baugrößen von 10 bis 1000 mg Ozon. Für züchterischen Einsatz genügt das kleinste Gerät. Hückstedt, der vielzitierte Altmeister der modernen Aquarienchemie, warnt auch, wenn er über Ozonisierung spricht: „Auch hier schadet Übertreibung; auch bei diesem Hilfsmittel ist ein Dauerbetrieb abzulehnen. Wir müssen ja nicht, nur weil wir einmal dieses Gerät besitzen, es auch ununterbrochen in Betrieb halten. Ozon macht das Wasser sehr klar, und weil der Liebhaber es immer noch klarer haben will, neigt er zum Dauerbetrieb.“

DIE NATÜRLICHE HEIMAT TROPISCHER FISCHE

Es ist auf den vorausgegangenen Seiten viel über das Wasser im Aquarium geschrieben worden: Wie es sein soll oder wie wir es herrichten können. Der Fachmann in unseren Wasserwerken bereitet aus „Rohwasser" ein gutes Trinkwasser auf; wir jedoch betrachten dieses Trinkwasser als unser Rohwasser – wie es aus der Leitung kommt, denn erst hier und (meistens) mit diesem Wasser kann eine Aufbereitung tropischen Aquarienwassers beginnen. Haben wir aber eine Ahnung, wie das jeweils verwendbare Tropenwasser zusammengesetzt sein muß?

Man kann die Lebensräume in weitaus enger umgrenzte Gebiete aufteilen, als das jetzt hier in der Folge geschieht. Ich habe andererseits eine Reihe von Biotop-Bänden verfaßt, deren Studium sich für diejenigen lohnt, die mehr wollen.

SÜDAMERIKA

Wie auch Gebiete des zentralen Afrikas liegen weite Regionen im nördlichen Südamerika direkt unter der Sonne des Äquators. Fast parallel dazu fließt der größte Strom unserer Erde, der Amazonas, in West/Ost-Richtung von den peruanischen Kordilleren zum atlantischen Ozean. Das weite Einzugsgebiet dieses Stromes mit

Der schwarze Rio Negro (Name) mündet, von links kommend, in den Amazonas, der durch die mitgeführten Sedimente eine weißlichbraune Färbung hat.

Das grünliche Klarwasser des Rio Tapajós (von rechts kommend) mündet bei der Stadt Santarém in den weißlichbraunen („Weißwasser" führenden) Amazonas.

all seinen Nebenflüssen nennen wir Amazonien: Es reicht im Norden vom oberen Orinoco und den Guayana-Ländern bis zu den Wasserscheiden am Rand des Mato Grosso im Süden. Wichtig als Lebensräume vieler wunderschöner Aquarienfische, darunter der Rote Neon *(Paracheirodon axelrodi)* und die beiden Diskus-Arten *(Symphysodon discus* und *S. aequifasciatus),* sind nicht die großen Flüsse selbst sondern die vielen kleineren Gewässer, Lagunen, Teiche und Bäche.
Die großen Ströme hat man zu drei Typen zusammengefaßt:
1. *Weißwasserflüsse* wie der Amazonas (auch Rio Solimões im Oberlauf), der Rio Madeira und der Rio Branco mit Sichttiefen zwischen nur 10–50 cm! Die Wasserfärbung ist ein trübes Lehmgelb, die von den mitgeführten Sedimenten (= Gesteinsschwemmstoffe) herrührt.
2. *Klarwasserflüsse* wie der Rio Tapajós und der Rio Xingú mit Sichttiefen bis über 4 Meter. Die Färbung des Wassers ist gelbgrün bis olivgrün und mehr oder weniger transparent.
3. *Schwarzwasserflüsse* wie der bekannte Rio Negro oder die weniger bekannten Rio Cururú und Rio Içana, in deren Wasser eine Sichttiefe bis zu 230 cm vorherrscht – je nach Intensität seiner kaffeeschwarzen bis rötlichbraunen Färbung.
Weißwasserflüsse entspringen in Gebirgen und verfrachten von dort in erster Linie Schuttablagerungen dieser Hänge in die Niederungen. Hier werden zusätzlich die Uferzonen mehr und mehr abgebaut und als Sediment fortgeschwemmt, zum Teil auch an anderen Stellen angeschwemmt. Die Quellen der Klarwasserflüsse muß man dagegen in alten Gebirgsmassiven Guayanas und Zentralbrasiliens suchen, wo die Oberfläche dem arbeitenden Wasser weniger Möglichkeit zur Abtragung bietet. Auch Schwarzwasserflüsse zeigen, abgesehen von ihrer dunklen Färbung, sehr viel Transparenz. Es sind die Böden (Podsole), die ihnen die „schwarze" Färbung verleihen. Interessant sind Gebiete im Rio Negro, unterhalb der Einmündung des Sediment führenden Rio Branco. Der „Schwarze Fluß" bildet mit den Ablagerungen aus dem Rio Branco das langgestreckte Labyrinth des „Arquipélago das Anavilhanas", der aus langgestreckten, in Flußrichtung verlaufenden Inseln besteht. Hier fand ich die schönsten Diskusfische *(S. discus).*
Auch die kleineren Gewässer, die Lebensräume der meisten Zierfische, lassen die erwähnten Unterschiede erkennen und sich in „weiß", „klar" und „schwarz" einordnen. Im Vergleich „Härte", „ph" und „Bikarbonat-CO_2 mg/l" stellt man fest, daß Schwarzwasserflüsse oder -bäche die extremsten Werte nach unten hin aufweisen, während die Weißgewässer die (ebenfalls sehr niedrig liegende) Spitze halten.
Sioli gibt in einer Arbeit „ausgewählte kurze Beispiele des Chemismus einiger Flüsse des Amazonasgebietes, die aus verschiedenen geologischen Zonen derselben kommen.

	Amazonas (= weiß)	Rio Tapajós (= klar)	Rio Maró (= schwarz)
Gesamthärte in ° dH	0,65 - 1,27	0,31 - 0,82	0,09 - 0,45
pH	6,5 - 6,9	6,4 - 6,65	4,4
Bikarbonat-CO_2 mg/l	8,8 - 17,3	3,1 - 5,2	0

Zusammenfassend kann man die Wasserwerte Amazoniens als durchweg sehr weich bezeichnen. Der Elektrolytgehalt, also die Leitfähigkeit, liegt im Weißwasser zwischen 30 und 60 μS, im Klarwasser zwischen 5 und 15 μS und im Schwarzwasser zwischen 10 und 20 μS. Das sind Werte, von denen die meisten Aquarianer vielleicht träumen, die aber beispielsweise für die Pflanzenkultivierung keinesfalls als ideal zu bezeichnen sind. Die häufig zitierten pH-Werte (nach Sioli) reichen im Weißwasser von 6,2–7,2, im Klarwasser von 4,5–7,8 und im Schwarzwasser von 3,8–4,9.
Wir wissen aus vielen Beispielen, daß die extremen Werte für die Haltung der Fische im Aquarium keinesfalls erreicht werden müssen. Es mag wenige Ausnahmen geben. So kommen die meisten der millionenfach eingeführten Roten Neonfische *(Paracheirodon axelrodi)* aus Gewässern erdgeschichtlich sehr alter Granitregionen am oberen Rio Negro, wo die pH-Werte gemeinhin um ±5 liegen, und kein Händler oder Aquarianer käme auf die Idee, zur bloßen Haltung dieser Tiere den pH-Wert auf solch extreme Werte abzusenken. Bleiben wir dabei und stellen unser Hal-

Viele Gewässer im nordargentinischen Chaco sind nicht tief und daher bei stark abfallenden Temperaturen besonders in Mitleidenschaft gezogen. Die hier lebenden Fische müssen also anpassungsfähiger sein als ihre in Äquatornähe lebenden Verwandten.

tungswasser auf „allgemein weich und leicht sauer" ein.
Südlich Amazoniens liegen die aquaristisch ebenfalls interessanten Flußsysteme des Rio Paraná und des Rio Paraguay, denen wir ebenfalls eine Reihe interessanter Zierfischarten verdanken, wie *Hemigrammus caudovittatus, H. ulreyi, Hyphessobrycon maxillaris, H. anisitsi, H. herbertaxelrodi, H. scholzei, H. callistus, Aphyocharax rathbuni, A. erythrurus, Prionobrama filigera, Apistogramma borellii, Gymnogeophagus balzanii, Pterygoplichthys anisitsi* und viele andere mehr, darunter auch Vertreter der Gattungen *Loricaria, Cynolebias* und *Pterolebias.* Das Wasser ist hier mitunter nicht ganz so weich, und auch der pH-Wert zeigt kaum einmal solch extreme Tiefen auf, wie das für Teile Amazoniens geschildert wurde. Infolgedessen haben auch die Fische dieser Regionen eine größere Anpassungsfähigkeit. So ist beispielsweise der kleine Panzerwels *Corydoras paleatus,* der bis hinunter zur argentinischen Hauptstadt Buenos Aires verbreitet ist, die am leichtesten zur Nachzucht zu bringende Panzerwelsart. Sie sind besonders anpassungsfähig, gibt es doch während des argentinischen Winters im La-Plata-Gebiet zuweilen Temperaturstürze, wo die Temperaturen von durchschnittlich 20° C auf 10-8° C abfallen.

MITTELAMERIKA

Ein Characteristikum mittelamerikanischer Gewässer gibt es nicht. Wissenschaftler haben die Fischbiotope in bestimmte Regionen eingeteilt, die von Gebirgen (damit verbundenen Wasserscheiden), Landengen oder Klimazonen zerteilt werden. Zumindest ein Teil der pazifischen Abdachung der mittelamerikanischen Kontinentbrücke ist sehr vulkanreich, was sich auf die Wasserwerte auswirkt. Extrem weiches Wasser, wie wir es aus Südamerika kennen, gibt es auch, jedoch keine so extremen pH-Werte. Dafür fand ich einige Plätze, an denen besonders die Sulfathärte extrem hoch war (Mexiko) und auch die Leitwerte entsprechend hoch lagen (in einzelnen Fällen über 4000!). In den meisten Gewässern Mittelamerikas liegt der pH-Wert im alkalischen Bereich (= oberhalb der Neutralgrenze von 7,0), zum Teil sogar wesentlich darüber, und Werte um oder gar über 9,0 waren keine Seltenheiten.
Was besagen diese Angaben für den Pfleger mittelamerikanischer Fische? Die Tiere müssen anpassungsfähiger sein als ihre südamerikanischen Verwandten. Sind sie es nicht, so bleibt ihre Verbreitung auf einen eng begrenzten Lebensraum beschränkt, was auch vorkommt. Von vielen Lebendgebärenden Zahnkarpfen wissen wir, daß sie sich in weichem Wasser nicht wohlfühlen und in Aquarien mit weichem, leicht saurem Wasser tunlichst nicht gepflegt werden sollten.

Bedingt durch die stellenweise Härte mexikanischer Gewässer bildet sich bei Wasserfällen (hier ein Ausschnitt aus der Cascada El Aguacero, nahe der Stadt Ocozocoautla im Westen von Chiapas) Mineralabsatz, was zur Entstehung von Sinterterrassen führt.

Recht weich ist das sedimentreiche Wasser des Rutshuru-Flusses in Ostzaire. Seine Fälle sind nicht sonderlich hoch, bilden aber für Fische eine unüberbrückbare Barriere.

WESTAFRIKA MIT DEM ZAIRE-BECKEN

Die Fische Westafrikas sind in unseren Aquarien nicht so stark vertreten wie die Süd- oder Mittelamerikas. Das mag auf politische Umstände zurückzuführen sein, zum anderen auch daran liegen, daß die Zahl bunter, klein bleibender Arten begrenzt ist. Die meisten Zwergcichliden Westafrikas, darunter die Vertreter der Gattungen *Chromidotilapia, Hemichromis, Nanochromis* und *Pelvicachromis* sind entweder als asiatische Nachzuchttiere *(C. guntheri, N. parilus, Hemichromis lifalili* und *H. bimaculatus* und *P. pulcher)* auf dem Markt oder nicht erhältlich. Lediglich drei Stromschnellencichliden werden zur Zeit regelmäßig eingeführt: *Steatocranus casuarius, S. tinanti* und *Teleogramma brichardi.* Ähnlich eng begrenzt sind die Importe bei Barben und Salmlern.

Die Fischregionen Westafrikas haben viele Gesichter. Neben dem Regenwald gibt es Savannen, größere und kleinere Teiche, Flüsse und Bäche wie Gräben und Rinnen im küstennahen Landesinneren oder nahe dem Meer, wobei es auch zu Vermischungen mit brackigem Wasser kommt. So vielgestaltig die Biotope sein können, so unterschiedlich ist meist auch ihr Wasser – sollte man glauben. Wenn man jedoch Messungen von Gewässern, in denen beliebte Zwergbuntbarsche, Killifische, Barben und Salmler bekannt oder gefangen wurden, miteinander vergleicht, fällt auch hier ihre extreme Weichheit und ihr meist saurer pH-Wert ins Auge, soweit es sich um reines Süßwasser handelt. Dies gilt auch für die wasserreichen Regionen des Zaire- (Kongo-) Beckens. Es empfiehlt sich deshalb, diese Fische (was die Wasserqualität anbelangt) mit ihren südamerikanischen Verwandten zu vergesellschaften.

Das klare, recht weiche Wasser des Malawi-Sees ist auch chemisch sehr sauber: Keine Industrie hat es bisher verdorben.

ZENTRAL-AFRIKANISCHE SEEN

Über die beiden großen zentralafrikanischen Seen ist im letzten Jahrzehnt viel berichtet und eine Vielzahl vorher weniger oder nicht bekannter Spezies eingeführt worden. Während im Malawi-See sehr kleine Arten (fast) fehlen, gibt es sie im Tanganjika-See in Hülle und Fülle. Hier sei nur an die verschiedenen Arten der Schnekkenbuntbarsche erinnert und an die *Lamprologus*- und *Julidochromis*-Vertreter. Von den Nicht-Tilapien werden hauptsächlich Seefische eingeführt. Von den Arten der die Seen umgebenden Sumpf- und übrigen Randgebiete werden nur gelegentlich ein paar versandt, wie die beiden *Pseudocrenilabrus*-Arten oder *Astatotilapia calliptera* und ein paar Verwandte.

Wenn man sich mit Aquarianern über die Wasserwerte der großen Seen unterhält, kommt man oft zu der Feststellung, daß zwei Dinge fälschlicherweise in einen Topf geworfen werden: pH-Wert und Härte. Man darf nicht pauschal (!) vom relativ hohen pH-Wert in diesen Gewässern auf hohe Härte schließen. Das wäre sicher nicht richtig, auch wenn das zum Teil zutrifft. Hier folgen daher die Durchschnittswerte für Malawi-, Tanganjika- und Viktoria-See, wie ich sie auf verschiedenen Reisen festgestellt habe:

	pH-Wert	Wasser-temp. in °C	Gesamt-Härte in °dH	Karbonat-Härte in °dKH	Leitwert
Malawi-See	7,9–8,7	24–34	3– 4	5– 7	200–260
Tanganjika-See	7,8–9,3	26–32	8–11	16–18	600–620
Viktoria-See	7,6–9,0	26–34	±1,5	±2,5	60–140

Junge Afrikaner beim Fang lebender Zierfische im Malawi-See. Deutlich erkennt man, wie klar das Wasser ist.

Die ufernahe Geröllzone am Tanganjika-See (hier in der Kasaba Bay/Nordzambia) setzt sich auch unterhalb des Wasserspiegels fort. Deutlich erkennt man die wechselnde Höhe des Wasserstandes.

Sandzonen wie diese bilden für die Bewohner des Felslitorals ein unüberwindbares Hindernis, wodurch beispielsweise die Bildung von geographischen Farbvarianten begünstigt wird.

Das Wasser in den beiden Grabenseen (Malawi- und Tanganjika-See) ist erstaunlich klar, so daß man eine Unterwassersicht von 20 m hat. Im flacheren Viktoria-See ist es mehr getrübt, so daß hier die Sichtweite auf 6–8 m zurückgeht. Viele reisende Aquarianer scheuen diesen See in der verbreiteten Annahme, daß sein Wasser überall bilharzioseverseucht wäre. Das ist aber nur in ruhigen kleinen Buchten mit stehendem Wasser und in sumpfigen Zonen der Fall. Es gibt im freien See jedoch wunderschöne Inseln mit weißen Sandbänken, von denen aus man bedenkenlos in den See steigen kann – und natürlich gibt es auch felsige Biotope, wie wir sie von den beiden tieferen Seen im Süden kennen.

Es sind meist die Buntbarsche, welche die zentralafrikanischen Seen reichhaltig bevölkern. Lediglich ein paar Welsarten der Gattung *Synodontis* und der wunderschöne Tanganjika-Killifisch *(Lamprichthys tanganicanus)* sind für den Zierfischexport von Interesse. Die Cichliden-Artenvielfalt dieser Seen hat sich mit der Evolution in Jahrtausenden herausgebildet, wobei sich die überwiegende Zahl der Arten den gegebenen Möglichkeiten anpassen mußte. So finden wir nicht nur unterschiedliche territoriale Lebensweisen sondern auch differierendes Brutverhalten und vor allem, um überhaupt existieren zu können, Spezialisierung in der Aufnahme vorhandener Nahrung. Der Wissenschaftler spricht hier von Anpassung an ökologische Nischen. So gibt es im Malawi-See weder Höhlen-, noch Versteck- oder Offenbrüter sondern ausschließlich Maulbrüter unter den Buntbarschen. Bei dem hier herrschenden Konkurrenzdruck auf zum Teil engstem Raum ist dies auch die beste Schutzvorrichtung, welche die Natur sich einfallen ließ.

Im Tanganjika-See ist das anders: Hier finden wir ein recht unterschiedliches Fortpflanzungsverhalten, wobei die Brutpflegeformen verständlicherweise ebenfalls auf Schutz der Nachkommen ausgelegt sind und man Offenbrüter kaum antrifft. Interessant bei der zeitlich so lang andauernden Isolierung der beiden Seen voneinander ist eine Reihe von Konvergenzen (= Parallelentwicklungen),

die wahrscheinlich auf eine ähnliche Art der Anpassung in ähnlichen Lebensräumen zurückzuführen sind. Es sei bei der Gelegenheit an das Vorkommen dicklippiger Formen erinnert, an Arten mit dick bezahnten Lippen, an Schuppenfresser und Algenraspler usw. In allen Seen unterscheiden wir die felsige Litoralzone (= ufernahe Zone), Sandböden – zum Teil mit Vallisnerienwiesen, wie auch Übergangszonen. Innerhalb des Felslitorals liegen Geröllzonen, in denen das Gestein kleiner gebrochen ist, als im übrigen Bereich des felsigen Litorals. Hier gibt es für die verschiedenen Arten der Höhlen- und Versteckbrüter viel mehr Unterschlupfmöglichkeiten und damit auch mehr Schutz für Jungfische. Es versteht sich, daß diese Zonen über eine besondere Artenfülle und Individuenzahl verfügen. Am Fuße wie auch in anderen Bereichen der Geröllzonen leben zum Beispiel auch solche Cichlidenarten, die ein bodennahes Leben bevorzugen bzw. für ein solches Leben die notwendige Anpassung mitbringen, wie etwa die Grundelbuntbarsche der Gattungen *Eretmodus, Spathodus* und *Tanganicodus* aus dem Tanganjika-See.
Auch das Sandlitoral ist ein Lebensraum, dem sich eine Reihe von Arten angepaßt hat. Man denke nur an die verschiedenen „Buddelfische", die nach Art der südamerikanischen *Geophagus*-Arten den Sand durchwühlen und nach Nahrungspartikeln suchen. Zu ihnen gehören in Malawi-See die verschiedenen *Lethrinops*- und einige *„Haplochromis-"*Arten, im Tanganjika-See haben sich Vertreter der Gattung *Xenotilapia* wie auch einige *Lamprologus*-Arten an diesen Nahrungserwerb angepaßt. Vergessen wir nicht die kleinen Schneckenbuntbarsche aus der letztgenannten Gattung, die ohne den Schutz leerer Gehäuse der *Neothauma tanganycensis* ihren Freßfeinden ausgeliefert wären, so aber selbst ihre Nachkommen in den Schneckenhäusern heranziehen.
Vallisnerienwiesen und solche mit anderem Bewuchs muten wie kleine spezielle Refugien für spezialisierte Arten an und sind es auch: Eine der bekanntesten ist der „Vallisnerienlutscher" *Hemitilapia oxyrhynchus* aus dem Malawi-See, dem im Tanganjika-See *Limnochromis dardennii* gegenübersteht.

In einer solch schmalen Wasserrinne im Kottewa Forest im Süden von Sri Lanka entdeckte unser Führer als erster *Malpulutta kretseri.*

SRI LANKA, SÜDINDIEN UND ASSAM

Wer kennt nicht die vielen Zierfische aus Sri Lanka, Südindien und den nördlichen indischen Provinzen Bengalen und Assam? Aus dem letztgenannten Gebiet sind es beispielsweise *Danio devario, Barbus conchonius, B. stigma* – aus Südindien und Sri Lanka so schöne Vertreter wie *Rasbora daniconius, R. vaterifloris, Danio aequipinnatus, Brachydanio rerio, Barbus bimaculatus, B. ticto ticto, B. titteya* oder die Flugbarbe *Esomus danrica.* Aus dem Süden der Insel Sri Lanka kommt zudem die sehr bekannte Barbe *B. nigrofasciatus.*
Im Süden von Sri Lanka liegt der Kottewa Forest, ein Gebiet, in dem es viel weiches, ja sehr weiches Wasser gibt, dessen Härtewerte sich mit normalen Reagenzien nicht feststellen ließen (30 µS bei 28° C). In einem kleinen Bach, der – tief eingeschnitten – eher einer Rinne glich, stellte ich um die Mittagszeit einen pH-Wert von 4,9 fest. Im selben Bach fand ich später den gesuchten Labyrinther *Malpulutta kretseri.* Ein größerer Flußlauf von etwa 15 m Breite, nahe der Ortschaft Bambaruanna, ließ an seiner Oberfläche Blüten der Wasserähre *Aponogeton rigidifolius* (mit 25–50 cm langen Blattspreiten unter Wasser!) erkennen. Weiter im Hochland der Insel, im Gebiet bekannter Cryptocorynen-Biotope, stieg besonders die Karbonathärte auf 11,5° dKH (gemessen am frühen Morgen) an. Der pH-Wert dieser Gewässer um den Matale-Fluß lag zwi-

Im bewegten Wasser vieler süd- und südostasiatischer Bäche und Flüsse sind beispielsweise Barben beheimatet. Die Aufnahme zeigt einen solchen Lebensraum.

schen 6,7 und 6,8, und auch der Leitwert ließ mit rund 600 µS bei 27° C Wassertemperatur erkennen, daß das Wasser härter geworden war.

Wenn man über die angehäuften Ränder der Reisfelder Sri Lankas dieser Hochland-Region geht, begegnet man vielen Cryptocoryne-Arten und ihren Verwandten der Gattung *Lagenandra,* die jedoch eher Rinnen mit bewegterem Wasser bevorzugen. In großen, mehrere Meter tiefen Brunnen sah ich große Ansammlungen von *Limnophila indica.*

Südindien hat ähnliche Wasserqualitäten, doch ist dieser Subkontinent so groß, daß man sich vor Pauschalisierungen hüten sollte. Der Riesengurami ist hier an manchen Plätzen verbreitet, obgleich seine Heimat weiter östlich (Indonesien) liegt. Er spielt jedoch als Nutzfisch eine große Rolle. Bei einem Besuch der Malabarküste an der Südwestseite Indiens fand ich zwischen Karpfenfischen einen kleinen Labyrinther, der sich als der Gattung *Pseudosphromenus* zugehörig entpuppte.

Der Nordosten des indischen Tieflandes wird in Bengalen vom Ganges, in Assam vom Brahmaputra durchflossen. Auf der ergebnisreichen Suche nach *Ctenops nobilis* im Manas River, nahe der Grenze zu Bhutan, nahm ich auch eine Wasserprobe dieses Flusses: 4° dH, 3° dKH, pH 7,5 am Nachmittag und 100 µS bei nur 18° C Wassertemperatur (Luft 22° C). Hier in Assam, im Tiefland des Brahmaputra wie im westlich davon angrenzenden Bengalen ist die Heimat einer Reihe von Colisa-Arten, den bekannten Fadenfischen *(C. chuna, C. fasciata* und *C. lalia)*, die heute meist aus Singapur als Nachzuchten in neuen Varianten angeboten werden.

THAILAND, MALAYSIA, INDONESIEN

Neben den Großstädten (Bangkok, Singapur, Hongkong) mit ihren vielen Zuchtbetrieben kommen die meisten Wildfänge heute aus Süd- und Nordthailand, Malaysia und Teilen der indonesischen Inselwelt. Südthailand und Westmalaysia, also die malaiische Halbinsel, haben ziemlich einheitliche Gewässer: Es ist sehr weich, und seine Leitfähigkeit ist verhältnismäßig einheitlich (von 5–80 µS). In einem Pflanzenbach (km 644–45) südlich von Ranong an der Westseite konnte gegen Abend ein pH-Wert von 5,5 festgestellt werden, ebenso in einer Quelle, aus der das Wasser mit 5,15 pH gedrückt wurde. Wir fanden in diesem Wasser herrlich gefärbte *Badis badis*, eine unbekannte Zwergrasbora und größere Schlangenkopffische *(Channa)*. Etwas weiter, meernah, hatte das Salz bereits seine Spuren im Wasser hinterlassen: Härte 1° dH, pH 6 doch ±3000 µS bei 30° C Wassertemperatur! Die Ichthyofauna hatte sich verändert. Zwar waren noch einige Rasboren im Wasser und ein paar Hechtköpfe *(Luciocephalus)* gingen ins Netz, doch gewannen die Grundeln die Oberhand.
Auf der Ostseite der malaiischen Halbinsel, nahe der südthailändischen Ortschaft Nakhon Si Thammarat, sollte es interessante Fische geben. Wir hatten ermittelt, daß von hier die *Rasbora hengeli* kommen, die von Bangkok aus exportiert werden, und die vorher nur von

„Unser" Pflanzenbach südlich der Stadt Ranong im westlichen Südthailand.

Ausschnitt aus dem erwähnten „Hengeli-Biotop" nördlich von Nakhon Si Thammarat/Südthailand.

Zierfischbiotope können sehr schön sein, wie hier das mit roten Seerosen überzogene Gewässer, in dem Vertreter der Gattung *Trichopsis* vorkamen.

Reisterrassen (hier auf der Insel Bali/Indonesien) werden hauptsächlich von Labyrinthern und bestimmten Welsarten bewohnt. Das Wasser ist flach und wird dadurch oft stark erwärmt.

Indonesiens Insel Sumatra nachgewiesen waren. Wir fanden den Bach, etwa 47 km nördlich der Stadt im Hinterland und kamen um die Mittagszeit an. Wassertemperatur 31° C trotz schattenspendendem Randbewuchs, 2° dH, dKH nicht feststellbar, 50–70 µS (an verschiedenen Stellen gemessen) und 6,5 pH. Die gesuchte Rasbora wurde bald entdeckt. Begleitfauna: *Tetraodon leiurus, Pristolepis fasciatus, Nandus spec., Nemacheilus, Kryptopterus spec.* (sehr ähnlich *K. bicirrhis* – oder was wir dafür halten), *Microphis brachyurus* (Süßwassernadel), *Dermogenys pusillus, Rasbora argyrotaenia, R. daniconius* und *Trichopsis vittatus* – alle in diesem einen Bach!

Rasbora hengeli und ihre ähnliche, aber meist größere Verwandte *R. heteromorpha*, die Keilfleckrasbora, kommen also in ähnlichen Biotopen von Südthailand, der übrigen malaiischen Halbinsel und auch auf Sumatra vor. Die Zucht der Keilfleckrasbora machte früher ebensolche Schwierigkeiten, wie heute die von *Sphaerichthys osphromenoides,* dem Schokoladengurami, der im selben Gebiet ähnliche Lebensräume bewohnt.

Die Inselwelt Indonesiens hat in den meisten bekannten Zierfischregionen ebenfalls sehr weiche Wasserwerte mit schwach saurem pH-Wert. Sumatra und Borneo (aufgeteilt in das nördliche malaysische Sarawak und das südliche indonesische Kalimantan), zu denen sich die Hauptinsel Java gesellt, gelten seit jeher als wichtige Exportländer für Zierfische aller Art. Aus vielen Beschreibungen kennen wir die herrliche Cryptocorynenwelt auf Borneo, und so war es auch für mich nicht überraschend, daß sich in zwei Flüssen von Sarawak, in denen ich Messungen des Wassers vornahm, Härtewerte mit handelsüblichen Chemikalien (Tropfreagenzien) nicht feststellen ließen. Der Leitwert lag im Skrang- wie im Kerangan-Fluß bei 10 bzw. 20 µS und der pH-Wert pendelte zwischen 6,0 un 6,5. Das Wasser hatte bei beiden Messungen eine Temperatur von 26,5° C.

Bereits 1935/36 hat Ladiges auf Sumatra (Medan) einen Wasserwert von 2,4° dH mit pH 6,15 festgestellt, ein Ergebnis, das er in seinem Buch „Ein Fisch in der Landschaft" (1951) mit Stichwort „Rasbora-Gewässer" veröffentlicht hat.

Eine weitere indonesische Insel, das heutige Sulawesi und frühere Celebes, liegt jenseits der sogenannten Wallace-Linie, die das zu Südostasien gehörende Indonesien vom Festlandsockel Australiens und Neuguineas trennt. Diese Insel hatte also nie in erdgeschichtlicher Zeit eine Verbindung mit den erwähnten großen Inseln Indonesiens, und die Ichthyofauna ist entsprechend anders. Von Sulawesi kennen wir keine bekannten Aquarienfische – mit zwei Ausnahmen: *Telmatherina ladigesi* und Lebendgebärende Halbschnäbler der Gattung *Nomorhamphus*. Die Insel ist gebirgig und hat keine guten Straßen: Es sind harte Fußwanderungen nötig, um bestimmte Biotope zu erreichen. Veröffentlichungen von Wassermessungen sind nicht bekannt.

SÜDCHINA

Über die Gewässer im südlichen China gibt es kaum nennenswerte Angaben. Ich bereiste diese Regionen Ende 1983, informierte mich bei den Bewohnern nach den jahreszeitlichen Abläufen in der Natur und erfuhr bei dieser Gelegenheit auch, daß es während der Zeit unseres nördlichen Winters dort kaum kälter als 10–8° C wird. Solche Angaben mögen sich in bestimmten Zonen – abhängig von Wind- und Wettereinfall – verändern, möglicherweise gehen in einigen Gebieten die Wintertemperaturen noch weiter zurück, besonders weiter östlich.

Südchina hat eine sehr differenzierte Landschaft, in der es auch Zonen mit Karst gibt, wie die in der Region Kwangsi Chuang, rund um die Stadt Kweilin. Der Likiang durchfließt Stadt und Landschaft und ergießt sich später in den Perlfluß. In seinem Oberlauf ist er durch einen Kanal mit dem Hsiankiang, einem Nebenfluß des großen Yangtze, verbunden. Dieses chinesische Karstland mit seinen hunderten felsigen Türmen, majestätischen Hügeln, Grotten und riesigen Höhlen, die mehrere tausend Menschen fassen können, liegt inmitten eines großen Reisanbaugebietes, deren es sehr viele in China gibt. Es gibt viel Wasser

Blick auf den Likiang im Karstgebiet bei Kweilin in Südchina. Am Ufer trocknen Fischer ihre Netze. In abgelegenen Buchten findet man auch aquaristisch interessante Fische.

und auch viele Fische. Die Wasserwerte sind der Kalksteinregionen angepaßt, jedenfalls in diesem großen und landschaftlich so außerordentlich schönen Gebiet. Die Gewöhnung an härteres Wasser läßt die Fische, die aus diesen Zonen kommen, recht anspruchslos und anpassungsfähig erscheinen. Zu diesen Fischen gehören von den bekannteren Arten beispielsweise *Barbus fasciolatus, Rasbora steineri, Macropodus chinensis* und *Tanichthys albonubes.* Wer solche Arten im Tropenaquarium bei 26° C oder mehr hält, wird nicht allzulange Freude an ihnen haben: Sie lieben es etwas kühler.

Blick auf den Wasserspiegel einer Bucht des Jardine River im Norden der Cape-York-Halbinsel in Nordostaustralien. Man erkennt einen üppigen Pflanzenwuchs: Hier ist die Heimat der australischen Populationen von *Iriatherina werneri,* die man an ihren schwarzen Filamenten erkennt.

AUSTRALIEN UND NEUGUINEA

Es hat sich inzwischen herumgesprochen: Australien und Neuguinea (und zwar beiderseits der fast senkrechten Nord- / Süd-Grenze zwischen Papua/Neuguinea und Irian Jaya) stellen die Lebensräume unserer Erde, in denen die Regenbogenfische beheimatet sind. Diese Arten tragen alle eine zweigeteilte Rückenflosse, weshalb man ihnen meernahes Leben unterstellte und in früheren Jahren für Haltung und Zucht einen kräftigen Salzzusatz ins nicht zu weiche Wasser empfahl (Pinter). Aber bereits van den Nieuwenhuizen (1968) und Morgenschweis (1977) hielten die Härte in Grenzen und vor allem (letzterer) den pH-Wert unterhalb der Neutralgrenze 7,0.

Ich hatte bei verschiedenen Exkursionen in Queensland, Cape York und Neuguinea Gelegenheit, die Lebensräume der verschiedensten Arten zu begutachten und Wasserproben zu nehmen. Wenn man von wenigen Ausnahmen absieht, ist das Wasser in diesen Biotopen überall sehr weich und der pH-Wert liegt knapp im sauren Bereich. Einige Beispiele:

	Gesamt-härte in ° dH	Karbonat-härte in ° dKH	Leitwert in µS	pH
Papua/Neuguinea				
Sepik River	3	2	80_{28}	6,8
Kum River (Hochland)	0,5	2	45_{22}	6,5
Queensland/Australien				
Lagoon Creek/Caboolture	0,5	0,5	170_{24}	5,4
Cape York				
Mitchell River	2	0,5	70_{31}	6,6
Coen River	0,5	0,5	100_{22}	5,8
Wenlock River	0,5	2	75_{25}	5,3
Northern Territory				
South Alligator River	3,5	3,5	125_{29}	5,4
Adelaide River (Oberlauf)	2	3	85_{25}	5,6
Darwin River	0,5	1	65_{31}	6,4
Mary River (Arnhemland)	2	3	110_{31}	6,5

Die meisten Siedlungen im Tiefland von Neuguinea liegen am Wasser – so wie diese am Sepik River, östlich von Ambunti. Leider wird hier durch den Einsatz afrikanischer Tilapien die einheimische ursprüngliche Fischfauna stark zurückgedrängt bzw. dezimiert.

Zu den erwähnten Ausnahmen gehören Gebiete, in deren geologischem Aufbau Kalkgestein vorherrscht oder deren Gewässerabschnitte vom Meer beeinflußt werden, wie etwa das Gebiet um die Stadt Katherine mit den touristischen Attraktionen des Katherine Gorge, wo sich der Fluß enge Schluchten ins weiche Gestein gegraben hat:

	Gesamthärte in ° dH	Karbonathärte in ° dKH	Leitwert in µS	pH
Northern Territory				
Katherine River	18,5	18,5	700_{31}	6,6
Victoria River	15	18	700_{31}	8,6

Neuguinea wie auch der tropische und suptropische Teil des australischen Kontinents sind an vielen Stellen voll von herrlichen Fischgewässern, die von der Zivilisation noch unberührt und entsprechend sauber sind. Die Wasserwerte sind fast immer weich und ihr pH-Wert tendiert in Richtung „sauer".

Bei einer der erwähnten Expeditionen von Cairns (Queensland) zur Spitze des Cape York (Jardine River), wurde das ohnehin weiche Wasser immer weicher, und der pH-Wert senkte sich von Süden nach Norden immer mehr ab, so daß wir schon annahmen, unsere elektronischen Meßgeräte (verschiedener Fabrikate) hätten einen Defekt. Das war nicht der Fall! Eine Wasserhärte war mit den üblichen Tropfreagenzien nicht mehr feststellbar, und der pH-Wert war stellenweise auf unter 4,0 abgesunken. Die Gebiete derart extremen Wassers liegen übrigens nahe bei denen, in welchen wir die bisher einzig bekannte Verbreitung von *Iriatherina werneri* auf dem australischen Kontinent nachweisen konnten.

Hartes Wasser findet man bekanntlich dort, wo Mineralsalze darin gelöst sind. Man muß beispielsweise in Regionen, in denen sich tiefe Einschnitte der Flußbetten in die landschaftliche Felsstrukturen erkennen lassen, mit hartem Wasser rechnen. So durchfließt in unserem Beispiel der Katherine River ein Kalksteingebirge und bildet hier sehr tiefe Einschnitte in die Landschaft, die als „Katherine Gorge" weithin bekannt sind. Auch in Westaustralien (Kimberley Distrikt) findet man Gewässertypen solcher Herkunft.

LEBENSRAUM UNTER AQUARISTISCHEN BEDINGUNGEN

Ob sie es wollen oder nicht: Das Aquarium ist nun das neue Zuhause der Fische. Für viele von ihnen war der Weg vom Dschungelbach ins Wohnzimmerbecken weit – hoffentlich nicht zu weit.

Der natürliche Lebensraum unserer Aquarienfische ist von recht unterschiedlicher Größe. Es geht ihnen da so wie uns Menschen: Die einen kommen zeitlebens aus der näheren Umgebung ihres „Verstecks“ nicht heraus, die anderen unternehmen weite Reisen. Nun bringen es die Umstände mit sich, daß ausgerechnet wandernde Arten, deren Vertreter sich nur von Zeit zu Zeit (wenn sie zum Beispiel für Nachkommen sorgen) eine festere Bleibe suchen, ziemlich anpassungsfähig sind und daher auch am besten mit den neuen Verhältnissen im Aquarium fertig werden. Für die Fische, für die ein Leben im eng begrenzten Revier vorbestimmt ist, muß mehr Wert auf die Beachtung der Verhältnisse im natürlichen Lebensraum gelegt werden. Auch wenn viele der zu diesem Kreis gehörenden Fische aus Nachzuchten stammen, können sie ihr angeborenes territoriales (= auf ein beanspruchtes Gebiet bezogenes) Verhalten nicht ablegen.

Der natürliche Lebensraum der Fische, den viele Aquarianer im Aquarium nachzubilden su-

Eine Reihe von Buntbarschen aus dem Malawi- und Tanganjika-See gelten als reine Pflanzenfresser, die jede Bepflanzung eines Aquariums mit der Zeit „klein“ bekommen. Alles ist jedoch nur eine Frage von Besetzungsdichte und des Pflanzenangebots. Dieses große Becken fand ich in einem Altbau. HQI-Beleuchtung, gepaart mit CO_2-Düngung sorgen – trotz Mbuna-Besatz – für einen vitalen Lebensraum. Die Abdeckscheibe fehlt!

Ein über 4 m langes Becken, beleuchtet mit HQI-Strahlern und mit CO_2-Düngeanlage versehen, hat keine Abdeckscheibe, so daß die Pflanzen sich über den Wasserspiegel erheben können. Sicherlich ein ungewohnt lebensvoller Biotop für die meisten Fische.

chen, kann viele Gesichter haben, die man praktisch durch vielerlei Einbauten „nachempfinden" kann. Nur sieht ein Dschungelbach eben anders aus als ein Seeufer und die Bucht eines Flusses anders als ein Stromschnellenbiotop.

Die Kenntnis des Lebensraums schafft dem Aquarianer die Möglichkeit, grobe Fehler bei der Haltung der Fische zu vermeiden. Gewisse, begrenzte Abweichungen kann jeder Fisch durch seine Anpassungsfähigkeit ausgleichen. Aber man muß, besonders wenn es um die Pflege der als heikel bekannter Tiere geht, jedem Detail der Aquarieneinrichtung und auch den technischen Geräten große Aufmerksamkeit schenken.
Ein Fisch, der normalerweise über Sandgrund lebt, sollte auch im Aquarium solchen vorfinden. Ich denke jetzt an Arten der Gattung *Geophagus,* deren Vertreter den Bodengrund mit dem Maul durchkauen, um Nahrungspartikel zu erbeuten. Die Tiere werden auch noch mit feinem Kies fertig, doch fällt dabei bereits auf, daß sie Sand noch durch die Kiemen ausblasen können, kleinere Kieskörner schon nicht mehr. Man kann den Tieren demnach mit einer gezielten Einrichtung helfen oder – andersherum – ihnen durch falsche Einrichtung das Leben und die Nahrungssuche erschweren.

Die meisten Fische lieben ein reich gegliedertes Aquarium. Da der Lebensraum in einem solchen Becken ohnehin sehr beengt ist und beim Erkämpfen der Rangordnung keine Ausweichmöglichkeit durch Flucht besteht, muß dem unterlegenen Tier die Möglichkeit gegeben werden, sich hinter eine bestimmte Barriere (und hier möglicherweise in ein Versteck) zurückzuziehen.
Im allgemeinen macht die Fütterung der Fische dem Pfleger keine besonderen Sorgen. Die heute angebotenen Futterkombinationen lassen nur wenige Wünsche offen. Man muß die Tiere jedoch von Zeit zu Zeit einmal (mindestens jede Woche) genau in Augenschein nehmen, um festzustellen, ob sie alle richtig ernährt wurden. Dabei darf man nicht nur allein auf pralle Bäuche achten, sondern auch auf die Vitalität der Fische.
Ausschließlich Trockenfutter zu reichen, mag (je nach den gebotenen Futtertypen, -fabrikaten usw.) den nötigsten Ansprüchen hinsichtlich des Nahrungsbedarfs der Tiere gerecht werden, ihren Appetit auf Lebendfutter, und ihre Gier danach kann man feststellen, wenn man sie einmal bei der Aufnahme solcher Nahrung beobachtet. In vielen Fällen gilt das auch für vegetarische Kost, wie Kopfsalat, Haferflocken oder überbrühten Spinat.
So begrenzt wie der Beckeninhalt des Wassers ist, müssen logischerweise auch Fische und Pflanzen sein. Das Wasser ist ausschlaggebend!
Die Zahl der Beckenbewohner richtet sich nach der Literzahl und nicht nach dem Fassungsvermögen des Beckens. Dabei muß das Volumen von Bodengrund und Steinen abgezogen werden.
Veraltete Theorien, nach denen man für einen Fisch bis zu 5 cm Größe bis zu 2 Liter Wasser als Lebensraum errechnen soll, sind nicht nur unsinnig, sie grenzen schon an Tierquälerei. Wollte man dieses Beispiel in unsere menschliche Welt übertragen, müßten wir sicher unser Leben in der Speisekammer fristen!
Die meisten Fehler in dieser Richtung werden schon beim Kauf des Fisches gemacht, wobei oft nicht berücksichtigt wird, daß es sich hierbei, wie auch bei Pflanzen, um junge, noch nicht ausgewachsene Exemplare handelt, die in einigen Monaten bei guter Pflege unter Umständen ein Vielfaches der ursprünglichen Größe erreichen können.
Fragen Sie darum den Händler nach der voraussichtlichen Endgröße Ihres Pfleglings. Sie tun allen einen Gefallen: Fischen, Pflanzen und schließlich auch sich selbst!
Besser als die angeführte „Regel" wäre folgender Vorschlag: Man rechne je Zentimeter (!) Fisch 2 Liter Wasser, wobei man diesem Maß wiederum eine Körperhöhe bis maximal 2 Zentimeter zugrunde legt (also zusammen 2 cm^2).

Beispiel 1: Das Fassungsvermögen eines Aquariums (100 x 30 x 40 cm) beträgt 120 Liter, wovon man mindestens 20 Liter als Volumen für Sand/Kies und Steine abzieht, so daß noch 100 Liter verbleiben. Es sollen hauptsächlich größere Fische von etwa 6 cm Länge eingesetzt werden, die in ihrer Körperhöhe die besagten 2 cm nicht überschreiten (6 x 2 = 12 bzw. 6 x 1,5 = 9). Man benötigt für diese Fische, wie errechnet, zwischen 9 und 12 Liter Wasser je Stück, also können 8–10 von ihnen eingesetzt werden. Weiter zu berücksichtigen sind Wachstum und eventuelles Revierverhalten.

Beispiel 2: In ein Becken von 80 x 26 x 38 cm = 79 Liter Fassungsvermögen sollen ein Schwarm von 15 Neonfischen (4 cm) und mehrere größere Tiere eingesetzt werden. Nach Abzug des Dekorationsvolumens verbleiben höchstens 65 Liter Wasserinhalt. Jungtiere, wie man sie meist kauft, haben erst eine Länge von 2,5 cm, so daß sie mit knapp 4 Liter Wasser auskämen. Wachsen sie jedoch nach wenigen Monaten auf ihre Endlänge 4 cm heran, benötigen sie (4 x 1,5 = 6) schon 6 Liter Wasser! So schnell kann sich eine solche Rechnung verschieben. Im Grunde ist, das Wachstum eingerechnet, das Aquarium mit 12 Tieren gut ausgelastet. Man muß entweder weniger „Schwärmer" wählen oder die größeren Arten ganz weglassen.

Solche Beispiele lassen sich natürlich beliebig variieren. Auch sind sie nicht frei von Mängeln. Das Leben im Aquarium ändert sich ständig. Die Tiere wachsen, weniger gesunde sterben. Der Pfleger kann und soll nicht mit dem Rechenstab vor seinem Becken sitzen. Er muß sich nur hin und wieder an diese Voraussetzungen erinnern und eventuell auf den Kauf neuer Fische verzichten, um seiner eingespielten Aquarienbesatzung den notwendigen Lebensraum zu gewährleisten.

II. TEIL

AQUARIENBEWOHNER

LEBENSGEMEINSCHAFT AQUARIUM

Zu den bisher angeschnittenen abiotischen Lebensbedingungen kommen diejenigen der belebten Welt: Die biotischen Faktoren. Es sind die tierischen und pflanzlichen Lebewesen, die in bestimmte lebensnotwendige Beziehung zueinander treten und so eine Lebensgemeinschaft (Biozönose) eingehen, die den großen Rahmen für das Aquarium-Leben bildet – eine kleine Welt für sich.
Allerdings müssen drei große ökologische Gruppen von Lebewesen vorhanden sein: Die Produzenten, die unter Benutzung der Sonnenenergie aus Anorganischem organische Substanz herstellen; die Konsumenten, welche diese organische Substanz zum Aufbau ihres Körpers sowie zur Erhaltung und Vermehrung ihrer Art brauchen. Dazu kommen noch die Destruenten, jene Bakterien und Pilze, die die komplizierten organischen Stoffe wieder in ihre Bestandteile zerlegen – sie wieder mineralisieren. Nur wenn in einer Lebensgemeinschaft alle drei Organisationsgruppen leben, kann der Kreislauf der Stoffe völlig rückläufig, reversibel sein, das heißt: Aufbau und Abbau der Stoffe halten sich die Waage; das Biotop ist geschlossen, autark, seine Biozönose unabhängig.
Selbstverständlich bezieht sich das Gesagte nur auf die Verhältnisse in der freien Natur. Die vollkommene Herstellung einer echten und ununterbrochen autarken Biozönose ist in einem künstlichen Gebilde wie dem Aquarium nicht möglich. Auch sind unsere Kenntnisse von den Umwelt- und Lebensverhältnissen der einzelnen Wasserbewohner zu gering. Wer aber die erwähnten Dinge beachtet, kann Lebensgemeinschaften zusammenstellen und erhalten, die denen der freien Natur zumindest nahekommen. Wichtig ist also die richtige Zusammenstellung von Wasserpflanzen, Fischen und Futtertieren, die zusammen mit den Destruenten des Bodengrundes wenigstens über einen gewissen Zeitraum einen funktionierenden Kreislauf aufrecht erhalten können.

DIE HARMONIE VON GESTALTUNG, PFLANZEN UND FISCHEN

Ein holländischer Freund hat ein kleines Buch über die Holländischen Pflanzenaquarien geschrieben, in dem er diese Art der Aquaristik wie folgt beschreibt: „Ein Aquarium, in dem man Pflanzen und Fische aus aller Welt zusammenfügt zu einem ästhetischen, harmonischen Ganzen, ohne dabei die notwendigen Lebensbedürfnisse für Pflanzen und Tiere zu vernachlässigen … Der Akzent der Sache liegt also ganz deutlich auf dem ästhetischen Wert: Wie schön ist das Becken? Jeder Holländer, der sich entschließt, ein Aquarium in seinem Wohnzimmer aufzustellen, wird versuchen, das Aussehen seiner Anlage der Einrichtung seines Wohnzimmers anzupassen."
Sind Sie schon einmal auf einer Landstraße über die holländische Grenze gefahren? Ich bin in diesem Grenzraum großgeworden: Oft sind es nur wenige Meter, sozusagen von einer Straßenseite zur anderen, aber der Unterschied in der Hausgestaltung (Architektur, Anstrich, Gardinen usw.) und der Einrichtung der Wohnungen ist riesengroß. Fast ebenso ist es mit der Aquaristik: Vieles ist anders – keinesfalls schlechter. Erstaunlich, daß man bei uns keine Holländischen Pflanzenaquarien findet, denn gerade mit dieser Form der Aquaristik ist die Harmonie von ästhetischer Gestaltung und optimalen Lebensbedingungen für die Bewohner sehr gut gelungen, wie die Fotos Seite 88 beweisen. Wahrscheinlich ist dies eine Frage der unterschiedlichen Mentalität der deutschen und holländischen Aquarianer.
Die aktivsten Aquarianer in Deutschland sind jene, die sich in Vereinigungen (nicht Klubs!) zusammengefunden haben, um hier dem bestimmten Zweig der aquaristischen Liebhaberei zu frönen. Die größte Gruppe dürfte wohl die der Cichlidenfreunde sein, die sich in der Deutschen Cichliden-Gesellschaft (kurz: DCG) zusammengefunden haben. Andere Gruppierungen, in denen sich Freunde der Killifische, der Labyrinthfische und der Lebendgebärender Zahnkarpfen treffen, sind ebenfalls vorhanden. Ein Heimschaureglement, wie man es in Holland kennt und nach dem man die Becken bewertet (a: Ästhetischer Teil; b: Biologischer Teil und c: Allgemeiner Teil [Pflege, Materialwahl, Beleuchtung usw.]) ist mir allerdings von keiner dieser Gesellschaften bekannt.
Die Gestaltung eines „schönen" Aquariums ist allerdings nicht immer einfach. Fische mit „Territorialbewußtsein" haben zuweilen ihre eigene Vorstellung, und wenn sie kräftig genug sind, bauen sie ihren neuen Biotop – das Aquarium – nach ihren Vorstellungen um und versetzen damit oft ihren Pfleger, der das Beckeninnere mit viel Liebe eingerichtet hat, in wilde Panik. Da werden näm-

lich oft nicht nur Wurzelstücke verschoben, sondern auch größere Steine, und oft genug ist es vorgekommen, daß ganze Steinaufbauten wie ein Kartenhaus zusammengefallen sind, weil Welse und Buntbarsche die Gewohnheit haben, Steinwände zu unterwühlen, um sich darunter eine Höhle zu bauen. Daher auch der gutgemeinte Rat, Steinaufbauten stets auf der Bodenscheibe zu beginnen und gegebenenfalls „rutschige" Berührungspunkte im trockenen Zustand durch einen Tupfer Silikonkautschuk zu fixieren. Wer also Fische pflegt, die gerne umbauen, sollte Pflanzen, wenn er sie schon im Becken haben will, in Schalen oder in aus Steinen zusammengeklebte Hüllen geben, damit die Fische sie nicht ausgraben können.

Wer bei Freunden oder Bekannten ein „Traumbecken" sieht und es in ähnlicher Weise nachbauen möchte, der soll sich nach den geringsten Kleinigkeiten erkundigen. Oft hat der Bekannte in seinem Aquarium einen üppigen Pflanzenwuchs und verschweigt, daß er dem Wasser CO_2 (= zu Kohlensäure gelöstes Kohlendioxyd) zuführt. Ohne diese Pflanzennahrung wird es Ihnen kaum gelingen, ein vergleichbares Ergebnis zu erzielen. Andererseits: Wer seinen Pflanzen diese Form der Nahrung anbietet, *muß* ihnen dazu sehr kräftiges Licht reichen. Erst dieses starke Licht setzt die Assimilation so in Gang, daß die Pflanzen so überaus gut „stehen".

DIE ROLLE DER AQUARIEN-PFLANZEN

Erst durch die Pflanzen wird das Bild des Aquariums bestimmt. Dabei kann leicht die Überzeugung entstehen, Pflanzen seien in erster Linie Dekorationsmittel. Daher sind ein paar Informationen über die biologischen Zusammenhänge notwendig.

Aquarienpflanzen und Fische atmen Sauerstoff ein und Kohlensäure aus. Natürlich können sie die H_2O-Moleküle des Wassers nicht spalten; sie können nur die im Wasser gelösten Stoffe aus der Luft zur Atmung gebrauchen. Die Mengen dieser Stoffe aber sind verschieden. Der Fisch benötigt mehr Sauerstoff und gibt mehr Kohlensäure ab als die Pflanze. Dieses Mißverhältnis der Atmungsvorgänge wird wettgemacht durch die Assimilation der Pflanzen: Unter dem Einfluß der Lichtenergie bauen die Pflanzen aus den anorganischen Substanzen des Bodens wie des Wassers und mit Hilfe des Blattgrüns organische Stoffe (Eiweiß, Stärke, Zucker) auf. Dies hat die Pflanze allen Tieren gegenüber voraus. Bei dieser Assimilation wird mehr Kohlensäure benötigt, als die Pflanze ausatmet und mehr Sauerstoff frei, als die Pflanzenatmung braucht. Da der Fisch mehr Kohlensäure ausatmet als die Pflanze, kommt diese Kohlensäure der pflanzlichen Assimilation zugute, während das bei der Assimilation abgebaute Zuviel an Sauerstoff der Fischatmung zugute kommt. Pflanzen und Fisch ergänzen einander. Sie leben theoretisch im biologischen Gleichgewicht.

Nur nachts, wenn die Assimilation mangels Lichts ruht, erzeugt die Pflanze bei ihrer Dissimilation keinen Sauerstoff und benötigt keine Kohlensäure, sondern atmet diese aus, deren Überschuß nun in Bikarbonaten gespeichert wird. Ihr Bedarf an Sauerstoff ist aber so gering, daß die Fische in ihrem Schlafzustand unter normalen Verhältnissen nicht zu leiden brauchen. Nur eine Überbesetzung mit Fischen und Pflanzen kann sich ohne zusätzliche Sauerstoffzufuhr schlecht auswirken. Den geringsten Sauerstoff- und höchsten Kohlensäuregehalt hat das Wasser morgens gegen 9 Uhr. Auch sein ph-Wert ist dann logischerweise (Säure) am niedrigsten, steigt aber mit Einsetzen der Assimilation wieder an (Rhythmus des Wasserchemismus).

Für die an das Wasser abgegebene Sauerstoffmenge ist die Gesamt-Oberfläche der Wasserpflanzen ent-

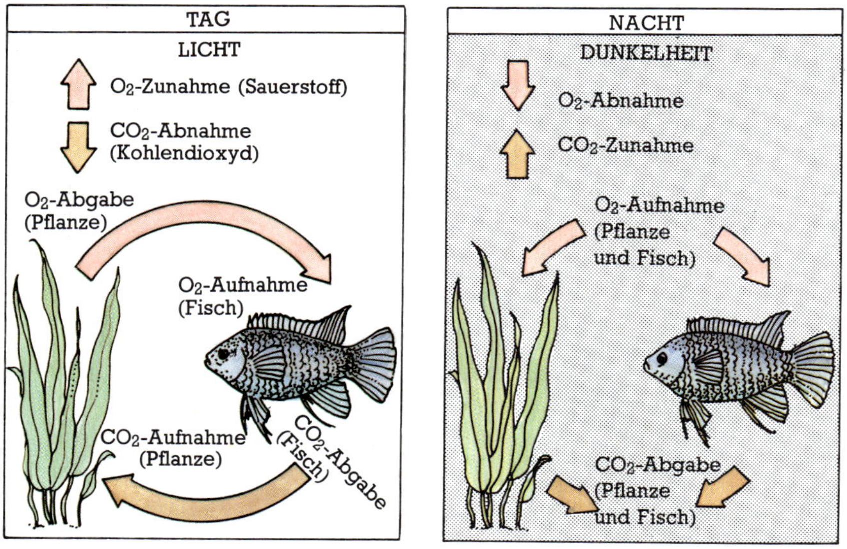

Ablauf der Fotosynthese mit Assimilation bei Tage und Dissimilation bei Nacht. Man erkennt, daß am frühen Morgen (rechte Zeichnung) der Sauerstoff (O_2) abgenommen und dafür das Kohlendioxyd (CO_2) zugenommen hat. Erst nachdem die Assimilation wieder mehrere Stunden in Gang gekommen ist, nimmt der Bestand an Sauerstoff entsprechend dem Pflanzenbesatz wieder zu. Es ist also unsinnig, ja sogar gefährlich, eine CO_2-Düngeanlage über Nacht in Betrieb zu halten. Besser ist noch eine Dauerregulierung.

Die wenigsten Pflanzenbecken bleiben auf Dauer algenfrei. Den Fischen macht das in der Regel nichts aus. Bei der Pflanze im Hintergrund handelt es sich um die Unterwasserform von *Eichhornia azurea.*

Eine schöne Pflanzenkombination mit einer Roten Tigerlotus *(Nymphaea lotus)* als Blickfang. Einige Stengelpflanzenarten bilden den Vordergrund. Sie müssen stets gestutzt werden. Das Schaustück braucht Platz!

scheidend. Je größer diese ist, um so größer ist die pflanzliche Sauerstoffausscheidung. Es ist zu beachten, daß nicht die großblättrigen Pflanzen die größte Oberfläche haben, sondern gerade die feinfiedrigen und reich beblätterten wie Haarnixe, Tausendblatt, Wasserpest, Javamoos und Indischer Wasserwedel. Daher ist bei der Bepflanzung auf die Lichtverhältnisse Rücksicht zu nehmen:

In dem Teil des Beckens, das am meisten Licht bekommt, werden die Pflanzen eingesetzt, die sehr lichtbedürftig (weil feinfiedrig) und schnellwüchsig sind. Dadurch schirmen sie andere kleinere Pflanzen vom Licht ab. Stellen im Becken, die durch diese Schatten oder auch durch überhängende Dekorationsstücke keiner so hohen Lichteinstrahlung ausgesetzt sind, werden mit den Pflanzen besetzt, die weniger anspruchsvoll in ihrem Lichtbedürfnis sind. Zartgefiederte Pflanzen brauchen somit fast immer viel Licht und vertragen keine Algenbildung.

Eine weitere wichtige Aufgabe der Aquarienpflanzen besteht darin, für die Reinigung des Wassers zu sorgen. Im Unterschied zu vielen Landpflanzen vermögen die Wassergewächse nicht nur mit ihren Wurzeln mineralische Stoffe aufzunehmen, sondern vor allem durch ihre „Wassertrinker“ auf den Blättern. Damit entnehmen sie dem Wasser organische Verbindungen (Harnstoffe, Asparagin, Treatin, Guanin), um sie für ihren Aufbau zu verwerten. So kommen den Pflanzen also die Verdauungsrückstände ihrer schwimmenden Mitbewohner direkt zugute. Sie müssen nicht erst den Weg über die Umwandlung zu mineralen Stoffen gehen. Dadurch wiederum wird den schädlichen Bakterien der Nährboden entzogen und ihrer Vermehrung, der Wassertrübung und der Wasservergiftung vorgebeugt. Allerdings spielt auch hier wieder das Verhältnis der Beckenbesetzung von Pflanzen zu Fischen eine Rolle.
Je mehr Pflanzen auf einen Fisch kommen, um so reiner wird das Wasser sein. Der dabei in geringeren Mengen anfallende Mulm wird durch Destruenten abgebaut und dann von den Wurzeln der Pflanzen aufgenommen. Ein Überschuß an Mulm ist also stets als Zeichen für eine übermäßige Fischbesetzung anzusehen, womit das anfangs erwähnte biologische Gleichgewicht nicht erzielt werden kann. Andererseits gibt es eine Reihe von Fischen, die gern im Mulm wühlen und davon eine gewisse Menge benötigen. In solchen Fällen darf die Tierbesetzung größer sein. Besser als der Mulm ist allerdings Torfmull für solche Fische.

Viele Pflanzenarten haben sich auf bestimmte Nährstoffe spezialisiert. Das kommt den meisten Aquarienfreunden entgegen, denn sie wollen ja keine einheitliche Pflanzenart in ihrem Becken, sondern eine schöne Mischung unterschiedlich geformter und gefärbter Gewächsarten. So können die Pflanzen aus den angebotenen Nährstoffen auch besser ihre individuelle Wahl treffen.

UMFANG DER AQUARIEN-BEPFLANZUNG

Art und Umfang der Bepflanzung eines Aquariums resultieren in erster Linie aus dem Verhältnis Fisch/Pflanze. Große, lebhafte und zahlreiche Fische verbrauchen im allgemeinen mehr Sauerstoff, das heißt sie benötigen mehr Pflanzen als kleine und wenige Fische. Jedoch ist der Umfang der Bepflanzung auch von der Fischart abhängig. Es gibt Fische, für die ein stark verkrautetes Becken richtig ist (Labyrinther), während man bei Fischen aus freien Gewässern, die einen großen Schwimmraum benötigen, nur die hinteren Ecken dicht und die Rück- und Seitenwände mit einzelnen Gewächsgruppen bepflanzen sollte. Dabei können nur Pflanzen eingesetzt werden, die viel Sauerstoff erzeugen.

Manche Fische benötigen feinfiedrige oder breitblättrige Büsche als Laichsubstrat oder Versteck. Labyrinther legen ihre Schaumnester gern an Schwimmpflanzen an, wie überhaupt viele Fische den Halbschatten der Schwimmpflanzen lieben. Für Segelflosser, die breite Blätter gern zerrupfen, sind Sumpfschrauben und Pfeilkräuter oder Schwertpflanzen zweckmäßig. Für Schwarmfische mit Leuchtsignalen eignet sich ein schattiger Standort im dichtbepflanzten Hintergrund des Beckens. Zu ihnen passen Pflanzen, die Schatten bevorzugen (Wasserkelche) oder solche, die auch bei mäßiger Beleuchtung noch einigermaßen gedeihen (Schwertpflanzen). Wenn bestimmte Fischarten (Cichliden) stark wühlen, hält man die Pflanzen besser in Töpfen oder läßt sie frei schwimmen; wenn sie gründeln (Karpfenfische), wird man auf feinfiedrige Pflanzen (Tausendblatt), die leicht verschmutzen, verzichten. Auch Buntbarsche und Keilfleckbarben sowie eine Reihe von anderen

Holländische Pflanzenaquarien bestechen durch originell zusammengestellte Pflanzengruppen. Sie können und sollen keine Wiedergabe eines Biotops sein.

Arten, die zartes Grün nicht verschmähen, darf man nicht mit diesen zarten Pflanzen (Tausendblatt, Haarnixe) zusammenbringen – will man sie nicht auf diese kostspielige Art füttern!
Wie bereits an vorausgegangener Stelle erwähnt, kann übertrieben reichlicher Pflanzenwuchs bei geringem Fischbestand, reichlicher Beleuchtung und mangelhafter Durchlüftung manchmal schädlich werden, da infolge des CO_2-Mangels die Bikarbonate des Wassers derart ausgefällt werden, daß sich auf den Blättern eine Kalkkruste bildet und sie sich sandig anfühlen (biogene Entkalkung). Solchem Mangel kann neuerdings ohne die fragwürdige Anwendung von Mineralwasser abgeholfen werden: Mit einem Diffusionsgerät zur gasförmigen Kohlenstoff-Düngung. Alle Aquarienpflanzen nehmen den Kohlenstoff (CO_2) leicht auf, wenn er ihnen gasförmig zugeführt wird. Die Aufnahme chemisch gebundenen Kohlenstoffs aus Karbonaten bzw. Bikarbonaten (Bikarbonat-Assimilation) erfolgt normalerweise schwach und unregelmäßig. Die in dieser Form erstmals für die Aquaristik geschaffenen Diffusionsgeräte versorgen die Pflanzen ausreichend mit gasförmiger Kohlensäure.
Pflanzen wahllos durcheinanderzusetzen, ist nicht ratsam. Die einzelnen Arten werden zu kleinen Gruppen zusammengefaßt und durch Gestein oder Wurzelhölzer voneinander getrennt. Bei der Bepflanzung soll man anfangs die einzelnen Gewächse nicht zu dicht nebeneinander setzen. Die Pflanzen wachsen ja noch, und schnellwüchsige Arten können sich schon in wenigen Wochen stark ausbreiten (Sumpfschrauben, Pfeilkräuter, Wasserpest). Ein kleines Becken besetzt man mit höchstens 2–3 Arten, ein größeres mit entsprechend mehr. Für sehr große Becken empfiehlt sich ein Grundriß, den sich der Unterwasser-Gartengestalter noch vor dem Erwerb der Pflanzen anlegt, um von jeder gewünschten Art später auch die richtige Menge einzukaufen.
Bei einem terrassenförmigen Aufbau kann man Sumpfpflanzen an die höchste Stelle bringen, so daß sie bald aus dem Wasser herausragen und Blüten treiben. Das geschieht natürlich nur, wenn keine Abdeckscheibe auf der Beckenoberfläche liegt und das Licht aus von der Decke hängenden Lampen kommt.
Verschiedene Moos- und Pflanzenarten (Javamoos *Vesicularia dubyana* und Javafarn *Microsorium pteropus)* können auch zum Bewuchs von Moorkienholzwurzeln verwendet werden. Zu diesem Zweck klemmt man das feinfiedrige Moos – oder von den größeren Pflanzen (Farn) nur die Wurzeln – vorsichtig (!) in kleine Spalten, die sich im Holz befinden. Zum besseren Halt kann man diese Verbindungsstelle noch bis zum Anwachsen mit einem Gummiring (Couponring) umwickeln.
Mindestens einmal im Jahr muß man ein „festgewachsenes" Aquarium nach Gärtnerart überarbeiten. Dabei werden zu große und üppige Pflanzenbestände reduziert, damit sie sich nicht gegenseitig Licht und Raum wegnehmen und so mit der Zeit dahinkümmern. Alles Kranke und Schwache muß entfernt werden. Da während einer bestimmten Zeit ein Stillstand im Wachstum eintritt, muß während dieser Ruhezeit besonders darauf geachtet werden, daß Ansammlungen von Mulm und anderen Rückständen sich nicht in einer Aquarienecke ansammeln, weil die Pflanzen jetzt dieses Material nicht so schnell wie gewohnt verarbeiten können. So bilden sich Herde, die nichts anderes als Saurstoffzehrer sind.
Selbstverständlich muß man bei allen Beckengrößen darauf achten, daß die eingesetzten Pflanzen auch miteinander sympathisieren. Diese oftmals gehörte Meinung ist durchaus kein Aquarianer-Latein. Eine Reihe von Pflanzen vertragen sich nicht, was zum Verkümmern der schwächeren führt. So kann man Wasserkelche (Cryptocorynen) nicht mit Sumpfschrauben (Vallisnerien) oder Pfeilkräutern (Sagittarien) zusammenbringen. Ebenso ist Schwitzwasser für Schwimmpflanzen schädlich (mehr Zwischenraum zwischen Wasseroberfläche und Lichtkasten durch Plexiglaszargen schaffen).

DIE PFLEGE DER AQUARIEN-PFLANZEN

Wie wird gepflanzt?

Vor dem Einpflanzen muß jede Pflanze von anhaftenden Fadenalgen, Schneckenlaich, faulen Stellen usw. gereinigt und dann für etwa 20 Minuten in einer rosafarbenen bis weinroten Lösung von übermangansaurem Kali (Kaliumpermanganat) desinfiziert werden. Auch ein 5–10 Minuten dauerndes Bad in einer Alaunlösung (1 Teelöffel / 1 l Wasser) oder eine Wasserstoffperoxyd-Spülung (1 Teelöffel / 1 l Wasser) sind zu empfehlen. Danach werden die Pflanzen vorsichtig abgespült. Die Wurzeln können etwas gestutzt werden, um sie zu schnellerem Wachstum anzuregen. Anschließend füllt man das Becken etwa 10 cm hoch mit Bodengrund (gewaschen) und bedeckt diesen mit 5–10 cm Wasser.
Beim Einsetzen beginnt man mit den höchsten Pflanzen an der Rückseite des Beckens, während man die Schauseite möglichst freiläßt oder hier nur kleinbleibende und rasenbildende Pflanzen verteilt. Die Wurzeln müssen ihrem natürlichen Wachstum gemäß eingesetzt werden.
Wasserkelche (Cryptocorynen) und Sumpfschrauben (Vallisnerien) treiben ihre Wurzeln senkrecht nach unten. Dafür wird mit Zeige- und Mittelfinger ein entsprechendes Loch in den Bodengrund gebohrt, die Pflanze mit Daumen und Zeigefinger oder mit einer Pflanzenzange ein wenig tiefer als bis zum Wurzelhals, aber mit gestreckter Wurzel, eingesetzt. Der Bodengrund wird leicht angedrückt und dann die Pflanze vorsichtig bis zum Wurzelhals wieder hochgezogen. So wird erreicht, daß auch die feinfiedrigsten Wurzeln abwärtsgerichtet im Boden stecken. Bei Sumpfschrauben kann der Wurzelhals sogar etwas über den Boden herausragen. Für jede Pflanze wird eine Bodenfläche von 5–6 qcm gerechnet, jedoch richtet sich der Setzabstand auch nach Größe und

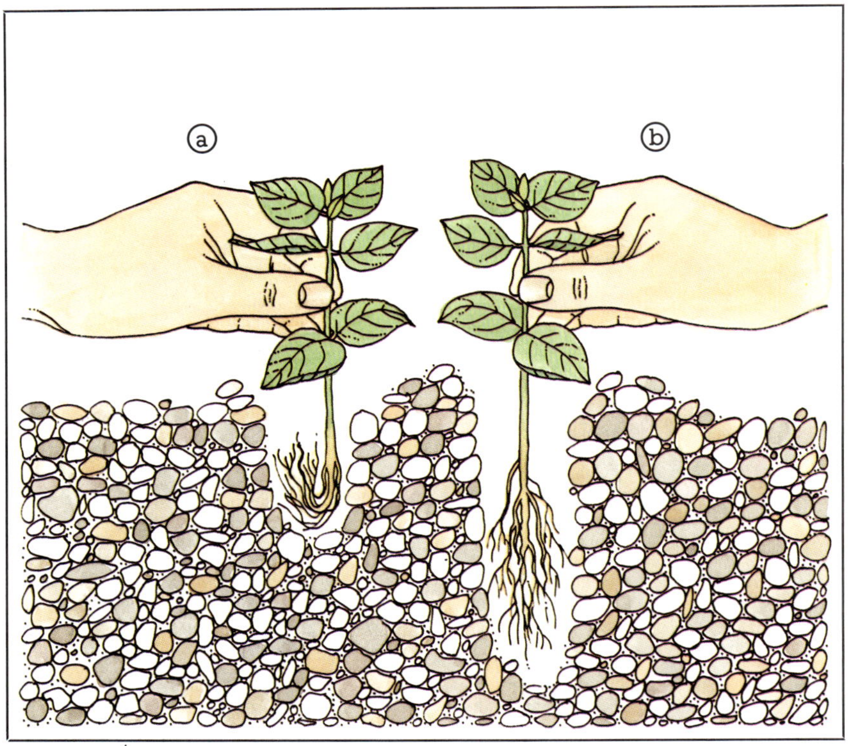

Viele Fehler werden bereits beim Einpflanzen der Aquariengewächse gemacht: Die Wurzeln sollen nicht umgebogen (a), sondern mit der Fiederung abwärts in den Boden gesenkt werden (b). Am günstigsten ist es, das Pflanzloch zuerst etwas tiefer zu machen und die Pflanze darin nach dem Einsetzen etwas hochzuziehen.

Wachstum. Größer werdende Arten, wie etwa *C. griffithii, C. ciliata* oder *C. beckettii* benötigen einen Abstand von mindestens 15 cm. Wasserähren *(Aponogeton)* und Schwertpflanzen *(Echinodorus)* sind Flachwurzler, die ihre Wurzeln nur wenige Zentimeter in den Bodengrund treiben und sie ansonsten horizontal verlaufen lassen. Für sie bildet man mit den Fingern eine entsprechend lange, nach außen etwas vertiefte Mulde, breitet darin die Wurzeln fächerförmig aus und deckt sie wieder mit Bodengrund zu. Kleinere Exemplare sollen etwa 8–10 cm, größere (für größere Becken) 15–30 cm auseinanderstehen. Manche Wasserährenarten mit 20–40 Blättern benötigen einen weiten Raum nach allen (!) Seiten.
Wasserpflanzen die ihre Aufbaustoffe mit den „Wassertrinkern" ihrer Blätter dem Wasser direkt entnehmen, werden als Stecklinge ohne Wurzeln eingesetzt, nachdem man vorher die Blätter der beiden unteren Stengelglieder abgezupft hat. Flache Steine verhindern das Aufschwimmen solcher Stecklinge, bis sie Haftwurzeln gebildet haben. Solche rankenden Pflanzen werden als Büsche zu 4–6 Stück zusammengesetzt, weil sie sonst zu dürftig aussehen. Allenfalls können die einzelnen Ranken 1–2 cm voneinander entfernt sein, was vor allem für die Haarnixen *(Cabomba)* gilt. Auch kleinbleibende Arten setzt man buschweise.
Pflanzen mit horizontal kriechendem Wurzelstock (Kalmus) sind schräg einzupflanzen, so daß die treibenden Teile aus dem Boden herausragen. Wasserpflanzen, die ihre Aufbaustoffe ausschließlich mit Hilfe der Wurzeln dem Boden entnehmen und andere, schwer wurzelfassende und nährstoffbedürftige Pflanzen (Wasserähre, Schwertpflanze, Wasserkelch) können in Schalen in den Bodengrund eingelassen werden. Die in den Schalen verwendete Bodenmischung kann zu zwei Dritteln mit einer Mischung aus Lehm und Aquarientorf gefüllt werden. Inzwischen sind auch fertige Erdmischungen speziell für die Aquaristik erhältlich. Dagegen ist von fertiger Blumentopferde unbedingt abzuraten, weil sie verschiedene nicht kontrollierbare Düngepräparate enthalten und außerdem leicht Fäulnisherde bilden kann. Höhere Schalen oder Töpfe, die aus dem Bodengrund herausragen, muß man mit Steinen soweit abdecken, daß sie den naturgetreuen Gesamteindruck im Becken nicht stören. Diese Methode ist auch in Becken mit wühlenden Buntbarschen nötig. Außerdem hat die Schalenkultur den Vorteil, daß bei der Reinigung des Bodengrundes die Schalen herausgenommen und wieder eingesetzt werden können, ohne die Wurzeln zu beschädigen.
Die günstigste Pflanzzeit ist das Frühjahr. Junge Gewächse stammen ja meist aus Treibhäusern, wo sie einen geregelten Jahresablauf gewöhnt waren. Diese Jungpflanzen haben im Frühjahr gerade ihre Ruhepause beendet (November bis Januar) und beginnen nun verstärkt zu treiben.

Die Vermehrung von Aquarienpflanzen

Die Vermehrung der Pflanzen im Aquarium erfolgt meist auf vegetativem Wege durch Ausläufer, Sproßpflanzen, Stecklinge sowie durch Pflanzen- oder Wurzelteilung. Die Ausläufer sind von der Mutterpflanze erst dann zu trennen, wenn sie eine ausreichende Zahl von Wurzeln gebildet haben. Stecklinge werden durch Abtrennen von den Zweigen oder durch Kürzen der Hauptachse gewonnen. Einige Arten bilden auch ohne Einpflanzen Wurzeln, so daß es genügt, sie mit Glasnadeln oder mit flachen Steinen eine Zeitlang am Bodengrund festzuhalten, bis sie eingewurzelt sind. Die Pflanzen- und Wurzelteilung wird ebenfalls im Frühjahr vorgenommen. Eine Teilung des Wurzelstocks ist nicht ratsam; allenfalls können Triebe abgeschnitten werden. Pflanzen, die Winterknospen treiben, werden im Herbst gesammelt, in ein flaches Gefäß mit Sand und etwas Wasser gegeben und frostfrei überwintert. Etwa Mitte Februar werden sie wieder in das Aquarienzimmer und langsam auf die Wassertemperatur gebracht. Daraufhin kann man sie im Aquarium einsetzen, wo sie in wärmerem Wasser und unter der Beleuchtungsanlage bald zu treiben beginnen.

Die meisten Aquarianer werden sich der einfacheren, vegetativen Vermehrung der Pflanzen bedienen, die bei fast allen Wasserpflanzen unproblematisch ist.

Die Ansprüche der Pflanzen

Viele Aquarianer haben Angst, sich schöne, große Pflanzen zuzulegen. Oft sind daran bittere Erfahrungen schuld, und Redensarten von „fortgeworfenem Geld" oder „da wird doch wieder nichts daraus" machen die Runde. Man kann es bei der Neueinrichtung eines Aquariums ja erst einmal eine Zeitlang ohne Fische versuchen! Zuweilen sind es ausgerechnet die ersten Wochen nach der Einrichtung eines Aquariums, in denen die Pflanzen nicht gut „stehen" und auch kein Wachstum zeigen. Oft fehlen die richtigen Nährstoffe, und (oder) die Wasserwerte stimmen (noch) nicht. Hier muß geprüft und gemessen werden, denn: Keine Therapie ohne Diagnose. Erst wenn bei normalen Wasserwerten plus kräftiger Beleuchtung plus CO_2-Düngung die Pflanzen nicht wachsen, kann eine Krankheit vermutet werden.

Im Regelfall sind aber mit diesen wenigen Gaben die Ansprüche der Aquarienpflanzen zu erfüllen. Meist nehmen sie die Nährstoffe mit der Blattoberfläche auf – das soll man jedoch nicht verallgemeinern, und nicht jede Pflanze bildet Wurzeln nur, um sich damit im Boden festzuklammern. Besonders die stark wurzelnden Pflanzen, man denke an die Amazonas-Schwertpflanzen *(Echinodorus)*, an Liliengewächse *(Crinum)*, Wasserähren *(Aponogeton)*, und die verschiedenen Seerosenarten und -sorten *(Nymphaea)*, gedeihen besser, wenn man dem Sand oder Kies sogenannte Bodenzusätze beimischt, die der aquaristische Fachhandel anbietet. Nichtgetestete Zusätze soll man dagegen aus einem Aquariengrund fernhalten. Dazu gehören vor allem Gemische von Blumenerde, wie sie für Balkonkästen usw. angeboten werden. Sie sind zu stark mit Düngepräparaten durchsetzt. Überdüngung ist ebenso falsch wie keine Düngung. Sind in einem Aquarium zu viele Fische (was oft der Fall ist), so fallen die im Stickstoffkreislauf entstandenen Endprodukte des Ab- bzw. Umbaus – das Nitrat – in höherem Maße an, als es die Pflanzen verwerten können. Man soll deshalb einen regelmäßigen Teilwasserwechsel durchführen, darf dabei aber nicht übersehen, daß mit dem abgehenden Wasser auch alle darin enthaltenen Düngepräparate fortgespült werden, weshalb die Düngung vorher für einen bestimmten Zeitraum abgestellt werden muß. (Näheres zur Düngung Seite 93.)

Es ist gut zu wissen, welchen Nitrat-

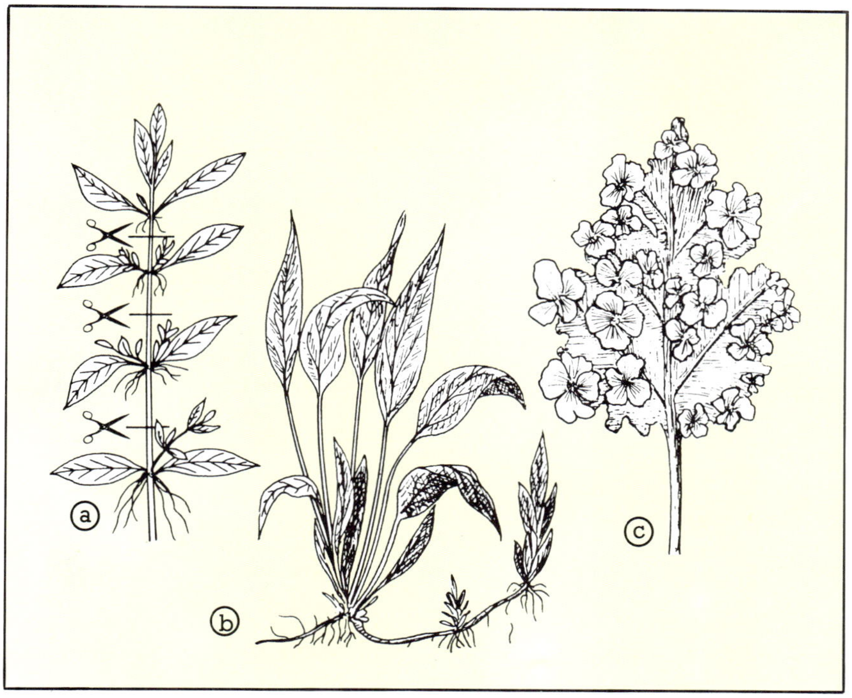

Man unterscheidet die generative (durch Samen) und die vegetative Vermehrung. Letztere geschieht auf verschiedenartige Weise, wie sie unsere Zeichnungen darstellen: a) Bei Stengelpflanzen genügt ein Schnitt zwischen zwei Stengelknoten, um einen Steckling und, nach dessen Nachwurzeln, eine neue Pflanze zu erhalten; b) zeigt Ausläufertriebe mit jungen Pflänzchen. Die „Nabelschnüre" zur Mutterpflanze können nach einiger Zeit durchtrennt und damit die junge Pflanze selbständig gemacht werden. Die rechte Abbildung (c) läßt schließlich erkennen, wie sich auf den Blattspreiten bestimmter Schwimmpflanzen (hier *Ceratopteris pteridoides*), und insbesondere an deren Randzonen, kleine Adventivpflanzen bilden, die sich nach einiger Zeit von der Mutterpflanze lösen und ein selbständiges Leben auf der Wasseroberfläche beginnen.

Herrliche Pflanzenbiotope bilden verschiedene Brunnen in Sri Lankas Hochland. Man erkennt die fiedrigen Kuppen von *Limnophila indica* unter der Wasseroberfläche. Im Vordergrund *Alocasia macrorrhiza*.

Ein Bachbett im Süden von Sri Lanka: *Aponogeton rigidifolius* recken ihre Blüten über den Wasserspiegel in einer ruhigen Gewässerbucht. Im Hintergrund eine Gruppe *Lagenandra ovata*.

gehalt das jeweilige Leitungswasser hat: Ein Anruf beim Wasserwerk genügt.
Ist das Aquarium nicht richtig eingerichtet, kann es zu unterschiedlichen Temperaturzonen kommen. Das muß vermieden werden. Wenn man beispielsweise zu starke Wasserbewegung vermeidet, weil diese die zugeführte Kohlensäure wieder austreiben könnte, können sich im Becken, in dessen Ecke ein oder mehrere Heizstäbe für Wärme sorgen, Zonen unterschiedlich warmen Wassers bilden. Temperaturgefälle auf der einen oder Wärmestaus auf der anderen Seite werden von den meisten Pflanzen nicht geschätzt. Ohne Bodenheizung ist zudem nicht gewährleistet (besonders in kühl gehaltenen Räumen), daß die Pflanzen keine „kalten Füße" bekommen. Tropische Gewässerböden sind im allgemeinen nicht kalt – also sollten es auch die der Aquarien nicht sein.
Eine Besonderheit gibt es bei den sogenannten „Knollengewächsen" zu beachten: Sie benötigen, anders als die anderen Aquarienpflanzen, eine Ruhezeit. Knollengewächse sind keine Jungpflanzen, wenn man sie erwirbt. Man kauft sie in den meisten Fällen auch nicht als ausgetriebene Pflanze, sondern als Knolle. Um an diesen Gewächsen dauerhafte Freude zu haben, muß man sie naturgerecht behandeln. Dazu muß man wissen, daß sie sehr abhängig sind von den natürlichen Lebensbedingungen in ihrer tropischen Heimat. Die sind nicht so gleichbleibend, wie man in unseren Breitengraden annehmen könnte. Trockenheit und Hochwasser lösen sich ab; auf heiße Tage folgen kühle Nächte, und bei größeren Wasserwechseln während der Regenzeiten schwanken die Wasserwerte teilweise enorm. Entsprechend diesen Bedingungen vertragen diese Pflanzen keine konstante Wärme des Aquarienwassers, sondern sie müssen von Zeit zu Zeit eine Ruhepause einlegen, deren Zeitpunkt die Pflanze meist durch Rückgang des Grüns selbst anzeigt. Um diesen Prozeß zu unterstützen, soll man die Knollen der Gewächse (Aponogeton-Arten) von vornherein in Kulturschalen pflegen. Diese werden während ihres Aquariumaufenthaltes in den Bodengrund eingesetzt und zu Beginn der Ruhepause aus dem Becken genommen. Die Kulturschale setzt man nun in eine flache Schale um, so daß die Knollen nur noch wenige Zentimeter mit Wasser bedeckt sind. Gleichzeitig senkt man die Wassertemperatur auf etwa 15° C ab. Daraufhin werden die Knollen ihre Triebe ganz einziehen. Der Pfleger darf jedoch keinen Schreck bekommen und etwa die Wassertemperatur wieder anheben. Erst dadurch könnte die Knolle tatsächlich Schaden erleiden. In diesem Zustand bleiben die Knollen im Durchschnitt mindestens zwei Monate, höchstens jedoch vier Monate, außerhalb des

Aquariums. Darauf kann man das Kulturgefäß wieder wie vorher und ohne lange Anpassungszeit in den Aquariengrund einbeziehen.

Die Düngung

Daß man Fische füttert, findet jeder selbstverständlich. Pflanzen brauchen natürlich ebenfalls Nahrung, die in ausreichendem Maß kaum in einem normalen Aquarium anfällt. Wer also Wert auf Pflanzenwachstum und damit einen herrlichen Unterwassergarten legt, der muß schon etwas mehr tun, als die Gewächse einzupflanzen und abzuwarten. Die Zugabe von Nährstoffen für die Pflanzen ist in vieler Beziehung abhängig von der Art der Beleuchtung: Licht gibt die Energie, wenn es das richtige Spektrum und die entsprechende Stärke hat, und verhilft den Pflanzen zu gesundem Stoffwechsel und ausreichender Assimilation. Je schneller der Stoffwechsel, desto höher ist natürlich der Bedarf an Nährstoffen.

Es gibt verschiedene Nährstoffe, mit denen man die Pflanzen versorgen kann und soll. An erster Stelle steht zweifellos die Versorgung mit Kohlenstoff wie CO_2 und die damit verbundene Einstellung eines Kalk-Kohlensäure-Gleichgewichts, womit auch eine gute Pufferung des pH-Wertes verbunden ist. Düngestoffe, die den Pflanzen zum guten Gedeihen in kleineren Mengen zugeführt werden, sind mineralischen Ursprungs, wie Kalzium, Magnesium, Kalium, Phosphor, Stickstoff und Eisen. Besonders die Eisendüngung ist wichtig und brachte wegen der Schwierigkeit ihrer effektiven Durchführung in früheren Jahrzehnten Probleme. Eisen, mit dem chemischen Zeichen „Fe" belegt, läßt sich durch Test („Fe-Test") im Aquarienwasser nachweisen. Eine der Folgen von Eisenmangel ist die Blattvergilbung, die Chlorose. Aber nicht jede Blattvergilbung rührt wirklich von Chlorose her; oft liegt auch ein Mangel anderer Art (Magnesium oder Mangan) vor. In den Wasserwerken wird normalerweise das Eisen aus dem Wasser entfernt. In tropischen Gewässern ist Eisen aber überall enthalten, oft sogar in recht hoher Konzentration. In den Heimatgewässern mancher Aquarienpflanzen (Cryptocorynen) gibt es einen hohen Sauerstoffgehalt und eine nur schwache alkalische Reaktion: Hier wird das Eisen in Form von Eisenoxydhydrat und Eisenphosphat ausgefällt, was man an braunen Ablagerungen am Grunde solcher Gewässer erkennen kann.

Ob Chlorose als Mangelerscheinung vorliegt, läßt sich, wie erwähnt, durch einen Eisentest feststellen. Erst dann soll man entscheiden, in welcher Dosierung eine Eisendüngung erfolgen kann. In zu großen Quantitäten ins Wasser gegeben, können sich Eisenverbindungen mit bräunlichen Belägen auf den Kiemen der Fische niederschlagen, wordurch diese in der Atmung behindert werden. Wird Bleichsucht oder Blattvergilbung festgestellt, und es liegt Eisenmangel vor, so muß der Pflanzenfreund eingreifen. Es gibt Eisendünger vieler Fabrikate, zum Beispiel in pulverisierter Form, die sich schnell im Wasser lösen und durch Stabilisatoren vor dem Ausfällen geschützt sind. Organische Nährstoffträger (sogenannte Chelatoren) binden diese Elemente so fest, daß der Sauerstoff sie nicht ausfällen kann. Andere Hersteller bieten flüssige Nährstoffkombinationen an, wie Dupla seinen Tagesdünger (Duplaplant), dessen Einspülung ins Aquarienwasser sogar mit Hilfe einer vom gleichen Hersteller vertriebenen Dosierpumpe möglich ist. Auch Tunze hat in seinem Filtersystem (Osmolator) eine Möglichkeit, Düngepräparate zu dosieren.

CO_2-Düngung hat sich in den letzten Jahren zum „Zaubermittel" für schöne und gut funktionierende Pflanzenaquarien entwickelt. Der Handel bietet die notwendigen Einrichtungen an: Einen Diffusor, mit dem das gasförmige CO_2 (= Kohlendioxyd) ins Aquarienwasser gegeben (diffundiert) wird und dann in gelöster Form als Kohlensäure auftritt. Mit dem Diffusor allein ist noch nichts erreicht: Je nach Größe des Aquariums wird entsprechend mehr oder weniger CO_2 verbraucht. Dieses Gas muß in einer Depotflasche gespeichert sein. Es ist aber unsinnig, Kohlensäurekapseln, wie man sie für einen Syphon verwendet, bei der CO_2-Düngung einzusetzen – viel zu kostspielig! Das Gas selbst ist keine teure Sache, nur muß man wirklich ausreichende Mengen geben, wie es Pflanzen benötigen! Aber wieviel benötigen sie? Die Beantwortung ist abhängig vom Bekkenvolumen in Litern Wasser, der Stärke der Beleuchtung, der Wasserhärte (je härter das Wasser, je größer der Bedarf) und der Dichte des Pflanzenbestandes. Als durchschnittlichen Verbrauchswert kann man für ein Volumen von 100 Litern bei mittelhartem Wasser von einem täglichen Bedarf von 2–3 g CO_2 ausgehen. Für ein Aquarium von 500 Liter würden demnach 10–15 g des Gases ausreichen. Mit einer Syphonkapsel (8 g) kommt man also nicht weit. Auch Behälter in der Größe einer Haarspraydose fassen nicht viel mehr: Eine Depotflasche muß her! Das ausgewogenste Programm dieser Art bietet Dupla mit einem Angebot von sechs Größen (160, 300, 500, 1 500, 3 000 und 6 000 g). Eine durchschnittliche Bedarfsrechnung läßt sich leicht erstellen. Gehen wir von 15g/Tag aus, so würde eine 1500-g-Flasche CO_2 für hundert Tage speichern. Danach geht man zum Vertragshändler und tauscht die leere Flasche gegen eine gefüllte um.

Zur Depotflasche gehören Manometer und Druckminderer. Wer die

CO_2-Dosieranlagen kann man konsequent ausbauen und (wie hier) vollautomatisch arbeiten lassen.

CO_2-Gaben besonders gut steuern will, kann das mit Hilfe eines Dauerreglers tun: Er regelt ständig und vollautomatisch die Einstellung des pH-Wertes durch eine genaue CO_2-Zufuhr. Ein weiterer Baustein dieses Systems (und in Verbindung mit der Dauerregelung einsetzbar) ist ein Magnetventil, mit dessen Hilfe es auch möglich ist, die Kohlensäurezufuhr während der Nacht (über eine Schaltuhr), wenn mangels Licht die Assimilation der Pflanzen ruht, einzustellen. Es sollte darauf hingewiesen werden, daß in einem mit CO_2 beschickten Aquarienwasser keine starken Turbulenzen durch Filterpumpen erzeugt werden sollen, weil in stark bewegtem Wasser die Kohlensäure schnell ausgetrieben wird.

Die Assimilation, also der Aufbau organischer Substanz (Kohlehydrate) aus Kohlensäure, Luft und Wasser, ist abhängig von der zugeführten Lichtenergie. Diese Energie stammt normalerweise vom Sonnenlicht. Im Aquarium muß das Sonnenlicht durch Lampen simuliert werden, um den Pflanzen den erwähnten Aufbau der Kohlehydrate (Zucker, Stärke, Zellulose usw.), das heißt die Photosynthese, zu ermöglichen. Licht und Kohlensäure muß man also als einen zusammenhängenden Komplex ansehen, weil die pflanzliche Aufnahme der Kohlensäure eine Lichtreaktion darstellt. Ist nun das Wasser hart – enthält viel Kalk – so wird durch die Bindung von Kohlensäure an Kalk eine größere CO_2-Gabe benötigt.
Kohlensäure ist aber nicht nur ein wertvoller Nährstoff für die Pflanzen, sondern in zu hoher Dosierung gleichzeitig ein Gift für Fische, wobei es zu sichtbaren Atembeschwerden kommt. Kohlensäurevergiftungen sind nur bei niedrigem pH-Wert möglich, was logisch erscheint, weil Kohlensäure den pH-Wert in den sauren Bereich unter 7,0 drückt. Hierzu sind Konzentrationen ab etwa 150 mg/l nötig. Sollte einmal ein solcher Fall eintreten, schafft kräftige Durchlüftung des Aquarienwassers (= Austreiben der Kohlensäure) schnelle Besserung. Um Kohlensäure im Wasser zu binden, ist eine Karbonathärte von mindestens 2° dKH nötig.

Blüte von *Limnophila aquatica*

Blüte von *A. senegalensis*

Blüte von *Lobelia cardinalis*

DIE WICHTIGSTEN AQUARIEN-PFLANZEN

Nach der Art ihres Baues und besonders ihrer Blätter kann man Unterwasser- und Sumpfgewächse (hier einheitlich als „Aquarienpflanzen" bezeichnet) in sieben Gruppen einteilen: 1. band- und fadenförmige Blätter, 2. grobblättrige oder moosartige Blätter, 3. langstielige und 4. feinfiedrige Blätter, 5. Schwimm- und Schwebepflanzen, 6. Pflanzen mit Schwimmblättern und 7. Sumpfpflanzen.

Gruppe 1: Gute Sauerstofferzeuger. Bevorzugen hellen Standort. Auch rasenbildende Arten. Ausläufer mit Glasnadeln oder Steinen an den Boden heften. Da die meisten dieser Pflanzen auch Wurzelnahrung benötigen, sind Kulturschalen angebracht. Wurzelstöcke können geteilt werden. Vallisnerien und Sagittarien nicht mit Cryptocorynen zusammenbringen!

Gruppe 2: Gute Sauerstofferzeuger. Ablaichpflanzen, die auch gute Verstecke abgeben. Büschelweise einsetzen. Da diese Pflanzen ihre Aufbaustoffe ohne Wurzeln über Hydropoten (Wassertrinker) aufnehmen, können sie mit Glasnadeln oder flachen Steinen verankert werden, bis sie eigene Ankerwurzeln gebildet haben. Vermehrung durch Ausläufer oder Stecklinge. Heller Standort.

Gruppe 3: Pflanzen bevorzugen gedämpftes Licht und weiches Wasser. Eventuell und je nach Art sind Kulturschalen angebracht. Cryptocorynen nicht zusammen mit Vallisnerien und Sagittarien einpflanzen!

Gruppe 4: Starke Sauerstofferzeuger, von denen einige (Cabomba) sehr weiches Wasser und kräftige Beleuchtung benötigen. Dienen als Ablaichpflanzen und Verstecke. Da Wurzeln nur Haftorgane sind, büschelweise einpflanzen und verankern. Vermehrung durch Stecklinge.

Gruppe 5: Ablaichpflanzen. Sehr lichthungrig. Nur etwa ⅓ der Aquarienoberfläche mit Schwimmpflanzen bedecken. Benötigen ständig Luftzufuhr und sind meist sehr empfindlich gegen Schwitzwasser. Keine Abdeckscheibe.

Gruppe 6: Zweckmäßigerweise in Kulturschalen unterbringen. Benötigen kräftiges Licht von oben.

Gruppe 7: Eignen sich auch für Terra-Aquarien, da sie hier besonders gut über die Wasseroberfläche hinauswachsen können.

Wenn man sich Aquarienpflanzen anschaffen will, so muß man davon ausgehen, daß nicht alle Arten jederzeit und überall erhältlich sind. Wie aus der vorhergegangenen Einteilung zu ersehen ist, kann man die Gewächse nach unterschiedlichen Gesichtspunkten einteilen. Die nun folgende Aufstellung der bekanntesten Aquarienpflanzen ist der Einfachheit halber sowie zur besseren Auffindung nach wissenschaftlichen Namen und in alphabetischer Reihenfolge der Gattungsnamen genannt.

Wasserpflanzentypen: 1) mit band- oder fadenförmigen, 2) mit grobblätterigen oder moosartigen, 3) mit langstieligen, 4) mit feinfiedrigen Blättern; 5) Schwimm- und Schwebepflanzen, 6) Pflanzen mit Schwimmblättern, 7) Sumpfpflanzen.

Acorus gramineus. var. *pusillus* (Zwergkalmus)

Synonym: *A. pusillus*
Heimat: Ostasien, in Sumpfgebieten
Grasartige bis zu 12 cm lange Blätter. Sie mag keine zu hohen Temperaturen (bis 22° C) wie auch keinen zu hohen Wasserstand (Sumpfpflanze), dafür aber viel, viel Licht. Keine Vermehrung unter Wasser. Soll in Gruppen angepflanzt werden und dient dann überwiegend als Vordergrundpflanze.

Ammannia senegalensis (Afrikanische Ammannie)

Heimat: Afrika
Wärmeliebendes Gewächs, mit Temperaturansprüchen zwischen 22 und 28° C und hohem Lichtbedarf. Anspruchsvoll. Liebt weiches Wasser und möglichst freien Stand. Keine Ansprüche an den Bodengrund. Die Blätter sind braunrot gefärbt und erreichen eine Länge von etwa 6 cm bei nur 0,5 cm Breite. Die Sumpfpflanze läßt sich auch über der Wasseroberfläche gut kultivieren. Höhe bis zu etwa 30 cm. Vermehrung durch Ableger.

Anubias nana (Zwergspeerblatt)

Ähnliche Arten: *A. lanceolata, A. congolensis, A. barteri*
Heimat: Tropisches Afrika
15 cm hohe Sumpfpflanze mit großem dekorativem Wert. Vermehrung überwiegend durch Wurzelteilung. Sie liebt weiches Wasser und eine Temperatur um 24° C sowie mäßige bis helle Beleuchtung. Wegen ihrer kräftigen, horizontal verlaufenden Hauptwurzeln sollte die Pflanze nicht in zu flachen Bodengrund gesetzt werden.

Aponogeton crispus (Krause Wasserähre)

Heimat: Sri Lanka (Ceylon)
20–25 cm lang werden die schlanken und spitz zulaufenden Blätter. Sie sind hellgrün und an den Rändern stark gekräuselt (Name). Ihre Zahl kann pro Pflanze sehr hoch sein, so daß man sie auch einzeln pflanzen kann. In diesem Fall sollte man ihr Wachstum durch Zugabe von Lehmkugeln unterstützen. An die Wasserwerte stellt diese Art keine allzu großen Ansprüche. Das Knollengewächs bedarf einer zeitweiligen Ruhepause.

Aponogeton madagascariensis (Gitterpflanze)

(früher: *A. fenestralis*)
Heimat: Madagaskar
Man pflanzt sie bei einer Wasserhöhe von 40 cm, wo sie durchaus mit Licht beflutet werden kann. Wichtiger als die Beleuchtung erscheinen ein häufiger Frischwasserzusatz (Teilwasserwechsel) und eine Filterung über Torf. Die Temperatur soll keinesfalls 22° C übersteigen und während der Ruhezeit nicht über 19° C liegen. Der Bodengrund darf nicht zu flach sein, damit die langen, konischen Wurzeln ausreichend Raum haben.

Aponogeton ulvaceus (Ulvablättrige Wasserähre)

Heimat: Madagaskar
Groß werdendes Gewächs, das mit bis zu 50 cm langen, sanft gewellten (ulva), salatgrünen Blättern den Mittelpunkt eines jeden Beckens darstellt. Sollte nur in Becken ausreichender Größe (über 60 cm) zu finden sein. Gelegentlich treibt die Pflanze auch Blüten, die über die Wasseroberfläche hinauswachsen. Die Wassertemperatur soll nach Möglichkeit 23° C nicht überschreiten. Die lichthungrigen (!), hellen und sehr dünnen Blätter stehen am besten vor einem dunklen Hintergrund, wie man ihn oft in Form von dunkelbraunem Holz (Wurzelstück) einbaut. Wichtig für ein langes Leben ist die Ruhepause, die der Pfleger der Pflanze gewähren muß. Durch Rückgang des Wuchses gibt das Gewächs zu erkennen, wann die beste Zeit dafür gekommen ist.

Bacopa monnieri (Kleines Fettblatt)

Synonym: *Lysimachia monnieri*
Heimat: Tropisches und subtropisches Amerika, Afrika, Asien und Australien
Die Pflanze bevorzugt weiches bis mittelhartes Wasser und helles Licht. Als Stengelpflanze vermehrt man sie durch Stecklinge. Aufgrund ihrer weiten Verbreitung sind die Temperaturansprüche ebenso weit gestreut: hier von 15 bis 26° C. Bei starker Beleuchtung wachsen die Pflanzen über die Wasseroberfläche hinaus, wo sie, besonders bei weicherem Wasser, auch Blüten treiben.

Barclaya longifolia (Barclaya)

Heimat: Burma, Thailand, Vietnam, Malaya
Die Ansprüche dieser Pflanze sind beachtlich. Der nicht zu kalte Boden soll nährstoffreich sein, die Wassertemperatur muß im Bereich zwischen 24 und 29° C liegen. Trotz ihrer schattigen Lebensweise in der Natur benötigt sie im Aquarium ein kräftiges Licht. Das Wasser sollte recht kohlensäurereich sein. Die leicht gewellten Blätter erreichen normalerweise eine Höhe bis zu 40 cm. Besonders gute Exemplare werden noch etwa 10 cm höher. Wasserhärte möglichst nicht über 10° dH. Besonderes: Bei guter und sachgemäßer Pflege blüht die Pflanze regelmäßig, doch erreichen ihre Blüten die Wasseroberfläche nicht immer und öffnen sich dann auch nicht (geöffnete Blüten sind orchideenhaft schön). Keimfähige Samen kann man aber auch von geschlossenen Blüten ernten. Anfällig für Schneckenfraß!

Cabomba aquatica (Cabomba, Wasser-Haarnixe)

Heimat: Südliches Mexiko bis in den Norden Brasiliens
Diese feinfiedrige Art zählt zu den Pflanzen mit hohen Lichtansprüchen. Will man schöne und gut wachsende Cabomba-Gruppen in seinem Bek-

Acorus gramineus var. *pusilus*

Ammannia senegalensis

Aponogeton crispus

Anubias nana

Aponogeton madagascariensis

Aponogeton ulvaceus

Bacopa monnieri

Barclaya longifolia

Ceratopteris thalictroides

Crinum thaianum

Cabomba aquatica

Ceratopteris pteridoides

Cryptocoryne affinis

Cryptocoryne balansae

ken haben, so gilt es, drei Dinge besonders zu forcieren: Sehr starke Beleuchtung, regelmäßige Flüssigdüngung und möglichst weiches Wasser. Als Hintergrundpflanze sind die langen, prallen Stengelpflanzen, die man nach Möglichkeit in gestufter Höhe pflanzen soll, hervorragend geeignet. Natürlich kann man auch schöne Randgruppen bilden. Warmes Wasser verträgt die Pflanze gut, die Werte sollten aber nicht wesentlich über 24° C hinausgehen.

Ceratopteris pteridoides (Schwimmender Hornfarn)

Synonym: *C. cornuta*
Heimat: Tropisches Afrika
Der Wasserhornfarn ist eine äußerst beliebte Aquarienschwimmpflanze. Schwimmpflanzen brauchen frische und sauerstoffreiche Luft (keine Abdeckscheibe). Sie sind sehr lichtbedürftig. Diese große und schöne Art mit ihren weit ins Becken hineinragenden Wurzeln bietet vielen kleinsten Jungfischen eine Unzahl von Versteckmöglichkeiten und schirmt andererseits bestimmte Beckenpartien schattig ab. Da der Nährstoff ausnahmslos dem Wasser entnommen werden muß, sollte man darauf achten, daß immer genügend Wachstumsstoffe vorhanden sind. Der Wasserhornfarn vermehrt sich durch Ableger.

Ceratopteris thalictroides (Sumatra- oder Eichenblattfarn, Unterwasser-Hornfarn)

Heimat: Tropische Gebiete in der ganzen Welt
Bei hellem Licht und weichem, leicht saurem Wasser sowie bei Temperaturen zwischen 20 und 30° C gedeihen die Gewächse prächtig. Sie vermehren sich durch Tochterpflanzen. Der Sumatrafarn eignet sich auch als Solitärpflanze. Er soll nicht zu tief eingepflanzt werden!

Crinum thaianum (Thailand-Hakenlilie)

Heimat: Südostasien im Gebiet in und um Thailand
Diese zähe, unverwüstliche Aquarienpflanze wird hauptsächlich von Cichlidenfreunden genommen. Sie ist anspruchslos und hat bandartige, sehr widerstandsfähige Blätter, die bis zu 2 m lang werden können. Man darf sie aber unbeschadet kürzen und damit die Pflanze im gewünschten Umfang halten. Sie blüht über der Wasseroberfläche. Ihre Vermehrung erfolgt überwiegend durch Seitenzwiebeln.
Eine Art derselben Gattung ist *C. natans*. Sie trägt ebenfalls bandförmige, jedoch gewellte Blätter. Da dieses Gewächs auch in Gewässern gedeiht, die mit dem Meer Verbindung haben, ist die Art einer Ansalzung und einer damit verbundenen Anhebung des pH-Wertes gegenüber wenig anfällig. Die Pflanze braucht kräftige Beleuchtung und nahrhaften (tonhaltigen) Boden. Die Wassertemperatur soll zwischen 25 und 30° C liegen.

Cryptocoryne affinis (Haertelscher Wasserkelch)

(früher *C. haerteliana)*
Heimat: Malaiische Halbinsel
Die Pflanzen sind für die meisten Aquarienpflanzenfreunde schlechthin „die" Gewächse für ein gut eingerichtetes Becken. Diese Art mit ihren unterseits rötlichgrünen und oberseits blaugrünen lanzettartigen Blättern gehört zu den am leichtesten zu vermehrenden Angehörigen der Gattung. Sie erreicht im günstigen Fall eine Höhe bis zu 30 cm, bleibt jedoch im Durchschnitt kleiner. Hier haben wir es mit einer Cryptocoryne zu tun, die erst an einem schattigen Platz bei gedämpftem Licht ihre Schönheit richtig entfaltet. Deshalb sollte der Pfleger ihr gleich beim Einsetzen einen entsprechenden Platz aussuchen.

Cryptocoryne balansae (Genoppter Wasserkelch)

Synonym: *C. somphongsii*
Heimat: Von Thailand bis Vietnam
Die Pflanze hat sehr schmale lange Blätter, die an den Rändern gekräuselt sind. Wegen ihrer Höhe von fast 50 cm ist sie nur für größere Behälter geeignet. Sie liebt nährstoffreichen Boden, weshalb sich eine Lehm-Beimischung empfiehlt. Eine starke Beleuchtung ist nicht erforderlich, auch keine Wasserströmung. An die Wasserwerte scheint die Pflanze keine großen Ansprüche zu stellen. Man pflegt sie meist bei Temperaturen um 24° C. Die Art ist nicht gerade sehr rege in der Vermehrung, auch darf man die Ausläufer nicht so bald von der Mutterpflanze entfernen. Ein regelmäßiger Teilwasserwechsel kann aber sehr wohl Wachstum und Vermehrung unterstützen.

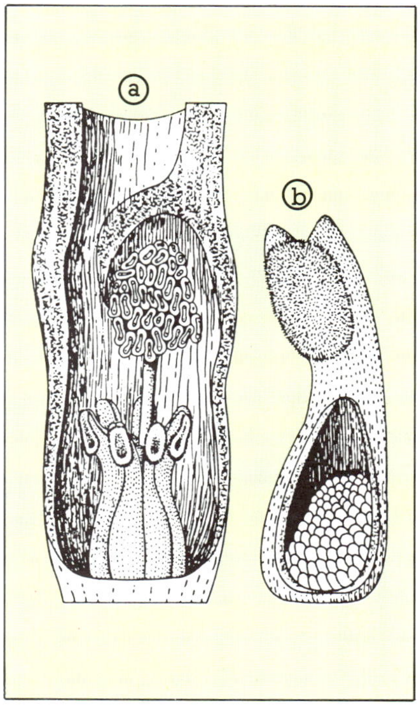

Cryptocoryne affinis: **a) der Kessel und b) ein geöffneter Fruchtknoten.**

Cryptocoryne blassii (Blass' Wasserkelch)

Heimat: Thailand
Eine noch recht neue Pflanze. Die herzförmigen Blätter sind eine äußerst willkommene Bereicherung in vielen Becken. Wie die meisten ihrer Gattungsverwandten verträgt sie kein helles Licht und auch kein zu hartes Wasser. In nahrhaftem Boden treibt sie schneller und kräftiger als in lockerem Sandgrund. Sie mag keine „kalten Füße" und sollte bei Temperaturen von 20 bis 26° C gehalten werden. Ihre Färbung hängt vielfach vom Standort im Aquarium ab. Im besten Fall bekommen die Blätter eine rotbraune Unterseite und eine blaugrüne Oberseite, womit ihr Farbkleid in gewisser Weise an *C. affinis* erinnert. So scheint auch die Größe von diesem Faktor und der Beleuchtung abhängig zu sein. Die Vermehrung erfolgt über Wurzelausläufer.

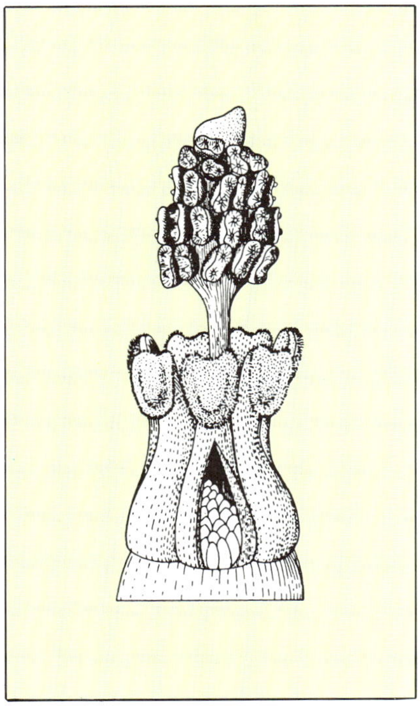

Cryptocoryne blassii: Die zu einem Kolben verdickte Blütenachse mit einem geöffneten Fruchtknoten.

Cryptocoryne ciliata (Gewimperter Wasserkelch)

Heimat: Indien über Südostasien und Indonesien bis Neuguinea
Der häufige Gast ist lebhaft grün gefärbt und treibt bis zu 40 cm hohe Blätter, die, wenn sie nicht durch eine Abdeckscheibe gebremst werden, häufig über die Wasseroberfläche hinauswachsen. Sie benötigt viel Licht und treibt bei nährstoffreichem Bodengrund besser. Mit ihren breiten, hellgrünen Blättern ist sie auch als Solitärpflanze bestens geeignet, womit schon gesagt ist, daß sie eine gewisse Größe erreicht, die sie für große Becken vorteilhafter erscheinen läßt als für kleine.
Entsprechend ihrem natürlichen Vorkommen in schweren Böden und in angesalzenem Wasser in Küstennähe sollte die große Pflanze auch in Becken mit härterem Wasser und etwas höherem pH-Wert eine gute Chance haben. Temperaturen um 25° C. Vermehrung über Ausläufer, doch werden diese meist nur bei optimaler Haltung ausgetrieben.

Cryptocoryne cordata (Herzblatt-Wasserkelch)

Synonyme: *C. purpurea, C. grabowskii C. grandis*
Heimat: Malaya
Eine schöne und kräftige Pflanze mit ovalen, löffelartigen Blättern, deren Nerven rötlich gefärbt sind und deren Blätter auch gelegentlich purpurfarben (auf unserem Foto jedoch grün) sind. Letzteres ist offensichtlich eine Frage der Beleuchtung. Die Wurzelstöcke von *C. cordata* kriechen, und sie treiben viele Ausläufer. Selten kann man die Pflanze zum Blühen bringen, doch wenn es gelingt, entschädigt ihre bis zu 20 cm lange Spatha (Blütenstand) für das lange Warten.
Die Art benötigt kein helles Licht (dann rötlichere Blätter), doch sollte der Boden nahrhaft sein und das Wasser nicht über 12° dH hinausgehen. Auch eine leichte Torffilterung schafft ein gutes Milieu.

Cryptocoryne petchii (Kleiner oder Gewellter Wasserkelch)

Heimat: Sri Lanka (Ceylon)
Diese Art wächst unter und über Wasser in ganz verschiedenen Formen. Unter Wasser entwickelt sie lanzettförmige Blattspreiten von etwa 10 cm Länge und bis zu 4 cm Breite, die an den Rändern leicht gewellt sind. Durch ihre blaßbraunen bis rotbraunen Blätter eignet sie sich hervorragend als Kontrastpflanze oder, bei Pflanzung in Gruppen, als attraktiver Gegenpart zu helleren Pflanzen. Die Art läßt sich leicht durch Ausläufer vermehren. Wie die meisten Cryptocorynen liebt sie einen lockeren, aber nährstoffreichen Bodengrund, möglichst nicht so hartes Wasser und ein mittelhelles Aquarienlicht. Die Wassertemperatur sollte um 23° C liegen.

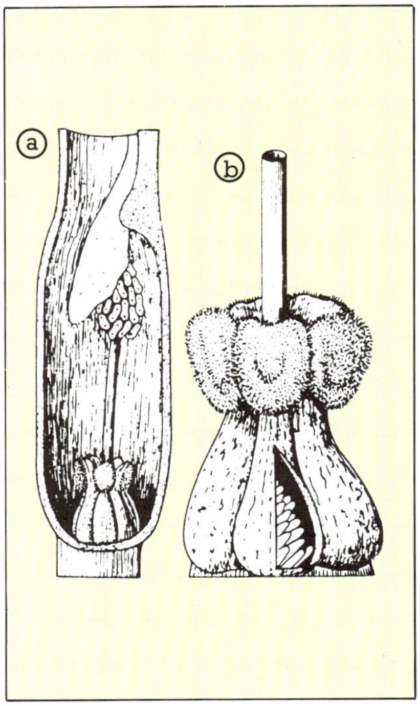

Cryptocoryne cordata: a) Kessel, b) zeigt die Fruchtknoten, von denen einer aufgeschnitten wurde.

Cryptocoryne blassii

Cryptocoryne ciliata

Cryptocoryne petchii

Cryptocoryne cordata

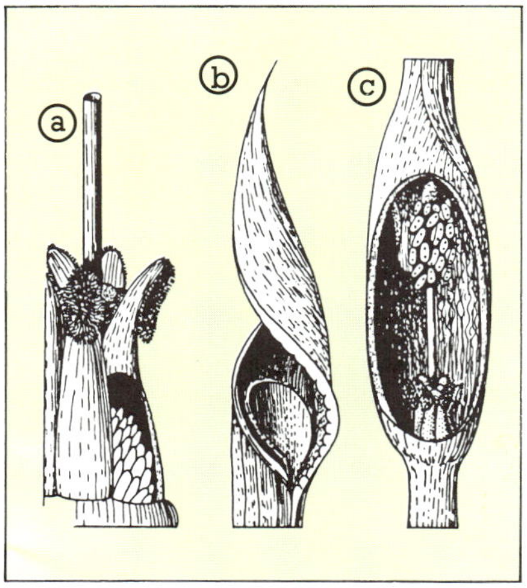

Cryptocoryne undulata: **a) Fruchtknoten, von denen einer geöffnet ist (emerse Zucht), b) Spreite der Blütenscheide, c) geöffneter Kessel mit Fruchtknoten (unten) und Staubgefäßen (oben).**

Cryptocoryne undulata (Gewelltblättriger Wasserkelch)

Synonym: *C. willisii*
Heimat: Sri Lanka (Ceylon)
Diese Pflanze hat gewellte, braungrüne Blätter. Sie erreicht im Aquarium eine Größe zwischen 20 und 25 cm. Einzelpflanzen wirken optisch nicht so gut wie in Gruppen zusammengesetzte Arrangements. Sie halten im Aquarium gut aus und werden von den Fischen selten angeknabbert. Auch diese Pflanzenart vermehrt sich gut. Man kann die Ausläufer sich selbst überlassen oder die entwickelten Sprosse umsetzen. Selbst wenn man sie mit ihrem Wurzelstock an die Oberfläche treiben läßt, entwickeln sie sich weiter.

Cryptocoryne walkeri (Walkers Wasserkelch)

Heimat: Sri Lanka (Ceylon)
Eine ausgesprochen schöne Art, die sich wegen ihres üppigen Wuchses auch als Solitärpflanze eignet. Sie wächst nicht besonders schnell, erfreut aber ihren Pfleger mit saftiggrünen ovalen bis keilförmigen Blättern, die auf sehr schlanken Stielen sitzen. Die Pflanze vermehrt sich über Ausläufer. Haltung wie bei den meisten anderen Cryptocorynen-Arten. Lichtansprüche: mittelmäßig.

Cryptocoryne wendtii (Wendts Wasserkelch)

Heimat: Thailand
Eine leicht zu pflegende Art, die in ihrer Größe „im Rahmen" bleibt und bei einer Höhe von maximal 15 cm ihren Wuchs einstellt. Sie verlangt einen gut vorbereiteten Bodengrund. Ihre Ansprüche an die Wassertemperatur sind minimal und liegen im Bereich zwischen 22 und 30° C. Mit der Beleuchtung kann man die Pflanzenfärbung in gewissen Grenzen steuern: Bei stärkerem Lichteinfall werden die Blätter heller; steht die Pflanze dagegen schattig, nehmen die Blattoberseiten einen blaugrünen Farbton an und die Blattunterseiten werden rötlicher. Als Gewächs mittlerer Höhe ist sie zur Bepflanzung von Terrassen gut zu empfehlen. Sie ist sehr vermehrungsfreudig, und ihre Ausläufer treiben dann in viele Richtungen.

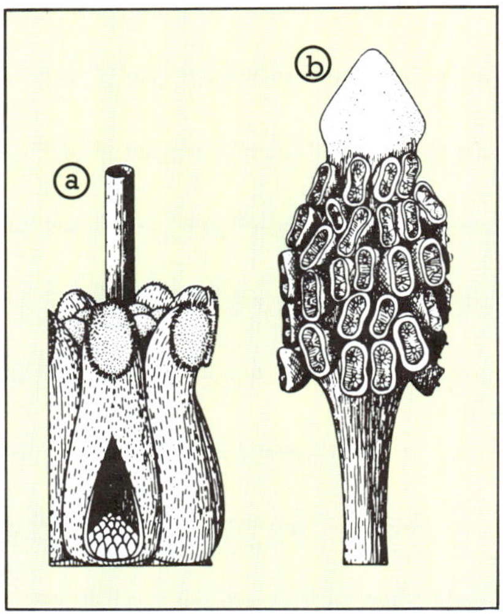

Cryptocoryne wendtii: **a) Ein Teil der Fruchtknoten, von denen einer aufgeschnitten ist, b) Ende des Stieles mit den Staubgefäßen.**

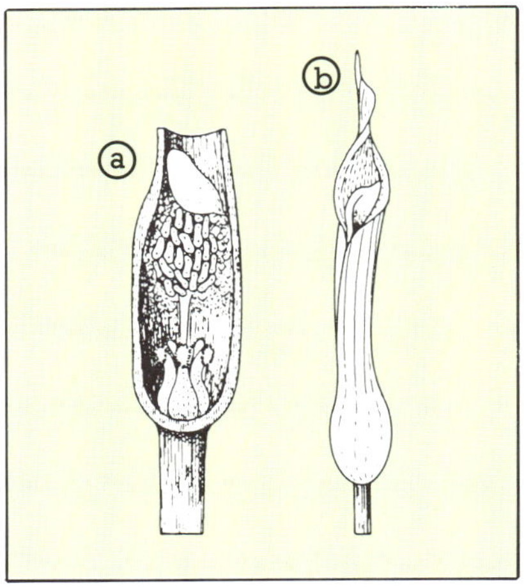

Cryptocoryne willisii: **a) Kessel und b) Hüllblatt**

Cryptocoryne willisii (Zwergwasserkelch)

Heimat: Sri Lanka (Ceylon)
Hier haben wir es mit einer der meistgepflegten Cryptocoryne-Arten zu tun, die wegen ihrer ausgesprochenen „Hartnäckigkeit" in manchen Becken mit guten Bedingungen einen fast zu guten Ruf erlangt hat. Die meist rasenbildende Pflanze bildet dann Ausläufer um Ausläufer und kann schon nach wenigen Wochen einen ganzen Aquariengrund überwuchert haben. Die Pflanze kann auch in Aqua-Terrarien bei emerser Haltung gepflegt werden. Die Blätter werden dann dicker, kürzer und breiter. Ihre Färbung ist dunkler. Hier treibt sie auch schöne Blüten. Die Ansprüche an Licht, Boden und Wasserwerte sind relativ bescheiden.

Cryptocoryne usteriana (Usteris Wasserkelch)

Heimat: Philippinen
Diese Art kann sich zu einem Riesen mit Blattlängen von 70 und 80 cm entwickeln und eignet sich für große Becken sehr gut als Solitärpflanze. Sie braucht viel Licht. Ansonsten liebt die Pflanze, wie die meisten Cryptocorynen, einen lockeren, nahrhaften Boden. Sie gedeiht bei Härtegraden unter 12° dH.

Cryptocoryne walkeri

Cryptocoryne usteriana

Cryptocoryne wendtii

Echinodorus bleheri (Große Amazonas-Schwertpflanze)

Synonym: *E. paniculatus*
Heimat: Tropisches Südamerika im Bereich des Amazonasbeckens
Die „Große Amazonas" verdient ihren Namen, da ihre schwertartige Belaubung eine Höhe von fast 40 cm, das einzelne Blatt sogar eine Breite bis zu 8 cm erreichen kann. Sie ist daher in erster Linie als Solitärpflanze für geräumige Becken geeignet. Auch bei dieser Art entwickelt der eigentliche Blütenzweig unter Wasser junge Pflänzchen. In nahrhaftem Boden (Lehmzugabe) kann sich die Pflanze zu einem Riesen auswachsen.

Echinodorus bleheri

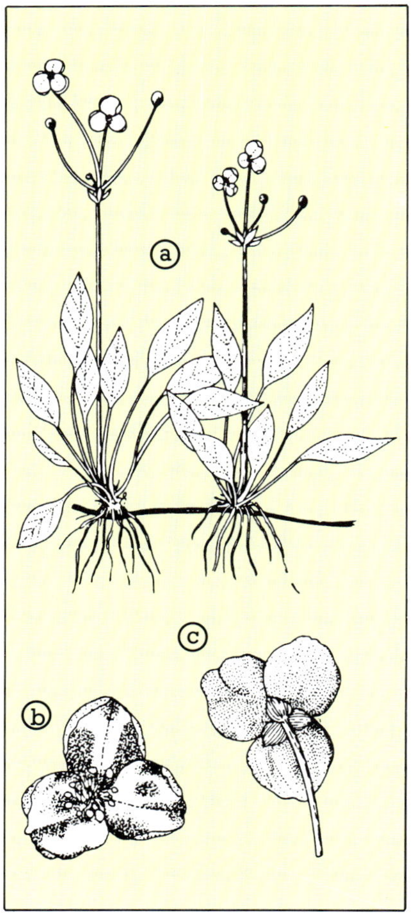

Echinodorus latifolius, **a) Pflanze in emerser Zucht mit Blüten (b u. c).**

Echinodorus latifolius (Mittlere Amazonas-Schwertpflanze)

Synonym: *E. magdalenensis*
Heimat: Kolumbien (spez. Rio Magdalena) und angrenzende Gebiete
Die sprichwörtliche „Vermehrungswut" von *E. latifolius* sorgt bald mit Auslegern für ein kräftiges Sprießen über dem Bodengrund. So nimmt es nicht wunder, daß man der Art auch den Namen „Kettenpflanze" gegeben hat. Kompakte und in sich kräftige Pflanzen lassen erkennen, daß sie gut und ausreichend Licht erhalten. Ohne Frage spielt auch der Nährwert des Bodengrundes eine Rolle, doch meist genügt der obligatorische 14tägige Teilwasserwechsel, um den Pflanzen die dringend benötigten Nährstoffe zuzuführen.

Echinodorus cordifolius (Herzblättrige Amazonas)

Synonym: *E. radicans*
Heimat: Südstaaten der USA und Mexiko
Die Pflanze kann, wenn sie richtig gepflegt wird, eine stattliche Höhe erreichen und große herzförmige Blätter bekommen. Nahrhafter Boden, der zusätzlich in Abständen gedüngt wird (kann auch im Kulturgefäß eingebracht werden), sowie kräftige und langzeitige Beleuchtung führen fast immer zum Erfolg. Ein ausreichend großes Becken wird vorausgesetzt. Auch der Wasserspiegel darf nicht zu niedrig sein (50–60 cm), wodurch wiederum höhere Ansprüche an die Lampen gestellt werden. Eine Vermehrung ist am ehesten durch gute Beleuchtung gewährleistet.

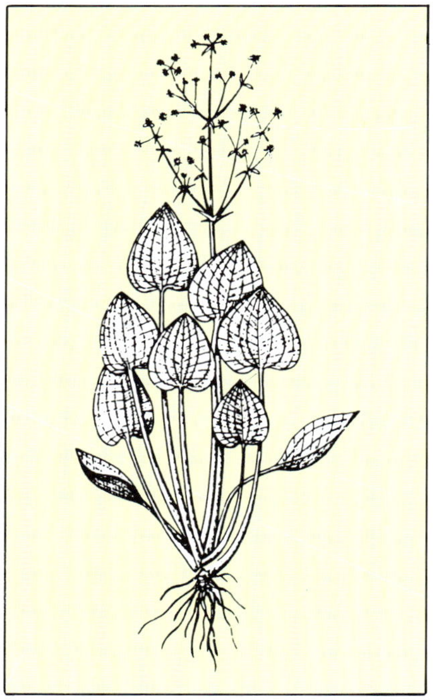

Echinodorus cordifolius

Echinodorus osiris (Rote Amazonas-Schwertpflanze)

Synonyme: *E. osiris rubra, E. aureobrunneus*
Heimat: Südbrasilien
E. osiris lebt als reine Wasserpflanze dauernd untergetaucht in stark strömenden Bächen, deren Wassertemperatur zeitweise bis zu 16° C absinkt. Ihre Blätter sind von dunkelgrüner bis rotbrauner Färbung, die sich im Aquarium je nach Beleuchtung wandelt. Man hält sie unter aquaristischen Bedingungen im Temperaturbereich von 18–24° C, also in nicht zu warmem Wasser. Außerdem soll das Wasser nicht extrem weich sein. Die Wasserwerte an den Fundstellen in Südbrasilien schwanken zwischen 4–6° dH und im pH-Wert von 6,4 bis 6,8. Ihr Lichtanspruch ist groß, will man „rote" Blätter bewundern können.

Echinodorus amazonicus (Schmalblättrige Amazonas)

Synonym: *E. brevipedicellatus*
Heimat: Brasilien
Im Durchschnitt haben sich bisher alle Schwertpflanzen den aquaristischen Gegebenheiten sehr gut angepaßt. Diese Art wird etwa 30 cm hoch und ist recht langlebig. In ihrer brasilianischen Heimat ist sie weitverbreitet. Bei uns findet sie überwiegend als Solitärpflanze für mittlere Aquarien Verwendung. Haltung in weichem bis mittelhartem Wasser. Dem Boden kann eine Portion Lehm zugegeben werden, die Pflanze wird es zu danken wissen. Kräftigere Beleuchtung, als die allgemein übliche, fördert die Bildung der Blütentriebe, auf denen sich die Jungpflanzen entwickeln. Die Wassertemperatur soll möglichst nicht unter 20° C absinken.

Echinodorus maior (Gewelltblättrige Amazonas oder Riesenfroschlöffel)

Synonyme: *E. martii, E. leopoldina, E. major*
Heimat: Tropisches Südamerika
Die gewellten Blätter können über 60 cm lang und über 10 cm breit werden, womit sie allein licht- und nährstoffmäßig keine Konkurrenz in ihrer näheren Umgebung dulden kann. Ist der Bodengrund in dieser Umgebung zu mager, verschafft sie sich durch ihr verzweigtes Wurzelsystem trotzdem fast immer ihre Nahrung – dann aber auf Kosten anderer Pflanzen, die weiter von ihr entfernt leben. Ihre hellen Blätter soll man vor einen dunklen Hintergrund bringen. Auch bei dieser Art sprießen aus dem ursprünglichen Blütentrieb bald unter Wasser die Jungpflanzen.

Echinodorus amazonicus

Echinodorus maior

Echinodorus tenellus (Zwergamazonas)

Heimat: Tropisches und im Norden auch subtropisches Amerika
Einen flachen, nicht zu hoch wuchernden „Rasen“ in einem Becken zu haben, ist der Traum vieler Aquarianer. Bei guter Beleuchtung ist der Wunsch leicht zu erfüllen – vorausgesetzt, daß es sich um die echte Zwergamazonas handelt. Als rasenbildendes Gewächs lebt sie zwar sehr bodennah, doch bleibt ihr Lichtanspruch voll erhalten.
Die kleinen Triebe mögen kein hartes Wasser! Man sollte daher versuchen, die Härte im Becken unter 10° dH zu halten und in gleichmäßigem Rhythmus einen Teilwasserwechsel vorzunehmen. *E. tenellus* ist andererseits recht kohlensäurebedürftig, und man sollte deshalb dafür sorgen, daß dieser Nährstoff in ausreichendem Maß zur Verfügung steht.

Echinodorus tenellus

Egeria densa (Argentinische Wasserpest)

Synonym: *Elodea densa*
Heimat: Argentinien und nördlich angrenzende Staaten.
Bei der heute überwiegenden Haltung von Warmwasseraquarien mit Durchschnittstemperaturen um 24° C hat diese Pflanze mit ihrem Bedürfnis nach kühlerem Wasser bisweilen einen schweren Stand. Sie läßt sich von allen Elodea-Arten noch am ehesten in Bereichen bis zu 20° C halten. Sie braucht mittelhartes Wasser und viel, viel Licht, wenn sie gute Wachstumserfolge zeigen soll. Sie wächst zwar auch bei geringerer Beleuchtung, entwickelt dann aber eine Kümmerform mit dünnen, wenig oder unzureichend belaubten Stengeln. In bezug auf den pH-Wert verträgt sie einiges, wie etwa Werte von 7,5–8,0.

Heteranthera zosterifolia (Seegrasblättriges Trugkölbchen)

Heimat: Brasilien und Bolivien
Von Haus aus ist sie eine Sumpfpflanze, die aber zum großen Teil untergetaucht angetroffen wird. Dabei werden die Unterwasserblätter zwar größer, bleiben in der Grünfärbung aber blasser. Das einzelne Blatt wird bis zu 6 mm breit und bis zu 8 cm lang. Die Stecklinge dieser Stengelpflanze bilden bald viele Wurzeln, so daß es mühelos und schnell zu Gruppen-Arrangements im Aquarium kommen kann. Sie ist sehr lichtbedürftig und wächst bei guter Beleuchtung rasch, weshalb man sie besonders für kleinere Becken mit geringerem Wasserstand empfehlen kann. Von den verschiedenen *Heteranthera*-Arten ist sie die beste Aquarienpflanze.

Hydrocleys nymphoides (Wasserschlüssel)

Heimat: Tropisches Amerika
Diese Wasserpflanze ist nicht für Standard-Aquarien geeignet! Sie benötigt ein Becken mit großer Wasseroberfläche und einen hellen, belüfteten Standort. Sie mag kein Schwitzwasser. Da die Blattstiele der Schwimmblätter höchstens 25 cm lang werden, ist sie für höhere Bekken ungeeignet. Die Amerikanerin liebt Wassertemperaturen von 22–28° C und einen nährstoffreichen Boden (eventuell in Kulturschalen mit einem Gemisch aus kräftigem Lehm, der mit Sand durchsetzt ist). Die Hydrocleys braucht weiches Wasser. Sie vermehrt sich über Ausläufer.
Die *Hydrocleys* ist somit eher als Pflanze für großflächige, aber weniger hohe Becken anzusehen, in denen man hauptsächlich Oberflächenfische pflegt. Ihre Blüten sind attraktiv: gelb mit dunkelviolettem Herz, und sie werden immerhin 4–5 cm groß!

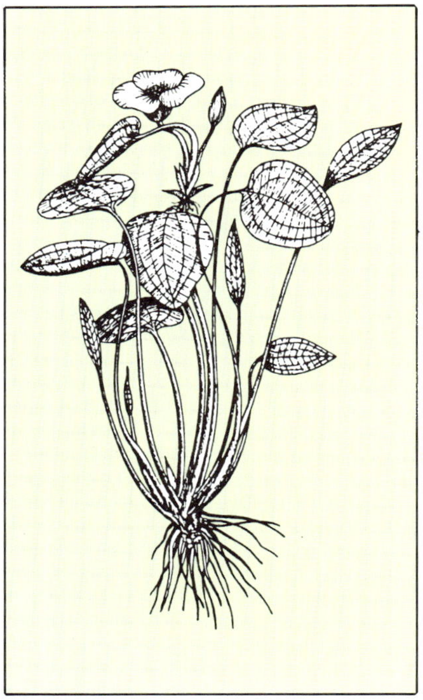

Hydrocleys nymphoides

Hydrocotyle leucocephala (Südamerikanischer Wassernabel)

Synonym: *H. aquatica*
Heimat: Zentrales Südamerika
Im Gegensatz zu ihrer Verwandten aus Europa zieht es die Südamerikanerin in die Höhe. Sie läßt sich leider nicht am Boden halten. Dabei ist sie gar nicht anspruchsvoll gegenüber der Wasserqualität und der Beleuchtung. Sie benötigt lediglich eine ausgeglichene und wenig wechselnde Wassertemperatur um 24° C.
Nahe mit dieser Art verwandt ist der Europäische Wassernabel *(H. vulgaris)*, der aber nicht zur Wasseroberfläche ranken will, sondern kriechend am Boden bleibt. Man verwendet sie als reine Vordergrundpflanze. Ihre auf einem Stiel sitzenden, beinahe kreisrunden Blätter sind rundum gebogt, so daß der einzelne Stiel immer wie ein kleiner Tisch mit Deckchen aussieht. Die Pflege der Pflanze ist häufig Glückssache, da sie grundsätzlich in unseren Gewässern als Kaltwasserpflanze lebt. Manchen Aquarianern glückte aber schon eine Haltung im 22° C Warmwasseraquarium.

Hygrophila corymbosa (Riesenwasserfreund)

Synonym: *Nomaphila stricta*
Heimat: Südostasien
Mit ihren hellgrünen und recht großen Blättern eignet sich der Riesenwasserfreund gut als Hintergrundpflanze. (Blattlänge bis zu 8 cm!) Als Stengelpflanze läßt sie sich durch Stecklinge vermehren. Grundbedingungen: Helles Licht ohne Abschattung durch Schwimmpflanzen sowie gleichmäßiger Wasserwechsel. Hat die Pflanze die Möglichkeit, über den Wasserspiegel hinauszuwachsen (und sie kann dann sehr hoch werden!), wirft sie ihr Laub unter der Wasseroberfläche ab. Soweit sollte der Aquarianer es nicht kommen lassen, sondern sie vorher kappen und das abgeschnittene Stück neu einpflanzen. Wassertemperatur zwischen 20 und 24° C.

Egeria densa

Heteranthera zosterifolia

Hygrophila corymbosa

Hydrocotyle leucocephala

Hygrophila difformis (Indischer Wasserwedel, Indische Sternpflanze)

Synonym: *Synnema triflorum*
Heimat: Indien und große Teile Südostasiens
Die Pflanze ist relativ anspruchslos: Weiches bis leicht hartes Wasser und viel Licht genügen ihr. Ist der Boden darüber hinaus nährstoffreich, wird sie ihre Triebe sehr schnell ausbreiten. Sie läßt sich aber durch einfaches Beschneiden gut in Zaum halten und durch vegetative Vermehrung (es entwickeln sich Ausläufer mit kleinen Wurzeln) auch nachziehen. Ihre Temperaturansprüche sind weit gestreut: 18 bis 30° C! Sie ist somit vielseitig verwendbar und kann in den verschiedensten Aquarientypen als Dekoration dienen. Wichtig für eine gut gepflegte Pflanze: Jähe Temperaturwechsel vermeiden und für regelmäßigen Wasserwechsel sorgen.

Hygrophila polysperma (Indischer Wasserfreund)

Heimat: Südostasien
Eine altbekannte Pflanze, die keine großen Ansprüche stellt und sich leicht vermehren läßt. Bei diesem Stengelgewächs benötigt man noch nicht einmal einen Steckling: Schon ein einzelnes Blatt kann, wenn es an der Wasseroberfläche treibt, kleine Wurzeln ziehen, einen neuen Stengel bilden und zu einer neuen Pflanze werden. Je nach Lichteinfall ändern die Blätter des Indischen Wasserfreundes ihre Farbe: Wird das Licht dunkler, ergrünen die Blätter, wird es heller, nehmen sie eine eher rötliche Farbe an. Der Bodengrund spielt nur eine untergeordnete Rolle. Die nötigsten Nährstoffe werden mit dem etwa 14tägigen Teilwasserwechsel zugeführt. Die Wassertemperatur kann zwischen 18 und 30° C liegen. Jede Pflanze braucht ausreichendes Licht von oben.

Limnophila aquatica (Riesensumpffreund)

Heimat: Indien und Sri Lanka (Ceylon)
Dieses schöne, feinfiedrige Stengelgewächs lebt in seiner Heimat auf sumpfigem Gelände mit schwereren Böden. Die Pflanze benötigt starkes Licht über mindestens 12 Stunden täglich (14–16 Stunden sind noch besser). Die Stengelspitzen schneidet man ab, wenn sie eine gewisse Höhe im Becken erreicht haben, um das bisher überstehende Stück wieder in den Boden zu pflanzen. Auf diese Weise erhält man mit der Zeit eine schöne, dichte Gruppe. Neben einem nährstoffreichen Boden braucht sie eine gleichmäßige, nicht zu geringe Temperatur, die im Mittel um 25° C liegen soll.

Lobelia cardinalis (Kardinalslobelie)

Heimat: Vom südlichen Kanada über die USA bis an den Golf von Mexiko

Als Stengelpflanze kann sie kräftig wachsen, wobei ihr die Wasseroberfläche nicht im Wege steht. Dazu braucht sie in erster Linie Licht. Es bilden sich aber nicht nur gerade Stengel, sondern auch Seitentriebe, so daß sich die Lobelie nach einigem Beschnitt auch in die Breite ausdehnt und mit der Zeit ganze Büsche bilden kann. Damit erscheint sie als Hintergrundpflanze gut geeignet. Die Unterseite der Blätter ist leicht rötlich gefärbt, was ihr offenbar zu ihrem deutschen Namen verholfen hat. Diese „eingebürgerte" Wasserpflanze hat sich inzwischen bezüglich der Temperatur einige Ansprüche aufgebaut: Sie bevorzugt warme Temperaturen zwischen 25 und 27° C; andererseits sollte die Wärme nicht unter 24° C absinken.

Ludwigia repens (Schwimmende Ludwigie)

Synonyme: *L. mullertii* und *L. natans*
Heimat: Tropisches Nordamerika bis Mittelamerika, Karibische Inseln
Ursprünglich Amerikanerin, hat sich die Pflanze im Verlauf der Jahre auch über Teile Südeuropas verbreiten können. Als Aquarienpflanze wird sie gern bei der Einrichtung bestimmter Aquarientypen verwendet. Daran sind wohl in erster Linie die schön gefärbten Blätter mit der roten Unterseite verantwortlich. Diese Färbung ist aber lichtabhängig und geht in spärlich beleuchteten Becken bald zurück. Ihre Stengel können eine Länge von 60 cm erreichen. Dazu braucht die Pflanze allerdings einen kräftigeren Boden, als er ihr allgemein angeboten wird. Bei einer Temperatur, die nicht zu warm sein, also 23° C nicht wesentlich übersteigen sollte, gedeiht sie besonders gut. Wenn sie einmal ihre unteren Blätter abwirft, zieht man sie aus dem Boden, kappt das untere Ende und setzt sie wieder ein.

Microsorium pteropus (Javafarn)

Heimat: Südostasien
Eine sehr dekorative und auch interessante Aquarienpflanze, die als „Aufsitzer" nicht eingepflanzt, sondern nur mit Hilfe eines Gummirings aufgepflanzt werden kann. Die lanzettförmigen Blätter sitzen auf sehr kurzen Stielen, die wiederum aus einer kräftigen Kriechwurzel sprossen. Die von dieser Kriechwurzel ausgehenden feinen Ankerwurzeln soll man vorsichtig und ohne sie zu verletzen auf ein Substrat geben (Stein oder besser ein spaltiges Wurzelstück), wobei man ihnen mit Hilfe einer feinen Schnur oder eines Gummiringes eine erste Hilfe bei ihrem später selbständigen Festklammern verschafft. Die Pflanzenblätter erreichen eine Höhe von maximal 40 cm in der Natur, bleiben im Aquarium aber

Hygrophila difformis

Hygrophila polysperma

Ludwigia repens

Limnophila aquatica

Microsorium pteropus

Lobelia cardinalis

um die Hälfte kleiner. Die Vermehrung erfolgt durch Bildung neuer Blätter entlang den sich verlängernden kriechenden Wurzelstöcken. Die Pflanze bevorzugt weiches Wasser und Torfzusatz. An das Licht stellt sie keine übermäßigen Ansprüche. Damit hält sie sich an ihre natürlichen Lebensbedingungen, die sie bei feuchter Luft ganz oder teilweise untergetaucht an schattigen Ufern oder Hängen findet. Wassertemperatur nicht unter 20° C.

Myriophyllum-Arten (Tausendblatt)

Heimat: Weltweit verbreitet, einige Arten jedoch auf Amerika beschränkt
Die Sumpfpflanzen stammen überwiegend aus gemäßigten Breiten und sind daher eher für gut geführte Kaltwasseraquarien mit Temperaturen bis zu 20° C geeignet. Die tropischen Arten, wie die hier im Bild vorgestellten Triebe von *M. brasiliense*, erreichen nicht die Üppigkeit der Kaltwasserpflanzen. Das ist eher mit der in letzter Zeit bekanntgewordenen *M. mattogrossense* der Fall, die mit ihren rötlichbraunen Quirlen ausgezeichnet zur vielseitigen Pflanzenzusammenstellung eines tropischen Süßwasseraquariums paßt. Sie ist als Tropenpflanze sehr gut haltbar.
Myriophyllum-Arten stellen an die Wasserqualität unterschiedliche Ansprüche, da sie, entsprechend ihrer Abstammung, aus mehr oder weniger kalkhaltigen Gewässern kommen. Meist sind sie aber recht anpassungsfähig, so daß dieser Umstand nicht maßgebend ins Gewicht fällt. Sie benötigen jedoch viel Licht, wie das bei den meisten der feingefiederten Arten der Fall ist. Veralgen sie aber durch diese stärkere Beleuchtung, so können sie daran zugrunde gehen. Man soll sie auch nicht in Becken setzen, die durch den aufgewirbelten Schmutz, wie ihn beispielsweise gründelnde Fische verursachen, zur Gefahr für die Pflanze werden. Nichts ist für die feinen Blätter unerträglicher, als wenn sich auf ihren Grünflächen Mulm ablagert. Das Blatt erstickt. Gibt man der Pflanze dagegen Gelegenheit, über die Wasseroberfläche hinauszuwachsen, kann es vorkommen, daß beim untergetauchten Teil die Blätter abfallen. Man muß sie demnach rechtzeitig zurückschneiden.

Najas graminea (Grasartiges Nixkraut)

Synonyme: *N. alagensis* und *N. tenuifolia*
Heimat: Tropisches und subtropisches Afrika, Asien und Südeuropa
Nixkräuter haben zwei gute Eigenschaften: Sie sehen gut aus und bilden mit ihrem grasartigen Busch ein abwechslungsreiches Dekorationsmaterial. Andererseits geben sie für manche Fischarten ein ausgezeichnetes Laichsubstrat ab. Man zieht die Pflanzen aus Stecklingen, deren Stengel leicht abbrechen. Die harten Stengel dieser Art können bis zu etwa 50 cm lang werden. Weicheres Wasser wird in den meisten Fällen bevorzugt. Die Beleuchtung soll hell sein, braucht aber nicht übermäßig dosiert zu werden.
Weitere, für das Aquarium geeignete Arten sind *N. kingii* und *N. guadalupensis*, die auch zuweilen noch unter dem Synonym *N. microdon* gehandelt wird.

Nuphar pumilum (Zwergteichrose)

Synonym: *Nymphaea lutea* var. *pumila*
Heimat: Europa und Teile des nördlichen Asiens
Nuphar-Arten sind Teichrosen mit leuchtend grünen, größeren Blättern. Sie eignen sich nicht für kleine Aquarien, sondern wirken besser in größeren Becken als einzeln stehende Pflanze. Teichrosen entwickeln Schwimmblätter und Blüten, wenn es die geringe Höhe des Wasserstandes gestattet. Gerade das aber sollte verhindert werden, um die Bildung von Unterwasserblättern nicht zu kurz kommen zu lassen. So ist die Pflanze nicht nur für (flächenmäßig) große, sondern auch für hohe Becken besonders zu empfehlen, weil hier die Bildung von Schwimmblättern erschwert ist. Teichrosen halten sich in Aquarien mit tropischen Wassertemperaturen (22 bis 25° C, möglichst nicht darüberliegend) sehr gut. Der Boden soll sandig und vielleicht auch etwas ton- bzw. lehmhaltig sein. Der Wurzelstock, der bei der Anschaffung frei von Faulstellen sein sollte, ist fleischig und etwa 5 cm dick. Er soll nicht tiefer als 1–2 cm in den Bodengrund gepflanzt werden. Das Wasser darf nicht überhart sein. Die Pflanze benötigt viel Licht.
Eine weitere gut eingeführte Art für das Aquarium ist *N. luteum*, auch als Gelbe Teichrose bekannt. Sie hat beinahe doppelt so große Blattspreiten und einen nicht so dicken Wurzelstock.

Nymphaea lotus (Tigerlotus)

Heimat: Im südostasiatischen Raum, Import meist aus Singapur
Die Rote oder Grüne Tigerlotus trägt rotbraune, länglich-ovale Blätter, die am Stiel recht tief eingeschnitten sind. Sie sind an der Oberfläche glänzend und können, gemessen vom Stiel bis zur Spitze, eta 15 cm lang werden. Eine einzelne Pflanze kann einen Raum von 25x25 cm Fläche und ebenfalls 25 cm Höhe beanspruchen. Überdies beansprucht die Pflanze viel Licht und einen nahrhaften Boden. Falls die Beleuchtung nicht intensiv genug ist, kommt es zu blasseren Farben. Die Wassertemperatur darf nicht zu hoch liegen und sollte im Mittel etwa 23° C betragen. Die Vermehrung erfolgt über Ausläufer, die im Bodengrund weiterlaufen und im Abstand von etwa 8 cm eine neue Pflanze hervorbringen.

Myriophyllum brasiliense

Najas graminea

Nymphaea lotus (grüne Form)

Nuphar pumilum

Nymphaea lotus (rote Form)

Nymphoides aquatica (Unterwasserbanane)

Synonyme: *Limnanthemum aquaticum* und *Villarsia lacunosa*
Heimat: Südliche USA und angrenzende Gebiete Mexikos
Die Art entwickelt sich am besten, wenn die Haltung ihrem natürlichen Leben so weit wie möglich entspricht: Flacher Wasserstand und viel Licht. Das Wasser soll weich und leicht sauer sein. Das Gewächs kann frei im Wasser treiben, doch erweist es sich meist als Vorteil, wenn man die Pflanzen an einer bestimmten Stelle im Becken seßhaft machen kann, indem man die Wurzelspitzen einpflanzt. Da die Pflanze ihre Nahrung nur über das Wasser und nicht aus dem Boden aufnimmt, empfiehlt sich ein regelmäßiger Wasserwechsel oder eine Düngung mit entsprechenden Präparaten. Die Unterwasserbanane bildet Seitentriebe, aus denen schließlich neue Pflanzen sprossen. Wenn diese weit genug entwickelt sind, kann man sie von der Mutterpflanze trennen.

Pistia stratiotes (Muschelblume)

Heimat: Weltweit in tropischen Gebieten
Für größere Aquarien mit einem entsprechenden Raum über der Wasseroberfläche kann diese Schwimmpflanze sehr gut geeignet sein. Abdeckscheiben mit stehender, zu warmer Luft darunter mag sie dagegen nicht. Als Oberflächenpflanze ist sie ausgesprochen lichthungrig. Weiches Wasser sowie eine tropische Wasser- und Oberflächentemperatur von 20–30° C ergänzen ihre Ansprüche. Die Pflanzenwurzeln bieten einer Reihe von Fischarten angenehme Schatten- und Versteckplätze. Auch die Optik kommt somit nicht zu kurz, denn diese Wurzeln geben dem Becken ein sehr ursprüngliches „wildes" Aussehen. Die über der Wasseroberfläche liegenden, nach unten spitz zulaufenden blaßgrünen Blätter können eine Höhe zwischen 5 und 15 cm erreichen. Die Pflanzen bilden Ausläufer, an denen wiederum schwimmende junge Pflänzchen sprossen. Die kleinen Triebe sind sehr feuchtigkeitsabhängig und können bei zu großer Oberhitze schnell verdorren.

Riccia fluitans (Teichlebermoos)

Heimat: Weltweit in tropischen und subtropischen Gebieten
Das flutende Teichlebermoos hat sich wohl in erster Linie aufgrund seiner unerhörten Widerstandskraft bis heute in vielen Aquarien gehalten. Dabei ist das Moos gar nicht so widerstandsfähig, wenn das Wasser zu weich ist. Am ehesten gedeiht es in mittelhartem Wasser von 10–20° dH. Die Moospolster schwimmen knapp unter der Wasseroberfläche und sind damit sehr nahe an der Beleuchtung. Wenn sie auch das kräftige Licht benötigen, kommt es mitunter vor, daß die dem Licht zugewandte Seite veralgt. Die Polster sind aber meist so kräftig und das Moos vermehrt sich derart stark, daß man ohnehin jede Woche das Grün in größeren Mengen entfernen muß; die darunterliegenden Aquarienpartien geraten sonst vollends ins Dämmerlicht. Die Polster dienen vielen Fischen als Zuflucht und sind besonders bei den verschiedenen Anabantiden- oder Kletterfisch-Arten als Ablaichplätze beliebt. Die Pflanzen vertragen fast jede normale Wassertemperatur.

Rotala macrandra (Dichtblättrige Rotala)

Heimat: Indien
Diese Stengelpflanze mit den braunen bis burgunderfarbenen Blättern, die darüber hinaus noch lackartig glänzen, ist eine attraktive Bereicherung für jedes Aquarium. Hier sei aber gleich darauf hingewiesen, daß die Pflanze nur eine Chance hat, sich so wie auf unserer Abbildung zu entwickeln, wenn sie genügend kräftiges Licht mit überwiegend blauem Lichtspektrum bekommt. An das Wasser scheint sie keine so großen Ansprüche zu stellen. Meist wird sie wohl bei mittleren Werten (12–18° dH) gehalten. Leicht saures Wasser mit Anreicherung durch Torfextrakte sowie ein gleichmäßiger Wasserwechsel, etwa alle zwei Wochen, tragen weiter dazu bei, daß sie sich wohl fühlt. Man soll die Wassertemperaturen bei 24–28° C halten. Im Gegensatz zu manchen anderen Stengelpflanzen wächst sie nicht über die Wasseroberfläche hinaus, sondern legt sich, falls man sie nicht kürzt, auf den Wasserspiegel. Normalerweise werden die Triebe 50–60 cm lang.

Rotala rotundifolia (Rundblättrige Rotala

Heimat: Indien und Südostasien
Auch bei dieser feinblättrigen Stengelpflanze ist die Blattfärbung abhängig von der Lichtstärke der Aquarienbeleuchtung. Ihre grünen, in den jungen oberen Trieben leicht rötlichen Blättchen sind je nach Aquarienmilieu veränderlich. Besonders starkes Licht fördert die Tönung ins Rötliche. Die Hintergrundpflanze, die sich wie alle Stengelpflanzen durch Stecklinge vermehrt, setzt man in größeren Gruppen an die Stelle, die vom Licht voll ausgeleuchtet wird. Die Pflanze ist relativ hart und wächst nur langsam, so daß nicht schon bald das halbe Aquarium zugewuchert ist. Recken ihre Stengel einmal die Spitzen bis an die Wasseroberfläche, so wird diese aber nicht durchstoßen, sondern die Pflanze bleibt schwimmend an der Oberfläche liegen.

Sagittaria platyphylla (Breitblättriges Pfeilkraut)

Heimat: Nordamerika, östliche Regionen
Pfeilkräuter verdanken ihren deutschen Namen nicht ihren spitz zulaufenden Unterwasserblättern, sondern ihren Überwasserblättern, die einer Pfeilspitze sehr ähnlich sehen. Die untergetauchten Blätter werden

Nymphoides aquatica

Rotala macrandra

Rotala rotundifolia

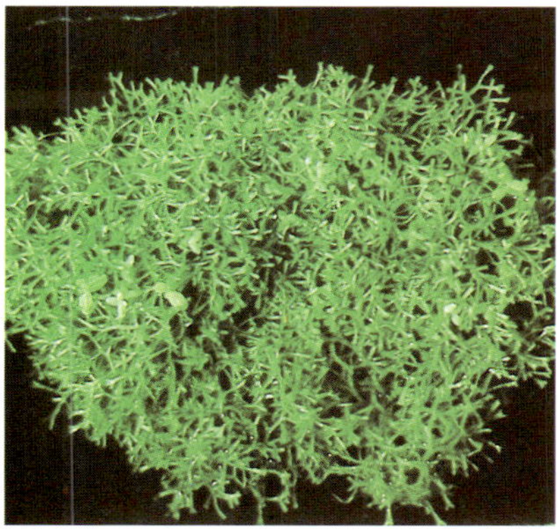

Riccia fluitans

Sagittaria platyphylla

Pistia stratiotes

bis zu 30 cm lang und reichlich 2 cm breit. Neben dem kräftigen Mittelnerv verlaufen dazu 3–6 Längsnerven parallel. Man verwendet sie als kräftige und anspruchslose Hintergrundpflanze, die sich bald durch Ausläufer vermehrt. Ihre Lichtansprüche halten sich in Grenzen. Ein kräftiger und nährstoffreicher Boden regt die Pflanzen zu größerer Wuchsaktivität an. Die knollenartigen Wurzelstöcke tragen die Blattrosetten. Diese Sumpfpflanze läßt sich für Warm- und Kaltwasserbecken verwenden.

Sagittaria subulata (Flutendes Pfeilkraut)

Heimat: Östliche Staaten Nordamerikas von Massachusetts bis Florida
Diese Art gibt es in verschiedenen Formen. Für den Aquarianer ist das insofern wichtig, als ihre Wuchshöhe sehr unterschiedlich sein kann. Die vier bekanntesten Abkömmlinge sollen hier beim Namen genannt werden:
S. s. forma *gracillima*: Sie wird am höchsten von allen und hat in der Natur Blätter von rund 120 cm Länge. Im Aquarium aber entfalten sie sich nur halb so lang und gehören trotzdem noch zu den Riesen.
S. s. forma *lorata*: Diese Form hat breitere Blätter, die eine Höhe zwischen 15 und 30 cm erreichen. Die Pflanze wirkt ebenfalls sehr dekorativ als Hintergrundpflanze.
S. s. forma *natans*: Sie hat 8–10 mm breite Blätter, die etwa 40 bis 50 cm lang werden. Man kann sie zu stattlichen Büschen zusammenwachsen lassen, indem man ihre Ausläufer jeweils im rechten Winkel abbiegt.
S. s. forma *pusilla*: Das auch unter dem Namen „Zwergpfeilkraut" bekannte Gewächs ist eine reine Vordergrundpflanze, die, ähnlich wie *Echinodorus tenellus*, einen „Rasen" (Foto) bildet. Sie stellt nicht die Lichtansprüche, wie sie bei der Echinodorus-Art erfüllt werden müssen und kann infolgedessen eher mit großen Arten vergesellschaftet werden, die dem Rasen einen Teil der Aquarienbeleuchtung fortnehmen.

Samolus parvoflorus (Amerikanische Bachbunge)

Synonym: *S. floribundus*
Heimat: Tropische und subtropische bis gemäßigte Zonen Amerikas
Mit etwas Einfühlungsvermögen kann man diese wasserliebende Sumpfpflanze aus der neuen Welt gut an ein Leben unter Wasser anpassen. Sie hat hellgrüne, ausladende, aber nur 5–6 cm lang werdende Blätter, die nur ein Bedürfnis haben: Licht und nochmals Licht! Starke Beleuchtung wirkt sich deswegen bei geringerem Wasserstand besonders günstig aus. Sie mag einen nahrhaften, mit Ton durchsetzten Boden. Die Bachbunge verträgt keine Temperaturen, die über 20° C hinausgehen, was nicht gerade für die Haltung in einem Tropenaquarium spricht und wahrscheinlich auch ihre Verbreitung hemmt.

Vallisneria asiatica (Schraubenvallisnerie)

Heimat: Tropische, subtropische und gemäßigte Zonen in Südostasien und Japan
Bei *V. asiatica* var. *bivaensis* sind die Blätter korkenzieherartig gewunden. Die bandförmigen, teilweise stark gedrehten Blätter erreichen in mittelhartem oder auch härterem Wasser (weiches Wasser mag sie nicht!) eine Länge von 20–25 cm, wobei die Blattspreiten eine Breite von maximal 8 cm erreichen können. Entsprechend dieser Höhe kann man sie je nach Größe des Beckens in kleineren Behältern als Hintergrundpflanze, in mittleren und großen Becken als Pflanze für die Beckenseite oder -mitte wählen. Sie liebt einen nährstoffreichen Boden. Überziehen sich einzelne Blätter mit gelben Punkten, kündigt sich wahrscheinlich ihr Absterben an. Man kann die Blätter herausschneiden, wenn die Fleckung störend wirkt. Die Vermehrung erfolgt durch Ausläufer.

Shinnersia rivularis (Mexikanisches Eichenblatt)

Synonym: *Trichocoronis rivularis*
Heimat: (soweit bekannt) Südmexiko
Der Korbblütler aus der Familie Compositae ist eine erst in den letzten Jahren bekanntgewordene Aquarienpflanze, die sich inzwischen bestens eingeführt hat. Das Wasser in ihrem Vorkommensgebiet ist relativ hart (um 20° dH und sein pH-Wert liegt überwiegend weit im alkalischen Bereich (um 8,0). Die Stengelpflanzen gedeihen aber auch in weicherem Wasser und sind recht schnellwüchsig.
Das Mexikanische Eichenblatt läßt sich leicht durch Stecklinge vermehren. Wie üblich, soll man diese nicht zu dicht beieinander einpflanzen. Der Name „Eichenblatt" ist auf die Form der jeweils oberen der gegenständigen Blätter zurückzuführen: Sie haben ähnlich gebuchtete Kanten, wie wir diese von unseren Eichenblättern kennen. Bei den unteren Blättern geht die Wellenbildung mehr und mehr zurück; die Blätter werden kleiner und länglicher. Je näher sie sich ans Licht heranschieben, umso intensiver wird ihr Wuchs.
Shinnersia rivularis hat, besonders in flachem Wasser, das Bestreben, über den Wasserspiegel hinauszuwachsen. Wer es sich leisten kann, sein Becken ohne Abdeckscheiben zu betreiben, der sollte einmal die Pflanze sich selber überlassen. Ist eine Abdeckung vorhanden, so muß man die zu langen Triebe in bestimmten Abständen einkürzen.
Überwassertriebe haben behaarte Blattrosetten.
Hat die Pflanze ihre Blätter aus dem Wasser erhoben, so kann ihrem Blühen nichts mehr im Wege stehen. Die kleinen weißen Halbkugeln, die im Habitus ein wenig an unsere Pusteblumen erinnern, tragen bei genauerem Hinsehen zwei- oder dreimal gegabelte Blütenstiele, deren Blütenstände körbchenweise beieinander stehen.
Das Mexikanische Eichenblatt ist eine anspruchslose Pflanze.

Sagittaria subulata forma pusilla (Vordergrund)

Samolus parvoflorus

Shinnersia rivularis

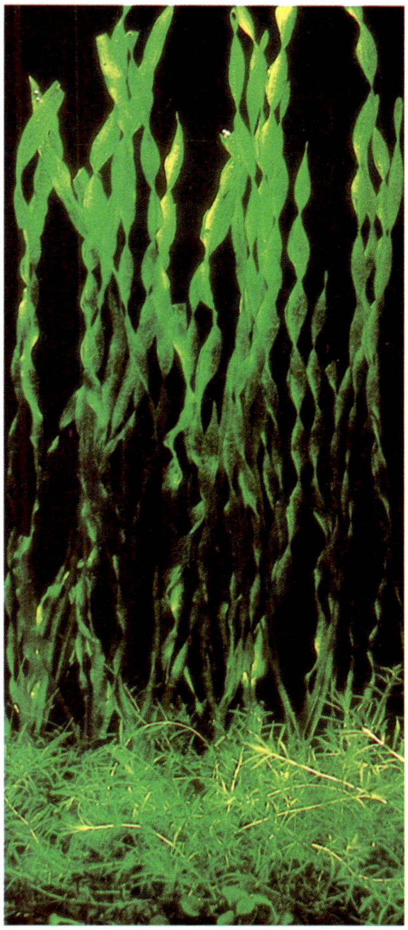

Vallisneria asiatica

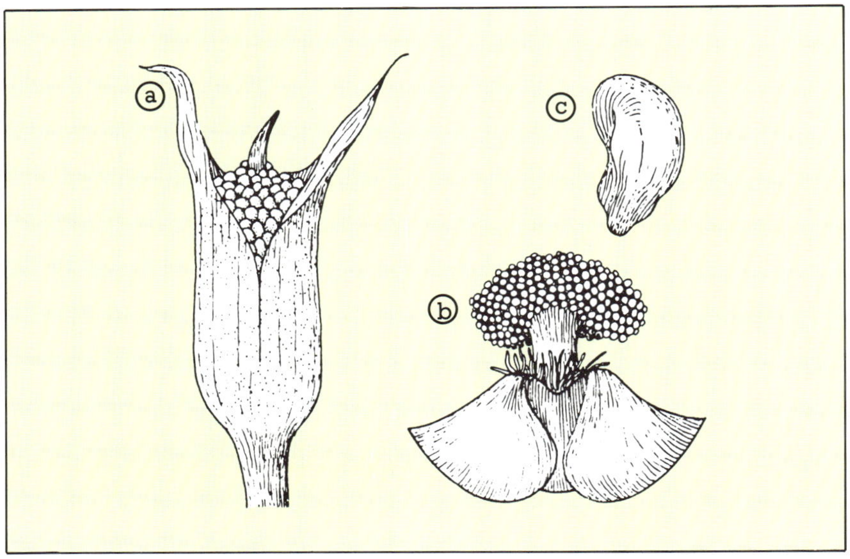

Vallisneria gigantea: a) Blütenstand, Knospe (c) und aufgesprungene Blüte (b)

Vallisneria gigantea (Riesenvallisnerie)

Heimat: Neuguinea und Philippinen

Der Gigant unter den Sumpfschrauben, wie man die Vertreter dieser Gattung ebenfalls nennt, macht auch im Tropenaquarium seinem Namen alle Ehre: Die Pflanze entwickelt bandförmige Blätter von etwa 4 cm Breite und eine Länge bis zu 2 Metern! Selbst in großen Behältern sieht sich die Pflanze meist genötigt, ihre langen Blätter auf die Wasseroberfläche zu legen, da die Höhe des Wasserstandes nicht ausreicht, sie ganz untergetaucht wachsen zu lassen. Dabei ist sie eine echte Wasserpflanze! Häufig verwendet man sie auch in großen Cichlidenbecken, in denen harte Pflanzen wegen der Freßsucht mancher Cichliden-Arten erwünscht sind. Der obere Blattrand ist fein gezähnt. Man setzt die einzelnen Pflanzen zu Gruppen zusammen, weil sie nur so in ihrer Wirkung voll zur Geltung kommen. Die Wassertemperatur soll nicht unter 18° C sinken, der Bodengrund muß kräftig sein. Die Blüten der Pflanzen schwimmen, teils an sehr langen Stengeln treibend, auf der Wasseroberfläche. Im Heimaquarium kann man mit einer Vermehrung durch Befruchtung der Blüten allerdings kaum rechnen. Meist wird die Pflanze durch Ausläufer vermehrt. Dabei soll das Beckenwasser nicht zu weich sein.

Vallisneria spiralis (Einfache Vallisnerie)

Heimat: Tropische und subtropische Gebiete der Welt
Auch diese Art ist eine echte Wasserpflanze, die ihre schmal und linear verlaufenden Blätter in Längen bis zu 90 cm der Wasseroberfläche entgegenstreckt. Die Blätter sind hellgrün, zuweilen werden sie blasser und rötlichbraun. Sie sind etwa 2 cm breit. Wie alle Vallisnerien gedeiht auch diese Art in nahrhaftem Boden besser als in magerem; sie gilt trotzdem als anspruchslos, weil sie nur kräftige Beleuchtung braucht und keine Ansprüche an die Wasser-Zusammensetzung oder an die Temperatur stellt. Allerdings mag sie kein zu weiches Wasser, denn sie liebt Kalk. Meist werden verschiedene Wuchsformen angeboten, nach deren Höhe man sich vorsichtshalber vorher erkundigen sollte. Die Pflanzen vermehren sich im Aquarium überwiegend durch Ausläufer, die sie in Mengen treiben, so daß man den Bestand von Zeit zu Zeit drastisch lichten muß.

Vesicularia dubyana (Javamoos)

Heimat: Südostasien, im Bereich des Indo-Australischen Archipels
Das Javamoos zählt zu den schönsten, wenn auch kleinsten Aquarienpflanzen. Von den Fischen wird das Moos sehr geschätzt und auch sehr oft als Laichsubstrat benutzt. Ebenso bietet es Jungfischen einen Unterschlupf mit vielen Ein- und Ausgängen. Das Javamoos ist in seinen Ansprüchen variabel und entsprechend anpassungsfähig, wobei es aber auch vom lebensnotwendigen Licht eine gute Portion abbekommen möchte. Setzen sich Algen auf ihre feinen Blättchen, so können sie eine ganze Moospartie zum Absterben bringen. Man entfernt sie also besser gleich. Ebenso ist es mit Schmutzpartikeln, die, wenn sie in Mengen durchs Aquarium treiben, das feine Blattwerk verstopfen und zum Ersticken bringen. Bei einer Durchschnittstemperatur von 24° C haben wir im Javamoos nicht nur eine schöne, sondern auch für die Aquarienbewohner nützliche Pflanze in unserem Becken.

Vesicularia dubyana

Vallisneria spiralis

ALGEN

Algen können in einem Aquarium zu einem Problem für die Pflanzen werden. Das ist wohl einer der Gründe, weshalb viele Aquarianer ihr Licht nicht zu stark einstellen, in der Meinung, daß man auf diese Weise den Algenwuchs zurückhält. Das ist aber nur bedingt der Fall, da es ja andererseits auch Algen gibt, die ausgerechnet bei unzureichender Beleuchtung gedeihen. In der folgenden kleinen Aufstellung sind die möglichen, durch Algen verursachten Schäden aufgeführt, und Tips zu ihrer Ursache und Bekämpfung zusammengestellt. Über das Algenproblem gibt es viele Meinungen, aber keine umfassenden Bekämpfungsmaßnahmen, da Algen sich jeder Wasserzusammensetzung anpassen und erst bei bestimmten Wertbereichen existieren

Festgestellter Schaden	Diagnose	Therapie
Schwachbrauner Belag auf Steinen wie Pflanzen	Braunalgen (Diatomae)	Man führt ihr Entstehen auf zu schwache Beleuchtung zurück. Licht verstärken.
Seegrüner Belag von schleimiger Art. Er tritt stellenweise und in fladenartigen Kolonien auf, wobei Scheiben, Pflanzen und Steine überzogen werden	Blaualgen (Cyanophyceae)	Trypaflavin-Kur (nach Hückstedt) = 100 mg auf 100 Liter Aquarienwasser
Nur schwer zu entfernender Algenbelag von grüner Färbung	Grünalgen (Chlorophyceae)	Sehr widerstandsfähige Art, die sich allen bekannten Mitteln widersetzt. Brünner empfiehlt die biologische Bekämpfung durch algenfressende Fische *Epalzeorhynchus siamensis)*
Spinnennetzähnlich auftretende grüne Fäden, die hauptsächlich im Bereich der jungen Triebe auftreten und dort ganze „Nester" bilden können, die das Wachstum der Pflanzen stark hemmen	Fadenalgen, die zu den Grünalgen gerechnet werden	Bekämpfung schwierig und hauptsächlich durch mechanisches Abwickeln mit Hilfe eines Holzstäbchens möglich
Blattbewuchs mit kleinen Fädchen, die sich über die ganze Breite ziehen können	Bartalgen, die zu den Rotalgen (Rhodophyceae) gehören	Wie bei Grünalgen angegeben oder durch wiederholten Wasserwechsel
Wasser durchgehend gün und trüb	Schwebealgen, die meist zu den Grünalgen zu zählen sind; hervorgerufen durch zu starke Beleuchtung in Verbindung mit zu reichlichem Nährstoffangebot	Behandlung mit UV-Licht, Teilwasserwechsel einige Male hintereinander
Nur die Wasseroberfläche ist mit einem schleimartigen grünen Belag bedeckt	meist Grünalgen	Teilwasserwechsel mehrere Male kurz hintereinander, dadurch Entziehung von übermäßig eingebrachten Düngestoffen

können. Es gehört also zu ihrer Bekämpfung neben Fingerspitzengefühl auch etwas Glück, wobei man ja nie das Wohlbefinden von Pflanzen und Fischen außer acht lassen darf. Auch die Lichtansprüche der einzelnen Algengruppen sind, wie bereits erwähnt, unterschiedlich. Eines steht jedoch fest: Es ist kaum auf Dauer möglich, Algen durch die biologischen Hilfsmittel, wie sie Fische und Schnecken darstellen, auszurotten. Im günstigsten Fall wird es gelingen, den bestehenden Algenrasen kurz zu halten.
Nicht vergessen werden sollen hier die im aquaristischen Handel angebotenen Algenvernichtungs-Präparate. Bei ihrem Einsatz soll man jedoch berücksichtigen, daß, wenn eine niedere Pflanze vernichtet wird, immer die Möglichkeit besteht, daß auch die höheren Pflanzen, also unsere Aquarienpflanzen, nicht ungeschoren davonkommen. Auch der Einsatz von Kohlensäure in Pflanzenaquarien trägt dazu bei, den Algenwuchs im Aquarium stark zu reduzieren oder gar nicht erst aufkommen zu lassen.

SCHNECKEN IM AQUARIUM

Die Schnecken nehmen in einem Aquarium eine besondere, nicht unwichtige Stelle ein. Schon unsere Großväter, die sich überwiegend mit der Haltung von Kaltwasserfischen begnügen mußten, kannten Schnekken als „Gesundheitspolizei", die Algen vertilgen und auch überschüssige Futterreste „verwerten". Ferner verzehren sie Fischkadaver und sorgen so dafür, daß sich nicht zu viele Giftstoffe im Aquarium ansammeln.
Für das Kaltwasserbecken eignen sich neben der Roten Posthornschnecke *(Planorbis corneus)*, die auch im warmen Wasser zu Hause ist, besonders die 10–12 mm große Dekkelschnecke *(Bulimus tentaculus)* sowie die bis zu 35 mm große, lebendgebärende Sumpfdeckelschnecke *(Viviparus viviparus)*. Alle Tiere sollten, bevor sie ins Aquarium

Schneckenfraß: Die Blätter der Barclaya werden gern von verschiedenen Schneckenarten vernascht.

gegeben werden, eine ausreichende Zeit (etwa 6 Wochen) in einem gesonderten Becken beobachtet werden, weil sie oft Krankheitskeime in sich tragen, die sich auf Fische übertragen können.
Die Warmwasser-Aquaristik kennt in erster Linie die Rote Posthornschnecke. Man braucht sie in den meisten Fällen nicht erst ins Aquarium zu setzen: Eines Tages sind sie von alleine da. Trotz eines Pflanzenbades in Alaunlösung und trotz vieler anderer Vorsichtsmaßnahmen finden diese Tierchen einen Weg, sich in unseren Becken breitzumachen. Solange die Menge der Gehäuseträger sich in Grenzen hält, können sie keinen Schaden anrichten. Wenn jedoch, durch besondere Umstände bedingt, eine plötzliche Massenvermehrung stattfindet, wird die Sache schwierig. Meist hilft sich der Aquarianer selbst, indem er die größeren Tiere von Bodengrund und Pflanzen „abpflückt" und aus dem Becken entfernt. Kleine Tiere kann man an der Aquarienscheibe zerdrücken – die Fische besorgen dann den Rest.
Die Indische Turmdeckelschnecke *(Melanoides tuberculata)* ist ein ausgesprochenes Nachttier, was wohl auch ihre geringe Popularität erklärt. Tagsüber pflügt sie den Bodengrund durch, wobei sie natürlich den Pflanzen nützt. Die Tiere sind lebendgebärend. Sie können nur in nicht zu weichem Wasser leben, da sie Kalk zum Bau ihres Gehäuses benötigen. Ihre Vermehrung findet aber schon bei Härtegraden ab etwa 4–6 statt. Das gilt pauschal auch für die meisten anderen Arten. Die Temperatur für diese bis zu 25 mm lang werdenden Tiere sollte nicht unter 20° C absinken.
Als Riesen unter den Aquarienschnecken gelten die verschiedenen Ampullaris-Arten, besser noch als „Apfelschnecken" bekannt. Sie benötigen allerdings einen etwas ausgedehnteren Weideplatz und sind daher nicht für kleinere Aquarien geeignet. Die Tiere fressen am liebsten das Futter, das man auch den Fischen anbietet. Bei ihrem Schneckentempo ist es allerdings schwer für sie, rechtzeitig an die Nahrungsquelle zu gelangen, so daß sie manchmal leer ausgehen. Bei der

Apfelschnecke *(Ampullaris)* mit ausgefahrenem Schnorchel.

Verfütterung von Tubifex lauern sie oft direkt unter dem Futtersieb oder an der Stelle, an der das Lebendfutter zu Boden gesunken ist. Die Schnecken saugen das Futter aus dem Boden. Als Algenfresser sind sie aber auch bei der Salatverfütterung keine Kostverächter! Sie können ein großes Salatblatt in kürzester Zeit vertilgen. Wer das beobachten möchte, kann ein Salatblatt mit einem kleineren Stein beschweren (vorher gut abwaschen, Pflanzengift!) und zu Boden sinken lassen. Man kann genau verfolgen, wie die Schnecke mit dem Mund Stückchen für Stückchen vom Salatblatt abzieht und verspeist. Als Besonderheit verfügen Apfelschnecken über einen Schnorchel, den sie ausfahren können, wenn sie in weniger guten Gewässern auf die Einatmung atmosphärischer Luft angewiesen sind. Dieser Mini-Rüssel erinnert in seinem Bau an den eines Elefanten. Bei Nichtgebrauch ist er eingezogen und nicht sichtbar. Bei Gefahr kann sich die Schnecke ganz in ihr Haus zurückziehen und die Öffnung mit einem Deckel verschließen.

In der Natur sind die Laichpakete der Apfelschnecken unübersehbar, wie hier im Chaco in Nordargentinien.

Die vier am häufigsten in unseren Aquarien vorkommenden Schneckenarten:
1) Rote Posthornschnecke, 2) Indische Turmdeckenschnecke, 3) Apfelschnecke (Schnorchel ausgefahren), 4) pflanzenfressende und meist mit Tümpelfutter eingeschleppte Spitzschlammschnecke.

Auch diese Schnecken-Art kann sich im Aquarium vermehren. Sie legt ihre Eier meist an einer vom Aquarienwasser nicht bedeckten Stelle der Aquarienscheiben ab. Aus den Eiern dieser südamerikanischen Gäste schlüpfen nach einiger Zeit viele kleine Jungtiere. Die meisten Aquarianer freuen sich über ihren Schnekken-Nachwuchs, und viele Zoo-Händler kaufen ihn sogar ab.

Die Schlammschnecken haben einen bösen Ruf. Sie sind überwiegend Pflanzenfresser. Meist werden sie bei der Futtersuche in Tümpeln ins Becken eingeschleppt. Die Spitzschlammschnecke *(Lymnaea stagnalis)* ist die bekannteste unter den Schädlingen. Hat sie sich erst einmal im Aquarium seßhaft gemacht, ist sie nur sehr schwer wieder loszuwerden.

Viele Schneckenarten vermehren sich schneller, als es dem Pfleger von Fischen und Pflanzen lieb sein kann. Viele Bekämpfungsmöglichkeiten sind mehr oder weniger erfolgreich ausprobiert worden. Radikal wirken verschiedene chemische Mittel – sie beseitigen aber gleichzeitig alle Schnecken. Ebenso gründlich wirkt sich das Einsetzen eines Kugelfisches aus. Wer sich keinen Rat mehr weiß, der versuche es einmal mit *Tatraodon steindachneri* oder *T. fluviatilis*, den beiden kleinen Kugelfischarten. (In dem Fall sollten jedoch Apfelschnecken, will man sie nicht ebenfalls verlieren, vor dem Einsetzen der Fische entfernt werden.) Die Schneckenfresser sorgen in kurzer Zeit dafür, daß im Becken nur noch leere Gehäuse bleiben.

DER KAUF DER FISCHE

Viele Menschen kaufen unüberlegt, doch beim Kauf lebender Tiere sollte man sich vorher über die Bedürfnisse der neuen Mitbewohner informieren. Besonderen Wert sollte man darauf legen, daß die drei Wasserschichten: *Boden*, *mittlerer Schwimmraum* und *obere Wasserschicht* gleichmäßig genutzt werden können. Welse und ähnliche Bodenfische (Schmerlen, Rüsselfische, Flösselhechte, Grundeln, Stachelaale und andere) verlassen normalerweise die unteren, bodennahen Wasserzonen nicht. Andere Arten, wie Buntbarsche, Barben, Goldfische usw. schwimmen zeitweise in der Mitte des Schwimmraumes, gründeln oder buddeln aber gern am Boden, wo viele auch ihr Versteck haben. Meist scheuen sich diese Fische, in die Nähe der Wasseroberfläche zu schwimmen. Die Scheu ist ihnen angeboren, weil in ihrer natürlichen Heimat von dort die Gefahr kommt und sie keine Beute von Wasservögeln werden möchten. Oberflächennah lebende Arten, wie verschiedene Hechtlinge, Schmetterlingsfische oder Beilbauchfische, schwimmen nicht direkt unterhalb des Wasserspiegels, sondern suchen als Versteck ein überhängendes Blatt oder eine Schwimmpflanze.

Zweifellos sind die mittleren Wasserschichten die dichtbesiedelsten Zonen. Hier ist aber auch das größte Platzangebot und die vielen kleineren und mittelgroßen Schwarmfische, die wir in unseren Becken halten, verbringen die meiste Zeit des Tages hier; ebenso die häufig gepflegten Skalare und die lebendgebärenden Guppys, Platys und Helleries. Erfahrene Aquarianer kaufen also nicht „nach Farbe", sondern stellen eine Aquariengesellschaft so zusammen, daß nach Möglichkeit kein Fisch dem anderen im Wege ist. Probleme kann es geben, wenn man eine „eingespielte Mannschaft" im Aquarium hat und will neu erworbene Tiere dazusetzen. Nun verteidigt jeder eingesessene Fisch sein Versteck, und wenn es sich um Individualisten wie Buntbarsche handelt, kann es vorkommen, daß der Neuankömmling so viel Prügel bekommt, daß er bald Deckung in der oberen Ecke des Aquariums sucht, in die er sich normalerweise nicht stellen würde. Deshalb soll man neu eingesetzte Tiere solange beobachten, bis der Eindruck gewonnen wird, daß sie sich eingebürgert haben. Wenn man allerdings den Eindruck gewinnt, daß sich die neuen und alten Bewohner des Aquariums nicht vertragen werden, muß man die Fische wieder trennen und eine anderweitige Unterbringung überlegen.

Worauf beim Kauf zu achten ist

Normalerweise kann man davon ausgehen, daß in einem guten Zoofachgeschäft nur gesunde Tiere angeboten werden.

Da sich jedoch auch in einem Händlerbecken schnell einmal etwas unbemerkt verändern kann, soll der Käufer sich selbst ein Bild über den Zustand der Fische machen.

Erster Grundsatz: Ein Fisch muß gesund aussehen und Futter nehmen.

Wann sieht ein Fisch gesund aus?

Er darf keinen eingefallenen Bauch haben, was ein Zeichen von Nahrungsverweigerung wäre; ferner soll ein Fisch frei von äußeren Schäden sein, darf also keine Bißspuren haben, die sich leicht entzünden können. Je besser ein Tier seine Farben zeigt, um so wohler fühlt es sich. Unterdrückte Tiere (manchmal auch Einzelgänger) zeigen nicht ihre schönste Färbung. Das kann auch für Schwarmfische gelten, denen die Partner fehlen.

Man achte auch auf eine regelmäßige Atmung der Fische und erkundige sich – falls die Fische unregelmäßig atmen – auf welche Weise das Aquarienwasser belüftet wird (wenn man es nicht mit einem Blick ins Bekken selbst feststellen kann). Neben einem Mangel an Sauerstoff könnten bei zu schneller Atmung CO_2-Übersättigung (= zuviel Kohlensäure zugeführt?) oder Kiemenparasiten die Ursache sein. Der erste Fehler ließe sich auf einfache Weise korrigieren, der zweite (diese Diagnose ist nicht einfach!) nicht.

Bei Vergleich der Körperformen innerhalb von Artgenossen kann man feststellen, ob die Fische einen verbogenen Körper haben, ein Mangel, der sich gelegentlich bei der sogenannten Linienzucht einstellt: Es werden Krüppel geboren! Bei Linienzucht, die man zur Verstärkung bestimmter Merkmale betreibt, kommt es durch Rückkreuzungen (Inzucht) leicht zu Mißbildungen. Solche Tiere sollte es nicht geben: In der Natur hätten sie keine Überlebenschance. Der Züchter muß sie normalerweise aussortieren.

Weiterhin gehört zur Gesundheit eines Fisches eine glatte Oberhaut, die frei von krankhaften Belägen (oder den bereits erwähnten Verletzungen) ist. Weiße Punkte weisen auf eine der bekannten Krankheiten hin, und auch Glotzaugen sind nicht nur ein Merkmal mangelhafter Schönheit, sondern weisen auf eine Krankheit hin. Falls man einen solchen Fehler bei einem bereits gekauften Fisch entdeckt und ihn aus zeitlichen Gründen nicht sofort zurückgeben kann, soll man ihn in ein separates Becken setzen und nicht mit gesunden Tieren vergesellschaften. Die beste Garantie, auch wirklich gesunde Tiere zu erhalten, ist und bleibt der Kauf in einem anerkannten Fachgeschäft, wo man vielleicht etwas mehr Geld ausgeben muß, dafür aber neben gesunden Fischen auch eine fachkundige Beratung erhält.

DIE ZUSAMMENSTELLUNG EINER AQUARIEN-BESETZUNG

Gesellschaftsbecken sind die von den meisten Aquarianern bevorzugte Art des Heimaquariums. In einem solchen Aquarium fällt der eine oder andere Fehler auch nicht so sehr auf – wenn das Becken groß genug ist und es sich bei dem „Fehler" nicht um einen Raubfisch handelt! Oft werden aus Unwissenheit „süße kleine Fischchen" erworben, die erst nach einiger Zeit ihre räuberische Lebensweise entwickeln, wenn sie sich vom Jungfisch soweit herangebildet haben, daß Maul, Zähne und Schlund die Beute durchlassen und packen können. Viele machen auch vor ihren eigenen Geschwistern nicht Halt. Es gibt beispielsweise eine Reihe von räuberisch lebenden Welsen, die tagsüber in ihrem Versteck liegen und erst während der Nacht, wenn andere Fische schlafen, auf Beutefang gehen. Da man normalerweise dieses Beutemachen nicht direkt wahrnimmt, wundert man sich eines Tages nur, warum der Fischbestand immer kleiner wird. Räuber soll man grundsätzlich entweder allein in einem Becken pflegen (wer will das schon?), oder man vergesellschaftet sie mit Arten, die gleichgroß oder größer sind, so daß die Räuber sie nicht fressen können.
Es ist kaum möglich, alle Variationsmöglichkeiten für ein Gesellschaftsbecken aufzuführen, wie es auch schwer ist, einen Rat für die Größe eines Aquariums zu geben. Je größer das Becken, um so mehr Möglichkeiten hat man. Andererseits muß man die jeweiligen Kosten berücksichtigen – nicht nur die für die Anschaffung, sondern auch für den laufenden Unterhalt. Normalerweise sind die Stromkosten für Licht, Filterpumpe und Heizung nicht hoch und gehen in einer üblichen Familienrechnung unter. Das Wasser eines mittelgroßen Beckens einen ganzen Monat lang warmzuhalten, erfordert genauso viel Energie, wie zur Erzeugung einer Badewanne voll heißen Wassers über einen 2–3 Kilowatt starken Durchlauferhitzer benötigt wird.
Anfängern empfiehlt man oft, mit „Anfänger-Sets" (= Aquarienpakete mit allem Zubehör) und einem 60 cm langen Becken zu beginnen. Das hat sicher seine Berechtigung, wenn das Aquarium für ein Kind gedacht ist. Hat dagegen ein Erwachsener sein Herz für die Aquaristik entdeckt, sollte er mit einer mittleren Größe von 100–120 cm langen Becken beginnen.

Beispiele für Gesellschaftsbecken

Damit sich jeder eine Vorstellung davon machen kann, wieviel „Inhalt" (ohne Wasser) so ein Becken schluckt, und welche Pflanzen und Fische zusammenpassen, sind hier einige Beispiele aufgeführt.

Anmerkung zu den Beckenvorschlägen: Die Pflanzen sollten zuerst eingesetzt werden; man sollte ihnen mehrere Wochen Zeit zum Anwachsen geben. Bei den genannten Fischen handelt es sich um Arten, die nicht besonders empfindlich sind. Man muß sie nicht alle gleichzeitig anschaffen, sollte jedoch darauf achten, daß man von klein bleibenden Fischen keine zu winzigen Jungtiere erwirbt, die möglicherweise von größeren als Nahrung angesehen werden könnten!
Bei den drei letztgenannten Becken handelt es sich um kontinentale Zusammenstellungen. Wer mag, kann die Arten auch mischen.

Gesellschaftsbecken für jugendliche Anfänger Beckengröße: 60 x 30 x 30 cm

Bodengrund (4 cm hoch): Aquarienkies 2–4 mm Körnung, gut gewaschen. Benötigt werden also 7–8 Liter (= Kilo). Soll eine Terrasse errichtet werden, steigert sich der Kiesanteil entsprechend.

Material für Aufbauten (= Unterstände für Fische): mehrere kalkfreie Steine, eine dekorative Wurzel von etwa ⅔ Länge des Beckens.

Pflanzen: 50 *Sagittaria subulata* (im Bund zu kaufen), 12 *Ludwigia repens*, 6 *Limnophila sessiliflora*, einige kleinere Stücke *Microsorium pteropus* (auf die Wurzel zu binden, wachsen mit Klammerwurzeln dort an), 4 *Cryptocoryne petchii*, 50 *Echinodorus tenellus* (als rasenbildende Vordergrundpflanze).

Fische: 20 *Paracheirodon axelrodi* (Rote Neon), 1–2 *Ancistrus dolichopterus* (Blauer Antennenwels), 1 Paar (!) *Apistogramma cacatuoides* (Kakadu-Zwergbuntbarsch), 4 *Corydoras hastatus* oder *C. pygmaeus* (Zwergpanzerwelse). Diese Besetzung, alle Arten in Südamerika beheimatet, sollte bis zu einer Wasserhärte bis etwa 12–14° dH gepflegt werden. Temperatur um 25° C.

Für härteres Wasser empfiehlt sich die folgende Besetzung: 3 Guppy-Weibchen und 4–5 Männchen, 2 *Poecilia velifera* (Segelkärpfling), 1–2 *Ancistrus dolichopterus* (Blauer Antennenwels), eventuell noch einige Korallenplatys *(Xiphophorus maculatus)*, damit rote Farbe ins Becken kommt.

Gesellschaftsbecken für erwachsene Anfänger Beckengröße: 100 x 40 x 40 cm

Bodengrund (6 cm hoch, Terrassenaufbau auf ⅖ der Bodenfläche im Hintergrund): Aquarienkies 3–5 mm Körnung, gut gewaschen. Benötigt werden für die Grundfläche rund 24 Liter (= Kilo), für die Terrasse zusätzlich rund 10 Liter.

Material für Aufbauten: Die Terrasse muß so angelegt werden, daß die Fische keine Möglichkeit haben, den Kies durch Rillen zwischen dem Aufbaumaterial auf die untere Etage zu befördern, sonst wird die Terrasse immer mehr absinken. Es empfiehlt sich ein Aufbau mit Platten (heller oder dunkler Schiefer), die an den Nahtstellen übereinander gestellt werden können. Der rückwärtige Aufbau kann in diesem Fall entweder ebenfalls mit solchen Plattenstücken oder auch mit anderem kalkfreiem Gestein (Lavalit, Loch- oder Grottengestein) durchgeführt werden. Ebenfalls kann man Wurzelstücke in den Aufbau einbeziehen.

Pflanzen: 10 *Ceratopteris thalictroides*, 20 *Rotala rotundifolia*, 20 *Lobelia cardinalis*, 5 *Cryptocoryne affinis*, 20 *Vallisneria spiralis* (Bund), 1–2 Einheiten *Vesicularia dubyana* (= Javamoos zur Befestigung auf Holz), 2 *Nymphaea lotus* (Solitär- oder Einzelpflanzen – benötigen, wenn ausgetrieben, Raum von etwa 12 x 12 cm).

Fische: 10–12 *Barbus tetrazona* (Sumatrabarbe), 10 *B. conchonius* (Prachtbarbe, ggf. Schleierform), 15 *Brachydanio rerio* (Zebrabärbling, ggf. Schleierform), 2 *Epalzeorhynchus kalopterus* (Schönflossenbarbe, putzt Algen), 1 *Labeo bicolor* (Feuerschwanz, mehrere Tiere haben ständig bissigen Streit!), 4–6 *Botia macracantha* (Prachtschmerle – niemals allein pflegen, lebt im Schwarm),

oder

40 *Paracheirodon innesi* oder *P. axelrodi* (einfacher oder Roter Neon), 20 *Petitella georgiae* (Rotkopfsalmler) oder die ähnlichen, aber etwas größer werdenden *Hemigrammus rhodostomus* (Rotmaulsalmler), 2–4 *Ancistrus dolichopterus* (Blauer Antennenwels – frißt Algen), 10 *Nematobrycon palmeri* (Kaisersalmler), 1 *Pterygoplichthys spec.* (oft nur wenige Tiere im Angebot; wird, wenn herangewachsen, oft über 20 cm groß und muß dann ausquartiert werden, Großflossen-Harnischwels), 10–12 Panzerwelse verschiedener Arten (*Corydoras* – leben nur im großen Pulk). Als Großfische können mehrere Skalare zugesetzt werden – aber erst, wenn kleinere Fische (Neon) herangewachsen, 10 *Carnegiella strigata* (marmorierter Beilbauch).

Großes Gesellschaftsbecken Afrika Beckengröße: 160 x 50 x 60 cm

Bodengrund: siehe Südamerika.

Pflanzen: 12 *Ceratopteris thalictroides* (Hornfarn), 8 *Crinum natans* (gewelltblättrige Hakenlilie – Knollengewächs), 40 *Vallisneria spiralis* (Sumpfschraube – bundweise), 20 *Ammannia senegalensis* (afrikanische Ammannie), 4–6 *Anubias lanceolata* (Westafrikanisches Speerblatt, bis 30 cm hoch, für den Hintergrund), 10 *Anubias nana* (Zwergspeerblatt).

Fische: 12–16 *Phenacogrammus interruptus* (Kongosalmler), 10 *Arnoldichthys spilopterus* (Rotaugensalmler), 10 *Nannaethiops unitaeniatus* (Einstreifensalmler), 3 Paare *Neolebis ansorgii* (grüner Neolebias, falls erhältlich), mehrere nicht zu kleine *Gnathonemus petersii* (Elefantenrüsselfisch, oder Verwandte), 4–6 *Notopterus afer* (afrikanischer Fähnchenmesserfisch), 2 *Ctenopoma acutirostre* (Leopard-Buschfisch, nur, wenn keine kleineren Fische im Becken sind), mehrere *Synodontis nigriventris* (rückenschwimmender Kongowels, es können auch andere Arten der Gattung sein, einige werden jedoch ziemlich groß!).

Großes Gesellschaftsbecken Südamerika Beckengröße: 160 x 50 x 60 cm

Bodengrund (8 cm hoch; Terrassenaufbau über volle Länge, etwa 20 cm Tiefe von Rückwand, mit rund 5 cm Höhenunterschied): Aquarienkies 3–5 mm Körnung, gut gewaschen. Benötigt werden für die Grundfläche 64 Liter (= Kilo), für die Terrasse zusätzlich 16 Liter; ein Teil dieser Gesamtmenge kann in Form von nährstoffreichem Bodengrund bei- oder untergegeben werden (Anweisung auf der Packung beachten). Solche Zusätze bietet der aquaristische Handel an.

Pflanzen: 8 *Echinodorus bleheri* (Große Amazonas-Schwertpflanze), 3 *E. cordifolius* (Herzblättrige Amazonas), 10–15 *E. latifolius* (Zwergamazonas – jedoch nicht direkt als Vordergrundpflanze einsetzen!), 100 *E. tenellus* (rasenbildende Echinodorus), 20 *Ludwigia palustris* (Ludwigie), 20 *Myriophyllum matogrossense* (oder *M. brasiliense*). Zur Begrünung von Holz oder rauhen Steinen kann Javamoos *(Vesicularia dubyana)* eingesetzt werden. Als kleine Kontrastpflanzen lassen sich auch gut die runden Blätter des Brasilianischen Wassernabels *(Hydrocotyle leucocephala)* gegen dunklen Hintergrund (Holz) setzen.

Fische: 100 Rote Neon *(Paracheirodon axelrodi)*, 15 *Moenkhausia pittieri* (Brillantsalmler), 15 *M. sanctaefilomenae* (Rotaugen-Moenkhausia), 20 *Hyphessobrycon flammeus* (Roter von Rio), 6 *Papiliochromis ramirezi* (Schmetterlingsbuntbarsch), 2 Paare *Aequidens curviceps* oder *A. dorsiger* (Tüpfel- oder Halbbinden-Rotbrustbuntbarsch), 6 *Pterophyllum altum* (Hoher Segelflosser), 4 *Peckoltia pulcher*, 2 *Panaque nigrolineatus* oder *P. spec.*, 4 *Ancistrus dolichopterus* (alles Harnischwelse), 20–30 *Corydoras* verschiedener Arten (kleine tagaktive Panzerwelse, die sich nur in Gruppen wohlfühlen), 20 *Carnegiella strigata* (Beilbauchfische für Oberfläche).

Großes Gesellschaftsbecken Asien Beckengröße: 160 x 50 x 60 cm

Bodengrund: siehe Südamerika.

Pflanzen: 12 *Ceratopteris thalictroides* (Hornfarn), 8 *Crinum thaianum* (thailändische Hakenlilie), 6 *Cryptocoryne affinis*, (Haertels Wasserkelch), 6 *C. ciliata* (bewimperter Wasserkelch), 12 *C. petchii* (gewellter Wasserkelch), 20 *Hygrophila corymbosa* oder *H. angustifolia* (Riesen- bzw. schmalblättriger Wasserfreund, wie erhältlich), 8–10 *H. difformis* (auch bekannt unter dem Synonym *Synnema triflorum* – indischer Wasserwedel), 15 *Limnophila aquatica* oder *L. indica* (Riesen- oder indischer Sumpffreund), zur Dekoration auf Wurzelholz, einige *Microsorium pteropus* (Javafarn) oder/und einige Portionen *Vesicularia dubyana* (Javamoos). Als farbiger Hintergrundblickfang: 10–15 *Rotala macrandra* (dichtblättrige oder rote Rotala); als Einzelstücke *Nymphaea lotus* (rote oder grüne Tigerlotus, ein Knollengewächs, das pro Pflanze mindestens 12 x 12 cm Bodenfläche benötigt).

Fische: 6 *Balantiocheilus melanopterus* (Haibarbe, nur begrenzte Zeit für Aquarium geeignet, wird bis 25 cm lang), 10 *Barbus nigrofasciatus* (Purpurkopfbarbe), 10 *B. everetti* (Everetts Barbe), 20 *B. tetrazona* (Sumatrabarbe), 10 *B. ticto* (Zuchtform: Rubinbarbe), 15 *Danio aequipinnatus*, Synonym: *D. malabaricus*, (Malabarbärbling), 30 *Rasbora heteromorpha* (Keilfleckrasbora), 20 *R. pauciperforata* (Rotstreifenbärbling), 6 *Epalzeorhynchus kalopterus* (Schönflossenbarbe, ein Algenfresser), 3 *Gyrinocheilus aymonieri* (Siamesische Saugschmerle, Algenputzer), 6 *Botia macracantha* (Prachtschmerlen), 10 *Botia sidthimunki* (Schachbrettschmerle), 6 *Trichogaster leerii* (Mosaikfadenfisch).

DAS AUSPACKEN UND EINGEWÖHNEN NEUER FISCHE

Bevor viele Importfische bei uns ankommen, haben sie eine lange Reise hinter sich. Hier werden die Boxen mit einem Kleinflugzeug zum Düsenflughafen gebracht. Auspacken und Eingewöhnen ist später ein Prozeß, der langsam und sorgfältig durchgeführt werden muß.

An dieser Stelle sei noch einmal darauf hingewiesen, daß man vor dem Kauf der Fische einige Dinge bedenken sollte, um hinterher nicht unliebsame Überraschungen zu erleben. Die wichtigsten Fragen, die man vorher klären sollte, sind:
Haben alle Fische ähnliche Wasseransprüche?
Stimmt der pH-Wert?
Sind keine Räuber im Becken, die sich an kleineren, neuen Fischen vergreifen können? Es gibt deren viele Arten, von denen man es nicht unbedingt vermutet!
Mittlere und größere Becken soll man mit Fischen besetzen, die in verschiedenen Wasserschichten leben, also: Welse, Schmerlen und ähnliche Arten für den Boden, Beilbauchfische, Schmetterlingsfische, Hechtlinge und andere für die Oberfläche. (Es gibt auch Arten, darunter viele Buntbarsche, die fast alle drei Zonen mit Beschlag belegen.)
Hat der Händler oder sein Gehilfe nun die neuen Fische aus dem Bekken gefangen und zum Transport in einem Plastikbeutel untergebracht, darf man, ob im Sommer oder Winter, keinesfalls stundenlang mit den neuen Pfleglingen spazierengehen oder die Beutel ohne Temperaturbox im Auto lassen. Der schnellste Weg schnurstracks nach Hause ist der beste! Plastikbeutel sind stets ein nur vorübergehender Behelf, und die Luft für die Fische reicht nur begrenzte Zeit.
Fast noch wichtiger: Weder zuviel Wärme noch zuviel Kälte tun tropischen Fischen gut. Daher der Hinweis auf den schnellsten Heimweg. Transportiert man Fische während der kalten Jahreszeit, ist die Gefahr einer Unterkühlung besonders groß. Mehrere Lagen Zeitungspapier reichen für den Notfall, doch ist das keine Lösung für einen längeren Weg durch die Kälte! Hier sollte man eine Styroporverpackung wählen. Wird das Beutelwasser zu kalt, bekommen die Fische schnell eine Schwimmblasenentzündung, was man an unnormaler Schwimmhaltung erkennen kann.
Zu Hause angekommen, müssen die Neuerwerbungen zuerst vorsichtig ihrem neuen Lebensraum angepaßt werden. Zuerst legt man dazu den Transportbeutel zur Temperaturanpassung flach auf die Wasseroberfläche des künftigen Aquariums – etwa 15–20 Minuten lang.
Darauf wird der Verschluß geöffnet, der Beutel in einen Behälter gesetzt (damit er nicht umfällt) und das Transportwasser in kleinen Schüben (!) mit Wasser aus dem Becken ergänzt). Man kann diese Ergänzung auch in einem anderen Behälter vornehmen, indem man zuerst die Fische mitsamt dem Transportwassr vorsichtig dort hineingießt.
Ein Wort noch zum Behälter: Er muß absolut sauber sein! Rückstände von Putz- oder Spülmitteln können die Fische töten oder zumindest schädigen. Es ist daher am sichersten, wenn sich der Fischpfleger einen „eigenen" Eimer für solche und ähnliche Fälle anschafft.
Ist eine Anpassung an das neue Wasser erfolgt, kann man die Fische umsetzen. Dazu fängt man sie am besten (je nach Größe) mit der bloßen Hand oder einem Kescher aus dem Eimer oder Transportbeutel und kann sie dann in das Aquarium setzen. Das Wasser aus Eimer oder Beutel wird anschließend weggegossen. Transportwässer können Medikamente enthalten. Also: Kein Risiko eingehen!
Neu eingesetzte Fische muß man über mehrere Tage genau beobachten. Es gibt eine Reihe von Möglichkeiten, wie Neuankömmlinge ihrem Pfleger Sorge bereiten können. Das fängt bei Erkrankungen an und hört mit Unverträglichkeiten auf.
Für neue und alte Becken gilt daher der Einrichtungsvorschlag: Je mehr Höhlen und Unterstände, desto besser klappt die Eingewöhnung. Viele Fische brauchen Verstecke, und die sollen sie haben.
Nur wer gut beobachtet und nicht sogleich in Panik ausbricht, kann sich selbst zurückhalten, nicht gleich Medikamente gegen dieses oder jenes ins Wasser zu kippen.

ZIERFISCHFUTTER

Grundsätzlich sollte man den Fischen immer nur soviel Futter anbieten, wie sie in wenigen Minuten verzehren können. Da auch im freien Leben der Tiere Zeiten der Futterknappheit auftreten können, schadet es nicht, wenn die Tiere einmal mehrere Tage lang nicht gefüttert werden oder nur in bestimmten Abständen, alle zwei Tage etwa. Das setzt natürlich voraus, daß es sich um erwachsene und gutgenährte Fische handelt.

Lebend- und Frischfutter

Kräftiges Lebendfutter

Für Buntbarsche, große Salmler und andere sind Jungfische, Kaulquappen, glatte Raupen, Wasserinsekten und deren Larven, Asseln, Regenwürmer, Mehlwürmer, Schnecken, Obst- und Fliegenmaden, Fliegen und andere Luftinsekten als Lebendfutter geeignet.

Mittleres Lebendfutter

Mittleres Lebendfutter besteht aus Mückenlarven, Tubifex (Bachröhrenwürmer), Enchyträen (Erdwürmer), zerhackten oder kleinen Regenwürmern, Wasserflöhen, kleinen Fliegen und Maden, Blattläusen.

Kleines Lebendfutter

Unter kleinem Lebendfutter versteht man Wasserflöhe und Cyclops, kleine Mückenlarven, kleine Tubifex (meist „rote" Ware), Grindalwürmchen, Mikro, Taufliegen, Nauplien des Salinenkrebses sowie größere Futtersorten, die zerhackt oder zerquetscht wurden.
Wenn einmal kein Lebendfutter aufzutreiben ist, können Schabefleisch, gehackte Muscheln oder Schnecken verabreicht werden. Selbst Fische, die als gelegentlich heikle Fresser gelten (wie die verschiedenen Diskus-Arten), nehmen gern und ausdauernd das sogenannte Schabefleisch, wenn es richtig zubereitet wurde.

Geschabtes Fleisch oder Herz

Als Fischfutter eignet sich in erster Linie Muskelfleisch von Warmblütern. In den meisten Fällen verwendet man Rinderherz, von dem man ein größeres Stück kauft und säubert. Nur das magere, dunkelrote Fleisch darf verwendet werden. Es wird in etwa 2 x 2 cm große Würfel geschnitten und tiefgefroren. Das hat seinen besonderen Grund: Das sehr hart gefrorene Fleischstück läßt sich wesentlich besser schaben als ein ungefrorener, roher Brocken. Zweckmäßigerweise verwendet man zum Schaben eine kleine Mandelmühle mit röhrenförmigen Einsätzen, deren Ausbuchtungen höchstens der Dicke eines Streichholzes entsprechen sollten. Dabei werden die späteren Schabestücke etwa die Form eines Bachröhrenwürmchens (Tubifex) haben und ebensogut verspeist werden. Diese Art der Fütterung hat auf Dauer leider den Nachteil, daß sehr feine Schabestücke sich zwischen dem Aquarienkies im Bodengrund festsetzen und eine Beute der Schnecken werden. Diesen gefällt das gute Leben so prächtig, daß sie sich „zum Dank" stark vermehren.

Vegetarische Kost

Viele Arten benötigen als Zusatzkost unbedingt vegetarische Nahrung. Man reicht ihnen solche pflanzliche Zukost mit gut abgewaschenen Salatblättern, überbrühtem Spinat, weichen Blättern vom Laichkraut sowie zerteilten und aufgeweichten Haferflocken.

Trockenfutter

Zu Trockenfutter zählt nicht nur das Futter, was man im zoologischen Fachhandel in kleinen Dosen erwerben kann, sondern auch Haferflokken, hartgekochter Eidotter und Trockenhefe.
Trockenfutter in Staub-, Flocken- oder Tablettenform verfüttert man am zweckmäßigsten im Futterring. Wer besonders sparsam füttern will, kann dieses Futter mit zwei Fingern kurz „ins Becken rühren". Die Fische wittern ohnehin den Leckerbissen und schießen bald aus ihren Verstekken hervor. Die meisten Raubfische rühren das Futter nicht an, weil sie größere Brocken gewohnt sind. Viele Cichliden aber gehen sehr gern an Trockenfutter – natürlich darf es nicht das einzige Futterangebot bleiben!

Völlig ungeeignet zur Verfütterung sind Brot-, Semmel- und Kuchenkrümel, Mehlspeisen, Oblaten, getrocknete Ameisenpuppen und gekochte Kartoffeln, weil sie schwere Darmstörungen bei den Fischen hervorrufen und auch zum Teil das Aquarienwasser trüben und verpesten.

Aufzuchtfutter (Kleinstfutter)

Kleinstfutter wird zur Aufzucht der Fischbrut nur in den ersten Lebenstagen der Jungen benötigt. Dazu eignen sich Infusorien (vor allem Räder- und Pantoffeltierchen), kleine Algen, zerquetschte Futtertiere und Staubfutter. Unter Staubfutter versteht man fein zerriebenes Trockenfutter, wie man es inzwischen ja auch kaufen kann. Natürlich kann man auch aus zerhacktem Futter jeglicher Art einen Futterbrei anrühren. Doch muß man dieses Futter, um Unsauberkeiten im Zuchtbecken zu vermeiden, durch ein etwas groberes Leinentuch drücken.
Für Jungfische eignen sich außerdem die wohl am häufigsten zu diesem Zweck verfütterten Larven der

Futtertabletten werden hauptsächlich in den beiden abgebildeten Formen von wenigen Herstellern angeboten.

Flockenfutter kann aus in- und ausländischer Produktion stammen: Beobachten Sie Ihre Fische – sie lassen erkennen, was ihnen schmeckt!

der Larven lebenswichtige Phytoplankton enthalten. Zusätzlich kann deshalb normales Kochsalz (Salinensalz) verwendet werden, weil es sich dabei ja um das gelöste Material der Salinen handelt, in denen die Krebse sonst leben. Man nimmt einen gestrichenen Teelöffel Salz auf ½ Liter Wasser. Sind die Larven geschlüpft, muß das Wasser, in dem sie heranwachsen sollen, die dreifache Konzentration des Aufzuchtwassers bekommen. Daher müssen die Larven sofort nach dem Schlüpfen umgesetzt und gefüttert werden. Es empfiehlt sich, nur kleine Behälter zu verwenden, bei denen der Wasserstand höchstens 8–10 cm beträgt. So können die Baby-Krebse das Futter aufnehmen, ohne viel umherschwimmen zu müssen. Artemien sind sogenannte Filtrierer, d. h. sie sortieren aus dem Wasser die schwebende Nahrung aus. Bei der Aufzucht in Kleinstbehältern von 50–100 ccm wird ungefähr eine Messerspitze voll Mikrozell ins Wasser gegeben und umgerührt, bis eine leichte Trübung entsteht. Wirkt das Wasser wieder einigermaßen klar, muß nachgefüttert werden. Auch hier gilt wie bei unseren Fischen der Grundsatz: Lieber öfter in kleinen Mengen füttern als einmal zu viel.

Salinenkrebse *(Artemia salina)*. Man kann diese Larven in Wasserflaschen, aus gekauften Eiern und mit Zusatz von Kochsalz (!) heranziehen. Mit Hilfe einer Membranluftpumpe werden die Eier durch die ausströmende Luft ständig in Bewegung gehalten und sind dabei allseits vom Wasser umgeben. Je nach Wärmegrad des Wassers schlüpfen sie nach 24 bis 36 Stunden aus. Seitdem das Aufzuchtfutter „Mikrozell" (Dohse) entwickelt wurde, ist es auch möglich, aus Larven größere Krebse heranzuziehen. *Artemia salina* lebt in der Natur in Wasser, das eine Vielzahl von Salzen, anderen Mineralien und Spurenelementen in spezifischer Zusammensetzung enthält. Die Krebse ernähren sich überwiegend von Phytoplankton. In dem Mikrozell-Aufzuchtfutter ist das für die Ernährung

Das Wasser in Teilen der San Francisco Bay ist rot gefärbt von abgegebenen Artemia-Eiern.

Die Abbildungen zeigen das Anzucht- und Aufzuchtverfahren mit dem „Hobby-Artemium“ (Dohse), einem Incubator und einem Separator:

1) Die Geräte des Artemiums, 2) Aufzucht der Larven aus den Eiern, 3) Das Ausspülen der Larven in das Aufzuchtbecken, 4) Einspülen des Spezialfutters „Mikrozell“, 5) Entnahme ausgewachsener Krebse zur Verfütterung.

Auch Infusorien gehören zur kleinsten Art des Lebendfutters, das als Erstfutter für die Fischbrut in Frage kommt. Für die ersten Lebenstage ist die Fischbrut von der Natur mit einem Dottersack versehen. In ihm befindet sich eine Nahrungsreserve. Die Fischlarven können jedoch mit diesem Anhängsel nur recht mühsam schwimmen. Erst nach 2–3 Tagen, wenn der Dottersack aufgezehrt ist, schwimmen die Fische frei. Sie benötigen dann aber sofort kleinstes und reichliches Futter. Die Fischkinder sollen gleichsam im Futter schwimmen, damit sie nur zuzuschnappen brauchen. Aus diesem Grund hält man den Wasserstand in den meisten Zuchtbecken während dieser Zeit noch ausgesprochen niedrig. Infusorien im Zuchtbecken aufzuziehen, empfiehlt sich nicht, vielmehr sollte man eine oder mehrere Zuchten in Halblitergefäßen anlegen. Pantoffeltierchen erhält man, indem man über ausgedroschene Roggenähren sowie auf Kohlrabi- oder Rübenschnitzel Regen- oder Tümpelwasser gießt und dieses Gemisch an hellem Standort stehenläßt. Nach zwei bis drei Tagen entwickeln sich so viele Infusorien, daß zum Licht hin rosafarbene Wolken erscheinen. Das Wasser kann nun mit einem Löffel oder einer Pipette tropfenweise ins Zuchtbecken abgegeben werden. Man darf immer nur kleine Gaben reichen, da die Tierchen in wärmerem Wasser bald absterben. Trotzdem soll man laufend füttern. Algen soll man nicht aus dem Infusorien-Zuchtgefäß übertragen.
Wem das alles zu kompliziert ist, dem bietet der Handel auch Infusorien-Ansätze in Pulverform an.

Tiefgekühltes Futter

Gefriergetrocknetes Futter

Gefriergetrocknetes Zierfischfutter gibt es seit den sechziger Jahren, doch setzt es sich in der Aquaristik nur zögernd durch. Man ist inzwischen dazu übergegangen, fast alle Arten von Lebendfutter auf diese Art zu konservieren. Die meisten Fische fressen dieses Futter ausgesprochen gern; das ist kein Wunder, da ja bei seiner Zubereitung nur die besten Rohstoffe wie Garnelen, Salinenkrebse und Daphnien, Tubifex und Mückenlarven verwendet werden. Es hat jedoch den Nachteil, ungewässert an der Wasseroberfläche zu schwimmen, die von vielen Fischen gemieden wird.
Was versteht man unter gefriergetrockneter Nahrung? Um diesen Herstellungsprozeß zu verstehen, muß man sich den Gang der Dehydration (Entzug des Wassers) vor Augen führen. Denken wir nur daran, wie im Winter die Wäsche trocken wird, obgleich die unter freiem Himmel hängenden Textilien gefroren sind. Sie tauen dabei nicht auf! Dieser Wechsel von Eis zu Dampf, ohne die Flüssigkeitsphase zu durchlaufen, wird Sublimation genannt. Das ist auch die Grundlage der Gefriertrocknung. Es entsteht dabei keine Hitze, die den Geschmack und Wert der Nahrung beeinflussen könnte; es gibt keine heiße Flüssigkeit, die die Struktur beschädigen würde. Das Eis geht in Dampf über, der weggeblasen wird. Zurück bleibt eine leichte, poröse Masse. Nur das Wasser wurde entfernt – sonst nichts. Solche Bearbeitung ist kostspielig, und unsere tiefgefrorene Zierfischnahrung ist als Nebenprodukt der Weltraumforschung entstanden.

ⓐ

ⓑ

ⓒ

ⓓ

Herstellung gefriergetrockneten Futters in Taiwan:
a) Die ausgewaschenen Futtertiere werden begutachtet.
b) Nach dem Reinigen im Werk sind sie fertig für die Produktion.
c) Sie werden schockgefrostet und dehydriert.
d) Nach dem Einwiegen werden sie vacuumverpackt.

Tiefkühlfutter

Tiefkühlkost wird inzwischen auch für Zierfische angeboten. Wer will, kann praktisch alle Futterarten tiefgekühlt kaufen. Da bei dieser Art der Futterkonservierung und des Vertriebes stets elektrische Energie im Spiel ist, kostet Tiefkühlfutter mehr, als die meisten anderen vergleichbaren Futterarten für Zierfische. Man muß aber dabei berücksichtigen, daß dieses Futter auch von Arten genommen wird, die sonst ausschließlich Lebendfutter nehmen. Da praktisch in jeder Wohnung ein Tiefkühlschrank zu finden ist, kann man dieses Futter als wertvolle Bereicherung der sonst vielleicht doch etwas zu einseitigen Speisekarte für die Fische ansehen. Mückenlarven (rot und schwarz) und ausgewachsene Artemien (dann meist als „Shrimps" bezeichnet) gehören nebst Krill zu den am meisten verkauften Sorten. Für größere (10–14 cm) Buntbarsche wären Bachflohkrebse ein ideales Futter, doch wird einem leider bei Preisvergleichen auffallen, daß diese Art der Fütterung sehr teuer wird. Große Buntbarsche (ab 16 cm) lassen sich auch an die Aufnahme von Garnelen aus dem Meer gewöhnen. Anfangs scheint ihnen die salzhaltigere Kost mit dem härteren Panzer nicht zu munden – Gewöhnungssache. Farbvergleiche, zum Beispiel von Fischen mit roten Farbanteilen wie *Cichlasoma synspilum*, haben gezeigt, daß Tiere, die häufig mit Garnelen gefüttert werden, eine wesentlich kräftigere und auffälligere Färbung zeigen als Tiere ohne diese Futtergaben.

Salinenkrebse aus Kalifornien (hier vom Mono Lake):

a) Die Ufer des Sees lassen an den oft bizarren Ablagerungen den hohen Salzgehalt erkennen.

b) Die „Ernte" wird aus Netzen in Eimer für den Transport umgefüllt: Eine glitschige Arbeit!

c) Blick auf die gereinigten Futtertiere vor der Weiterverarbeitung (Eintüten und Schockfrosten).

Wußten Sie, daß es Farmen zur Gewinnung Roter Mückenlarven gibt?

a) Besonders angelegte Teiche werden bereitgestellt und darin die Larven aus dem Boden gewaschen.

b) Ein Blick ins Netz zeigt die vorgereinigten Larven, die nun weiterverarbeitet werden können.

Vitamine

Die Fischfutterindustrie ist bemüht, gehalt- und geschmackvolle Nahrung für unsere Fische zusammenzustellen. Dazu gehört natürlich auch die Beigabe von Vitaminen. Bei vielen Vitaminen handelt es sich jedoch um flüchtige Stoffe, die ein längeres „Herumstehen" nicht vertragen.

Wer einmal Fische in ihrem natürlichen Lebensraum beobachten konnte, hat sicher festgestellt, daß sich die Tiere nicht, wie oft im Aquarium zu beobachten, den Bauch in kürzester Zeit vollschlagen, als hätten sie nur eine zehnminütige Mittagspause. In ihrem Lebensraum streifen sie umher, nippen mal hier und mal dort, probieren zuerst einmal und spukken auch wieder aus, was ihnen nicht schmeckt. Die Vielfalt der Nahrung garantiert in der Natur ein ausreichendes Angebot an Mineralstoffen, Vitaminen und Spurenelementen. Dieses Angebot auch mit dem normalen, fabrikmäßig abgepackten Futter zu bieten, ist aus Gründen der Haltbarkeit der Stoffe zuweilen problematisch, weshalb die Firmen zunehmend Spurenelemente und Vitaminpräparate in separater Verpakkung anbieten. Wie bei vielen Zusätzen muß sich der Aquarianer jedoch auch hier vor Überdosierungen hüten, denn viel ist nicht besser als weniger: Das Verdauungssystem und der Stoffwechsel der Fische sind nur begrenzt belastbar. Es schadet deshalb nie (!), die Gebrauchsanweisung des Herstellers gründlich durchzulesen, was von vielen Käufern (Hand aufs Herz!) leider unterlassen wird.

Vitamine sind auch für Fische unbedingt notwendig, da sonst „Avitaminosen" – Krankheiten, die als Folge ungenügender Vitaminversorgung entstehen – auftreten können.

Was sind nun Vitamine? Der Name stellt eine Wortkombination aus „Vita" (= Leben) und „Amin" (= auf die chemische Verbindung hinweisend) dar. Vitamine sind lebensnotwendige Substanzen organischen Ursprungs, die vom tierischen Körper nicht synthetisiert (das heißt selbst hergestellt) werden können und daher mit der Nahrung zugeführt werden müssen.

Man unterscheidet zwischen den fettlöslichen Vitaminen (A, D, E, K, F, P) und den wasserlöslichen (B-Gruppe, Niazin und andere, C, H). Ernährungswissenschaftler der Nutzfischerei haben für Nutzfische Untersuchungen angestellt, deren Ergebnisse durchaus auch für Zierfische brauchbar sind. In diesem Zusammenhang hat Prof. Dr. Hans Mann eine Tabelle aufgestellt, die darüber Aufschluß gibt, welche Vitamine welche Aufgaben im Stoffwechsel von Fischen haben und welche Krankheitserscheinungen beim Fehlen dieser Vitamine festgestellt wurden:

Vitamine und Ergänzungsstoffe	Aufgabe	Mangelerscheinungen
A	Befruchtung der Eier, Wachstum	Geringe Befruchtungsrate
D	Knochenbildung	Rachitische Knochenmißbildung
B_1	Kohlenhydratstoffwechsel	Krämpfe, beschleunigte Atmung, Gleichgewichtsstörungen
B_2	Stoffwechselregulierung, Wachstum	Abmagerung, Nervenstörung, Blutungen in inneren Organen
B_6	Um- und Aufbau von Eiweiß	Übererregbarkeit, Freßunlust, Nervenstörungen, Hautdefekte
Niazin	Kohlenhydratstoffwechsel, Blutbildung	Freßunlust, hohe Sterblichkeit, Hautrötungen
Pantothensäure	Wachstum	Verschleimung der Kiemen, Atemnot, Kiemendeckelschäden, fleckige Haut, schlechtes Wachstum
B_{12}	Blutbildung	unbekannt
Inosit	Kohlenhydrat- und Fettstoffwechsel	Leberverfettung, Freßunlust, Hautschäden

Vitamingaben führt man am besten mit solchen Präparaten durch, die keinerlei Beimischungen aufweisen. Sie müssen entweder in destilliertem Wasser gelöst werden oder sind es bereits. Präparate dieser Art gehören nach unserem Pharma-Recht zu den Medikamenten und dürfen daher nur in Apotheken verkauft werden. Multivitaminpräparate, wie sie der zoologische Fachhandel anbietet, haben weitaus geringere Konzentrationen und fallen daher nicht unter diese Gesetze.

Vitamingaben erfolgen im aquaristischen Bereich gewöhnlich über das Futter. Am ehesten eignen sich lebende Futtertiere, wie Rote Mückenlarven und andere, die man vor der Verfütterung mit dem Präparat überträufelt, so daß die Flüssigkeit sich am Körper festsetzen kann. Hat das Präparat eine ölhaltige oder zuckerige Lösung, so darf man nur sehr wenig davon über die Futtertiere geben, weil man diese andernfalls erstickt.

Für das Verabreichen von Vitaminpräparaten in Verbindung mit totem Futter gelten grundsätzlich ebenfalls die Methoden der Überträufelung oder des Untermischens. Man sollte die Fische am Tage vorher nicht füttern. Je gieriger sie die überträufelte Nahrung verschlingen, um so mehr Vitaminanteile gelangen in ihren Magen und werden somit dem Körper zugeführt. Liegt das vitaminisierte Futter dagegen mehrere Minuten im Becken, muß man damit rechnen, daß sich das Präparat ablöst.

Oft ist die Gabe derart präparierten Futters insofern nicht einfach, als schnellere Schwimmer und robustere Fische den übrigen Beckeninsassen die besten Bissen vor der Nase wegschnappen. Da gibt es nur die eine Lösung: Man muß die Fische der einen oder anderen Gruppe isoliert pflegen.

Man liest gelegentlich aquaristische Artikel, in denen davon gesprochen wird, Vitaminpräparate ins Aquarienwasser zu geben. Diese Methode ist nicht effektiv, nicht wirksam genug! Die Stoffe werden zu stark verdünnt; zudem sind die Fische nicht in der Lage, diese Stoffe in vollem Maße aufzunehmen, da sie das Wasser ja nicht filtrieren.

Lebende Daphnien (= Wasserflöhe) erbeutet der Aquarianer am besten selbst:

a) Mit einem sehr feinen Netz kann man die Krebschen am ehesten in Teichen fangen, auf denen Enten schwimmen.

b) In mitgebrachten Eimern werden die Wasserflöhe vom Kescherschmutz getrennt.

Schwarze Mückenlarven fängt man häufig nahe der Uferbewachsung. Versuche beweisen das Vorkommen:
a) Das Netz wird halb unter und halb über dem Wasserspiegel entlanggezogen.

b) Eine anschließende Prüfung belegt, ob man erfolgreich war oder den Fangplatz wechseln sollte.

FÜTTERUNGS-ZEITEN

Es wurde bereits bei einem anderen Thema („Licht") erwähnt, daß man seine schwimmenden Pfleglinge an bestimmte Abläufe gewöhnen kann, so daß ihnen ihre „innere Uhr" auch ziemlich genau anzeigt, wann es Fütterungszeit ist.
Ob sich die Fische an bestimmte Fütterungszeiten gewöhnen, hängt aber in erster Linie von den zeitlichen Möglichkeiten des Pflegers ab. In jedem Fall aber ist es zweckmäßig, stets zur gleichen Zeit und an derselben Stelle im Becken zu füttern. Meist genügt eine morgendliche oder abendliche Fütterung. Ratsamer ist die Morgen-Mahlzeit, weil die Tiere das Futter tagsüber besser verwerten können. Wer Jungfische pflegt, sollte die Zeit erübrigen, sie mehrere Male am Tag mit kleineren Futtermengen zu versorgen. Auch Zuchttiere sind vor und nach dem Ablaichen reichlicher zu füttern.

Futterautomaten

Futterautomaten sind in vielen Fällen eine große Hilfe, wenn es darum geht, bei Abwesenheit zur gewohnten Zeit zu füttern. Viele Hersteller bieten solche Geräte zu unterschiedlichen Preisen und mit unterschiedlichen Leistungen an. Es gibt kleinere Geräte, bei deren Handhabung man „eine Brille aufsetzen muß" und solche (sie kosten dann etliches mehr), die man „mit links" bedienen kann. Man muß daher beim Kauf solcher Futterautomaten überlegen, welche Hilfen man von ihnen erwartet. Sind beispielsweise Jungfische im Aufzuchtbecken, die im Abstand von jeweils einigen Stunden gefüttert werden sollten, so muß der Automat zu einer so häufigen Futterabgabe in der Lage sein. Was soll gefüttert werden? Nur Flockenfutter? Futtertabletten? Sollen mit dem Futter auch Medikamente ins Wasser gegeben werden? Hat man einen Netzanschluß frei oder sollte es ein Batteriegerät sein? Über welchen Maximalzeitraum sollte sich die Uhr einstellen lassen?
Ein Futterautomat besteht aus einer Schaltuhr, die den Apparat mit der Futtergabe-Mechanik in Gang hält. Die eine Technik ist manchmal nur ausgeklügelter als die andere. Da die meisten Automaten netzabhängig sind und wassernah eingesetzt werden, müssen sie das VDE-Zeichen tragen, mit dem gewährleistet ist, daß der stromführende Teil wasserdicht abgeschlossen ist. Gute Futterautomaten können auch ein oder zwei weitere Schaltungen übernehmen – etwa die der Abdeckleuchte. Eines der angebotenen Geräte verfügt über eine automatische Stopeinrichtung für Filterluft- oder Filterpumpe während der Futtergabe. Eine Weile nach der Futtergabe werden dann die Luft- oder Filterpumpen wieder eingeschaltet (Steward 85). Eheim bietet ein netzunabhängiges Gerät mit Batteriebetrieb. Da die Geräte in feuchter Luft über dem Aquarium stehen, sollten sie eine Wärmevorrichtung haben, damit das Futter nicht feucht wird. Rondomatic (Grässlin) bietet ein flaches Aufsatzgerät für 28 Tage mit ebenso vielen, kleinen Futterschalen, die auch für kurzfristigeren Einsatz flüssiger Stoffe geeignet sind.

Futterautomat „Rondomatic", der mit Netzanschluß versehen ist und für Dosierungen verschiedener Art verwendet werden kann.

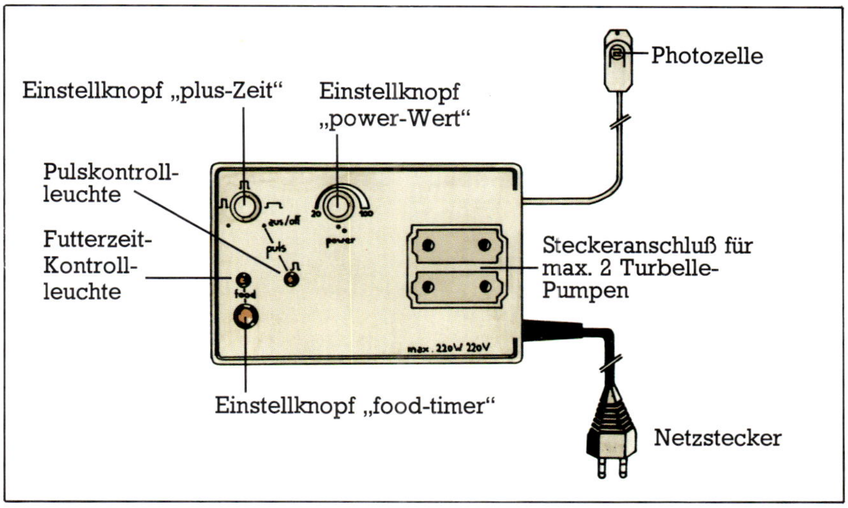

Wie bereits an anderer Stelle erwähnt, hat der Tunze Powertimer (= Leistungsregler) in der Aquaristik verschiedene Funktionen: Neben der Erzeugung biologisch wirksamer Druckwellen (über Pumpe) und einer separaten Nachtabsenkung der Pumpen, ist das Gerät mit einer Futterzeitautomatik versehen: Ein Knopfdruck und die Filterpumpe unterbricht für einen bestimmten Zeitraum ihre Arbeit – Futterteile können jetzt nicht angesaugt werden.

DIE VERSORGUNG DER FISCHE WÄHREND DES URLAUBS

Über den Einsatz von Schaltuhren konnten Sie sich bereits im vorangegangenen Abschnitt informieren. Nun bringt aber eine längere Abwesenheit weitere mögliche Probleme mit sich, die sich aber heute durch neue Techniken in vielen Fällen schnell lösen lassen. Neben der Fütterung ist das Wassernachfüllen der wichtigste Punkt, der manchen Aquarianern Sorgen bereitet. Ein absinkender Wasserspiegel (durch Verdunstung) macht erstens das Wasser „dicker", das heißt, die darin gelösten Salze verdichten sich. Dadurch wird ihr Anteil im Verhältnis zum Wasser größer, und die bekannten und gewünschten Wasserwerte kommen in Bewegung – zum Nachteil von Fischen und Pflanzen. Hat man einen Nachbarn, dem man den Wohnungsschlüssel anvertrauen kann, der außerdem noch ein Gefühl für eine richtige Fütterung und den passenden Wasserstand hat, kann man aufatmen. Einfacher ist es, wenn alles automatisiert ist und der Nachbar oder ein naher Verwandter lediglich eine Kontrollfunktion ausüben muß.
Das Nachfüllen des Aquarienwassers ist auch lösbar: Tunze brachte im Rahmen seines Systemfilters einen „Osmolator" auf den Markt, der mit einem unterschiedlich großen Nachfüllbehälter ausgerüstet werden kann. Das Gerät hält den Wasserstand völlig gleich! Das Nachfüllwasser kann vorher auf bestimmte Werte eingestellt und nötigenfalls mit medizinischen oder Düngepräparaten versehen werden (siehe auch „Systemfilteranlagen").
Kommen wir zur letzten Möglichkeit. Es ist nicht sonderlich schlimm, wenn er seine Tiere 1–2 Wochen lang nicht füttert – er muß sie allerdings vor dieser Zeit gut im Futter gehalten haben. Ebenfalls sollten vorher keine neuen Fische zugesetzt werden (sie könnten eine Krankheit eingeschleppt haben, die sich gerade während der Abwesenheit des Pflegers übel auswirkt). Zudem muß die Aquarien-Anlage über eine elektrische Schaltuhr verfügen, damit die Fische ihren geregelten Ablauf zwischen Tag und Nacht beibehalten.
In jedem Aquarium bilden sich, meist übersehen, mit der Zeit kleine Algen, die an Pflanzen und Scheiben haften. Bei Futterknappheit entdecken viele Fische diese vegetarische Kost, die ja überaus nahrhaft ist und auch die Tiere nicht zu dick werden läßt. Wer über einen Futterautomaten verfügt, sollte versuchen, ihn auch mit gefriergetrocknetem Futter zu bestücken. Dieses Futter enthält alle Nährstoffe und ist deshalb mit am geeignetsten für alle Fische. Für manche Automaten-Konstruktionen ist es möglicherweise zu leichtgewichtig, so daß es nicht aus dem Behälter rutscht. Außerdem treibt es im Aquarium nach oben, solange es noch trocken ist. Fische, die dieses Futter kennen, „pflücken" es aber schon von der Wasseroberfläche – so gierig sind sie danach.

DIE KRANKHEITEN DER FISCHE

Wie jedes Lebewesen, so besitzen auch die Fische gewisse Abwehrkräfte gegen Krankheitserreger, wie etwa Parasiten. Wenn der Fisch jedoch durch irgendwelche Ereignisse geschwächt oder umgekehrt die Krankheitserreger durch besondere Umstände gestärkt werden, können Krankheiten auftreten.
Auch bei den Krankheiten der Fische ist Vorbeugen immer besser, als Chemikalien mehr oder weniger unkontrolliert ins Wasser zu geben. Nach dem „Gießkannensystem" in der Aquaristik zu „arbeiten", kann nicht gut sein! Oder möchten Sie Medikamente schlucken, wenn der Nachbar oder ein Familienmitglied krank ist? In der Aquaristik wird aber oft die gesamte Aquarienbesetzung unter „Drogen" gesetzt (oft sind es Antibiotika!), weil ein Fisch krank zu sein scheint. Nun – Fische schreien nicht…
Ein Beispiel für viele: Wenn man eine bakterielle Entzündung nach Bißwunden vermutet und „vorbeugend" antibakterielle Mittel ins Aquarienwasser gibt (sie sollen nur in einem separaten Becken gereicht werden), tötet man damit zwar die an der möglichen Entzündung beteiligten Bakterien ab, aber auch alle anderen im Boden und zum Beispiel auch die, welche im Biofilter wesentlich an der sogenannten Nitrifikation (= Oxidation von Ammoniak über Nitrit zu Nitrat) beteiligt sind.
Die beste und wirksamste Art, Krankheiten zu vermeiden, ist immer für biologisch sauberes Wasser und für die richtigen Temperaturen und Wasserwerte zu sorgen. Richten Sie Ihr Aquarium mit Bodengrund und Pflanzen ein, aber warten Sie mit dem Fischbesatz noch ein paar Wochen (!), bis sich genügend Bakterien in Bodengrund und Filter gebildet haben, die Schadstoffe schnell umzuwandeln. Ohne die erforderliche Bakterienfauna bildet sich bald eine hohe Giftkonzentration (Ammoniak, Nitrit) im Wasser, die man nur durch einen Wasserwechsel in kleinen Schüben (!) aus der Welt schaffen kann. Gleichzeitig muß ständig die Nitritmenge durch Messung kontrolliert werden. Das Frischwasser läßt man ins Becken plätschern (!), damit es mehr Sauerstoff aufnimmt.
Sollten trotz der sorgfältigen Befolgung all dieser Hinweise doch einmal Krankheiten auftreten, müssen die Symptome zunächst sorgfältig studiert werden, und erst wenn eine Diagnose gestellt werden kann, sollten Sie zu den geeigneten Therapiemaßnahmen greifen. Die Tabellen auf den folgenden Seiten geben eine Übersicht über die wichtigsten Fischkrankheiten, ihre Symptome und die Möglichkeiten ihrer Heilung.

Vorbeugen ist besser als heilen

Nachstehend sind eine Reihe von Faktoren aufgeführt, die das Wohlbefinden der Fische beeinträchtigen können und eventuell Krankheiten begünstigen. Die beste Vorsorge gegen Krankheiten ist, diese Fehler gar nicht erst aufkommen zu lassen.

1. Hunger und Abmagerung. Beides kann leicht zu ansteckender Hauttrübung und sekundär zu Pilzbefall *(Saprolegnia)* führen.

2. Schlechtes, ungeeignetes Futter. Es kann leicht zu Magen- und Darmkrankheiten führen. Ist es zu fett, kann es Eingeweideverfettungen hervorrufen. Ist es zu einseitig und vitaminarm, verursacht es allgemeine Schwäche und vielleicht Leberdegeneration. Es kann nicht schaden, die Fische allgemein etwas kurz zu halten. Es ergeht auch ihnen wie uns Menschen: Lieber hungrig und drahtig als satt und faul.

3. Zu niedrige Haltetemperatur. Auch Fische können sich erkälten. Eine Unterkühlung hat meist eine Entzündung der Schwimmblase zur Folge und damit eine Verminderung der Abwehrkraft. Auch plötzliche, größere Temperaturschwankungen und willkürliches Umsetzen der Fische sollte man vermeiden.

4. Sauerstoffmangel. Er zwingt die Fische meist zu sehr schneller Atmung und schwächt sie dadurch.

5. Zu weiches Wasser oder ein zu niedriger pH-Wert. Nicht jeder Fisch verträgt außergewöhnlich niedrige Werte, wie sie für einige Arten (Rote Neon, Diskus-Fische usw.) angegeben werden. Fische (wie die meisten Lebendgebärenden), die in der Küstenzone leben, vertragen weder besonders weiches Wasser noch einen geringen pH-Wert. Letzterer ruft bei ihnen die „Säurekrankheit" hervor.

6. Zu starke Sonneneinstrahlung. Der Fehler, Aquarien aus Ersparnisgründen ans Fenster zu stellen, konnte zum Glück durch moderne Abdeckleuchten größtenteils beseitigt werden. Durch übergroße Sonneneinstrahlung und aufgrund der meist damit einhergehenden Steigerung des pH-Wertes auf 10 und mehr kommt es zu Verätzungen der Haut und Flossen (Laugenkrankheit). Härte und pH-Wert sind daher gelegentlich zu überprüfen.

7. Verletzungen durch Geräte oder bissige Mitbewohner. Sie führen zu Verpilzungen oder bakteriellem Befall der Wunden. Man sollte sich deshalb gut überlegen, wie man eine Aquarien-Besetzung gestaltet.

8. Nicht einwandfreie Isolierungen. Ungeeignete Mittel beim Selbstbau oder bei der Reparatur von Aquarien (Metalle, Kitte, Farben, Schläuche usw.) können zu Vergiftungen führen.

9. Schädliche Gase. Ofengase, Abgase von Fabriken, übermäßiger Tabakrauch, Anti-Insektenmittel u. a., die von der Membranluftpumpe angesaugt und über den Durchlüfter ins Aquarienwasser gelangen, können die Fische schwer schädigen oder gar töten. Es empfiehlt sich daher, zwischen Pumpe und Ausströmer entweder einen Luftfilter (mit Filterkohle) zwischenzuschalten, oder die Luft gleich außerhalb des Zimmers einzusaugen.

a) Zu den bekanntesten Krankheitsbildern unserer Aquarienfische gehören Glotzaugen, die oft noch durch bakterielle Entzündungen verschlimmert werden.

b) Die Neonkrankheit ist wie eine Seuche, die sich auch durch farbzerstörende Flecke bemerkbar macht.

c) Ichthyophthirius (kurz „Ichthyo") tritt oft sporadisch auf. Bekanntestes optisches Erkennungsmerkmal sind die grieskornartigen Knötchen, wie man sie bei diesem Salmler erkennt.

Diagnose und Therapie der Fischkrankheiten

Im Vergleich zu der Unzahl von Fischkrankheiten, die schon mit den erwähnten Vorbeugungsmaßnahmen wirksam vermieden werden können, gibt es leider nur wenige Krankheiten, die der Aquarianer erfolgreich behandeln und heilen kann. Es handelt sich dabei meist um den Befall mit Außenparasiten. Innere Erkrankungen sind in den seltensten Fällen heilbar, weil sie meist zu spät erkannt werden. Im Zweifelsfall klopfe man einmal kurz an die Bekkenscheibe: Ist der Fisch gesund, so schnellt er rasch nach unten. Ein kranker Fisch hingegen schwimmt nur langsam und in schaukelnden Bewegungen. Steigt er ohne Flossenbewegungen nach oben, oder kann er sich nur schwer vom Boden erheben, so sind das Zeichen einer Krankheit. Das gilt ebenso für Tiere, die unter der Oberfläche stehen und nur ausweichen, wenn man sie anstößt. Unsere Tabelle zeigt die Symptome der häufigsten Krankheiten auf, ebenso die wahrscheinliche Diagnose.

Die folgende Tabelle gibt einen Überblick über die Symptome der verschiedenen Krankheiten:

Diagnostische Hilfstabelle																					
Symptome	Diagnose																				
○ Hauptsächliche Erscheinungen □ Gelegentliche Symptome	Bauchwassersucht	Darmentzündung	Erkältung	Fischtuberkulose	Flossenfäule	Gasblasenkrankheit	Glugeakrankheit	Hauttrübung	Ichthyosporidium	Ichthyophthirius	Karpfenlaus	Laugenkrankheit	Lymphozystis	Neonkrankheit	Spironucleus (= Hexamita)	Oodinium	Parasitenbefall	Saprolegnia	Schwimmblasenentzündung	Vergiftung	Verstopfung
Allgemeines Verhalten																					
Absinken	○		○																○		
Flossenklemmen		○	○		○	○		○		○		○				○	○		○	○	○
Freßunlust	□	○	○	○	□	○		○	○	□		○		□	○	○	○			○	○
Hocken am Boden	○	○	○	○					○					□					○		□
Krämpfe						○						○								○	
Ruckartiges Schwimmen	○							□	○	○						○	○		○		
Schaukeln	○		○	○	○			○	○	○						○	○		○	○	□
Scheuern an Steinen usw.								○		○	○					○	○				
Schnappen nach Luft						○		□				○					□			○	
Taumeln, Kopfstand				○			○		○			○		○	○				○	○	
Unruhe, Apathie						○		□				○								○	
Gestaltveränderungen																					
Abmagerung		○		○			□		○					○	○	□	○				
Bauchauftreibung	○		□						□					□					○		
Mißbildungen	○			○	□				○					○							
Schuppensträube	○								○					□							
Wucherungen	○			□					□												
Hauterscheinungen																					
Afterröte	○	○	□												○						
bläulich-weiße Trübungen			□	○				○	○			○		○			○				
blutunterlaufene Stellen	○			○				□	○	□		□			○		○				
farbzerstörende Flecke				○			○							○							
Gasblasen unter der Haut						○															
Geschwüre	○			○			○		○						○						

Selbst schwache Symptome müssen immer ernst genommen werden. Man versuche zunächst eine Heilung durch Stärkung der Widerstandskraft, indem man den Fisch isoliert und in günstigste Wasser-, Temperatur- und Nahrungsverhältnisse bringt; das heißt: Weder überfüttern noch zu warm halten. Sowohl dem Sonderbecken als auch dem Aquarium, aus dem der Fisch entfernt wurde, ist weiterhin größte Aufmerksamkeit zu schenken. Zur Förderung der Widerstandskraft kann ein Vitaminpräparat hinzugegeben werden. Tritt jetzt noch eine Verschlechterung im Zustand des Fisches ein, so ist ein Heilversuch der nächste Schritt. In erster Linie kommen Dauer- oder Kurzbäder in Frage. Entsprechend der genau zu befolgenden Gebrauchsanweisung muß der Fisch in seinem Quarantänebecken behandelt werden. Bitte niemals –„weil man es ja gut meint" – das Präparat überdosieren; so etwas kann zum baldigen Tod des Fisches führen.
Die Knötchenkrankheit zeigt grießähnliche Symptome, vergleichbar mit der *Ichthyophthirius*-Krankheit.

Diagnostische Hilfstabelle																					
Symptome	Diagnose																				
○ Hauptsächliche Erscheinungen □ Gelegentliche Symptome	Bauchwassersucht	Darmentzündung	Erkältung	Fischtuberkulose	Flossenfäule	Gasblasenkrankheit	Glugeakrankheit	Hauttrübung	Ichthyosporidium	Ichthyophthirius	Karpfenlaus	Laugenkrankheit	Lymphozystis	Neonkrankheit	Spironucleus (= Hexamita)	Oodinium	Parasitenbefall	Saprolegnia	Schwimmblasenentzündung	Vergiftung	Verstopfung
grießkornartige Punkte									○												
Haut- oder Schleimabsonderungen								□				○				○	○				
perl- oder himbeerartige Gebilde													○								
sandfarbene Knötchen																○					
schwarze Stellen								○	○								○				
wattebauschartige Gebilde								□										□			
Flossenveränderungen																					
himbeerartige Knötchen													○								
schleimartige Trübungen					○			□		○		○					○	○			
verklebte Flossen								○									○				
weißliche Flossenränder					□								○				○				
Zerstörung der Flossen				○	○			○		○		○				○	○				
Kiemenveränderungen																					
Abspreizung																	○				
Anschwellen, Entzündung								□				○					○			○	
bläulich-weiße Trübung								○									○				
blasse Färbung										○		○					○				
grießkornartige Knötchen										○							□				
wurmartige Flecken																	○				
Augenveränderungen																					
Glotzaugen	○			○					○												○
grießkornartige Pünktchen										○						○					
Trübung									○	○						○	□				
Zerstörung der Oberfläche										○						○	○				

Therapeutische Hilfstabelle

Name der Krankheit	Ursache	Therapie
Bauchwassersucht, Schuppensträube	Durch *Pseudomona punctata* hervorgerufene Seuche und Leberzerfall. Durch Eindringen von Flüssigkeit in Bauchhöhle Abstellen der Schuppen.	Keine Heilung; versuchsweise Bad außerhalb des Aquariums (!) in 80 mg/l Chloramphenicol.
Darmentzündung oder -infektion	Kann Begleiterscheinung der Bauchwassersucht oder von *Spironucleus (Hexamita)* sein, und ist dann wie diese Krankheit zu behandeln.	Je nach Ursache.
Erkältung	Durch Temperaturgefälle oder zu kalte Haltung bedingt.	Separate Behandlung in Sonderbad: Langsam um 4–5° C erhöhen; nach acht Tagen innerhalb weiterer acht Tage auf Haltetemperatur senken
Fischtuberkulose	Durch Mikrobakterien *(Myobacterium piscium)* hervorgerufene Knötchenkrankheit. Verläuft langsam – nicht ansteckend.	Erkrankte Fische herausfangen und abtöten. Keine Heilung möglich. Kräftige Fische können (unbemerkt) die Infektion überstehen.
Flossenfäule	Durch Bakterien bedingte Auflösung der Flossen infolge Wasserverschlechterung.	Als erste Therapie: Wasserwechsel! Behandlung mit Ektozon, Exrapid (nach Anweisung) oder separate Dauerbäder a) in Trypaflavin (10 mg/l) oder b) Chloramphenicol (6–8 mg/l); a) über mehrere Tage, b) über etwa 8 Stunden.
Gasblasenkrankheit	Blasen unter der Haut in Körperflüssigkeit und in Blutgefäßen, infolge Sauerstoffübersättigung (selten) oder Unterschiedes im Wasserdruck bei Leitungswasser (Wasserwechsel).	Vorbeugen ist besser als jede Therapie! Nur abgestandenes Wasser nachfüllen. Jetzt Beckenwasser kräftig durchlüften, um Überdruck auszutreiben.
Glugeakrankheit	Verursacht durch Sporentierchen *(G. pseudotumefaciens);* befällt bevorzugt Eierstöcke, bes. bei *Brachydanio rerio,* aber auch andere innere Organe.	Keine Heilung möglich! Nach Feststellung dieser Krankheit Fisch sofort aus Becken entfernen und abtöten.
Ansteckende Hauttrübung	Befall mit Schwächeparasiten *(Chilodonella, Costia, Trichodina = Cyclochaeta);* kann sich wie Seuche ausbreiten.	Separate (!) Bäder mit Tripaflavin wie bei Flossenfäule angegeben oder Kochsalz-Kurzbäder (10–15 g/l über 20 Minuten bei Temperatur-Erhöhung um 2–3° C.
Ichthyosporidium (Ichthyophonus)	Durch Algenpilz hervorgerufene und leicht übertragbare Seuche: Infektion mit *Ichthyosporidium hoferi.* Befällt hauptsächlich innere Organe.	Wenn entdeckt, keine Heilung mehr möglich.
Ichthyophthirius (Pünktchenkrankheit)	Bekannteste Fischkrankheit: *I. multifilis.* Durch Wimperntierchen hervorgerufen, die unter der Haut der Fische sitzen.	Heilbar durch Dauerbäder im Aquarium! Jeder Fachhändler führt Bekämpfungsmittel. Gebrauchsanweisung lesen: Meist mit Farbstoffen. Vorsicht! Einige Präparate sind nicht gut pflanzenverträglich.
Karpfenlaus	Linsenförmiger Schmarotzer, der mit bloßem Auge gut zu erkennen ist. Gelbgrüne Färbung mit dunklen Pünktchen.	Beim Herausfangen des Fisches löst sich der Sog der Laus. Diese kann dann mit einem Pinsel heruntergewaschen werden.
Laugenkrankheit	Durch zu hohen pH-Wert bedingt, etwa bei starker Sonneneinstrahlung oder durch kalkarmes Wasser, das keine Kohlensäure binden kann.	Umgehender Teilwasserwechsel oder Umsetzen in ein anderes Aquarium. Künftig Sorge tragen, daß pH-Wert in Ordnung ist. Krankheit kann bei CO_2-Düngung nicht auftreten, wenn's richtig gemacht wird.

Name der Krankheit	Ursache	Therapie
Lymphocystis oder Kugelkrankheit	Virus-Erkrankung, besonders bei Zwergcichliden und Makropoden, leicht übertragbar.	Wenn nur Flossen befallen sind, können diese (nicht zu tief) abgeschnitten werden. Bei Übergriff auf Körper keine Heilung. Fisch herausfangen und abtöten.
Neonkrankheit	*Plistophora hyphessobryconis* heißt der Erreger, der in der Muskulatur der Fische lebt und hier Zysten bildet.	Krankheit kann sich wie eine Seuche ausbreiten, was besonders Importeure bestätigen können. Keine Heilung möglich: Fische aufmerksam beobachten, befallene Tiere sofort herausfangen und abtöten.
Oodinium; Samtkrankheit	*Oodinium pillularis,* ein Geißeltierchen, schafft ein ähnliches Erscheinungsbild wie Ichthyophthirius.	Exrapid nach Gebrauchsanweisung; separate Kurzbäder mit Kochsalz (10–15 g/l) über 20 Minuten oder Tauchbad im Kescher 25 g/l über 10–20 Sekunden.
Parasitenbefall	Neben *Chilodonella, Costia, Trichodina (= Cyclochaeta),* Kiemenwürmer, *Dactylogyrus, Gyrodactylus* und *Monocoelium, Neodactylogyrus* u. a.	Siehe auch bei „Ansteckende Hauttrübung". Bei Kiemenwurmbefall Behandlung mit „Gyrotox" (Zoofachhandel) nach Gebrauchsanweisung. Auch Kurzbäder mit Kochsalz (in Abständen von mehreren Tagen wiederholen!) haben sich bewährt.
Saprolegnia oder Wasserschimmel	Organische Verschmutzung (toter Fisch, Futterreste usw.). Schimmel zieht auf befallenen Stellen (offene Wunden) meist Verpilzung nach sich.	Mit Anti-Pilz oder -Schimmelmittel betupfen oder bepinseln oder Kurzbad mit Kaliumpermanganat (1 g/100 l über 20–30 Minuten.
Schwimmblasenentzündung	Kann als Begleiterscheinung der Bauchwassersucht auftreten oder als Folge einer Unterkühlung.	Je nach Ursache; siehe „Bauchwassersucht" und „Erkältung".
Spironucleus (= Hexamita, = Octomitus); Lochkrankheit	Meist mit Ostasienimporten eingeschleppt und hier weiterverbreitetes Geißeltierchen. Oft bei Diskusfischen (fädiger, weißer Kot) festgestellt. Auch bei anderen Cichliden. Letztes Stadium: Löcher im Kopf.	Metronidazol-Präparate, wie „Clont" oder ähnliche sind verschreibungspflichtig. „Hexa-ex" ist im Zoofachhandel erhältlich. Erstere, in Tablettenform, reichen für rund 60 Liter je Tablette. 4-tägige Kur im Aquarium. Zweites Präparat nach Gebrauchsanweisung. Vorbeugende Kuren (2 x jährlich) empfohlen. Metronidazol BP 80 ist jetzt auch als reine Rezeptursubstanz in 10 g-Gläschen in der Apotheke erhältlich. Im Vegleich mit „Clont" hat die reine Substanz keine Füllstoffe, und das Pulver ist daher preiswerter. (Dosierung: 4 mg je Liter Aquarienwasser.)
Vergiftungen	Ursache muß festgestellt werden: Wurde zuletzt am Becken oder der Dekoration gearbeitet? Chemikalien eingesetzt oder verarbeitet? Wurden im Raum Insektenvernichtungsmittel versprüht? Sind Ammoniak- oder Nitritvergiftungen möglich? Test machen.	Falls Ursache gefunden wird, kann Vergiftung durch Beseitigung des Übels abgestellt werden. Im Zweifelsfall ist immer ein Wasserwechsel in mehreren (!) Schüben von Vorteil.
Verstopfung	Beruht meist auf Einseitigkeit in der Ernährung oder ist eine Folge von Erkältung.	Optimale Pflege und Sorgfalt bei Erreichen einer Nahrungsvielfalt, vor allem auch durch Lebend- oder Tiefkühlfutter (tierisches Eiweiß).

Sie wird durch Sporentierchen verursacht, die eine Reihe von gefährlichen inneren Krankheiten erzeugen können. Heilbäder helfen dabei meist nicht. Das Tier (oder der gesamte Fischbestand) muß abgetötet und das Aquarium gründlich desinfiziert werden.
Durch Wasserpflanzen können Plattwürmer eingeschleppt werden. Man kennt sie auch als „Planarien" *(Planaria gonocephala* und *P. maculata).* Die Tiere – mit dreieckiger Kopfform – kleben an den Scheiben und können besonders der Fischbrut gefährlich werden. Hier hilft nur eine vollständige Ausräumung des Aquariums und eine Desinfizierung aber auch jeden Gegenstandes, der in letzter Zeit mit dem Beckeninneren zusammengekommen ist.
Bei Seuchen ist ähnlich zu verfahren. Müssen bei dieser Gelegenheit Tiere abgetötet werden, so verwende man am einfachsten Formalin, eine stark riechende Flüssigkeit, die man sonst, in entsprechender Verdünnung, zum Präparieren verwendet. Dieses hochprozentige Gift tötet die Fische sofort ab.

So überträgt sich *Ichthyophthirius multifilis:* Der in der Fischhaut aufgewachsene Parasit löst sich ab, fällt zu Boden, und aus dem abgekapselten Parasit entwickeln sich Schwärmer, die wiederum neue Fische befallen. Im oberen Bild erkennt man den Fisch, mit grießkornartigen, weißlichen Punkten bedeckt. Diese, mit dem bloßen Auge erkennbaren Wimperntiere (darunter), tragen als Erkennungsmerkmal für den Fachmann (also unter dem Mikroskop) einen sogenannten Hufeisenkern.

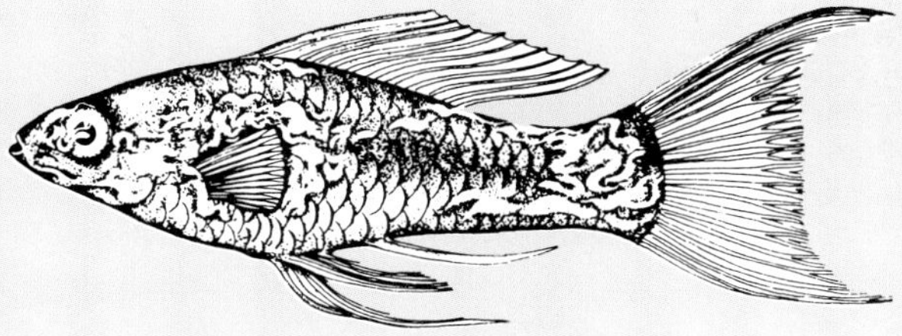

Fisch mit schleierartiger Trübung der Haut

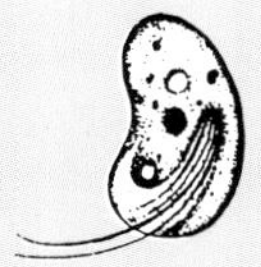

Bohnenförmiger Hauttrüber

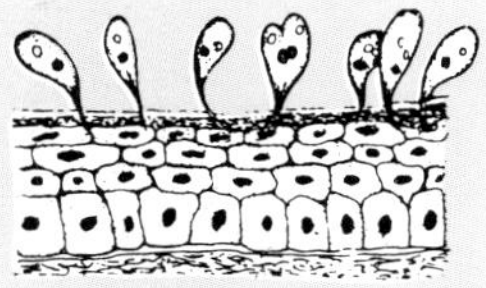

Einzeller schmarotzt auf der Haut

Schema der Übertragung

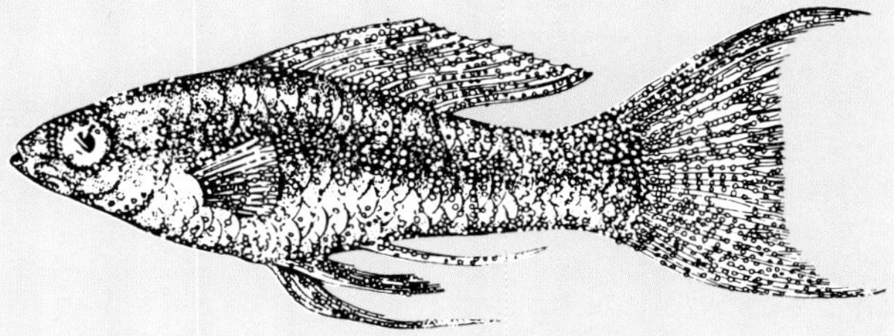

Fisch mit feinem weißlichen Belag („Samtkrankheit")

Der Schwärmer ist mit einer Geißel ausgestattet.

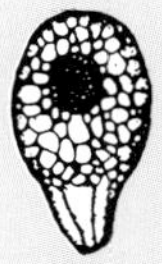

Schmarotzender Parasit

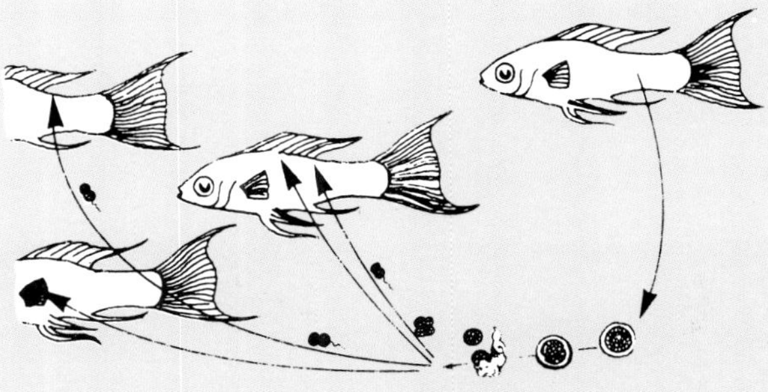

Schema der Übertragung

Die Übertragung des kleinen, bohnenförmigen Hauttrübers, *Costia necatrix,* geschieht direkt von Fischhaut zu Fischhaut. Das kleine Geißeltierchen stirbt ab, wenn es keinen Wirt findet. Dieser Einzeller schmarotzt auf Haut und Kiemen. Diagnose (Bild oben): Der Fisch zeigt eine feine, schleierartige Trübung der Haut. Darunter erkennt man den einzelnen Flagellaten und sieht (außen) wie diese Geißeltierchen in der Fischhaut festsitzen.

Das Erscheinungsbild von *Oodinium pillularis* ähnelt stark dem von Ichthyophthirius: Die in Oberhaut und Kiemen schmarotzenden Parasiten fallen in ausgereiftem Zustand vom Fisch ab, kapseln sich ein und bilden durch vielfache Teilung Schwärmer (Dinosporen), die wiederum neue Fische befallen. Auch hier zeigen die Fische (oben) einen weißen Belag, dessen Körnung jedoch kleiner ist.

FISCHFAMILIEN – DIE WICHTIGSTEN GATTUNGEN UND ARTEN

Die Gliederung nach Familien, Gattungen und Arten erfolgt hier in Anlehnung an das Hierarchische System und folgt den Vorschlägen von Greenwood, Rosen, Weitzman und Myers, 1966, wobei verschiedene Revisionen berücksichtigt worden sind. Dem System, und damit der Reihenfolge der Aufzählung, liegt die stammesgeschichtliche Entwicklung der Knochenfische zugrunde. Verständlicherweise konnten hier nur die bekanntesten Familien, Gattungen und Arten Erwähnung finden.

Die Salmlerverwandten (Unterordnung Characoidei)

Mit der Revision der Salmler (Géry, 1977) konnte diese so umfangreiche Fischgruppe, deren Vertreter aquaristisch sehr interessant sind, auch für den Aquarianer recht übersichtlich präsentiert werden. So sind die Afrikaner jetzt in drei Familien aufgeteilt, die amerikanischen Salmler in elf. Sie sollen alle angeführt werden.
Der Unterordnung Characoidei werden Fische aus fast allen tropischen und subtropischen Gebieten zugerechnet. Im südamerikanischen Raum, besonders in dem riesigen Amazonasbecken, findet sich die größte Menge der beliebten Aquarienfische aus dieser Familie. Vor allem die „Tetras", darunter Vertreter der Gattungen *Hemigrammus* und *Hyphessobrycon.* Die Salmler haben keine gemeinsamen äußeren Merkmale. Es gibt lange und gestreckte, scheibenförmige, andere mit kurzem, gedrungenem Körper, langköpfige Arten und solche mit hohem Rükken. Sie sind wegen ihres Formenreichtums noch einmal in enger begrenzte Familien unterteilt. Die unterschiedliche Kopf- und Maulform läßt auf die Lebens- und Ernährungsweise schließen.
Salmler aller Arten besitzen Zähne. Bei einigen räuberisch lebenden Arten können sie so lang sein, daß die Tiere Mühe haben, ihr Maul zu schließen. Die meisten Spezies haben eine kleine Fettflosse, die zwischen Rükken- und Schwanzflosse sitzt. Nur wenn die Haltungsbedingungen gut beachtet werden, zeigen die Fische ihre schönsten Farben. Salmler benötigen meist weiches und leicht saures Wasser. Sie sind Schwarmfische. Wer sich im Geschäft ein „Pärchen" kauft, darf sich nicht wundern, wenn die Fische außerhalb des Schwarmes je nach Temperament entweder vereinsamt verkümmern oder zu rüpelhaften Einzelgängern werden. In ihrer Heimat leben die Salmler meist in ruhig fließendem oder stehendem Wasser, das reich mit Pflanzen bewachsen ist. Wurzeln, manchmal auch umgestürzte Bäume, bieten Versteckmöglichkeiten.
Das oft karge Futterangebot in der Natur hat die Fische nicht allzu wählerisch gemacht, so daß sie meist gierig alles fressen, was ihnen der Pfleger im Aquarium anbietet. Er sollte aber von Zeit zu Zeit auch selbst einmal „tümpeln" gehen, um seinen Fischen alle nur möglichen Lebendfutterarten zu bieten.
Die Nachzucht der Salmler erfordert Erfahrung und genaue Kenntnisse ihrer Bedürfnisse.
Die Mehrzahl der Salmler laicht frei im Becken ab, das heißt, sie haben das Interesse an ihrer Nachkommenschaft gleich nach dem Laichprozeß verloren und führen keine Brutpflege aus! Darum muß das Zuchtbecken so angelegt sein, daß die Eier in Sicherheit sind. Man fertigt dazu Laichroste an, die auf den Boden des Zuchtbekkens gelegt werden. Die Eier fallen hindurch und sind dann für die

Das Porträt eines afrikanischen Hechtsalmlers *(Hepsetus)* und seines südamerikanischen Verwandten *(Acestorhynchus)* zeigt die jeweils starke Bezahnung.

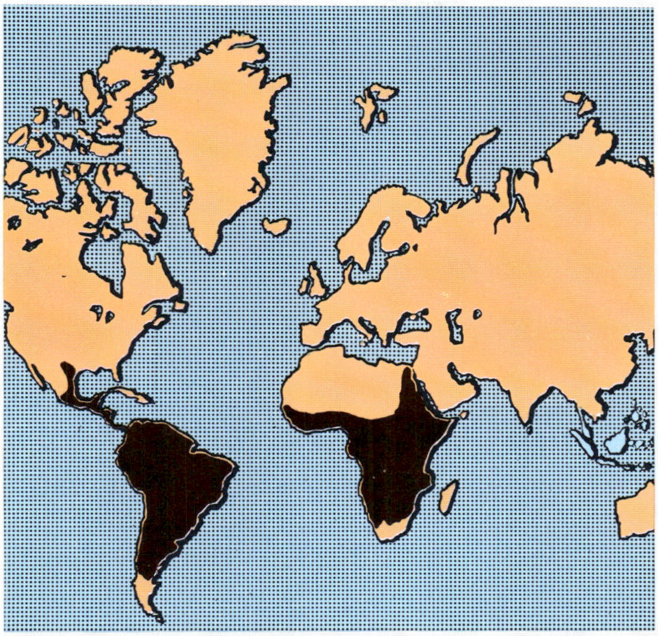

■ = Verbreitung der Salmlerverwandten

Elterntiere, die sie möglicherweise gern verspeisen möchten, nicht mehr erreichbar. Diese Roste baut man aus dünnen Kunststoffrohren oder -stäben, die in engem Abstand mit geeignetem Kleber auf Kunststoffleisten geklebt werden.

In der Literatur über die Salmler wird oft über die Sägesalmler berichtet. Oft werden grausige Geschichten von den Fischen erzählt, die im Volksmund pauschal als Piranha oder Piraya bezeichnet werden. Ihr sehr kräftiges Gebiß mit den ineinandergreifenden Sägezähnen kennzeichnet sie als Raubfische. Sägesalmler, die durchaus in der Lage sind, die sagenhaften Skelettierungen von Großsäugern oder sogar Menschen durchzuführen, braucht der Reisende, der südamerikanische Flüsse befährt, jedoch weniger zu fürchten als z.B. den Stachelrochen, der mit seinem abwehrenden Stachel unter dem Laub versteckt liegt.

Zu den aquaristisch interessanten Salmlern gehören in erster Linie die Tetras aus Südamerika, die, neben einigen anderen, der Familie *Characidae* angehören. Gerade diese kleineren Arten werden oft durch falsche Gesellschaft im selben Becken auch von Salmlern gefährdet. Oft begegnen einem in Händlerbecken sogenannte Beifänge, die in kleineren Einheiten mit eingeführt wurden und weniger bekannt sind. Es kann sich dabei um räuberische Salmler handeln, wie sie etwa aus den Familien der Afrikanischen Hechtsalmler, der Amerikanischen Raubsalmler, der Amerikanischen Hechtsalmler oder eben der erwähnten Sägesalmler stammen. Schaut man sich die Gebisse vieler kleiner Salmler an, die aquaristisch als Friedfische bekannt

Alestes dentex

Dieser, als „Roter Afrikasalmler" bezeichnete Fisch, ist schwer allein nach optischen Merkmalen einzuordnen.

sind, so muß man sich über die zum Teil überaus kräftige Bezahnung dieser kleinen Tiere wundern: Sie ernähren sich ebenfalls von lebender Beute, deren häufige (Chitin-) Panzerung erst geknackt sein will. Vergesellschaftet man diese Räuber mit kleineren Fischen, kann man oft unliebsame Überraschungen erleben.
Trotz ihrer uneinheitlichen äußeren Erscheinung ist die Art der Vermehrung bei fast allen Salmlerarten ähnlich: Fast alle sind Offenlaicher und arge Laichräuber. Allerdings lassen sich nicht alle Arten leicht nachzüchten. So kommt es vor, daß wir heute bestimmte Arten preiswerter aus südostasiatischen Züchtereien einführen können als andere, die man dort nicht nachziehen kann und daher aus dem Ursprungsland (meist Brasilien oder Westafrika) importieren muß. Zu den am häufigsten importierten Wildfängen gehört zweifellos der Rote Neon *(Paracheirodon axelrodi)*. Er ist einer der begehrtesten Aquarienfische überhaupt. Auch bei größer werdenden Arten, wie etwa Engmaul- und Keulensalmlern aus Südamerika oder den afrikanischen Echten Salmlern ist die Nachzucht sehr aufwendig und wird deshalb kaum versucht.

Die Afrikanischen Echten Salmler (Alestidae)

Die Afrikanischen Echten Salmler kann man als Gegenstücke zu den Amerikanischen Echten Salmlern ansehen. Die Familie ist in zwei Unterfamilien aufgeteilt, in deren erster (Alestinae) die bekannten Aquarienfische untergebracht sind, während die zweite für die räuberischen Tigerfische (Hydrocyninae) reserviert ist. Diese letztgenannten Räuber mit dem schrecklichen Gebiß sind für die aquaristische Haltung weitgehend ungeeignet und werden daher auch nur in Ausnahmefällen eingeführt.
Die bekannteren der Afrikanischen Echten Salmler fallen durch ihre großen Schuppen auf. Zu ihnen gehören die Vertreter der Gattungen *Brycinus, Micralestes, Phenacogrammus* und *Arnoldichthys.*
B. longipinnis, B. imberi, B. humilis und *B. nurse* werden häufiger eingeführt. Zu dieser Gattung sind knapp 30 Arten gestellt, die wiederum in 5 Formenkreise unterteilt sind. Die Arten sind über weite Gebiete Afrikas verteilt und werden – mit Ausnahme der genannten – nur sehr selten eingeführt. Sie zu unterscheiden ist (optisch) zuweilen nicht einfach, so daß eine genaue Bestimmung oft fragwürdig erscheint.
In der Gattung *Micralestes* ist ein gutes Dutzend Arten vertreten, doch werden davon nur selten Arten exportiert. Lediglich *M. stormsi* (sehr ähnlich mit *M. humilis*) und *M. acutidens* sind zuweilen in den Sendungen.
Zur Gattung *Phenacogrammus* ist der bekannteste Salmler gestellt, der Kongosalmler *(P. interruptus)*; mit ihm sind rund 20 Arten in der Gattung zusammengefaßt, darunter auch ein paar farblich recht interessante. Vier Formenkreise umschließt die Gattung, von denen die *P. interruptus*-Gruppe aus aquaristischer Sicht die prächtigsten Arten enthält, allen voran den erwähnten Kongosalmler, dazu den ähnlich schillernden *P. aurantiacus*, wie auch *P. major* und *P. urotaenia*.
Weitere Gattungen sind: *Hemigrammopetersius, Petersius, Ladigesia, Lepidarchus, Clupeocharax, Tricuspidalestes* und *Arnoldichthys*. Die letzte ist monotypisch, also nur mit einer Art vertreten *(A. spilopterus)*. Dabei handelt es sich um einen bekannten Aquarienfisch, der ziemlich regelmäßig eingeführt wird.
Aus der Zahl der eingeführten Afri-

Phenacogrammus interruptus

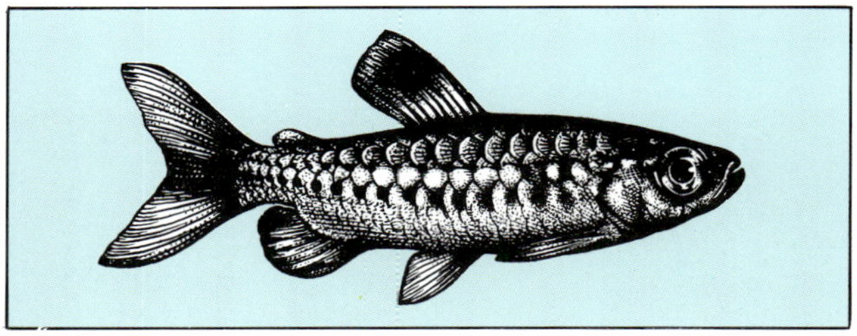

Arnoldichthys spilopterus

Brycinus longipinnis

Distichodus sexfasciatus

Distichodus lusosso

Distichodus noboli

Distichodus fasciolatus

Distichodus maculatus

Nannaethiops unitaeniatus

kanischen Echten Salmlerarten erreicht der Langflossensalmler *(B. longipinnis)* mit 14 cm die größte Länge. Nur selten wächst der Kongosalmler, auch in großen Becken, über 8 cm Länge hinaus. Die Einrichtung eines Aquariums für Afrikanische Salmler muß nicht wesentlich anders gestaltet sein, als die eines für südamerikanische Salmlerarten: Reichliche Randbepflanzung muß in der Beckenmitte noch viel Schwimmraum lassen, der von durchlaufenden Wurzelstücken gegliedert wird. In der Heimat dieser Fische ist das Wasser meist recht weich und leicht sauer. Die Tiere kann man als Allesfresser bezeichnen, wenngleich sie lebende Nahrung bevorzugen. Je größer und gestreckter ein Salmlerbecken ist, um so besser entwickeln sich die Fische, was besonders auch für die wunderschönen Flossen von *P. interruptus*, dem Kongosalmler, zutrifft.

Die Geradsalmler (Citharinidae)
In dieser Familie sind eine große Zahl von Flußfischen, aber auch eine Reihe kleiner bleibender Salmler und schließlich einige gestreckte Arten mit teils absonderlichem Kopf (Schuppenfresser) zusammengefaßt. Mit Ausnahme der letzten leben die meisten der hier angesprochenen Arten von vegetarischer Kost, was bei aquaristischer Haltung, besonders der größer werdenden Arten, zu berücksichtigen ist, will man nicht eines Tages den gesamten Pflanzenbestand verlieren.
Bei den größer werdenden Arten der Gattung *Distichodus* haben die Jungfische zwar noch eine mäßig gestreckte Gestalt, doch entwickeln sich viele Arten mit zunehmendem Alter zu hochrückigen Exemplaren. Bei ihnen handelt es sich um Tiere, die in größeren Flüssen leben. Ihr kleines Maul läßt den Vegetarier erkennen. Unter den *Distichodus*-Arten gibt es eine Reihe schön gefärbter Spezies, allen voran *D. sexfasciatus*, den Zebrasalmler, der auch regelmäßig eingeführt wird. In kleineren Zahlen kommen *D. affinis, D. noboli, D. decemmaculatus, D. maculatus* und *D. fasciolatus* zu uns. Der ebenfalls häufiger eingeführte *D. lusosso* hat (bei ungenauerem Hinsehen) ein wenig Ähnlichkeit mit dem rotflossigen *D. sexfasciatus* und wird daher gelegentlich verwechselt. Mit zunehmendem Alter lassen sich die Fische jedoch immer besser unterscheiden. (Siehe auch Fototafel auf Seite 145.)
Diese salmlerartigen Fische zu halten, ist im Prinzip einfach: Sie sind nicht allzu anspruchsvoll und bedingt verträglich. Als Jungtiere von 8–10 cm Größe fressen sie anfangs überwiegend fleischliche Kost, wobei man sie vorsichtshalber aber auch mit Kopfsalatblättern versorgen sollte. Es ist jedoch möglich, daß dieser vegetarisch gemäßigte Freßtrieb über Nacht umschlägt und der Fisch dann alles an Pflanzen vertilgt, was er nur erreichen kann. Die Fische fressen neben dem erwähnten Kopfsalat noch überbrühte Spinatblätter, Algen (aus anderen Aquarien) und Haferflocken, zudem das übliche Fleischfutter, bestehend aus Tubifex, Wasserflöhen und Insektenlarven.
Werden die Fische dann erwachsen, können sie bis zu 25 cm lang und recht dick werden. Man sollte sich also bald entscheiden, wohin man die Tiere geben kann.
Neben den Distichodus-Arten gibt es noch die ähnlich gebauten der Gattung *Citharinus*. Diese weißfischähnlichen Tiere werden für jedes Aquarium zu groß und sollten, falls ein Händler sie einmal als „Beipack" importiert hat, nicht erworben werden.
Nannaethiops und *Neolebias* sind zwei Gattungen der Familie der Geradsalmler, in denen ein paar gute Bekannte vertreten sind: *Nannaethiops unitaeniatus* und *Neolebias ansorgii*. Die erste Gattung ist monotypisch und daher nur mit einer einzigen Art vertreten. Die Fische haben keine besonders attraktive Färbung, doch haben sie sich als friedliche Mitbewohner eines sogenannten Afrika-Beckens erwiesen. Von den *Neolebias*-Arten kommen nur wenige in unsere Aquarien. Viele von den sieben beschriebenen Arten kommen nicht aus dem unteren Zaire (= Kongo), woher sonst die meisten Importe stammen. So stammt auch *N. ansorgii* aus einem Gebiet von Kamerun bis zum unteren Zaire und wird heute leider nur selten eingeführt.
Bei den Vertretern der Gattung *Nannocharax* haben wir es mit Fischen zu tun, die bodennah leben und die man als Gegenstücke der südamerikanischen Verwandten aus der Gattung *Characidium* ansehen kann. Sie sehen diesen auch sehr ähnlich, spielen aquaristisch aber kaum eine Rolle.
Als letzte aus der Familie wären die Schuppenfresser zu nennen, die in der Unterfamilie *Ichthyborinae* zusammengefaßt sind. Die Tiere werden nur als Einzelstücke gelegentlich miteingeführt. Bekanntester Vertreter aus der Gattung *Phago* ist *P. loricatus*. Diesen Westafrikaner, dessen Lebensraum im System des Niger liegt, erkennt man leicht an seiner extrem gestreckten Gestalt (wie sie übrigens den meisten dieser Schuppenfresser eigen ist) und dem zugespitzten Kopf. Dieser Fisch frißt nicht nur die Schuppen anderer Mitbewohner, sondern auch kleinere Fische!

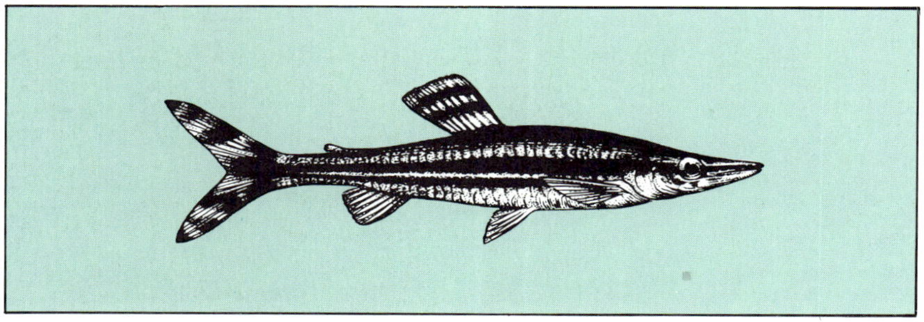

Phago loricatus

Die Prachtsalmler (Crenuchidae)
Prachtsalmler sind südamerikanische kleine Salmler mit einer ungewöhnlichen Körperform, die eher an bestimmte Killifische erinnert und eine große Rückenflosse haben. Die Geschlechter sind leicht zu unterscheiden. Géry berichtet von einem mysteriösen Organ im Kopf der Tiere, wie es ihm von keinem anderen Knochenfisch bekannt ist – eine Art Strahlenempfänger.
In der Familie gibt es zwei Gattungen: *Crenuchus* und *Poecilocharax*. Zur ersten ist nur *C. spilurus* gestellt, zur zweiten *P. bovallii* und *P. weitzmani*. Auch wenn die Fische kaum länger als 6 cm werden, benötigen sie ein geräumiges Aquarium. Sie sind übrigens nicht so räuberisch, wie man in manchen älteren Berichten lesen kann. Sie führen, wie viele Raubfische, ein ruhiges Dasein und ziehen sich in die hinteren Aquarienecken zurück, wenn Mitbewohner zuviel Aktivitäten zeigen. 60 cm soll die Mindestlänge des reich bepflanzten Beckens betragen. Es wird nur (!) lebendes Futter angenommen, wobei Mückenlarven, kleinen Regenwürmern und Enchyträen der Vorzug gegeben wird.
Prachtsalmler stammen aus den Gebieten Südamerikas, in denen das Wasser sehr weich ist und einen mehr oder weniger sauren pH-Wert hat. Beckeneinrichtung mit Verstekken.

Aus der Gattung *Poecilocharax* wird von Zeit zu Zeit *P. weitzmani* eingeführt, eine Art, bei der die Weibchen merklich kleiner sind als die männlichen Partner. Bei diesen wunderschönen Fischen stellt sich allerdings ein Ernährungsproblem – und dies offenbar bereits im Herkunftsland West- und Nordwestamazonien bzw. in den Fangstationen dieser Regionen. Oft kommen die Fische mit eingefallenen Bäuchen an und nehmen kein Futter. So schön die (männlichen) Tiere auch sind: Sie sind keine Pfleglinge für Anfänger! Ansonsten trifft für ihre Haltung dasselbe zu was für *C. spilurus* angeführt wurde.

Die Bodensalmler (Characidiidae)
Bodensalmler sind pfeilschnelle, kleine, bodennah lebende Fische, die über weite Gebiete Südamerikas verstreut leben. Es wurden insgesamt fünf Gattungen *(Characidium, Jobertina, Geisleria, Klausewitzia* und *Elachocharax)* beschrieben, doch werden meist nur sich ähnelnde Arten der Gattung *Characidium* als *C. fasciatum* eingeführt.
Der Gebänderte Bodensalmler *(C. fasciatum)* wird bis zu 10 cm lang und ist in Südamerika (vom Orinoko bis zum Golf von La Plata) weit verbreitet und mit rund zwanzig Unterarten beschrieben. Die anspruchslosen und

Characidium fasciatum

Crenuchus spilurus

Poeciliocharax weitmani

anpassungsfähigen Tiere lassen sich in jedem Gesellschaftsaquarium pflegen. Sie haben meist einen festen Standplatz, den sie anderen Fischen gegenüber bissig verteidigen. Mehrere Tiere der Art soll man nur in größeren Becken halten, da sie (ähnlich wie die Feuerschwanz-Labeos) untereinander sehr streitsüchtig sind. Die Nachzucht ist schon wiederholt gelungen: Nach starkem Treiben laicht das Weibchen zwischen Pflanzen ab. Nach der Befruchtung der Eier ist der Bruttrieb erloschen. Die Jungfischchen leben ebenfalls bodennah in Tarnfärbung.

Die Schlanksalmler (Lebiasinidae)
Schlanksalmler haben ihren Namen von ihrer gestreckten Körperform. Innerhalb der zu vier Unterfamilien zusammengefaßten sieben Gattungen gibt es Arten mit und ohne Fettflosse von unterschiedlichen Lebensgewohnheiten. Alle stammen aus Südamerika, viele sind als Aquarienfische eingeführt und somit gut bekannt.
Vertreter von *Lebiasina* und *Piabucina* werden kaum eingeführt. Dagegen findet man die „Bleistiftfische" der Gattungen *Nannostomus* und *Nannobrycon* häufig in den Händlerangeboten. Da gibt es zum Beispiel den Harrisonsalmler *(Nannostomus harrisoni)* und den Einbinden-Ziersalmler *(Nannobrycon unifasciatus)* oder auch den Dreibinden-Ziersalmler *(Nannostomus trifasciatus)*, alle drei werden etwa 6 cm lang, was gerade den Freunden kleinerer Aquarien sehr willkommen ist. Dabei gehören diese noch nicht zu den kleinsten Arten: *Nannostomus espei* und *N. marginatus* erreichen nur eine Länge von 3,5–4 cm und werden daher Zwergziersalmler genannt. Auch der Spitzmaulziersalmler *(Nannobrycon eques)* wird nur 5 cm lang.

Wir pflegen die Ziersalmler in Bekken, die zumindest eine dichte Randbepflanzung aufweisen. Ziersalmler sind keine unermüdlichen Schwimmer, obgleich sie bei vermeintlicher Gefahr sehr schnell reagieren können. Sie stehen lieber ruhig zwischen den Pflanzen, so daß man die wunderschönen Fische gut betrachten

Nannostomuuus trifasciatus

Nannobrycon unifasciatus

Nannostomus harrisoni

kann. Der Bodengrund soll, wie in den heimatlichen Gewässern der Tiere, dunkel gehalten sein. Ein Ziersalmlerbecken ist besonders hübsch anzusehen, wenn es mit einigen bizarren Wurzelstücken dekoriert ist. Die Fische stehen gern im Schutz dieser Wurzeln, die ihnen bei Gefahr Deckung geben. Die Tiere fühlen sich in möglichst weichem und über Torf gefiltertem Wasser am wohlsten. Bei Temperaturen von 24–26° C und möglichst nur lebendem Futter (Insektenlarven) bleiben die Fische lange am Leben.
Die Zucht verschiedener Arten ist bereits wiederholt gelungen, wobei zum Ansatz bereits kleinste Becken mit 5–10 Liter Wasserinhalt genügen. Die Geschlechter lassen sich gut an der differierenden Form der Afterflosse erkennen.
Arten der Gattungen *Copeina* und *Copella* gehören ebenfalls in diese Familie. Zu ihnen gesellen sich noch einige der Gattung *Pyrrhulina*, die jedoch kaum eingeführt werden. Den Fischen aller drei Gattungen fehlt die Fettflosse, die gemeinhin als typisch für die meisten Salmler angesehen wird.
Copeina guttata gehört mit 15 cm Länge zu den größten Arten der Familie. Der bekannte Forellensalmler lebt im zentralen Teil des Amazonasbekkens und fällt durch seine großen Schuppen auf. Die kräftig hellblau gefärbten Tiere zeigen auf der Schuppenbasis einen rötlichen Fleck und einen ebenso gefärbten Saum an den Flossen der unteren Körperhälfte. Die Salmler brauchen reichlich bepflanzte Becken mit möglichst weichem Wasser. Der Forellensalmler, der bereits mit 6–7 cm Länge zuchtfähig ist, laicht in einer großen flachen Grube, die vom Männchen ausgewedelt wird. Das Gelege wird vom Männchen bewacht und die Jungen von den Eltern nicht gefressen, was für die allzeit

Copella arnoldi (Paar)

gefräßigen Salmler eine Seltenheit ist. Die Jungen müssen gut gefüttert werden, haben immer großen Appetit und wachsen schnell heran.
Copella arnoldi heißt bei uns Spritzsalmler, im Englischen „splashing tetra" (was auf dasselbe herauskommt), und das hat seinen Grund: Die Fische laichen außerhalb des Wassers, genauer gesagt auf größeren Blättern von Pflanzen, die sich oberhalb des Wasserspiegels befinden. Dabei schnellen beide Tiere (♂♂ bis 8 cm, ♀♀ bis 6 cm) in gemeinsamer Umschlingung aus dem Wasser, wobei Eiabgabe und Befruchtung stattfinden. Dazu braucht ein Paar viele Sprünge, wobei vorher auch Probesprünge stattfinden (Synchronisation). Das Gelege wird von Männchen bewacht und durch Bespritzen mit Wasser (Name) feuchtgehalten. Letzteres geschieht mit Hilfe der Schwanzflosse. Die Larven schlüpfen bei 28–30° C Lufttemperatur (kein Zug!) nach rund 36 Stunden und rutschen ins Wasser. Sie benötigen jetzt kleinstes Lebendfutter.
Die übrigen Copella-Arten, wie *C. nattereri, C. metae, C. compta, C. vilmae* und *C. callolepis* werden kaum einmal im aquaristischen Handel angeboten.

Die Engmaulsalmer (Anostomidae)
Engmaulsalmler sind in der Aquaristik eher als „Kopfsteher" oder „Leporinen" bekannt. Die letzteren sind weniger begehrt, weil ihre Endlänge meist zu schnell erreicht und die Fische dann für die meisten Aquarien zu groß sind. Die Familie ist in die Gattungen *Abramites, Anostomoides, Anostomus, Leporinus, Schizodon* sowie vier weitere (namentlich kaum bekannte) aufgeteilt. Von den bekannten Kopfstehern gehören somit alle bis auf *Chilodus punctatus* (= Barbensalmler) dieser Familie an. Die südamerikanischen Kopfsteher haben eine mäßige Größe und eine gestreckte Gestalt. Sie unterscheiden sich nach Länge der Schnauze und Stellung der Maulspalte, die zuweilen an der vorderen Oberseite (!) des Kopfes sitzen kann. Hinzu kommen Merkmale der Bezahnung. In ihrer amazonischen (brasilianischen) Heimat nennt man diese Kopfsteherarten „Waldfische" (= Peixes do mato), das heißt, daß sie ein Leben in kleineren, zum Teil abgeschatteten, klaren Gewässern führen. Die Stellung des Maules – stark nach oben gerichtet – kennzeichnet in diesem Fall die Fische nicht als Oberflächenschwimmer, und die kopfabwärts gerichtete Schwimmweise läßt nicht erkennen, daß Nahrung vom Boden aufgenommen wird: Die Fische weiden Algen von der Unterseite von Blättern ab, andere Arten suchen bei dieser Gelegenheit auch nach Insektenlarven. Das oberständige Maul ist hier ein Merkmal von Nahrungsspezialisierung. Wer die Fische bei der Nahrungsaufnahme beobachtet, kann feststellen, daß sie oft in „unmöglicher" Haltung schwimmen müssen, um die nicht biotopgerechte Nahrung im Aquarium aufnehmen zu

Abramites hypselonotus

Leporinus fasciatus

Anostomus anostomus

können. Will ein Kopfsteher mit oberständigem Maul beispielsweise ein Futterstück vom Boden aufnehmen (was er normalerweise kaum nötig hat), so muß er auf dem Rücken kopfabwärts schwimmen.
Anostomus anostomus, der Prachtkopfsteher, ist die bekannteste Art und wegen der stellenweisen Rotfärbung wohl auch die attraktivste. Man darf ihn nicht mit dem ähnlich gefärbten *A. ternetzi* verwechseln, der zwar ähnlich aussieht, bei dem jedoch die Rottöne in den Flossen fehlen. Der Prachtkopfsteher wird in großen Aquarien 14–18 cm lang, während sein weniger attraktiver Verwandter nur eine Länge von 10–12 cm erreicht. *A. gracilis* und *A. trimaculatus* werden seltener eingeführt. Alle genannten Arten der Gattung stammen

aus dem Einzugsbereich des Amazonenstromes, während *A. plicatus, A. spiloclistron* und *A. brevior* aus den Guayana-Ländern bisher noch auf ihre Einfuhr warten.
Aus der Gattung *Abramites* wird in regelmäßigen Zeiträumen eine Art eingeführt, die mit dem deutschen Namen „Brachsensalmler" belegt ist: *A. hypselonotus* (Synonym: *A. microcephalus*). Dieser Kopfsteher ist im Amazonas- und Orinoko-Becken häufig, dagegen wird sein Verwandter aus dem kolumbianischen Rio Magdalena, *A. eques,* kaum importiert. Eine Unterart des ersten, *A. h. ternetzi,* lebt südwärts der Amazonas-Wasserscheide im System des Rio Paraguay. Brachsensalmler können bis maximal 14 cm lang werden. Im Aquarium wissen sie sich, ebenso wie ihre Kopfsteher-Verwandten, bei Störungen energisch zur Wehr zu setzen. Sie verfügen ja über eine kräftige Bezahnung. Alle diese Kopfsteher benötigen größere Becken, etwa ab 100 cm Länge, mit stärkerer Bepflanzung. Sie nehmen viele Futterarten, doch soll man vegetarische Kost nicht vergessen, die es notfalls auch in getrocknetem Zustand (pflanzliches Trockenfutter) gibt.

Leporinus arcus

Engmaulsalmler wie die beschriebenen Kopfsteher werden aus ihren Heimatbiotopen eingeführt. Sie sind an sehr weiches Wasser und mehr oder weniger sauren pH-Wert gewöhnt! Man sollte diese Werte auch im Aquarium anstreben und die Wasserhärte zumindest nicht über 10° dH hinausgehen lassen. Ein Teilwasserwechsel alle 3–4 Wochen fördert das Wohlbefinden der Tiere.

Hemiodopsis gracilis

Hemiodopsis semitaeniatus

Leporinus-Arten sind nur bedingt als Kopfsteher anzusehen. Sie werden häufig in verschiedenen Arten im Handel angeboten, doch wachsen sie recht schnell und werden bald zu groß für normale Aquarien. 50–60 Arten sind bisher beschrieben worden, wobei die meisten Arten aquaristisch unbekannt geblieben sind. *L. fasciatus, L. striatus, L. affinis, L. arcus* sowie eine Reihe von schwer identifizierbarer Spezies aus der sogenannten Maculatus-Gruppe werden gelegentlich – sozusagen als Beipack – eingeführt, und zweifellos stellen als Jungfische alle eine willkommene Bereicherung verschiedener Aquariengesellschaften dar. Diese Fische stellen keine besonderen Ansprüche und ernähren sich von dem, was normalerweise angeboten wird. Sie sind auch relativ friedfertig.

Die Keulensalmler (Hemiodidae)
Die relativ klein bleibenden Arten dieser Familie leben in Südamerika. Aquaristisch haben die Gattungen und Arten jedoch noch nie eine große Rolle gespielt. Acht Gattungen sind beschrieben: *Hemiodopsis, Hemiodus, Pterohemiodus, Argonectes, Atomaster, Bivibranchia, Parodon* und *Saccodon. Hemiodopsis*-Arten, wie *H. gracilis, H. semitaeniatus* und *H. quadrimaculatus,* gelegentlich auch *H. goeldii* und *H. sterni,* werden eingeführt und dienen meist als interessante Anreicherung in Gesellschaftsbecken. Keulensalmler werden fast ausschließlich importiert und sind in ihrem bisherigen Leben an weiches bis sehr weiches Wasser gewöhnt, das dazu noch mehr oder weniger sauer ist. Sie lassen sich vorsichtig an höhere (jedoch nicht zu hohe) Härtewerte gewöhnen. Sie lieben Gesellschaft der eigenen Art.
Die Arten der Gattungen *Parodon* und *Saccodon,* zusammengefaßt in der Unterfamilie *Parodontinae,* leben – im Gegensatz zu den vorher genannten Verwandten – auf dem Grund der Flüsse. Sie sind dieser Lebensweise gut angepaßt, haben eine flache breite Brust, und die Brustflossen dienen, tief angesetzt, als Stützorgane beim „Aufsitzen" oder „Wandern" über den Boden. Von der Gattung *Parodon* werden gelegentlich Arten angeboten, deren namentliche Einordnung jedoch, bei 18 gültigen Arten und wenig Vergleichsmaterial, schwerfällt.
Alle Keulensalmler lassen sich gut in größeren Becken in Gesellschaft mit anderen Arten pflegen. Sie stellen keine besonderen Ansprüche, benötigen lediglich reichlichen Schwimmraum.

Die Barbensalmler (Curimatidae)
In dieser Familie sind einige absonderliche, weniger bekannte Aquarienfische zusammengefaßt. Da sind in erster Linie die beiden Gattungen der Kopfsteher zu nennen, von denen *Chilodus* monotypisch geblieben ist. Der Punktierte Kopfsteher *(C. punctatus)* gehört als einziger zu den bekanntesten Aquarienfischen, ist jedoch nicht leicht über einen langen Zeitraum zu pflegen. Seine Nachzucht ist nicht einfach, und die aus Südostasien eingeführten Nachzuchttiere sind keinesfalls besser als die Wildfänge an ein Leben in Gefangenschaft angepaßt. *C. punctatus* kommt im nördlichen Südamerika (oberer Amazonas, oberer Orinoko und Guayana-Länder) vor. Auch wenn die Fische eine Gesamtlänge von 9 cm nicht überschreiten, benötigen sie doch ein großes Becken mit einer weiten Gründelfläche und feinem Bodengrund (Sand). Aus der na-

Jungtier einer *Semaprochilodus*-Art

Curimata spec., Jungtier

he verwandten Gattung *Caenotropus* werden kaum Tiere der drei bekannten Arten eingeführt.
Die kleinen Kopfsteher der Gattung *Chilodus* soll man nicht mit Rauhbeinen, wie es viele größere Cichliden und auch viele größere Salmler sind, zusammen pflegen. Die Wasserwerte dürfen, nach vorsichtiger Eingewöhnung, Härtewerte bis etwa 15° dH erreichen. Der pH-Wert soll stets im leicht sauren Bereich (also unter der Neutralmarke 7,0) liegen. Ein Teil des Aquariums sollte reichlich bepflanzt sein. Ein gleichmäßiger Teilwasserwechsel fördert die Vitalität der Fische ebenso, wie eine abwechslungsreiche Nahrung, in der fleischliche Kost (Mückenlarven) ebenso wenig fehlen sollte, wie vegetarisches Futter (überbrühte Spinat-, gewaschene Kopfsalatblätter). Für die größer werdenden, im folgenden beschriebenen Arten gelten weniger eingeengte Haltungsbedingungen.
Die Gattungen *Prochilodus, Semaprochilodus* und *Ichthyoelephas* umfassen rund 25 Arten, deren Vertreter allesamt zwischen 30 und 45 cm lang werden, und in ihren Vorkommensländern als Nutzfische beliebt sind. Wenige Vertreter aus der Gattung *Semaprochilodus,* meist *S. insignis* aus den Guayana-Ländern sowie *S. taeniurus* und *S. theraponura* aus Zentralamazonien, werden von Zeit zu Zeit eingeführt und sind auch als Jungfische wegen der Streifung in den unpaaren Flossen interessante Pfleglinge, die keine besonderen Anforderungen an den Pfleger stellen.
In der so artenreichen Unterfamilie *Curimatinae* sind die drei Gattungen *Curimata, Curimatella* und *Curimatopsis* zusammengefaßt. Géry teilt die Curimata-Arten in „große und kleine Curimatas" auf. Die kleinen bilden die größere Artengruppe mit 80–90 Spezies! Aquaristisch spielen diese Fische keine besondere Rolle, obwohl immer wieder Tiere als *Curimata spec.* eingeführt werden.

Chilodus punctatus

Die Beilbauchsalmler (Gasteropelecidae)
Die Beilbauchsalmler sind eine an Gattungen und Arten kleine, dafür jedoch aquaristisch sehr interessante Familie: In den drei Gattungen *Thoracocharax, Carnegiella* und *Gasteropelecus* gibt es acht Arten, deren Namen jedem erfahrenen Aquarianer geläufig sein müßten: *T. securis* und *T. stellatus, C. marthae, C. myersi* und *C. strigata* sowie *G. levis, G. maculatus* und *G. sternicla.*

Der Name „Beilbauch" weist auf die tief nach unten gewölbte Brustpartie der Fische hin. Ihr ziemlich gerade verlaufender Rückenfirst, das nach oben gerichtete kleine Maul und die ebenfalls hoch am Kopf sitzenden Augen lassen das Leben unter der Wasseroberfläche erkennen. Ihre starke Muskulatur erlaubt es diesen südamerikanischen Bewohnern der oberen Wasserschichten, sich bei der Jagd auf Insekten aus dem Wasser zu erheben. Mit Hilfe der segelartigen Brustflossen, mit denen sie in der Luft noch schwirrend schlagen können, legen sie dabei mehrere Meter außerhalb der Wasseroberfläche zurück. Ihre Heimat erstreckt sich von Panama bis zum südlichen Brasilien, wo sie vor allem die kleinen Nebenflüsse der großen und mittleren Gewässer bewohnen. Die tief hängende Bauchpartie gibt ihnen ein eigenartiges Aussehen. Beilbauchfische gibt es in verschiedenen Arten und Größen. Vom kleinen, nur 2,5 cm groß werdenden Glasbeilbauch *(Carnegiella myersi),* über den Marmorierten Beilbauch *(Carnegiella strigata),* bis zum Silber- oder Platin-Beilbauch *(Thoracocharax securis),* der bis zu 9 cm groß wird, erstreckt sich das Angebot der Händler. Die Fische sind nicht für Anfänger geeignet. Sie benötigen ein Becken mit großer Wasseroberfläche.

Eine Abdeckung ist unbedingt erforderlich, da sie sonst tatsächlich „fliegen“ und herausfallen können. Die Bepflanzung des Aquariums kann mäßig sein, doch sollten einige langstielige Pflanzen, die ihre Blätter auf die Wasseroberfläche legen, nicht fehlen. Unter diesen Blättern suchen die Fische Deckung gegen Feinde aus der Luft. Die Beilbäuche lieben möglichst weiches und leicht saures Wasser, dessen Temperaturen an der Oberfläche zwischen 25 und 30° C liegen sollten. Als Jäger an der oberen Wassergrenze leben die Beilbäuche von Insekten und deren Larven. Kleinkrebse werden aber im Aquarium auch gern genommen. Verschiedene Beilbaucharten sind schon von Aquarianern nachgezüchtet worden, doch ist über diese Nachzuchten nur wenig bekannt. Selbst die Unterscheidung der Geschlechter ist schwierig, fast unmöglich. Die kleinen Südamerikaner lassen sich aber gut mit Fischen, die andere Wasserschichten bevorzugen, vergesellschaften.

Carnegiella strigata

Thoracocharax securis

Carnegiella marthae

Die Sägesalmler (Serrasalmidae)
Die Sägesalmler lieferten und liefern stets viel Stoff für Schauergeschichten. Zu den Sägesalmlern gehören nämlich die berüchtigten Piranhas, aber auch die Scheibensalmler – ein krasser Gegensatz! Während die Vertreter der Unterfamilie *Serrasalminae* reine Fleischfresser sind, ernähren sich die der Unterfamilie *Myleinae* fast ausschließlich vegetarisch. Eine dritte Gruppe, vertreten nur durch eine Art, wird durch *Catoprion mento* repräsentiert. Ein schön anzusehender Fisch, der sich von den erwähnten Arten der Ernährung abgewandt hat und ein halbparasitisches Leben als Schuppenfresser führt.

Serrasalmus nattereri

Catoprion mento

Colossoma bidens (Jungtier von 8 cm Länge)

Mylossoma spec., Jungtier

Myleus rubripinnis, Jungtier

Einer der bekanntesten Nutzfische Amazoniens ist der Pacu. Die Fische können eine beachtliche Größe erreichen und zieren zuweilen die größten Becken unserer Schauaquarien. Sie gehören der Gattung *Colossoma* an. In den Gattungen *Mylossoma, Myleus,* und *Metynnis* sind die Scheibensalmler zusammengefaßt, von denen einige immer wieder als interessante Aquarienpfleglinge importiert werden. *Mylossoma duriventre, Myleus rubripinnis* (mit roter Afterflosse) und *Metynnis hypsauchen* gehören zu den wahrscheinlich am häufigsten importierten Arten.

Scheibensalmler, in englischsprechenden Ländern treffend „Silberdollars" genannt, können 15–20 cm lang und fast ebenso hoch werden und brauchen entsprechend große Becken. Als Vegetarier lieben sie pflanzliche Kost: Es hat also keinen Sinn, in ihrem Becken einen prächtigen Unterwassergarten anzulegen – er wird bald kahlgefressen sein (so schnell kann keine CO_2-Düngung wirken!). In unbepflanzten Becken sollte Grünfutter natürlich nicht fehlen.

Die Amerikanischen Echten Salmler (Characidae)

Diese Familie, in die auch die sogenannten Tetras aufgenommen sind, ist die artenreichste von allen. Sie kann mit mehr Arten aufwarten, als alle übrigen Salmlerfamilien zusammen. Wenn wir uns aber erinnern, daß auch Lachse und Forellen zu den Salmlerverwandten gehören, wissen wir, daß es auch viel räuberisch lebende Arten unter diesen Fischen geben muß. So kennen Amazonas-Reisende sicher die gestreckten und zahnbewaffneten Arten der Gattungen *Hydrolycus* und *Raphiodon,* die aquaristisch ebensowenig eine Rolle spielen, wie die kleiner bleibenden Arten der Gattungen *Acestrorhynchus* (Foto S. 142), aber auch die bekannteren Arten wie *Charax gibbosus* und einige *Roeboides*-Arten. Der häufig eingeführte *Exodon paradoxus* verfügt über ein Gebiß voller Fang- und Reißzähne und ist für das Heimaquarium eigentlich nicht geeignet.

Die früher als Familie geführten Glanzsalmler stehen heute lediglich als Gattung *Chalceus* bei den Echten Salmler. Mit ihren großen Schuppen erinnern sie stark an einige Verwandte aus Afrika, was wohl weniger auf eine Parallelentwicklung schließen läßt, als auf gemeinsame Vorfahren vor der Abspaltung Südamerikas von Afrika in erdhistorischer Zeit. Es sind nur zwei Arten bekannt: *C. erythrurus* aus dem zentralen Amazonien und *C. microlepidotus* aus den Guayana-Ländern und Teilen des Orinoko-Einzugsgebietes. Der erste hat gelbliche, der zweite hellrotviolette Flossen und einen jeweils silbrigen Körper. Die Fische erreichen eine Länge bis zu 25 cm.

Triportheus-Arten haben sich an ein Leben nahe der Wasseroberfläche angepaßt. Sie haben keine so extreme Körperform wie die Beilbäuche. Sie werden größer, ihr Körper ist gestreckter, aber ebenso seitlich zusammengedrückt wie bei den Beilbäuchen. Diese Fische haben sich auf keine besondere Nahrung spezialisiert, vielmehr sind sie Allesfresser. „Sardinha", wie man sie in Brasilien nennt, suchen die Wasseroberfläche nach aller Art von Nahrung ab, darunter Früchte, Samen und Insek-

Salmlerbecken für Arten mit verschiedenen Ansprüchen: Steinterrassen, Schwimmraum im Vordergrund und hinten Verstecke aus Holz, Steinen und Pflanzen.

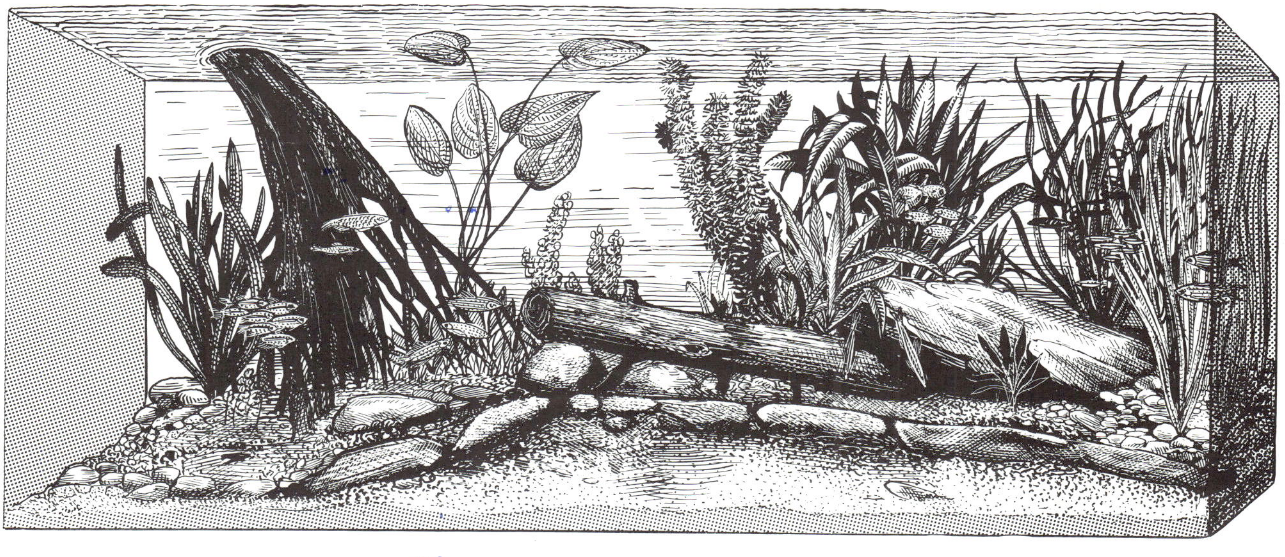

Aphyocharax anisitsi

Triportheus angulatus ♂

Exodon paradoxus

ten, einige bevorzugen Zooplankton. Zwei Arten werden hauptsächlich als Aquarienbewohner eingeführt: *T. angulatus* und *T. elongatus.* Beide sind in Amazonien weit verbreitet. Die Tiere der ersten Art werden 14–20 cm lang, die gestreckteren der zweiten 20–28 cm. Diese Fische fühlen sich nur in recht großen Becken wohl.

Aus dem System des Rio Paraguay (Nördliches Argentinien) stammen zwei Arten aus der Gattung *Aphyocharax,* die in letzter Zeit häufiger eingeführt wurden: *A. rathbuni* und *A. anisitsi,* der Rotflossensalmler, der vielen noch unter seinem Synonym *A. rubripinnis* bekannt sein dürfte. Eine rote Schwanzflosse (jedoch keine weiteren roten Flossen) hat ein naher Verwandter, der Glassalmler *Aphyocharax dentatus* aus dem Paraguaybecken. Die bis zu 6 cm groß werdenden Schwarmfische sind hart und ausdauernd. Man darf sie in nicht zu kleine Becken setzen. Eine ausreichende Bepflanzung ist ebenfalls angeraten. Die friedlichen Fische benötigen ein Wasser von etwa 8–12° dH und Temperaturen zwischen 22 und 28° C, wobei eine gelegentliche Abkühlung bis 18° C nicht schadet. Allesfresser.

Pristella maxillaris, der Sternflecksalmler, ist ebenfalls ein äußerst lebhafter kleiner Schwarmfisch. Er trägt eine Fettflosse, wird bis zu 5 cm lang und stammt aus dem nordöstlichen Südamerika. Das Aquarium, in dem sich diese Art auch vergesellschaftet pflegen läßt, sollte nur mit einer kräftigen Randbepflanzung ausgestattet sein, welche die Aquarienmitte frei läßt. Die Tiere sind beinahe Allesfresser. Synonym: *P. riddlei*

Die Zucht dieser kleinen Salmler ist möglich. Während der Laichzeit ist die Schwanzflosse der Männchen wesentlich röter gefärbt, als die des

Aphyocharax dentatus

Aphyocharax rathbuni

Weibchens. Die Ansprüche an die Wasser- und Temperaturwerte entsprechen denen der Sternflecksalmler.
Zu den Silbertetras gehören verschiedene Arten aus den Gattungen *Poptella* und *Tetragonopterus*. *P. orbicularis* hat eine ziemlich gerundete Körperform und schwimmt meist mit leicht abwärts gerichtetem Kopf; er wird etwa 12 cm lang und stammt aus weiten Regionen Südamerikas vom Orinoko im Norden bis zum Rio Paraguay im südlichen Brasilien. *T. argenteus* und *T. chalceus* haben ebenfalls einen silbernen Körper – letztere (bei vitaminreicher Fütterung!) eine rote Farbzone in der Afterflosse. Diese Art ist mit dem deutschen Namen Schillersalmler belegt.
Der Trauermantel-Salmler oder Trauer-Tetra *(Gymnocorymbus ternetzi)* ist scheibenförmig flach und wird bis 5,5 cm lang. Die friedlichen Schwarmfische sollten stets zu mehreren gehalten werden. Sie lassen sich gut vergesellschaften. Die Zucht der Allesfresser ist nicht schwierig, weshalb man sie meist recht preiswert erwerben kann. Die Grundfärbung ist grau mit schwarzen Querbinden bzw. schwarzer hinterer Körperhälfte und Afterflosse.
Die Arten der Gattung *Iguanodectes* und *Piabucus* werden 10–18 cm lang. Die Importe (meist *I. spilurus)* halten sich in Grenzen, doch sind die Tiere interessante Pfleglinge, die man nur in lang gestreckten Becken halten sollte. Sie stammen aus dem zentralen Amazonien. Sie leben nahe der Wasseroberfläche, was man an der geraden Rückenlinie und dem oberständigen Maul erkennt. Als arttypisches Kennzeichen gilt die langgezogene Afterflosse.
Einige Arten der Gattungen *Boehlkea, Inpaichthys* und *Nematobrycon* sind beliebte Aquarienfische, wenngleich sie nicht immer zu den friedfertigsten unter den kleinen Salmlern gehören. *B. fredcochui,* der Blaue Salmler, stammt vom oberen Amazonas und wird etwa 4 cm lang. *Inpaichthys kerri* wurde erst 1977 beschrieben und als „Königssalmler“

Pristella maxillaris

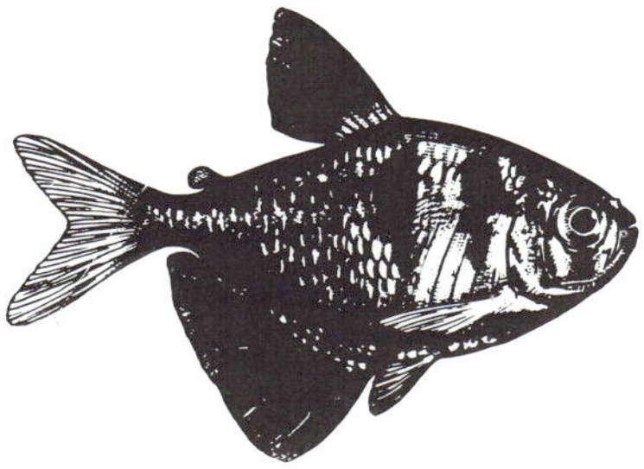

Gymnocorybus ternetzi

Tetragonopterus chalceus

Poptella orbicularis

Piabucus dentatus

Inpaichthys kerri

Boehlkea fredcochui

Nematobrycon palmeri

Paracheirodon axelrodi

Die als *„Anoptichthys jordani"* eingeführte Form des Blinden Höhlensalmlers ist eine Form von *Astyanax fasciatus mexicanus.*

eingeführt. Auch er stammt aus Amazonien und wird meist in einem Nebenfluß des Rio Madeira (Rio Aripuanã) gefangen. Die Schwarmfische werden 3,5–4 cm lang, wobei das Männchen das größere Tier ist. Der Kaisersalmler *(Nematobrycon palmeri)* kommt, wie sein naher Verwandter *(N. lacortei)*, den man „Regenbogentetra" nennt, aus Kolumbien. Ein besonderes Merkmal dieser beiden Arten ist die tief eingebuchtete Schwanzflosse, deren äußere Strahlen bei erwachsenen Tieren rötlich gefärbt sind, und deren mittlere, schwarz und filamentartig verlängert, das Ende der schwarzen Körperlängsbinde bilden. Beide Arten werden etwa 6 cm lang.

Salmler der Gattung *Astyanax* können sehr schöne Farben haben, die sie jedoch bei unsachgemäßer Fütterung schnell verlieren. *Astyanax fasciatus* gilt beispielsweise als die Art, die von allen Tetras am weitesten nach Norden vorgedrungen ist und sogar noch an wenigen Stellen der USA vorkommt. Von einer Unterart *(A. f. mexicanus)* stammt der Blinde Höhlensalmler aus Mexiko ab, der sich gut zur Nachzucht bringen läßt und daher wohl auch immer wieder im Handel angeboten wird. Es ist schade, daß sich von den über 60 Arten der Gattung kaum eine aquaristisch durchsetzen kann. Sie sind vom erwähnten Norden bis in den subtropischen Süden Südamerikas verbreitet.

All diese lebhaften Schwarmfische sind relativ friedlich und lassen sich gut vergesellschaften. Sie sind mit einer kleinen Fettflosse ausgestattet. An das Aquarienwasser stellen sie keine besonderen Ansprüche. Zweckmäßig ist ein weiches Wasser, dessen Härte nicht über 10° dH hinausreicht. Der pH-Wert sollte möglichst im Bereich „leicht sauer" (6,5–6,8) liegen. Bei Temperaturen um 22–26° C bieten wir den Fischen die richtigen Wärmegrade, wobei man nach Herkunft unterscheiden muß.

Die *Moenkhausia*-Arten zählen zu den bekanntesten Aquarienfischen. Hauptsächlich angeboten werden drei: Der Schwanzrupfensalmler *(M. oligolepis)*, der Brillantsalmler *(M. pittieri)* und die Rotaugen-Moenkhausia *(M. sanctaefilomenae)*. Diese Fische lassen sich gut nachzüchten, weshalb sie wohl auch ständig in den Angeboten des Fachhandels anzutreffen sind. Die erste Art kommt aus Nordostamazonien, die letzte aus Venezuela, und *M. sanctaefilomenae* ist

Moenkhausia sanctaefilomenae

Paracheirodon innesi

vom zentralen Amazonien bis ins System des Rio Paraguay (Nordargentinien) verbreitet. Die größte dieser drei Arten ist der Schwanztupfensalmler mit 12 cm Länge, während die beiden anderen Arten nur halb so lang werden.

Die Allesfresser mit den größeren Schuppen lieben reichlich bepflanzte Becken. Die Pflanzen sollen nicht zu zart sein, weil die Fische sonst gern daran zupfen. Einige Verstecke (Wurzeln) sind ebenso unerläßlich, wie ausreichender freier Schwimmraum. Gut gepflegte Tiere und gut harmonierende Paare kann man auch in ein besonders hergerichtetes Zuchtbecken umsetzen. Sie sind Freilaicher – aber auch Laichräuber, was man beachten sollte.

Unter der Bezeichnung „Tetras" werden bei uns hauptsächlich die Verwandten der Gattungen *Hemigrammus, Thayeria, Hyphessobrycon* und *Paracheirodon* zusammengefaßt, auch wenn diese Unterteilung nicht ganz zutrifft. Sie müßte für alle in der Unterfamilie Tetragonopterinae erfaßten Arten gelten. Die meisten der Tetras tragen eine oft steil nach oben stehende Rückenflosse, weshalb man sie „Viereckflosser" nannte (tetra = vier). Die Arten der hier nun erwähnten vier Tetra-Gattungen, denen man noch *Cheirodon, Petitella, Hasemania* und *Megalomphodus* anfügen sollte (um nur die bekanntesten zu erwähnen), sind über weite Teile Südamerikas und zum Teil auch Mittelamerikas verbreitet. Mit über 60 Arten ist *Hyphessobrycon* die artenreichste Gattung, gefolgt von *Hemigrammus* mit rund 40.

Hemigrammus erythrozonus

Wenn man von der Nachfrage auf die Beliebtheit schließt, kann man ohne Bedenken zwei Arten anführen, die mit Längen führen: *Paracheirodon innesi* und *P. axelrodi*, der Einfache und der Rote Neonfisch. Ihre attraktive blaue und rote Färbung läßt nicht nach, auch wenn in ihrer Pflege Fehler gemacht werden. Die Tiere sind jedoch anfällig gegen die sogenannte Neonkrankheit, die sich in einem Aquarium schnell wie eine Seuche ausbreiten und dann ganze Bestände hinwegraffen kann (vergleiche Thema „Krankheiten der Fische").

Die Gattung *Hemigrammus* beschert uns ein paar schöne Arten, darunter vor allem den Glühlichtsalmler *(H. erythrozonus)*, der bis etwa 5 cm lang wird und aus dem nördlichen Südamerika stammt. Diese Schwarmfische beeindrucken vor allem durch die Leuchtkraft ihrer roten Längsbinde, die bei vitaminreicher Fütterung besonders intensiv strahlt. Der Grüne Neon ist mit dem wissenschaftlichen Namen *H. hyanuary* belegt, kommt im Einzugsgebiet des mittleren und oberen Amazonas vor und wird nur 4 cm lang. Der Goldtetra *(H. armstrongi)* wird von Géry als eine Variante des Kirschfleckensalmlers *(H. rodwayi)* angesehen. Das Verbreitungsgebiet des Goldtetras liegt in Westguayana; die Fische werden bis etwa 4,5 cm lang und brauchen

Hemigrammus armstrongi

Hyphessobrycon callistus

Hyphessobrycon bentosi bentosi

ein leicht abgedunkeltes oder rückwärtig fein bewachsenes Becken, damit ihre Goldfärbung gut zur Geltung kommt.
Einer der bekanntesten Vertreter der Gattung *Hyphessobrycon* ist der Schmucksalmler *H. bentosi bentosi*, der mit der heute als Synonym geführten *H. ornatus* identisch ist. Sehr ähnlich ist auch der Blutsalmler *(H. callistus)*, die beide aus dem zentralen oder südlichen Becken des Amazonas stammen und rund 4 cm groß werden. Wie sein deutscher Name erkennen läßt, liegt der Lebensraum von *H. flammeus* („Roter von Rio") nahe bei der bekannten Stadt in Brasilien. Er wird 4–5 cm lang, und seine schöne Rotfärbung ist ebenfalls von einer ausgewogenen und vitaminreichen Nahrung abhängig. Der Schwarze Neon *(H. herbertaxelrodi)* hat sich in den letzten Jahren immer mehr zu einem beliebten Aquarienfisch entwickelt. Die aus dem Mato Grosso stammenden Fische können zu stattlichen Exemplaren von etwa 4 cm Länge heranwachsen. Vom oberen Amazonas, im Gebiet des Dreiländerecks zwischen Brasilien, Kolumbien und Peru, kommt der Loretosalmler *(H. loretoensis)*, der nach der gleichnamigen Stadt benannt ist. Die kleinen, ebenfalls bis zu 4 cm langen Fischchen bekommen bei entsprechender Ernährung eine kräftig rote Schwanzflosse.
Aus der Gattung *Thayeria* stammen die Fische, die man in den englischsprechenden Ländern Pinguin-Tetras nennt. Es sind insgesamt drei gültige Arten bekannt: *T. boehlkei*, *T. obliqua* (Synonym: *T. sanctaemariae)* und *T. ifati*, von denen die beiden erstgenannten aus dem zentralen und westlichen Teil des Amazonasbeckens stammen. Der erste wird 6 cm, der zweite 8 cm lang; beide werden in bestimmten Abständen eingeführt. Die dritte Art aus den Guayana-Ländern ist aquaristisch kaum bekannt. In Deutschland sind die Tiere als „Schrägschwimmer" bekannt. Ihre Schwimmhaltung läßt den Hinterkörper etwas abwärts hängen, diese Schwimmweise wird im Erscheinungsbild noch durch eine schwarze, von der oberen hinteren Körperhälfte in den unteren Schwanzflossenlappen verlaufende Längsbinde verstärkt.

Petitella georgiae

Hemigrammus rhodostomus

Der Schwarmfisch liebt dichtbepflanzte Becken, die den Tieren aber noch hinreichenden Schwimmraum lassen. Allzu weiches Wasser ist nicht erforderlich (10–12° dH), wohl aber ein regelmäßiger Teilwasserwechsel. Die Temperaturansprüche der Kleinen liegen zwischen 24 und 26° C. Die Allesfresser lassen sich gut vergesellschaften. Ihre Zucht ist möglich.
Der Rotkopfsalmler *(Petitella georgiae)* ist ein etwas empfindlicher, dafür aber sehr beliebter Aquarienfisch. Man soll die Tiere jedoch nicht mit dem Rotmaulsalmler *(Hemigrammus rhodostomus)* verwechseln, der sehr ähnlich gefärbt, im gesamten Erscheinungsbild jedoch kräftiger ist. Während *P. georgiae* aus dem westlichen Teil des (oberen) Amazonas

Hyphessobrycon herbertaxelrodi

Hyphessobrycon loretoensis

Thayeria boehlkei

kommt, liegt die Heimat des selteneren *H. rhodostomus* in Zentralamazonien. Beide Arten werden 4–5 cm lang.
Die Gattung *Hasemania* wird nur durch vier Arten repräsentiert, von denen *H. nana* (Synonym: *H. marginata)* die bekannteste ist und als „Kupfersalmler" eingeführt wurde. Die rund 5 cm langen Schwarmfische sind im Becken des Rio São Francisco beheimatet, der südöstlich des Amazonas in den Atlantik mündet.

Megalamphodus sweglesi

Die sogenannten Phantomsalmler gehören der Gattung *Megalamphodus* an und sind nahe mit den Arten der *Hyphessobrycon bentosi*-Gruppe verwandt, ebenso mit denen der jeweils monotypischen Gattungen *Pristella* und *Pseudopristella.* Von den 10 *Megalamphodus*-Arten werden nur zwei regelmäßig eingeführt: *M. megalopterus* (Schwarzer Phantomsalmler) und *M. sweglesi* (Roter Phantomsalmler). Der erste stammt aus dem Einzugsbereich des Rio Guaporé, der einen Teil der Grenze zwischen Brasilien und Bolivien bildet. Weiter im Norden liegt die Heimat der zweiten Art, nämlich in Ostkolumbien (System des oberen Orinoko).
Wir richten das Becken für alle diese kleinbleibenden Schwarmfische (mindestens 1–2 Dutzend Tiere!) mit kräftiger Randbepflanzung und ausreichendem Schwimmraum ein. Natürlich sollen Verstecke aus organischem Material (Moorkienholz) nicht fehlen. Je weicher das Wasser, um so besser ist es für die Pfleglinge geeignet. Den meisten macht es aber nichts aus, wenn man sie in leicht angesäuertes Aquarienwasser setzt, mit Härtegraden um 12–16° dH. Ich habe die Fische selbst in 16° hartem Wasser gepflegt: Sie sind darin von kleinsten Importen bis zu recht großen Fischen herangewachsen. Wichtig erscheint jedoch immer wieder, daß man Schwarmfische auch in einem wirklichen Schwarm hält, also mindestens zehn Fische. Da die meisten Salmler recht verträglich sind, kann man den Schwarm auch aus verschiedenen Arten zusammensetzen.

Die Karpfenfische (Cyprinidae)

Man kann vom aquaristischen Standpunkt aus die beliebten tropischen Karpfenfische in mehrere bekannte Gattungen aufteilen: Die Barben, die Danios, die Rasboren und die Fransenlipper. Der Großteil der Barben war bislang unter dem Gattungsnamen „Puntius" zusammengefaßt. Eine Überarbeitung dieser Gattung und Aufteilung in vier neue Barbengattungen mit teilweise schon bekannten wissenschaftlichen Namen hat der amerikanische Ichthyologe Leonhard P. Schultz vorgenommen. Es sind die Gattungen *Barbus* mit der eng verbundenen Gattung *Barbodes,* die Gattung *Capoeta* sowie die altbekannte Gattung *Puntius.* Von den Namen, wie sie in dieser Arbeit vorgeschlagen wurden, machten schon viele Wissenschaftler und Autoren Gebrauch, doch wird von anderen auf eine Arbeit von Myers verwiesen, der anführt, daß diese Einteilung nach Zahl der vorhandenen Barteln nicht als ordentliches Unterscheidungsmerkmal und zur Überstellung in andere Gattungen geeignet ist.
Weitere Gattungen und Arten zählen zur großen Familie der Karpfenfische, wie etwa der Goldfisch, der jedoch für die heute betriebene Aquaristik nur noch zweitrangig.

Megalamphodus megalopterus

Hasemania nana

Ein großer Teil der Karpfenfische trägt Barteln, die entweder ein- oder zweipaarig auf den Lippen sitzen. Sie waren, wie erwähnt, das Bestimmungsmerkmal bei der oben beschriebenen Aufteilung in neue Gattungen. Die Barteln helfen den Fischen beim Gründeln auf der Suche nach Futter. Die Cypriniden (Karpfenfische) haben keine Fettflosse. Sie können ihr Maul – etwa beim Schnappen der Beute – mehr oder weniger weit vorstülpen.
Barben finden wir ausschließlich in der alten Welt, also in Europa, Asien und Afrika. Die meisten dieser Tiere sind schöne und harte Aquarienfische, von denen viele im seichten Wasser mäßig fließender Flüsse leben. Einige ernähren sich vorwiegend von Pflanzen, wie etwa die große Schwanefeld-Barbe, die man nur in eigens für sie eingerichteten Becken halten kann. Barben stellen keine großen Ansprüche an die Wasserhärte, doch soll es gut gefiltert sein. Als Schwarmfische fühlen sie sich am wohlsten in einer Gruppe von Artgenossen. Da die Tiere den ganzen Tag über futtersuchend durch

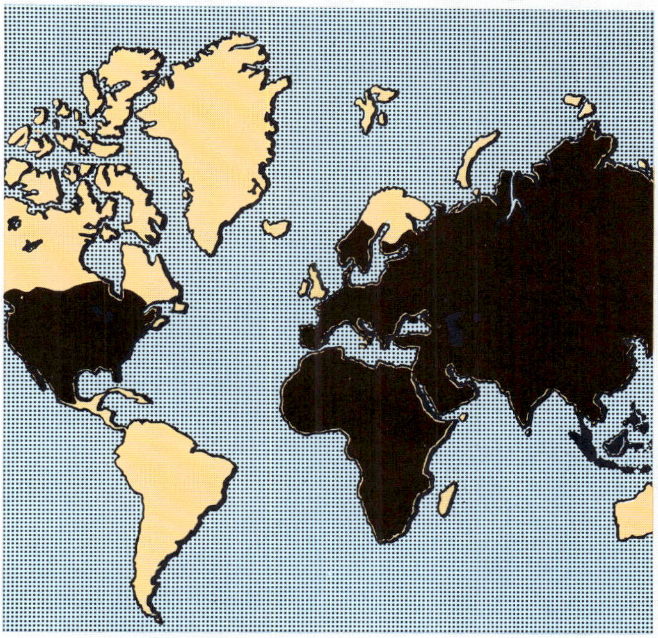

■ = Verbreitung der Karpfenfische

Becken für Barben und Verwandte: Einrichtung mit flachen Steinen, vielen *Cryptocoryne*-Arten, leichter Schwimmpflanzendecke und weichem Bodengrund.

Verschiedene Goldfisch-Zuchtformen: Löwenkopf (Ranchu), oben links; Kaliko-Schleierschwanz, oben rechts; Rotkäppchen (Taychyo), unten links; Teleskopauge (Kaliko), unten rechts.

das Aquarium ziehen und dabei auch Algen nicht verschmähen, sind sie immer in guter Verfassung. Bei der Gabe von Lebendfutter zeigen sie ihre ganze natürliche Gier und Lebendigkeit. Sie fressen jedoch auch Trocken-, gefriergetrocknetes und tiefgekühltes Futter.

Viele Barbenarten lassen sich leicht nachzüchten. Es kommt dabei oft zu ergiebigen Gelegen. Das hat zur Folge, daß die Barben zu den preiswerteren Aquarienfischen zählen. Da sie Laichräuber sind, muß das Zuchtaquarium mit einem Laichrost oder mit Glaskugeln (dicht aneinandergelegt) am Beckenboden ausgerüstet sein.

Fransenlipper und ähnlich aussehende nahe Verwandte (Rüsselbarbe) werden von vielen Fischliebhabern oft fälschlich zu den Schmerlen gerechnet. Allerdings zählen die Tiere auch zu den Bodenfischen. Die Nachzucht dieser Fische ist bisher außerhalb Ostasiens noch nicht erreicht und beschrieben worden.

Der seit langer Zeit bekannteste Vertreter aus der Familie der Karpfenfische ist der Goldfisch *(Carassius auratus auratus)*, eine Unterart, die von den Asiaten schon vor mehreren Jahrhunderten durch Auslesezucht aus dem Giebel *(Carassius auratus gibelio)* entstanden ist. Ursprünglich hielt man diese Tiere in Teichen oder ballonartigen Glasgefäßen, wo die anspruchslosen Fische bei sicher nicht idealen Bedingungen ihr Leben fristeten.

Seit einiger Zeit findet der simple Goldfisch bei den meisten Aquarienfreunden keinen Platz mehr. An seine Stelle sind die Schleierfische, Teleskopaugen, Löwenköpfe und wie sie

alle heißen mögen, getreten. Fische, an deren „Verbautheit" zum Glück nicht allzuviele Fischfreunde Gefallen finden. Diese Tiere werden nach besonderen Regeln und Standardmaßnahmen von den Spezialisten gezüchtet und gehandelt. Neben den rotgoldenen Exemplaren finden wir auch solche, die schwarz, weißlich oder bunt gescheckt sind, einige sind schuppenlos.
Alle Goldfischarten sind sogenannte Kaltwasserfische, die recht hart sein können und entsprechend erhöhte Temperaturen vertragen. Das sollte aber keinen Pfleger dazu verleiten, die Fische bewußt bei Temperaturen von über 15° C zu halten. Goldfische sind Allesfresser, sie schwimmen den ganzen Tag über gründelnd durch das Becken. Weil sie dabei wenig Rücksicht auf die Erhaltung der Beckendekoration nehmen, ist es schwer, ein Goldfischaquarium gleichzeitig in gutem optischen und biologisch ertragbaren Zustand zu halten. Da die Fische das Wasser schnell in eine trübe Brühe verwandeln können, sollte für gute, starke Filterung gesorgt werden. Die Allesfresser sind zugleich Vielfresser und machen auch vor den Aquarienpflanzen nicht halt. Die durch Hochzucht erzielten Formen der Schleierschwänze, Eierfische und Himmelsgucker sind besonders empfindlich gegen einen plötzlichen Wasserwechsel, den man aber in einem Goldfischaquarium häufig vornehmen muß. Ein Goldfisch sollte übrigens genauso oft und abwechslungsreich mit Lebendfutter verköstigt werden wie andere und vielleicht teurere tropische Arten.

Danio aequipinnatus

Eine der auffälligsten Barbenarten in unseren Aquarien ist die großflossige Haibarbe *(Balantiocheilus melanopterus)*. Ihre Heimat ist Südostasien einschließlich der Großen Sundainseln. Die wunderschönen Fische sind als ausdauernde und stets hungrige Pfleglinge bekannt. Der Schwarmfisch sollte zu mehreren Exemplaren gehalten werden. Da die Tiere nicht zu den aquaristischen Zwergen zählen, können sie nur in größeren Becken leben (ab 80 cm bei Jungfischen). Mit zunehmendem Alter und Wachstum muß dann die Möglichkeit gegeben sein, sie in ein Aquarium noch größeren Inhalts umzusetzen. Eine Abdeckung wird besonders dann empfohlen, wenn die Tiere in zu engen Behältern gepflegt werden, da sie dann gern springen. Die Fische sind bedingt zu vergesellschaften. Man sollte sie nur mit robusten Fischen zusammenbringen. Die Einrichtung des Beckens kann nur mit sehr kräftigen und hartfaserigen Pflanzen erfolgen, da die Barben recht oft und gern daran zupfen. Zweckmäßigerweise beschränkt man sich auf wenige dieser Dekorationsstücke und verwendet als restliche Einrichtungselemente Steine und Wurzeln. Im übrigen fressen Haibarben fast alle Arten von Futter. Die Wasserqualität ist zum Wohlbefinden der Tiere nicht sehr ausschlaggebend. In einem mittelharten bis weichen Wasser (12–16° dH), das in seinem pH-Wert knapp unter der

Balantiocheilus melanopterus

Brachydanio frankei

Brachydanio nigrofasciatus

Brachydanio albolineatus

Neutralgrenze liegt, bleiben die Fische bei längerer Pflege immer gesund und munter. Die Temperaturen liegen bei 24–26° C. Werden die Fische in wirklichen Großaquarien gepflegt, können sie über 25 cm groß werden. In den meisten Heim-Aquarien erreichen sie diese Größe nicht oder erst sehr spät. Über die Nachzucht ist noch nichts bekannt. Bei den angebotenen Tieren handelt es sich stets um Importe, was auch ihren Preis erklärt.

Ausgesprochene Lieblinge der meisten Aquarianer sind die Danios. Die bekanntesten von ihnen sind aus unseren Aquarien nicht mehr fortzudenken. Die Fische bringen fast alles mit, was ein Fischliebhaber von seinen Pfleglingen erwartet: Eine kräftig bunte Färbung, geringe Größe, Lebendigkeit, eine relative Anspruchslosigkeit und last not least eine nicht allzu schwere Züchtbarkeit. Fünf Spezies von ihnen haben sich besonders gut in unseren Aquarien eingebürgert. Es sind dies der Leopard-Danio *(Brachydanio frankei)*, der Schillerbärbling *(B. albolineatus)*, der Tüpfelbärbling *(B. nigrofasciatus)*, der Zebra-Bärbling *(B. rerio)* und der recht groß werdende Malabarbärbling oder Riesendanio *(Danio aequipinnatus,* Synonym: *D. malabaricus)*. Die letztgenannte Art wird bis zu 15 cm, die anderen etwa 6 cm lang. Die Fischchen, bei denen die blaue Farbe in der Zeichnung immer überwiegt, sind sehr schwimmfreudig und stets auf der Suche nach Futter. Sie sind gut zu vergesellschaften. Das Becken richtet man mit einer kräftigen, nicht zu hohen Randbepflanzung ein, den mittleren Teil dekoriert man mit Wurzeln und einigen Steinen. Die Tiere sind nicht so empfindlich gegen härteres Wasser und einen pH-Wert, der knapp über der Neutralmarke 7 liegt. Die durchschnittliche Haltungstemperatur liegt um 23° C und darf während der Wintermonate bis zu 4° niedriger liegen. Wird das Wasser kälter, ist die Gesundheit der Fische gefährdet! Danio-Becken sollen nicht zu dunkel stehen. Die Fische sind gute Futterverwerter, da sie sich über fast alles Freßbare hermachen.

Die Unterscheidung der Geschlechter ist bei den Danios nicht allzu schwierig, wenn die Tiere erst geschlechtsreif sind. Meist sind die Weibchen etwas größer. Die Bauchpartie der weiblichen Tiere ist fülliger und etwas tiefer nach unten durchgebogen. Zur Zucht ist ein Bekken von 30 und 40 cm ausreichend. Es soll nicht zu hell beleuchtet sein und in den Ecken mit feinfiedrigen Pflanzen besetzt werden. (Der Zebrabärbling kommt auch ohne sie aus.) Das Weibchen wird zuerst in das Ablaichbecken gesetzt. Man gibt dem Tier einen Tag zur Eingewöhnung, bevor man zwei männliche Fische zusetzt. Während des Ablaichprozesses soll man die Tiere nach Möglichkeit beobachten: Ist der Ablaichvorgang beendet, müssen alle Fische aus dem Becken genommen werden, da sie sich sonst über den Laich hermachen und ihn verspeisen. Im wärmeren Zuchtwasser (ca. 3° höhere Temperaturen) entwickeln sich die Eier innerhalb von 24 Stunden bis zur Schlupfreife. Die Kleinen sind nicht sehr anspruchsvoll. Schon einen Monat nach dem Ablaichen kann der gleiche Vorgang wiederholt werden.

Brachydanio rerio

Die Saugbarben (Garrinae) sind eine Unterfamilie der Karpfenfische. Durch den Bau ihres Maules ist die Art als Sauger gekennzeichnet. Die Schönflossenbarbe *(Epalzeorhynchus kalopterus)* und die Grünflossige Rüsselbarbe *(E. siamensis)* sind ähnlich gefärbt und stammen aus Südostasien. Beide Arten haben ein unterständiges Maul mit verdickten Lippen. Die Oberlippe ist stark vergrößert. Durch die so entstandene tütenförmige Saugpartie haben die Tiere die Möglichkeit, abgeraspelte Algen gleich in die „Maultasche" und dann weiter in den Magen zu befördern, und sie dient ihnen zum Anheften an Steine und Wurzeln in den oft schnellfließenden Gewässern ihrer Heimat. Die recht ansprechend gefärbten Tiere bleiben im Aquarium nach langjähriger Pflege fast immer bei Endgrößen, die um 10 cm stehen. Der Aquarianer schafft in der Regel

eine Saugbarbe nur an, um sein Bekken frei von störenden Algen zu halten. Die Schönflossenbarbe ist im Grunde schon eine alte Bekannte, wogegen die Grünflossige Rüsselbarbe erst Ende der fünfziger Jahre entdeckt wurde. Dafür ist diese Neuentdeckung aber die bessere Algenvertilgerin. Sie ist im Gegensatz zur Schönflossenbarbe eine Einzelgängerin. Fische anderer Arten läßt sie unbehelligt, weshalb sie gut zu vergesellschaften ist.
Man pflegt die Tiere fast immer im Gesellschaftsbecken mit ausreichender Bepflanzung bei Temperaturen zwischen 23 und 26° C. Die Barben haben sich als äußerst robuste Pfleglinge erwiesen und stellen keine großen Ansprüche.
Die Aufbauten im Aquarium sollten so zusammengestellt sein, daß ein bodenbewohnender Fisch ausreichend Verstecke vorfindet.
Ebenso Bodenbewohner sind die Fransenlipper (Labeo-Arten). Obgleich diese Gattung auch riesige Arten einschließt, kommen für die Aquaristik nur die kleineren und bunten Formen in Frage. Einer der bekanntesten ist der Feuerschwanz-Fransenlipper *(Labeo bicolor)*. Die Fransen bestehen aus kleinen, zottigen Lippenfortsätzen (Hornpapillen), mit denen die Tiere in den sauerstoffgesättigten und schnell fließenden kleinen Gewässern ihrer Heimat (Südostasien) die Algen von Steinen und Hölzern raspeln. Wer schon einmal einen solchen Fisch zu fangen versuchte (mit Kescher im Aquarium), kann dessen Schnelligkeit und Schwimmgewandtheit bestätigen. Unsere Labeos können auch in fast jeder Körperhaltung schwimmen. Sie weiden oft nach Art der Rückenschwimmer Pflanzenblätter von der Unterseite ab, putzen – besonders als Jungtiere – senkrecht auf und ab schwimmend die Algen von den Aquarienscheiben und „robben" manchmal nach Art mancher Welse auf den Brustflossen über den Aquarienboden.
In mineralarmem, weichem Wasser, das dazu noch leicht über Torf gefiltert wurde, fühlen sich die Tiere wohl. Eine teilweise Erneuerung des Aquarienwassers in Abständen von 3–4 Wochen ist für die Labeos ebenfalls vorteilhaft. Die Temperatur kann bei 24–26° C liegen. Die Tiere sind Allesfresser. Wird die vegetarische (Algen-)Kost im Becken knapp, so muß ein Ersatz-Grünfutter gereicht werden. Fransenlipper können mit zunehmendem Alter recht zänkisch werden. Dem kann man nur abhelfen, indem man in große Aquarien (ab 100 cm Länge) nur wenige Tiere der gleichen Art einsetzt und ihnen durch entsprechende Dekoration gebildete Reviere anbietet. Wer ein solches Becken aus räumlichen oder anderen Gründen nicht erstellen kann, sollte nur einen Fisch dieser Art pflegen.
Fransenlipper der genannten Arten wachsen verhältnismäßig langsam und erreichen ihre Endgröße, die um 20 cm liegt, in Gefangenschaft fast nie. Anders ist es mit dem Schwarzen Fransenlipper *(Morulius chrysophekadion)*, der auch oft fälschlich als „Negerschmerle" angeboten wird. Diese Art sieht im Jugendkleid ebenso schön aus, wächst aber recht schnell heran. Da ihre Endgröße bei 60 cm liegt, wird aus ihr auch schon im halberwachsenen Stadium ein Riese.
Wie bereits in der Einführung zum Thema „Karpfenfische" erwähnt, weist der Amerikaner Prof. Myers nach, daß die Einteilung nach Zahl der Barteln nicht geeignet ist und setzt den Gattungsnamen *Barbus* wieder ein, den Cuvier bereits im Jahre 1817 aufstellte. Die Vielzahl und Vielfalt der Barben macht es leider unmöglich, sie hier alle aufzuzählen.

Labeo bicolor

Epalzeorhynchus kalopterus

Die Dreibandbarbe *(Barbus arulius)* ist eine Asiatin. Die bis zu 12 cm groß werdenden Tiere sind nur bedingt gut zu vergesellschaften. Die schwimmfreudigen Schwarmfische knabbern nämlich nicht nur gern das zarte Grün der Pflanzen an, sondern auch die schleierartig verlängerten Flossen einiger Fischarten. Sie brauchen ein mittelhartes Wasser mit Temperaturen um 24° C. Eine Nachzucht ist möglich. Die Färbung der Tiere ist auf den Körperseiten silbrig. Der Rücken irisiert grün. Die Schwanz- und Afterflossen tragen einen roten Saum an der Endkante. Die Rückenflosse des Männchens trägt längere Strahlen.

Barbus barilioides

Die Tiger- oder Angolabarbe *(Barbus barilioides)* stammt, wie ihr Name schon anzeigt, aus dem tropischen Westafrika (Angola). Die stets lebhafte und dabei sehr genügsame Art sollte jedoch nicht in einem zu kleinen Becken gehalten werden. Die Fische brauchen ausreichenden Bewegungsraum, um nicht zu verkümmern. Während des Umherschwimmens legen die Schwarmfische gern eine kurze Ruhepause ein, die sie in dichtem Pflanzenbestand verbringen möchten. Die Randbepflanzung des Beckens kann also recht üppig sein. Da die Tiere in ihrer Heimat die Uferzonen bewohnen, scheuen sie helles Licht. Falls sich die Beckenbeleuchtung nicht wunschgemäß regulieren läßt (was ja oft der Fall ist), hilft man sich mit einigen breitblättrigen Schwimmpflanzen, die dann den nötigen Schatten geben. Die Wasserwerte liegen um weich bis mittelhart, der pH-Wert im Neutralbereich um 7. Als typisches Tropenkind verträgt die Angola-Barbe keine Temperaturen, die unter 23° C liegen. Sie ist ein Allesfresser, über deren Nachzucht hier noch nichts bekannt ist.

Die Prachtbarbe *(Barbus conchonius)* hingegen läßt sich verhältnis-

Barbus arulius ♂

Barbus conchonius, Schleierform, ♂

Barbus everetti

Barbus lineatus

Barbus nigrofasciatus

Barbus tetrazona, Jungtiere

mäßig einfach nachzüchten. Die in Vorderindien und Bangla Desh beheimateten Tiere zählen zweifellos zu den schönsten Aquarienfischen. Die Färbung der Weibchen bleibt stets etwas blaß. Dafür zeigen die männlichen Tiere, besonders während der Paarungszeit, ein leuchtendes Weinrot, das durch einen tiefschwarzen Fleck auf dem vorderen Schwanzstiel noch unterstrichen wird. Den recht großschuppigen Barben richtet man ein Becken ein, das ähnlich dem für die vorgenannte Art gestaltet wird. Da diese Fische gern gründeln, sollte der Bodengrund fein und nicht zu hell sein. Wichtig in diesem Zusammenhang ist die ständige Sauberkeit des Bodengrundes. Wer keine trübe Brühe in seinem Becken haben will, der sollte von Zeit zu Zeit zumindest die obere Bodenschicht absaugen und, gut durchgewaschen, wieder ins Becken geben. Die Heimatgewässer der Barben sind stets klar. In unserem Aquarium reicht der Filter zur Säuberung meist nicht aus, so muß der Pfleger nachhelfen.

Wie bereits erwähnt, ist die Zucht nicht nur möglich, sondern auch sehr produktiv. Die Prachtbarbe zählt zu den Barben-Arten, die am leichtesten zu züchten sind. Aber auch hier muß beachtet werden, daß die Tiere arge Laichräuber sind und sofort nach Beendigung der Eiabgabe und

Befruchtung durch das Männchen aus dem Becken entfernt werden müssen. Die Tiere werden – zwar in Ausnahmefällen – bis zu 14 cm groß, sind aber schon bei Größen um 6 cm zuchtfähig.
Everett's Barbe *(B. everetti)* kann eine Größe bis zu 12 cm erreichen. Sie stammt von der malaiischen Halbinsel und Borneo. Erhalten die Fische vitaminreiches Futter, so zeigen sie einen besonders schönen Glanz auf rotviolett irisierendem Grund.
Etwas einfacher ist die Linienbarbe *(B. lineatus)* gefärbt: Auf goldgelbem Grund liegt ein Muster aus schwarzen Linien. Die Tiere leben auf den beiden großen Sundainseln Borneo und Sumatra und kommen auch im Süden der malaiischen Halbinsel vor. 14 cm werden die Fische groß. Die im Handel erhältlichen Barben dieser und anderer Arten werden in europäischen wie auch in südostasiatischen Züchtereien reichlich vermehrt und sind daher häufig in den Angeboten des Fachhandels.
Die Schwarzband- oder Seitenstrichbarbe *(B. lateristriga)* kommt auf der Malaiischen Halbinsel (auch Südthailand) und einigen indonesischen Inseln vor. Sie wird – je nach Vorkommensgebiet – zwischen 12 und 18 cm lang. Ihre Grundfärbung ist hellbeige bis weißlich. Interessant ist die unverwechselbare Strichmusterung. Die

Barbus lateristriga

Barbus oligolepsis

B. tetrazona, Zuchtform „Moosbarbe"

Barbus ticto ticto, Zuchtform, „Rubinbarbe", ♂

Flossen sind transparent. Die lebhaften Tiere kann man trotz ihrer Größe als ausgesprochen friedliche Schwarmfische bezeichnen. Die Tiere lieben viel freien Schwimmraum, und die Beckenrandbepflanzung sollte nur aus kräftigen, hartfaserigen Pflanzen bestehen. Die Allesfresser lieben ein mittelhartes Wasser und Temperaturen um 23° C.

Ein kleiner Vertreter aus der großen Barben-Gruppe stellt sich mit der Purpurkopfbarbe *(Barbus nigrofasciatus)* vor. Die etwa 6 cm langen Fische stammen aus Ceylon (Sri Lanka). Die schwimmfreudigen Tiere bevorzugen ein mittelhartes Wasser bei etwas höheren Temperaturen (26° C), als es sonst bei Barben üblich ist. Ihre Zucht ist möglich und kann leicht zu recht ertragreichen Ergebnissen führen.

Von den Eilanden der Sunda-Inseln (hauptsächlich Sumatra) stammt die Eilandbarbe *(Barbus oligolepis).* Der Zwerg wird höchstens 5 cm groß. Eine nicht zu starke Bepflanzung mit widerstandsfähigem Grün ist für den revierbildenden kleinen Schwarmfisch angemessen. Der harte Anfängerfisch ist Allesfresser und begnügt sich mit Wasserhärtegraden zwischen 10 und 15 dH bei Temperaturen um 23° C. Die Zucht ist möglich.

Wesentlich größer und daher nur im

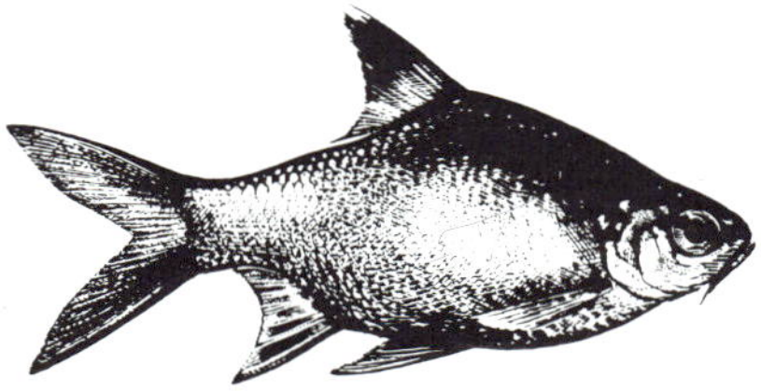

Barbus schwanefeldi

Jugendstadium für ein Heim-Aquarium verwendbar ist Schwanefeld's Barbe *(Barbus schwanefeldi).* Die wunderschönen Fische wachsen auch in für sie zu kleinen Aquarien „ungerührt" weiter. Ihre Endgröße kann bei 35 cm liegen. Die großschuppigen Fische sind orangefarben, wobei Bauch- und Afterflossen besonders kräftig gefärbt sind. Die tief gegabelte Schwanzflosse trägt an der Außenseite ein schwarzes Band, das von einem feinen orangefarbenen Streifen gesäumt ist. Die Schwanefeld's Barben lieben ein Leben im Schwarm. Doch gerade das, verbunden mit ihrer Größe, macht sie für Heim-Aquarien ungeeignet. Einzelne Fische gehen aber durchaus nicht zugrunde, sie bilden sich aber zu ruppigen Einzelgängern aus. Hunger hat der Fisch immer. Oft gründelt er, kopfabwärts geneigt, durch das Aquarium. Hierbei kommen ihm seine beiden Bartelpaare gut zustatten. *Barbus schwanefeldi,* auch Brassenbarbe genannt, benötigt unbedingt pflanzliche Zusatzkost zu ihrem Wohlbefinden. Wird sie nicht gereicht, so vergreift sie sich unweigerlich an den Pflanzen. Hierbei bevorzugt sie die feingliedrigen Arten. Man sollte nur Pflanzen einsetzen, die gut im Boden wurzeln, da sie sonst schon nach einem kräftigen Flossenschlag der Barben aus dem Boden gerissen werden können. Die Barben sind nur bedingt zu vergesellschaften, das heißt, eine hungrige Brassenbarbe frißt durchaus auch einmal einen kleinen Fisch. Man soll also nur größer werdende Arten zusetzen. Die Haltungstemperaturen liegen bei 24° C, wobei nach oben und unten eine Karenz von mehreren Graden besteht. Im übrigen ist sie nicht anspruchsvoll: Das Wasser muß nicht weich sein, und ihr schmeckt fast jede Futtersorte.

Wohl die bekannteste, aber auch recht ruppige Barbe ist die Sumatrabarbe *(Barbus tetrazona),* auch Viergürtelbarbe genannt. Ihre wunderschöne schwarz-gelb-rote Färbung hat sie schon seit langer Zeit zu einem Liebling der meisten Aquarianer werden lassen. Diese leicht

Rasbora hengeli

Rasbora heteromorpha

züchtbare Art, deren Gelege immer für große Mengen Nachwuchs sorgen, verdankt ihre Popularität wohl auch dem Umstand, daß die Fische zu recht akzeptablen Preisen angeboten werden. Auch die Sumatra-Barben leben im Schwarm. Hier herrscht eine ausgesprochene Rangordnung, wie wir sie ja aus dem Zusammenleben vieler Tierfamilien kennen. Ein Becken, in dem diese Barben gepflegt werden, soll neben einer Randbepflanzung mit kräftigen Arten auch einen ausreichenden Schwimmraum lassen. Einige ins Becken hineinragende Wurzelstükke tragen zur natürlichen Raumgliederung bei. Man soll Sumatra-Barben nie mit Langflossern vergesellschaften, weil sie den etwas im gleichen Becken befindlichen Skalaren die langen Flossen anknabbern, was die Buntbarsche natürlich nicht nur stört, sondern sie mitunter – besonders in der Dämmerungszeit – in panikartiges Vorwärtsschießen ausbrechen läßt.
Von *Barbus ticto* wurde bereits 1871 die Unterart *B. ticto stoliczkae* beschrieben. Von der Stammform, die seither *B. ticto ticto* heißt und mit dem deutschen Namen „Rubinbarbe" belegt ist, wurde vor einigen Jahren die Zuchtform „Odessabarbe" eingeführt, bei der die ohnehin schönen

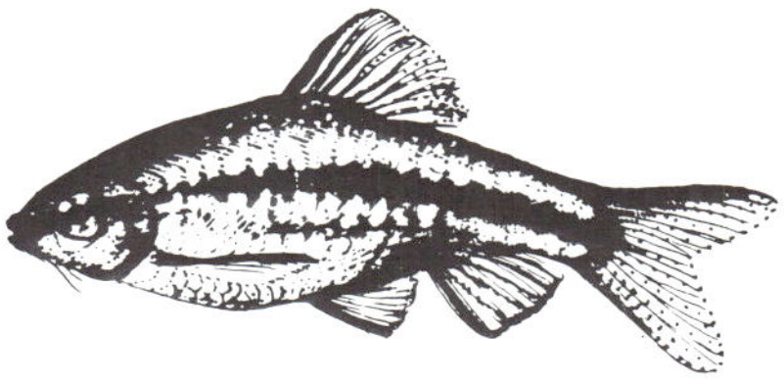

Barbus titteya

und kräftigen Farben noch intensiviert sind. Diese kräftigen Farben zeigen nur die männlichen Tiere, während die Weibchen eher beigebraun gefärbt sind. Die Stammform stammt aus Indien und Sri Lanka. Haltung wie bei *B. tetrazona* angegeben. Die Tiere werden rund 10 cm lang.
Nur etwa halb so groß bleibt die Bitterlingsbarbe *(Barbus titteya)*. Sie ist nicht ganz so robust und wird bei Vergesellschaftung mit zu ruppigen Tieren leicht scheu. Die schwimmfreudigen 5 cm langen Fische sind wärmebedürftige Allesfresser, die bei 24–26° C Wassertemperatur und mittelhartem Wasser lange aushalten können. Sie haben eine zart rostbraune Färbung, die je nach Lichteinfall grünlich schimmert. Kiemendekkel und alle Flossen sind kräftig rot gefärbt. Die mögliche Zucht kann sehr produktiv sein.

Rasboren stellen ähnliche Ansprüche an ihren Pfleger. Fast alle stammen aus Südostasien. Etwas empfindlicher ist die beliebte Keilfleckbarbe *(Rasbora heteromorpha)*. Sie kann bei oberflächlichem Hinsehen leicht mit der Hengel's Keilfleckbarbe *(Rasbora hengeli)* verwechselt werden, doch bleibt die letztgenannte wesentlich kleiner (bis 3 cm groß), während die Keilfleckbarbe Größen bis zu 4,5 cm erreicht. Zudem ist der „Keil", eine schwarze Fläche vom Ansatz der Schwanzflosse bis zur Körpermitte, an seiner breitesten Stelle bei *R. hengeli* nur angedeutet, wogegen er bei der *R. heteromorpha* bis unter den vorderen Ansatz der Rükkenflosse reicht. Keilfleckbarben beider Arten fühlen sich erst wohl in möglichst weichem Wasser (unter 8° dH) und einem leicht sauren bis sauren pH-Wert. Die Fische werden von manchen Aquarianern für sehr heikel gehalten. Setzt man die Tiere vom weichen Wasser des Händlerbeckens in eines von 18–20° dH um, so ist natürlich die Ausfallrate bei einem empfindlicheren Fisch entsprechend hoch.
Keilfleckbarben sind keinesfalls temperamentlos! Neben dem Schwimmraum in der Beckenmitte sorgt man für eine üppige Randbepflanzung aus feinfiedrigen Pflanzen,

die im weichen Wasser ohnehin besser gedeihen als in härterem. Rasboren bevorzugen einen möglichst dunklen Bodengrund. Eine Vergesellschaftung mit anderen, gleichgroßen Fischen mit ähnlichen Ansprüchen ist möglich. Temperaturen um 24° C. Keine zu helle Beleuchtung. Man kann das Becken durch feine Schwimmpflanzen wie *Riccia* vor zu starkem Lichteinfall schützen. Keilfleckbarben sind Allesfresser, die aber oft Lebendfutter dem Trokkenfutter vorziehen.
Die Unterscheidung der Geschlechter ist nicht immer einfach. Die etwas größeren und rundlicheren Weibchen tragen einen an der Vorderseite ziemlich gerade abgeschnittenen Keil, während er bei den schlankeren Männchen zum Kopf hin durchgerundet ist. Zur Zucht muß besonders mineralarmes Wasser verwendet werden.
Typisch für die etwa 12 cm lange gestreckte *R. caudimaculata* oder Schwanzfleckrasbora sind die beiden goldockerfarbenen Zonen in beiden Lappen der gegabelten Schwanzflosse, an die sich die tiefschwarze Endregion der Flosse anschließt. Der Fischkörper schimmert silbrig und bekommt je nach Lichtauffall Regenbogenfarben. Die Fische sind in Südostasien (Thailand, Malaysia, Indonesien) beheimatet und werden in Längen von 4–6 cm angeboten. Selbst in mittelgroßen Becken wachsen sie verhältnismäßig langsam.
Ein sehr empfindlicher Pflegling ist der Schönflossenbärbling, *Rasbora kalochroma,* von der malaiischen Halbinsel und einigen der großen Sundainseln. Man soll die Tiere nur im großen Schwarm in reichlich bepflanzten, langgestreckten Becken mit weichem Wasser pflegen. In geringer Zahl fühlen sie sich offenbar nicht wohl, ihre Vitalität läßt nach, was sich auch an ihrer blasseren Färbung ablesen läßt. (Diese meine Meinung stimmt nicht mit der verschiedener anderer überein, doch ist das meine Feststellung.) Es kann allerdings auch vorkommen, daß es zu innerartlichen Aggressionen kommt und einzelne Tiere sich absondern, die dann in ein anderes Becken überführt werden müssen. Häufiger Teilwasserwechsel ist wichtig!
Sehr ausdauernd ist der Rotstreifenbärbling, *Rasbora pauciperforata* aus ähnlichen Lebensräumen wie die vorgenannte Art. Er wird nur 7 cm lang. Auch bei dieser Art bleiben Einzeltiere scheu; im Schwarm erst zeigen sie ihre Vitalität. Anderen Fischen gegenüber sind sie friedlich.
Der Perlmutterbärbling *Rasbora vaterifloris* ist in seiner Verbreitung über die Insel Sri Lanka (Ceylon) nicht hinausgekommen. Die hochrükkigen Tiere werden kaum mehr als 4 cm lang. Ihre Haltung ist nicht immer problemlos. Es empfiehlt sich eine Haltung in einem reich bepflanzten Cryptororyne-Becken, das mindestens 60 cm lang sein sollte. Es scheint, als seien die Fische wärmebedürftiger als viele ihrer Verwandten. Unterscheidungen der Geschlechter lassen sich am plumperen Körper der Weibchen wie an der prächtigeren Färbung ihrer Partner erkennen. Die Eier werden nach heftigem Aneinanderschmiegen abgegeben. Die Tiere sind arge Laichräuber! Das Wasser sollte möglichst weich sein; häufiger Teilwechsel ist nötig.
Der Glasbärbling *(Rasbora trilineata)* stammt aus dem Gebiet der Malaiischen Halbinsel sowie den Großen Sundainseln. Die Tiere sind jedem Aquarianer bekannt. Dieser lebhafte Schwarmfisch kann recht langlebig sein und dabei Größen bis zu 15 cm erreichen. Wenn man die Tiere aber nur in mittelgroßen Becken bis zu 70 cm Länge hält, erreichen sie diese Größe fast nie. Das Becken kann etwas heller beleuchtet sein als bei der vorgenannten Art, ansonsten aber die gleiche Einrichtung haben. Obgleich die Fische auch weiches Wasser bevorzugen, sind sie etwas robuster. Ein Torfzusatz ist ebenfalls anzuraten. Glasbärblinge sind Allesfresser.
Weitere gut eingeführte Rasbora-Arten sind der Schlankbärbling *(Rasbora daniconius),* der bis zu 10 cm groß

Rasbora vaterifloris

Rasbora kalochroma

Rasbora caudimaculata

Rasbora dorsiocellata

Rasbora trilineata

Rasbora pauciperforata

Tanichthys albonubes

Leptobarbus hoeveni, Jungfisch

wird; der Augenfleckbärbling *(R. dorsiocellata),* der aus Malaya und den Großen Sundainseln stammt und etwa 7 cm groß wird; der Zweibindenbärbling *(Rasbora cephalotaenia)* aus dem gleichen Biotop, jedoch mit einer Gesamtlänge von 12 cm; der ebenso große Schmuckbärbling *(R. lateristriata);* dann der Zwerg unter den Rasboren: Die Zwerg- oder Tüp-

Rasbora maculata

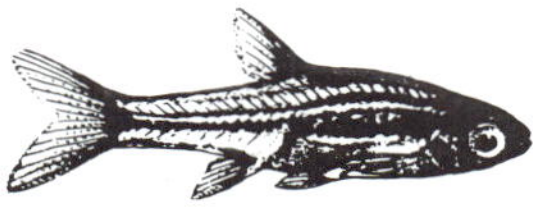

Rasbora urophthalma

felrasbora *(R. maculata),* die sage und schreibe nur 2,5 cm lang wird, und der Schwanzfleckbärbling *(R. urophthalma).* Alle Arten lassen sich in ähnlicher Weise pflegen wie die vorgenannten Arten. Die Nachzucht ist allerdings noch nicht bei allen Arten geglückt.
In letzter Zeit wird unter der Bezeichnung „Apollobarbe" eine Art eingeführt, die man nur mit dem Wissen erwerben sollte, daß die Fische in recht großen Becken zu pflegen sind und hier 40–50 cm lang werden können! *Leptobarbus hoeveni* ist von Thailand bis hin zu einigen der großen Sundainseln verbreitet und bekommt mit zunehmendem Alter mehr Rotanteile in den Flossen der unteren Körperhälfte.
Abschließend sei noch der Kardinalfisch *(Tanichthys albonubes)* erwähnt, dessen Heimatbiotope in Südchina liegen und der bereits in Kapitel „Wasser" erwähnt wurde. Nur 4 cm werden diese Fischchen lang. Sie brauchen kein tropisch warmes Wasser, sondern sind während der Sommermonate mit 20–22° C zufrieden und vertragen auch eine Wasserabkühlung auf 18–16° C. Ein anspruchsloser Schwarmfisch für Anfänger. Die Tiere zeigen viel Rot in der Färbung.

Algenfresser und Flossensauger (Gyrinocheilidae und Homalopteridae)

Die einzige Art aus der Familie der Algenfresser, *Gyrinocheilus aymonieri,* ist fast jedem Aquarianer als „Siamesische Saugschmerle" ein Begriff, obwohl dieser Name irreführend ist, da sie nicht den Echten Schmerlen angehört. Dieser Algenfresser erfreut sich großer Beliebtheit, da er den Algenrasen im Aquarium in erträglichen Grenzen hält. Der Fisch, der die Bodennähe bevorzugt, kann sich mit seinem Saugmaul an Dekorationsstücken oder an die Aquarienscheiben anheften.
Die Südostasiaten leben in ihrer Heimat hauptsächlich in schnellfließenden Bächen. Auch hier weiden sie die Steine ab, ohne höhere Pflanzen zu beschädigen. Lebendfutter fressen sie aber ebenfalls gern. Saugschmerlen werden in der Natur bis zu 25 cm groß, erreichen jedoch diese Länge im Heimaquarium nicht. Sie lieben sauerstoffreiches, klares Wasser. Die Wassertemperaturen können zwischen 20 und 28° C betragen. Bei der Vergesellschaftung der Saugschmerlen mit größeren, scheibenförmigen Fischen ist Vorsicht geboten. Die Schmerlen versuchen manchmal, sich an diese Fische anzusaugen. Die Folgen sind Verletzungen und Verlust von Schuppen. Die Saugschmerlen können mit zunehmendem Alter – da sie Einzelgänger sind – zu recht ruppigen Tieren werden.
Die Arten der in den Gattungen *Homaloptera* und *Gastromyzon* zusammengefaßten Flossensauger werden seltener eingeführt; die der letzten Gattung kommen meist als Beipack mit den Importsendungen an. Als schönster Flossensauger wird *H. orthogoniata* angesehen – eine Art, mit der die meisten Aquarianer aber nur wenig Freude haben. Diese Fische stammen aus kühleren und schnellfließenden (daher sehr sauerstoffreichen) Hochlandgewässern und halten es daher in für sie zu warmen und auch nicht besonders sauerstoffreichen Heimaquarien kaum länger als ein paar Wochen aus. Der Prachtflossensauger (von Meinken „Sattelfleck-Borneoschmerle" apostrophiert), wird schätzungsweise 12–16 cm lang.

Gyrinocheilus aymonieri

Die Schmerlen und Dorngrundeln (Cobitidae)

Acanthophthalmus semicinctus

Zur Familie der echten Schmerlen *(Cobitidae)* oder Dorngrundeln gehören die folgenden Arten. Die bodenbewohnenden Schwarmfische der Gattung *Acanthophthalmus* werden auch „Dornaugen“ genannt. Einer der meist gehandelten Fische ist das Halbbinden-Dornauge *(A. semicinctus).* Dieser Fisch, wie auch andere bekannte Arten (etwa *A. kuhlii* oder *A. myersi*), erreicht eine Endlänge von etwa 8 cm. Wie alle tropischen Schmerlen stammen auch sie aus Südostasien. Dornaugen sind dämmerungsaktiv; tagsüber ziehen sie sich meist in ihre Verstecke zurück. Bei regulierbarer Beleuchtung läßt sich die Aktivität – in Grenzen – steuern. Die Beckeneinrichtung sollte aus viel organischem Material (Moorkienholz) bestehen, jedoch können auch einzelne Steinhöhlen aus nicht zu kalkhaltigen Stücken miteingebaut werden. Ein weicher und dunkler Bodengrund simuliert den Tieren den Charakter der tropischen Heimatgewässer. Ebenso wird eine kräftige und dichte Bepflanzung zumindest der Becken-Randregionen empfohlen. Dornaugen benötigen weiches Wasser, das nicht über 10° dH hinausreichen sollte; Temperaturen zwischen 24 und 28° C. Die Tiere sind Allesfresser. Die lichtscheuen Schmerlen mögen keine direkte Beleuchtung, weshalb die

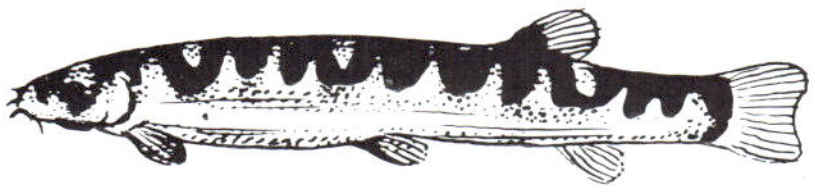

Acanthophthalmus kuhlii

Beckeneinrichtung, bei der bevorzugt an den Einsatz von Schmerlen gedacht ist: Viele übereinandergelegte Steinplatten und flache Steine, mit denen Versteckräume gebildet werden. Dazu solche in Verbindung mit Wurzelholz, Cryptocorynen und viel Schwimmraum.

Wasseroberfläche mit Schwimmpflanzen abgedeckt sein sollte. Zur Vergesellschaftung werden keine Bodenfische empfohlen, sondern Arten aus höheren Wasserschichten.
Die Tigerschmerle *(Botia hymenophysa)* ist in Südostasien weit verbreitet. Der ruppige Fisch kann nur mit anderen harten Arten vergesellschaftet werden. In großen Becken erreichen die Schmerlen eine Länge von 20 cm. Sie benötigen dazu allerdings eine lange Zeit, da sie nicht schnellwüchsig sind. Interessant für einen begeisterten Schmerlen-Pfleger ist die Einrichtung eines speziellen Schmerlen-Aquariums. Es soll eher weiträumig als hoch sein und den Charakter eines Bachlaufes haben. Das können wir am zweckmäßigsten in einem selbsthergestellten Eternitbecken ausführen. Wir können eine zweite, dünne (gut isolierte) Eternitplatte als Rückwand einkleben, die mit Wurzelstücken und Steinen dekoriert ist und den Fischen als Unterstand dienen kann. In der Natur ist fast immer der Bodengrund unter den Wurzeln ausgewaschen, so daß die Fische darunter „unterstehen" können. Man sollte Wurzeln nicht immer nur auf den Boden legen, sondern flache Schieferstücke auf- und übereinanderschichten, zwischen deren vielen Spalten die Fische ausgezeichnete Versteckplätze finden. Streicht man die Aquarienwände mit Kunststoff schwarz an, so wirkt das Becken tiefer. Zudem kann eine solche Wand kein Licht reflektieren. Das Wasser in einem Schmerlenbekken muß alle 3–4 Wochen erneuert werden. Bei Temperaturen zwischen 24 und 28° C fühlen sich die Fische wohl. Man soll die Tiere nicht mit kleineren Bodenbewohnern zusammen pflegen.
Ebenso groß ist die Prachtschmerle *(Botia macracantha)*. Sie ist sehr beliebt, gehört aber auch nicht zu den preiswerten Fischen. Diese langsam wachsenden Tiere sind oft nicht sehr robust. Sie brauchen weiches Wasser bis zu 12° dH mit häufigem Frischwasserzusatz und ein nicht zu helles Aquarium. In versteckreich eingerichteten Becken kommen die Tiere auch tagsüber aus ihrem Unterschlupf. Diese Schmerlen sind recht

Botia sidthimunki

Botia hymenophysa

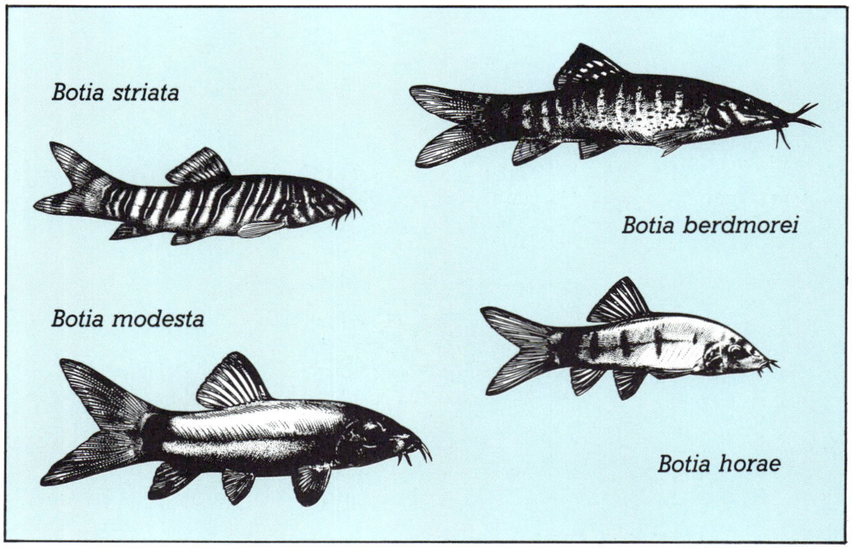

friedlich untereinander. Von neu eingesetzten Exemplaren gehen meist einige ein. Im übrigen gilt auch sonst für diese Art das für *B. hymenophysa* Gesagte.
Neben dieser wohl schönsten Schmerle aus der Gattung *Botia* kennen die Aquarianer aber noch eine Reihe von anderen *Botia*-Arten, die im Verhalten sehr interessante Pfleglinge sind, auch wenn es sich bei ihnen überwiegend um dämmerungsaktive Fische handelt. Da wäre zuerst einmal Hora's Schmerle *(B. horae)* zu nennen. Sie wird etwa 10 cm groß, bleibt aber im Aquarium meist kleiner. Der friedfertige Bartelträger liebt weiches bis mittelhartes Wasser und Temperaturen, die 26° C am Boden nicht überschreiten sollten. Die Lucas-bahi-Schmerle *(B. berdmorei)* erreicht dieselbe Größe und stellt ähnliche Ansprüche wie die vorgenannte Art. Sie erinnert in ihrer gestreckten Form etwas an die Tigerschmerle, da ihre Stirn ebensolang vorgestreckt ist. Ihre Grundfärbung ist ockerbraun, und die Rükkenflosse trägt rötliche Flecke in der Spitze. Die Grüne Schmerle *(B. modesta)* erinnert in Verhalten, Größe und Pflege an die vorgenannten Arten. Sie hat eine gräuliche Körperfarbe, die jedoch, je nach Stimmung, in bläuliche oder grünliche Töne umgewandelt werden kann. Mit Ausnahme der gelben Rückenflossen sind alle übrigen Flossen transparent.
Abschließend sei noch die Streifenschmerle *(B. strigata)* erwähnt. Sie wird bis zu 12 cm groß und unterscheidet sich von den übrigen Arten dieser Gattung durch besonders intensive und „harte" Zeichnung. Diese relativ neue Art ist auch am Tage aktiv. Sie ist der rechte Bewohner für das typische Schmerlenbecken. Die Körpergrundfarbe ist tiefschwarz. Goldgelbe, sich nach unten zu verbreiternde schmale Querbänder ziehen um den Körper. Zwischen diesen liegen fadenförmige, feine und ebenso gefärbte wellenförmige Querlinien. Die transparenten Flossen haben einen gelben Hauch und Muster aus schwarzen Punkten.
Zu den Zwergen unter den Schmerlen gehört die Schachbrettschmerle *(Botia sidthimunki)*. Sie erreicht höchstens Längen bis zu 4 cm. Die Weibchen sind rundlicher und besonders in der Bauchpartie kräftiger. Die Körperzeichnung kann recht unterschiedlich sein und reicht vom karoartigen Fleckenmuster bis zu ungleichmäßigen Längsstreifen. Die Schachbrettschmerlen sind auch tagsüber aktiv. Diese Tiere gedeihen auch in einem nicht so großen (um 60 cm langen) Becken. Doch

Botia macracantha

Acanthopsis choirorhynchos

pflegt man sie dann besser im Arten-Aquarium. In größeren Aquarien können die Schmerlen auch mit Fischen, die obere Wasserschichten bewohnen, vergesellschaftet werden. Die Beckeneinrichtung soll ähnlich der sein, wie sie bei voranbeschriebenen Arten aufgeführt wurden. Diese Gäste aus Thailand verzehren so ziemlich alles, was man Aquarienfischen dieser Größe im allgemeinen vorsetzt. Die Wasserwerte sollen weich bis mittelhart sein; die Temperaturen 24 bis 28° C betragen. Man sollte häufig einen Teilwasserwechsel im Schmerlenbecken vornehmen.
Abschließend sei noch die Rüsselschmerle *(Acanthopsis choirorhynchos)* erwähnt – ein großer südostasiatischer Vertreter aus der Schmerlenfamilie. Die Tiere werden bis zu 18 cm groß, wachsen aber relativ langsam. Die nachtaktiven Fische wühlen kräftig, wobei sie auch gelegentlich nicht fest eingewurzelte oder zu kleine Pflanzen ausbuddeln. Die Einrichtung muß entsprechend gewählt sein. Das weiche Wasser soll keine höheren Temperaturen als 26° C aufweisen.

Die Stachelwelse (Bagridae)

Die Verbreitung der Stachelwelse reicht vom tropischen und subtropischen Afrika über Indien und Südostasien bis ins gemäßigte Ostasien. Ihre Haut ist schuppenlos. Die Rükkenflosse ist vorn mit einem Stachel versehen. Hinter der Dorsale folgt eine Fettflosse. Es gibt mehr als ein Dutzend Gattungen, von denen gelegentlich Vertreter der Gattungen *Auchenoglanis, Parauchenoglanis, Bagrus, Leiocasis* und *Mystus* eingeführt werden. Bekannt ist *Mystus vittatus,* der Indische Goldstreifenwels. Der Südostasiat kann sich auch im Aquarium zu einer stattlichen Größe (20 cm) entwickeln. Die Fische werden besonders gern als Jungtiere angeschafft und gehalten. Sie tragen dann sehr lange Barteln auf der Oberlippe. Auch diese Fische sind in der Hauptsache nachtaktiv und liegen tagsüber in ihrem Versteck. Größer gewordene Tiere überfallen gern nachts andere Beckenbewohner im Schlaf! Sie stellen keine Ansprüche an die Wasserqualität.

Die Echten Welse (Siluridae)

Echte Welse sind in Europa und Asien beheimatete Welse der gemäßigten, subtropischen und tropischen Zonen, aus deren Kreis aber nur wenige aquaristisch bekannt wurden, weil ihre Größe das nicht zuläßt. Einzige bekannte Art ist der Indische Glaswels *(Kryptopterus bicirrhis).* Er kommt auf der malaiischen Halbinsel ebenso vor wie auf den großen Sundainseln (Java, Sumatra und Borneo). Ich habe selbst Tiere in Südthailand (unter anderem zusammen mit *Rasbora hengeli)* fangen können. Rund 10 cm werden die Fische lang. Ihr „indischer" Name entstammt der früheren Bezeichnung „Hinterindien".
Diese ruhigen Fische mögen keine rauhen Mitbewohner. Sie lieben stattdessen artgleiche Gesellschaft. Ihr Körper ist so durchsichtig, daß man beinahe jede Gräte zählen kann. So ist es auch möglich, den Eingeweidesack direkt hinter der Kehle zu erkennen. Dort sitzt auch der Darmausgang. Auf diese Weise ist an der restlichen Körperunterseite Platz für

Mystus vittatus

Kryptopterus bicirrhis

einen langgezogenen Flossensaum. Von der Rückenflosse blieb nur noch ein Strahl übrig, der gelegentlich hochgestellt wird. Eine ähnliche Art, jedoch mit Tüpfeln, ist *K. macrocephalus.* Insgesamt umfaßt allein diese Gattung ein knappes Dutzend Arten, von denen fast alle ein ganzes Stück größer als 10 cm werden. Indische Glaswelse pflegt man in möglichst weichem Wasser mit leicht saurem pH-Wert. Sie sind tagaktiv, lieben geräumige Aquarien, deren Einrichtung auch dichte Pflanzenbestände aufweisen soll. Man hält sie bei Temperaturen zwischen 22 und 26° C und ernährt sie überwiegend mit kleinem Lebendfutter.

Die Glaswelse (Schilbeidae)

Glaswelse sind reine Tropenkinder. Ihre Heimat liegt in Afrika und wärmeren Teilen Asiens: Vorder- und Hinterindien mit den großen Sundainseln. Nur wenige Arten konnten sich aquaristisch durchsetzen, darunter solche der Gattung *Eutropiellus, Eutropius* und *Schilbe.* Seltener werden Vertreter von *Parailia* und *Physailia* eingeführt. Auch die Haut dieser Arten ist unbeschuppt. Bei der am häufigsten eingeführten Art handelt es sich um *Eutropiellus vandeweyeri,* deren Vertreter jedoch unter diesem Namen noch nicht gut eingeführt und daher meist fälschlich als *E. debauwi* gehandelt werden. *E. vandeweyeri* stammt aus Nigeria, *E. debauwi* aus Westzaire.
Bei den häufiger eingeführten afrikanischen *Eutropiella*-Arten handelt es sich um lebhafte Schwarmfische, die man nie einzeln halten sollte, weil sie sich sonst verstecken und kümmern. Sie mögen keine Gesellschaft mit rauhen größeren Fischen und sind selbst recht friedlich. Sie bevorzugen Lebendfutter und lassen sich auch an tiefgefrorenes, fleischliches Futter gewöhnen wie (in Maßen) an Trockenfutter. Wasser nicht zu hart und pH-Wert im Bereich „leicht sauer", also 6,6–6,8.

Die Schlank- oder Haiwelse (Pangasiidae)

Haiwelse – wie sie in der Aquaristik meist genannt werden – stehen den Glaswelsen nahe. Von den vielen über Südostasien verbreiteten Arten dieser Familie, von denen eine *(Pangasianodon gigas)* 200 cm und mehr Länge erreichen kann, ist nur der bis etwa 20 cm lange *Pangasius sutchi* aquaristisch bekannt. Man hält diese Tiere in nicht zu weichem Wasser und vergißt den gleichmäßigen Teilwasserwechsel nicht. Werden sie im Gesellschaftsbecken gehalten, muß beachtet werden, daß sie anderen Fischen nicht alles wegfressen.

Eutropiellus vandeweyeri

Pangasius sutchi

Die Kaulquappenwelse (Amphiliidae)

Eine artenreiche, aquaristisch aber wenig bekannte Familie, aus der Vertreter der Gattungen *Amphilius, Andersonia, Doumea* und vor allem *Phractura* gelegentlich eingeführt werden. Die bekannteren *Phractura*-Arten erinnern stark an die der südamerikanischen Gattung *Loricaria* und ihren Verwandten. Kaulquappenwelse stammen jedoch aus Afrika. *Phractura ansorgii* ist durch viele Importe der letzten Jahrzehnte die bekannteste. Die Fische werden etwa 8 cm lang.
Kaulquappenwelse stellen sehr geringe Ansprüche an den Pfleger und benötigen kaum besondere Aufmerksamkeit, was die Fütterung oder die Wasserwerte anbelangt.

Die Kiemensackwelse (Clariidae)

Diese torpedoförmigen Welse leben in Afrika, Teilen Vorderasiens und im tropischen Asien. Ihr schuppenloser, gestreckter Körper trägt eine kurze oder saumartige Rückenflosse, die nicht weit hinter dem Kopf ansetzt. Auch die Afterflosse bildet einen langen Saum. Vier Paar Bartfäden stehen um das endständige Maul. Gefährliche Stacheln haben sie in den Brustflossen!
Kiemensackwelse besitzen, wie ihr deutscher Name aussagt, ein akzessorisches (= zusätzliches) Atmungsorgan in Form eines Atemsackes, der den Fischen erlaubt, entweder das Wasser zu verlassen oder sich im Schlamm einzugraben. Von den vielen Arten der Gattungen *Clarias* und *Bathyclarias* leben einige im Malawi-See, wo man sie im klaren Wasser gut beobachten kann. Kiemensackwelse sind gefräßige Räuber, weshalb man sie nur mit Vorsicht in Gesellschaftsbecken geben soll. Sie gehen nachts auf Nahrungssuche. Es sind hauptsächlich Vertreter aus zwei Gattungen, die man im aquaristischen Handel antrifft: *Heteropneustes fossilis* ist leicht an seiner kurzen Rückenflosse zu erkennen. Die Tiere stammen aus Asien und werden etwa 70 cm lang. Noch größer werden die Verwandten der Gattung *Clarias*, von denen *C. batrachus* (50 cm) der bekannteste ist. Von diesem Asiaten werden auch albinotische Formen angeboten. Weitere bekannte Arten sind: *C. angolensis* (35 cm), *C. anguillaris* (75 cm), *C. lazera* (120 cm) und *C. mossambicus* (65 cm), die alle aus Afrika stammen.
Ansprüche an die Wasserqualität stellen diese Welse nicht. Sie haben sich vielen Lebensräumen angepaßt. Man hält sie bei Temperaturen zwischen 22 und 26° C.

Porträt eines afrikanischen Kaulquappenwelses der Gattung *Phractura*

Chaca chaca

Die Großmaulwelse (Chacidae)

Mit *Chaca bankanensis, C. chaca* und *C. burmensis* (fragliche Art) wurden zur Familie bisher 3 Arten beschrieben. Der bekannteste Vertreter *C. chaca* wird bis etwa 20 cm lang und geht nachts auf Raub. Das Maul bildet die breiteste Stelle des flach gebauten Fisches. Ziemlich weit vorn, nahe der großen, breiten Maulspalte, sitzen die aufmerksam blickenden kleinen Augen. Wer diesen Fisch in ein Gesellschaftsbecken gibt, darf sich nicht wundern, wenn kleinere Mitbewohner mit der Zeit aus dem Aquarium im Bauch des Welses verschwunden sind. Dabei beschränkt sich der Fisch nicht nur auf fleischliche Kost, sondern nimmt auch andere Futterarten wie Tabletten vom Boden und verschlingt sie. Die Art ist in Teilen Südostasiens beheimatet.
Der Großmaulwels stellt keine Ansprüche an die Wasserqualität und kann somit auch in härterem Wasser gepflegt werden. Der pH-Wert sollte jedoch nicht weit über der Neutralgrenze (7,0), eher im leicht sauren Bereich liegen. Liegt tagsüber still in seinem Versteck.

Die Fiederbartwelse (Mochokidae)

Fiederbartwelse bilden eine große Familie, deren Arten praktisch alle zur Gattung *Synodontis* gestellt sind. Sie sind über weite Gebiete des tropischen Afrikas verbreitet. Die typischen Nachttiere kommen in fast allen Gewässern vor, also auch in solchen mit weniger Sauerstoff, wie man sie beispielsweise in Sumpfregionen antrifft. Die Welse verfügen über drei Bartelpaare, von denen zwei meist stark gefiedert sind. Die Bodenbewohner gehen nachts in kleineren oder größeren Trupps auf Nahrungssuche. Es sind elegante Schwimmer, die sich nur schwer fangen lassen. Eine Reihe von Arten kommt daher stets nur in geringen Stückzahlen zu uns und wird zu beachtlichen Preisen gehandelt.
Synodontis angelicus und *S. flavitaeniatus* gehören zu diesen Arten. Der erste, auch als „Perlhuhnwels" bezeichnet, hat bereits preisliche Rekordergebnisse gebracht. Besonders schön getüpfelt sind die Jungfische, doch darf man nicht vergessen, daß die Fische etwa 25 cm lang und mit zunehmendem Alter nicht schöner werden. Die zweite Art bleibt etwas kleiner (20 cm).
S. alberti ist weniger wegen seiner braungrau marmorierten Musterung als wegen seiner extrem langen Barteln beliebt. *S. brichardi* hat bereits als Jungfisch eine extrem hohe und dabei tief gegabelte Schwanzflosse. Auch die Musterung ist „schön".
Ebenfalls schön gemustert sind *S. decorus* und *S. ornatipinnis*. Der erste wird etwas über 30 cm, der zweite knapp 20 cm lang. Klein bleiben so bekannte Arten wie der Rückenschwimmende Kongowels, *S. nigriventris*, *S. contractus* und *S. aterrinus*, die im Aquarium kaum über 10–12 cm hinauswachsen. Aus dem Malawi- und Tanganjika-See werden hauptsächlich vier Arten dieser Familie eingeführt, von denen der Njassawels *(S. njassae)* aus dem Malawi-See keine besondere Schönheit darstellt. Anders die drei Vertreter aus dem Tanganjika-See: *S. multipunctatus*, *S. eurystomus* und *S. petricola*, von de-

Synodontis angelicus (oben) und *S. flavitaeniatus*

Synodontis nigriventris

nen der letztgenannte der schönste ist. Man kann diese Art, trotz ähnlicher Musterung, leicht am weißen ersten Strahl der Rückenflosse erkennen. Weitere im Tanganjika-See vorkommende Arten werden zu groß oder haben keine interessante Färbung, darunter *S. granulosus* (grau mit weißen Flossensäumen – bis 28 cm), *S. dhonti* (grau – bis 40 cm) oder *S. lacustricolus* (grau mit sehr feinen Tüpfeln – bis 56 cm).
Abschließend sei noch *S. schoutedeni* erwähnt. Ihr dunkler Körper ist mit einem „Irrgartenmuster" überzogen. *S. schoutedeni* wird 14–18 cm lang.
Fiederbartwelse sind in der Haltung recht problemlos. Sie haben sich in ihrem Verbreitungsgebiet vielen Umweltbedingungen anpassen müssen. Bei ihrer Haltung muß man in erster Linie darauf achten, daß sie ausreichend ernährt werden. Sie nehmen vielerlei Futterarten, neben fleischlicher auch pflanzliche Kost. Allgemein friedlich. Keine zu kleinen Aquarien wählen.

Die Dornwelse (Doradidae)

In diese Familie gehören Welse der Gattungen *Acanthodoras, Agamyxis, Amblydoras, Astrodoras, Hemidoras, Opsodoras, Platydoras, Pseudodoras, Trachycorystes* und anderer. Alle Arten stammen aus Südamerika. In ihren Heimatbiotopen trifft man die Fische häufig in flacherem Wasser an. Sie sind gut gepanzert und durch Stacheln und Haken auch gegen Zugriff oder -biß gut gesichert. Ihre größten Aktivitäten finden nachts statt. Im Aquarium kann man sie problemlos halten. *Acanthodoras spinosissimus* ist im mittleren Amazonas beheimatet und wird rund 15 cm lang. Die Tiere sind sehr stark bestachelt, was auch aus dem Artnamen (*spinosus* = voll Stacheln oder Dornen) hervorgeht. Man pflegt sie bei Temperaturen zwischen 22 und 26° C. In ihrem natürlichen Biotop ernähren sie sich von vielerlei lebender Nahrung und nehmen auch im Aquarium gern fleischliches Futter. Sind nicht genügend Verstecke für die dämmerungs- und nachtaktiven Fische vorhanden, kann es vorkommen, daß sie sich im Bodengrund einbuddeln.
Agamyxis pectinifrons ist vielen Aquarianern als Kammdornwels bekannt. Man erkennt ihn leicht, denn seine schwarze Grundfärbung wird von einem Muster weißlicher oder hellbeiger Tüpfel überzogen. Die Fische werden ebenso groß wie die der vorgenannten Art und sind auch so zu pflegen.
Amblydoras hancockii ist als „Knurrender Dornwels" bekannt. Auch er wird etwa 15 cm lang und kommt aus dem weiten Einzugsbereich des Amazonenstromes. Man pflegt die Tiere wie bei *A. spinosissimus* angegeben. Der Liniendornwels (*Platydoras costatus*) ist einer der schönsten aus dieser Familie, aber auch einer der größeren Arten, deren Vertreter 20–24 cm lang werden: Der tiefschwarze Körper wird von reinweißen Linien (Längsbinden) überzogen, und die Flossen sind weiß gesäumt. Auffällig besonders die weißen ersten Stacheln der Brustflossen, deren Band sich über den Vorderkopf durchzieht. Auch diese Art stammt aus Amazonien. Haltung wie bei der erstgenannten Dornwelsart angegeben.

Die Bratpfannen- und Banjowelse (Aspredinidae)

Die Gruppierung innerhalb der Unterfamilie Bunocephalinae wurde 1988 vom Niederländer MEES revidiert, wobei in der bekannten Gattung *Bunocephalus* nur der Gattungstyp *B. verrucosus* verblieb. Namentlich bekanntere Arten wurden zur Gattung *Dysichthys* gestellt, darunter der Gattungstyp *D. coracorideus* (Synonym *B. bicolor*). Eine rein optische Unterscheidung ist nur schwer möglich. Bratpfannenwelse werden 12–15 cm lang. Die geschlechtliche Unterscheidung ist optisch (= sekundäre Merkmale) nicht möglich. Die dämmerungs- und nachtaktiven Welse liegen tagsüber still auf einem Platz. Man pflegt sie in nicht zu warmen Becken (20–24°C). Sie leben von vielerlei Nahrung, die im

Synodontis alberti mit besonders langen Barteln

Plastystacus cotylephorus

Synodontis schoutedeni

Synodontis brichardi

Synodontis contractus

Synodontis multipunctatus

Orinocodoras eigenmanni

Platydoras costatus

Aquarium angeboten wird – fleischliche Kost wird bevorzugt. Die Welse bevorzugen eine ruckartige bodennahe Fortbewegung, durch Pressen von Wasser aus den Kiemenspalten. Gelegentlich werden Welse aus dieser Familie eingeführt, die in der Form abweichen und länger sind. Sie gehören der Gattung *Platystacus* an.

Dasichthys coracorideus

Die Antennenwelse (Pimelodidae)

Antennenwelse sind verschieden große und geformte Welse mit drei Bartelpaaren (eins am Ober-, zwei am Unterkiefer). Antennenwelse aus Süd- und Mittelamerika bilden das Gegenstück zu ihren afrikanischen Verwandten der Familie Bagridae. Die Familie Pimelodidae ist gattungs- und artenreich; es gibt eine Reihe kleinbleibender Arten, andere werden 30–60 cm lang und sind dann höchstens als Jungfische für normale Aquarienhaltung geeignet. Von den in Mittelamerika verbreiteten Antennenwelsen überwiegen die der Gattung *Rhamdia,* und nur je eine Art aus den Gattungen *Pimelodus* und *Pimelodella* konnten bis nach Ostpanama (Darién) vordringen.

Antennenwelse werden seit vielen Jahren nach Europa eingeführt. Zu den beliebtesten Arten dürften die der Gattung *Microglanis* gehören, weil diese Fische meist eine schöne braun/beige Marmorierung zeigen und sich ihre Länge mit höchstens 8–12 cm in aquaristischen vertretbaren Grenzen hält. Bekannteste Arten (nicht leicht zu unterscheiden) sind *M. iheringi* und *M. parahybe.* Man darf diese Arten nicht mit Verwandten derselben Familie aus der Gattung *Pseudopimelodus* verwechseln: diese werden 18–25 cm lang. Da alle Antennenwelse Fleischfresser sind, können die größer werdenden Arten verständlicherweise in einem Gesellschaftsaquarium bei nächtlicher Nahrungssuche mehr Schaden anrichten, als die kleinen der Gattung *Microgranis,* die auch als „Hummelwelse" bekannt sind.
In den bereits erwähnten Gattungen

***Microglanis iheringi,* ein „Hummelwels" aus Südamerika**

Pimelodus pictus

Sorubim lima, Jungtier

Pimelodus und *Pimelodella* gibt es einige bekannte Aquarienfische, darunter *Pimelodus ornatus, P. albofasciatus, P. maculatus* und *P. pictus* wie *Pimelodella gracilis,* die man immer wieder einmal im Handel antrifft. Sie tragen meist recht lange Bartfäden und sind für viele Aquarianer bereits deshalb interessant. Die Körper sind silbergrundig mit einer arttypischen Musterung. Die Fische erreichen eine Länge bis 26 cm.
Der Spatelwels *(Sorubim lima)* wächst zwar mit der Zeit über das Maß für viele Aquarien hinaus, doch sind auch die Jungfische von 10–12 cm Länge (Endlänge um 60 cm) sehr interessante Pfleglinge. Jungfische leben im Aquarium noch von vielerlei Kleingetier, das als Futter angeboten wird, darunter selbst Mückenlarven, Garnelen usw. Dasselbe gilt auch für die übrigen Arten der Familie.
Vertreter der Gattungen *Pseudostomatichthys, Pseudoplatystoma, Sorubimichthys,* deren abgeflachter Vorderkopf sie *S. lima* ähnlich erscheinen läßt, wie auch der Gattungen *Phractocephalus* und *Leiarius,* so schön ihre Musterung auch sein mag, werden für normale Aquarien zu groß und sollten somit nicht angeschafft werden.
Antennenwelse sind anspruchslose Pfleglinge. Sie werden meist als Jungfische importiert (über Nachzuchten im Aquarium ist nichts bekannt), lassen sich jedoch gut von weichem auf mittelhartes Wasser umgewöhnen. Sie nehmen bevorzugt fleischliche Kost, doch muß die Futtergröße mit dem Alter der Tiere und ihrer Größe übereinstimmen: Einen Fisch von 20 cm Länge kann man schwerlich mit Mückenlarven ernähren – es würde zu aufwendig. Haltungstemperaturen 22–26° C – möglichst nicht darüber.

Die Panzer- und Schwielenwelse (Callichthyidae)

Besonders die Panzerwelse gehören seit eh und je zu den beliebtesten Bodenbewohnern in Aquarien: Sie sind friedfertige, gesellige Schwarmfische und ernähren sich praktisch von jeder Art Futter. Die größte Gattung *Corydoras* umfaßt über 100 Arten, die

Brochis britskii, ein Riese unter den relativ großen Arten seiner Gattung

Corydoras aeneus

Corydoras concolor

Corydoras narcissus

Corydoras bondi coppenamensis

Corydoras elegans

Corydoras metae

Corydoras melanistius melanistius

Corydoras melanotaenia

Corydoras ornatus

Hoplosternum pectorale

Corydoras nattereri

Corydoras atropersonatus

Corydoras agassizii

Corydoras axelrodi

Corydoras paleatus

Corydoras rabauti

Corydoras reticulatus

Corydoras schwartzi

Corydoras trilineatus

Corydoras undulatus

Brochis splendens

Corydoras barbatus, die größte Art der Gattung

Corydoras septentrionalis

Corydoras guapore

Corydoras delphax

Corydoras maculifer

alle eine ziemlich einheitliche Körperform aufweisen. Nur *C. barbatus* macht hier eine Ausnahme: Diese Fische haben einen gestreckteren Körper und werden etwa doppelt so lang wie ihre übrigen Verwandten. Etwas größer als die Corydoras-Verwandten werden die der Gattung *Brochis*, von denen wiederum der erst kürzlich beschriebene *B. britzkii* die größten Ausmaße hat. Weitere bekannte Gattungen sind: *Callichthys* mit nur einer Art *(C. callichthys)*, *Dianema* und *Hoplosternum*.
Brochis multiradiatus ist der bekannteste Vertreter seiner Gattung. Bei Wohlbefinden schillert die obere Körperseite türkisfarben. Die Tiere werden bis zu 8 cm lang. *Dianema-*, *Callichthys-* und *Hoplosternum*-Arten sehen einander ähnlich. Sie unterscheiden sich von den kleiner bleibenden *Corydoras*-Arten optisch vor allem durch ihre gestrecktere Körperform, eine größere Endlänge wie durch den zugespitzten Kopf. Der Kopf wird durch ein oder zwei Paar Barteln im Oberkiefer geziert. Eine Fettflosse ist bei allen Panzerwelsen vorhanden. Ihren Namen (*callum* [lat.] = harte Haut, Schwiele) verdanken sie der starken Knochenpanzerung der Haut, bei der die Knochenplatten dachziegelartig übereinander liegen. Gattungsunterschiede fand man in der Art der Rükkenwulstpanzerung. Die Arten der zuletzt genannten Nicht-*Corydoras*-Arten werden 10–20 cm lang und sind aufgrund ihres geschützten Körpers ziemlich robust. In ihrer südamerikanischen Heimat bewohnen sie alle Süßgewässertypen. Sie sind anspruchslos und in der Lage, mit Hilfe einer zusätzlichen Darmatmung atmosphärische Luft zur Atmung zu verwenden.
Von den über hundert *Corydoras*-Arten wird mehr als ein Drittel regelmäßig (wenn auch jahreszeitlich bedingt) eingeführt. Es gibt eine Reihe besonders klein bleibender Arten, die als Zwergpanzerwelse bekannt sind. Dazu gehören die nur 3 cm lang werdenden *C. habrosus*, *C. hastatus* (= Sichelfleck-Panzerwels) und *C. pygmaeus*.
Wie ihre übrigen kleineren Verwandten sind alle Panzerwelse Schwarmfische. Sie kommen in riesigen Zahlen in ihren Lebensräumen (am Grund von Gewässern) vor, was natürlich nicht heißen soll, daß man sie in solchen Mengen ins Aquarium geben muß. Die geselligen Fische brauchen jedoch mindestens ein halbes Dutzend Verwandte (es müssen nicht solche der gleichen Art sein), um sich wohlzufühlen. Zu den bekanntesten Arten in normaler (= 5–7 cm) Größe gehören: *C. aeneus* (Metall-Panzerwels), *C. agassizii* (Agassiz-Panzerwels), *C. ambiacus* (Ambyiacu-Panzerwels), *C. arcuatus* (Stromlinien-Panzerwels), *C. barbatus* (Schabracken-Panzerwels: Ausnahme = bis zu 12 cm), *C. elegans* (Schraffierter Panzerwels), *C. melanistius* (Schwarzbinden-Panzerwels, 2 Unterarten), *C. metae* (Meta-Panzerwels), *C. nattereri* (Blauer Panzerwels), *C. paleatus* (Südlicher Panzerwels), *C. punctatus* (Punktierter Panzerwels), *C. rabauti* (Rostpanzerwels), *C. reticulatus* (Netzpanzerwels), *C. schwartzi* (Schwartz' Panzerwels), *C. trilineatus* (Dreilinien-Panzerwels – meist als *C. julii* gehandelt) und *C. undulatus* (Gewellter Panzerwels). Häufiger begehrt, aber seltener erhältlich, sind: *C. amapaensis*, *C. bondi* (2 Unterarten), *C. delphax*, *C. guapore*, *C. haraldschultzi*, *C. leucomelas*, *C. melini* und *C. ornatus*.

Die Nachzucht von Panzerwelsen ist in vielen Fällen geglückt, am häufigsten bei Arten wie *C. paleatus*, deren Vertreter aus dem südlichen Teil des tropischen Südamerika kommen und hier ihre klimatische Anpassungsfähigkeit bewiesen haben. Es ist jedoch auch zu Nachzuchten von Raritäten gekommen *(C. barbatus, C. panda* und andere), doch waren dazu größere Anstrengungen in puncto Wasser und Ernährung nötig.

Die Harnischwelse (Loricariidae)

In der Reihenfolge ihrer Beliebtheit dürften nach den Panzerwelsen die Harnischwelse folgen, deren Körper bedeutend breiter als hoch ist. Sie sind die „Ritter von der bizarren Gestalt"; bei ihnen sind die panzernden Knochenplatten in mehreren (gewöhnlich 4–5) Längsreihen nach Art von Dachziegeln aneinandergefügt. Harnischwelse kommen ausschließlich in Südamerika und dem angeschlossenen Ostpanama (Darién) vor. Hier leben sie in reinen, klaren Gewässern mit unterschiedlich starker Strömung. Als Ruheplätze bevorzugen sie besonders die Unterseiten aller Arten von Holz – in ihrem natürlichen Lebensraum ebenso wie im Aquarium. Ihre, aus den breiten Lippen gebildete Saugscheibe, kommt ihnen dabei entgegen. So können sie sich an besonders glatten Substraten so stark ansaugen, daß man sie nicht entfernen kann, ohne das Maul zu verletzen. Einige Arten der Harnischwelse kommen in größeren Höhen in Gebirgsgewässern vor. Sie verschmähen zwar fleischliche Kost nicht, doch besteht ihre natürliche Nahrung fast ausschließlich aus Pflanzen.

Die Vertreter der Harnischwelse sind in einige Unterfamilien und dazu in mehr als 80 Gattungen mit mehr als 600 Arten aufgeteilt. In den letzten Jahren sind viele bisher unbekannte und möglicherweise wissenschaftlich nicht beschriebene Spezies entdeckt worden. Neben altbekannten Gattungsnamen *(Ancistrus, Farlowella, Hypostomus, Loricaria, Otocinclus, Panaque, Peckoltia, Sturisoma)* sind bereits bestehende bekanntgewordene oder neue hinzugekommen *(Glyptoperichthys, Hypancistrus, Leporacanthicus, Liposarcus, Pseudacanthicus, Scobinancistrus).* Neben der erwähnten Artenfülle läßt auch die Länge der Fische keine Wünsche offen: Sie reicht von 4 cm *(Otocinclus)* bis etwa einen halben Meter *(Hypostomus, Glyptoperichthys, Panaque).*

Bei vielen Harnischwelsarten ist die Unterscheidung nach Arten deshalb so schwer, weil artgleiche Tiere sehr variierende Zeichnungen haben können, und die Artunterscheidung allgemein nicht nach Körperfärbung oder -zeichnung vorgenommen wird. Es ist also unsinnig, einen *Hypostomus* (der Name *„Plecostomus"* ist ein Synonym und daher nicht gültig) mit dem Artnamen *„punctatus"* zu belegen, nur weil sein Körper eine punktierte Musterung aufweist. Dies ist bei vielen Arten der Fall! Ähnliches kann man auch für die Unterscheidung von *Farlowella*- und *Sturisoma*-Arten sagen.

Normale Harnischwelse der Gattung *Hypostomus* lassen sich von den Segelschilderwelsen (Gattungen *Glyptoperichthys, Liposarcus, Pterygoplichthys)* durch die höhere Zahl der Rückenflossenstrahlen unterscheiden. Dazu kommt bei den Vertretern einiger Arten eine hohe und damit auf-

Pterygoplichthys gibbiceps

Panaque nigrolineatus

fällig große Rückenflosse (Foto). Oft ist zudem die Schwanzflosse ebenso ausgeprägt. In großen Aquarien mit entsprechendem Schwimmraum kann man beobachten, wie schnell die Segelschilderwelse – etwa bei der Verfolgung von territorialen Gegnern – dank der Hilfe dieser großen Flossen schwimmen können. Mit der Revision der Gattung *Pterygoplichthys*, die WEBER 1991 vornahm, wurde nicht nur *gibbiceps* in die neu geschaffene Gattung *Glyptoperichthys* überführt. Zur wieder eingesetzten Gattung *Liposarcus* (früher als ein Synonym von *Pterygoplichthys* angesehen) wurden so bekannte Arten wie *L. anisitsi* und *L. multiradiatus* überführt. In der Gattung *Pterygoplichthys* verblieben nur drei aquaristisch kaum bekannte Arten.

Einer der beliebtesten aus dem Kreis der genannten Harnisch- bzw. Segelschilderwelse ist der bereits erwähnte *Glyptoperichthys gibbiceps*. Meist erwirbt man die schön gepunkteten oder mit einem Wabenmuster versehenen Jungtiere mit einer Länge von 6 bis 8 cm. Im Gegensatz zu kleiner bleibenden Welsen anderer Gattungen wachsen diese Harnischwelse wenn auch langsam, so doch stetig – ein geräumiges Aquarium vorausgesetzt. In zu kleinen Becken soll man sie auf Dauer nicht pflegen. Es würde ihrer natürlichen Entwicklung widersprechen und den Aquarianer nicht gerade als Tierfreund ausweisen. Die Schönheit dieser Welse hat auch mit zunehmendem Alter Bestand, so daß man sie auch als gute Schaustücke ansehen kann. Ihre Pflege ist dabei unproblematisch, nur soll man nicht annehmen, daß große Exemplare ihren kleinen Magen behalten: Sie benötigen mindestens einmal je Woche eine gezielte Extraportion Futter. Hat man im Aquarium zwei männliche Tiere, so wird es unweigerlich zu ständigen Raufereien zuungunsten des schwächeren kommen.

Wer einen der beiden *Peckoltia*-Vertreter in seinem Aquarium pflegt, wird die Tiere nur zu besonderen Anlässen zu sehen bekommen: Die Fische *(P. pulcher* und *P. vittata)* liegen tagsüber in ihrem Versteck und sind auch sehr scheu, wenn sie ausnahmsweise einmal während des Tages zur Futteraufnahme kurz herauskommen. Aus der Gattung *Panaque* wird nur eine bekannte Art in Abständen immer wieder eingeführt: *P. nigrolineatus.* Sie ist nahe mit den Hypostomus-Vertretern verwandt, doch läßt sich dieser *Panaque* an seiner mausgrauen Grundfärbung, die über dem Körper von helleren, gewellten Linien überzogen wird, gut unterscheiden. Die eingeführten Tiere stammen meist aus Zentralamazonien.

Es sind in den letzten Jahren verschiedene *Ancistrus*-Arten eingeführt und zum Teil auch nachgezüchtet worden. Die wenigsten Aquarianer interessiert jedoch, um welche Art es sich handelt. Die ist in der Tat auch nicht einfach festzustellen. Es sind hauptsächlich *A. dolichopterus, A. cirrhosus* und *A. temminckii,* deren Vertreter die Aquarien bevölkern – Arten, die sich verhältnismäßig gut

Ancistrus dolichopterus. Geschlechtsreifen Männchen (und nur diesen!) wächst ein Tentakelwald auf dem Vorderkopf.

Peckoltia vittatus, Porträt eines alten Männchens

Farlowella spec.

nachzüchten lassen, wenn man ihnen eine langgestreckte Höhle (engeres Rohr aus Kunststoff, Ton oder Bambus) anbietet. *Ancistrus*-Welse sind dämmerungs- oder nachtaktiv und halten sich tagsüber meist in ihrem Versteck auf. Sie ernähren sich in erster Linie von Algen, nehmen aber auch fleischliches Futter. Anderen Fischen gegenüber sind sie völlig harmlos. Interessant ist der Vorderkopf der Männchen, der mit längeren Tentakeln besetzt ist – viele sind am Ende zweizipfelig; ein gutes Merkmal zur Geschlechtsunterscheidung.
Chaetostoma-Arten werden gelegentlich eingeführt. Es sind interessante, ziemlich flach und breit gebaute Welse, von deren Artunterscheidung wir noch wenig wissen. Es gibt getüpfelte und gestreifte Tiere, die mit zunehmendem Alter einen breiteren Vorderkopf bekommen. Mit 10–12 cm Endlänge bleiben diese Südamerikaner relativ klein. Auch sie sind Algenfresser und mit einem Raspelapparat ausgestattet. Sie leben in starkfließenden Gewässern, was ihre von breiten Lippen ausgebildete Saugscheibe an der Kopfunterseite erkennen läßt. *C. maculatum* ist ein Name, der von Regan für eine gepunktete Art vom oberen Amazonas gewählt wurde und bei der es sich möglicherweise um die im Handel befindliche gepunktete Art handelt.

Farlowella und *Sturisoma* sind zwei Gattungen, deren Vertreter aquaristisch als Nadel- und Schnabelwelse abgehandelt werden. Es gibt ebenfalls eine Vielzahl beschriebener Arten, doch lassen sich die meist sehr ähnlich gemusterten Tiere optisch kaum unterscheiden, so daß man die zu Fotos gegebenen Artnamen jeweils stark anzweifeln muß. Meist werden die Nadelwelse den Arten *F. acus* und *F. gracilis* zugeordnet, was aquaristisch einfach, wissenschaftlich gesehen jedoch nicht unbedingt zutreffend ist.
Von den ursprünglich zur Gattung *Loricaria* gestellten Arten übersiedelte Isbrücker in seiner erwähnten Revision (1978) viele in andere oder neu geschaffene Gattungen, so daß die unmittelbaren Loricaria-Verwandten heute auf die Gattungen *Loricaria, Loricariichthys, Rineloricaria, Spatuloricaria, Dasyloricalia, Pseudoloricaria, Brochiloricaria* und andere verteilt sind. Allein in diesen Gattungen sind über 60 Arten zusammengefaßt. Alle sehen sich sehr ähnlich. Kein Wunder, daß sich kaum ein Aquarianer die Namen merken, geschweige dann die Unterscheidungsmerkmale anführen kann. Durch ältere Veröffentlichungen (Arnold und Ahl, Holly/Meinken und Rachow) haben sich immer noch Namen wie (den neuen Gattungen zugeordnet) *Rineloricaria parva, R. lanceolata, R. catamarcensis, Dasyloricaria filamentosa* und *Spatu-*

Sturisoma spec.

loricaria nudiventris gehalten. Diese kleinen Harnischwelse kommen in weiten Gebieten des tropischen und subtropischen Südamerika vor. Ihr Körper ist breiter als hoch und langgestreckt. Sie können zwar insgesamt bis etwa 30 cm lang werden, doch kann man sie trotzdem als „kleine Welse" ansehen. Auffällig: Die Vertreter der Gattungen *Farlowella*, der hier genannten wie auch der folgenden *(Otocinclus)* weisen auch auf der Körperunterseite eine Panzerung auf, was bei den größer werdenden *Ancistrus, Hypostomus* und *Pterygoplichthys* nicht oder nur in Form kleinster Schilder der Fall ist. Diese Panzerung (auch als Musterung erkennbar) dient auch der Bestimmung der Arten.
Kleine Harnischwelse, wie die der vorgenannten Arten, brauchen einen möglichst feinen Bodengrund, in den sie sich auch einmal einbuddeln (!) können. Als normales Versteck dienen den Fischen enge Unterstände, Höhlen, Spalten und dergleichen mehr. Sie sind bereits in Gefangenschaft zur Nachzucht gebracht worden. Dies gilt auch für Arten der Gattung *Otocinclus*.
Otocinclus-Arten gehören der Unterfamilie *Hypoptopomatinae* an. Diese Fische lassen sich allein daran erkennen, daß ihre Augen weit vorn und bei einigen Arten seitlich sehr tief am Kopf sitzen. Zu dieser Gattung sind etwa 15 Arten beschrieben worden, altbekannte Namen haben sich jedoch gehalten, das heißt, daß den angebotenen Fischen oft einer der bekannten Namen „verpaßt" wird, obgleich das meist nicht richtig ist. Zu diesen Namen gehören: *O. affinis, O. flexilis* und *O. vittatus.* Den letzten erkennt man an einer breiten schwarzen Längsbinde, die von der Oberlippe bis in die Schwanzwurzel reicht und dort in einem rhombenförmigen Fleck endet.
Die kleinen Welse erreichen eine Länge von 5–6 cm. Sie leben in ihren Heimatbiotopen in schnellfließenden Gewässern, in denen das Wasser klar und sehr sauerstoffreich, aber nicht besonders warm (18–22° C) ist. Sie kümmern sich im Aquarium nicht um andersartige Mitbewohner und ernähren sich von vielerlei fleischlicher, pflanzlicher Kost.

Rineloricaria spec.

Chaetostoma spec.

Otocinclus flexilis

Die Lebendgebärenden Halbschnäbler (Hemirhamphidae)

Hemirhamphus pogonognathus

Die Familie ist in mehrere Unterfamilien aufgeteilt, darunter Hemirhamphinae (mit Gattungen *Hemirhamphus, Hyporhamphus* und *Loligorhamphus)* und Dermogenyinae (mit Gattungen *Dermogenys* und *Nomorhamphus).* Die bekanntesten dieser ursprünglich aus dem Meer ins Süßwasser eingewanderten Arten ist wohl der Hechtköpfige Halbschnäbler *(Dermogenys pusillus),* der häufig importiert wird. Weiter kennen wir den Rotrandhalbschnabel *(Hemirhamphodon pogonognathus),* den Celebes-Halbschnäbler *(Nomorhamphus celebensis),* der gelegentlich eingeführt wird und den Sumatra-Halbschnabel *(D. sumatranus).* Diese Fische haben ihren Namen von ihrem kurzen Oberkiefer, der auf dem stark verlängerten und unbeweglichen Unterkiefer aufliegt. Die schnabelförmige Ausbildung des Maules kommt den Tieren beim Fang von Oberflächen- und Anfluginsekten gut zustatten. Die Oberflächenfische müssen im Aquarium entsprechend gefüttert werden. Mükken und ihre Larven, Essigfliegen, aber auch Cyclops und Wasserflöhe werden nebst Tubifex genommen. Es kann auch zerriebenes Trockenfutter und fein zerteiltes gefriergetrocknetes Futter gereicht werden. Da Halbschnäbler absinkendem Futter nicht folgen und auch nicht in der Lage sind, Futter vom Boden aufzunehmen, muß versucht werden, die Tiere langsam zu füttern, damit sie satt werden. Hin und wieder gefangene Stubeninsekten oder einige Enchyträen bessern die Speisenkarte auf. Wenn trächtige Weibchen im Becken schwimmen, ist besonders auf eine vitamin- und abwechslungsreiche Kost für die Fische zu achten. Man erkennt vollträchtige Weibchen daran, daß die Augen der Embryonen mehrere Tage vor der Geburt durch ihre Bauchwand sichtbar sind. Neu angeschaffte Fische sollen nicht in frisch eingerichtete Becken gesetzt werden. Die beiden bekannteren Arten, der Hechtköpfige- und der Siam-Halbschnäbler, können, besonders in einer für sie neuen Umgebung, sehr schreckhaft sein. Bei panikartigem Nach-vorn-Schwimmen können sich die Fische an der Aquarienscheibe den langen Unterkiefer verletzen, was den Tod zur Folge haben kann. Man soll daher ein neu eingerichtetes Becken, das noch ohne Besatz dieser Fische ist, zuerst einmal kräftig beleuchten, damit zumindest die Seiten- und Rückscheiben veralgen. Die aus Südostasien stammenden Pfleglinge sind keine Anfängerfische! Die Tiere werden je nach Art und Geschlecht unterschiedlich lang. Meist sind es die Weibchen, die um etwa zwei Zentimeter größer als die Männchen werden und etwa 7 cm Länge erreichen. Lediglich der seltener importierte *Hemirhamphus pogonognathus* (Rotrandhalbschnabel) zeigt entgegengesetztes Wachstum: Hier erreichen die männlichen Tiere mit etwa 8 cm die größte Länge, während die Weibchen meist zwei Zentimeter kleiner bleiben.

Ein Becken, in dem Halbschnäbler gepflegt werden, darf keine zu kleine Wasseroberfläche haben! Die Beckenhöhe ist weniger wichtig. Großblättrige Schwimmpflanzen decken die Wasseroberfläche ab und geben den Tieren Verstecke nach oben. Zur Vergesellschaftung werden nur Fische empfohlen, die tiefer liegende Wasserschichten bewohnen und auch sonst die Hechte ungeschoren lassen. Alle Arten sind warmes Oberflächenwasser – 26–30° C – gewöhnt. Es soll nicht zu weich, aber auch nicht zu hart sein und zwischen 10 und 20° dH liegen. Bei importierten Tieren empfiehlt sich ein Zusatz von etwa 5–10% Meerwasser üblicher Dichte. Vollträchtige Weibchen setzt man zur Zucht in ein gesondertes Becken um, das nur einen geringen Wasserstand, höchstens 15 cm hat. Es soll ebenfalls mit einer Schwimmpflanzendecke versehen sein und muß natürlich die gleiche Wasserqualität wie das Hauptaquarium aufweisen. In diesem Becken darf die Temperatur an der Oberfläche nicht unter 28° C absinken, weil die Jungtiere sonst Schäden

Dermogenys pusillus

davontragen könnten. Im allgemeinen liegt der Ertrag eines Wurfes zwischen 15 und 40 Jungen. Man füttert mit Artemia und steigert die Futtermenge allmählich. Hat das Weibchen geworfen, soll man es entfernen, bevor es sich an seinen Nachkommen vergreift.

Die Halbhechte (Belonidae)

Gelegentlich werden kleine Halbhechte im Handel angeboten, die man mit der nötigen Vorsicht behandeln muß! Bei diesen Fischen handelt es sich um Räuber, die nur lebende Nahrung zu sich nehmen und – würde man sie in ein Gesellschaftsbecken setzen – mit der Zeit ganz schön darin „aufräumen" würden.
Halbhechte des Süßwassers haben den größten Teil ihrer direkten Verwandtschaft im Meer. Ihr Körper ist torpedoförmig gebaut, und ihr schnabelförmig, spitz zulaufendes Maul ist mit spitzen Zähnen bewaffnet. Sie suchen ihre Beute unterhalb der Wasseroberfläche. Ihre charakteristische Körperform haben sie mit vielen Fischen, die diesem Nahrungserwerb nachgehen, gemeinsam, zum Beispiel mit den südamerikanischen Hechtsalmlern der Gattung *Boulengerella*.
In der aquaristischen Literatur werden die Halbhechte oft „über einen Kamm geschoren", das heißt, daß fast einheitlich nur von *Xenentodon cancila* die Rede ist, obgleich es viel mehr Arten gibt, die im Süßwasser leben und (gelegentlich) auch eingeführt werden. *X. cancila* kann aber als namentlich bekannteste Art angesehen werden. Sie kommt in Sri Lanka (Ceylon) und Indien und in weiten Süßgewässern Südostasiens einschließlich der Großen Sundainseln vor. In Australien und Neuguinea bewohnen zwei Arten: *Strongylura kreffti* und *Stenocaulus perornatus* süße Gewässer.
Halbhechte, auch Nadelhechte genannt, sind untereinander friedfertig und lassen sich deshalb leichter halten als andere räuberische Arten. Man ernährt sie mit gefriergetrock-

***Strongylura kreffti*, gefangen in einem Tümpel (!) im Northern Territory (Australien).**

netem Futter wie Mysis und Krill, wobei die Gewöhnung an diese neue Nahrung etwas Fingerspitzengefühl erfordert. Die Tiere werden im größeren Aquarium 25–30 cm lang und sollen (?) auch bereits nachgezüchtet worden sein. Die Süßgewässer, in denen ich bisher Halb- oder Nadelhechte antraf, waren ziemlich weich, und ihr pH-Wert lag im leicht sauren Bereich. Haltungstemperaturen 24–28° C.

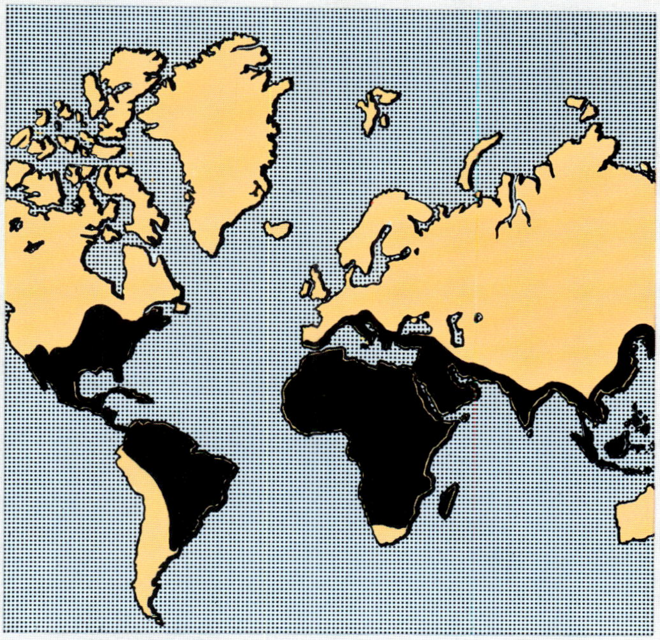

■ = Verbreitung der Zahnkarpfen

Die Eierlegenden Hechtlinge (Aplocheilidae)

Nach der Revision der Eierlegenden Zahnkarpfen wurde diese Familie in mehrere Familien aufgeteilt, über deren Arten hier in der Folge berichtet wird. In diese Familie hat die Autorin (Parenti, 1981) die Gattungen *Aplocheilus, Pachypanchax, Epiplatys, Aphyosemion, Fundulopanchax, Adamas, Nothobranchius* gestellt, denen viele bekannte Aquarienfische angehören.
Diese neuere Einteilung wurde nicht unter Berücksichtigung der Laich- bzw. Entwicklungsgewohnheiten dieser Fische durchgeführt. Diese, wie auch die nachfolgend beschriebenen Familien und Unterfamilien der Eierlegenden Zahnkarpfen (Rivulidae, Profundulidae, Fundulidae, Valenciidae, Aplocheilichthyinae, Fluviphylacinae, Cyprinodontidae) sind den meisten Aquarianern heute besser als „Killifische“ bekannt. Dieser letzte Name entstammt der englischen Sprache. Mit ihm wurden die Fische belegt, weil sie sich, oft auf engstem Raum gehalten, töteten (to kill = töten).
Fast alle Killifische leben in mehr oder weniger flachen Gewässern, auch wenn deren Ausdehnung sehr unterschiedlich sein kann: Mal ist es nur ein Tümpel, ein anderes Mal eine überschwemmte riesengroße Wiese. Daher sollte ein Killifischbecken nicht zu klein sein und eine gute Abdeckung haben. Wie man im Verlauf der folgenden Schilderungen feststellen kann, gehören viele Killifische zu den besten Springern in der Zierfischwelt, weshalb man jedes Becken besonders sorgfältig abdekken soll. Viele Killifische mögen kein helles Licht, weshalb man abwägen muß, ob man den Pflanzen weniger oder den Fischen mehr Licht anbieten soll.
Killifische stammen überwiegend aus weichen bis sehr weichen Gewässern. Das wird verständlicher, wenn man daran denkt, daß sie oft in Tümpeln leben, die durch Regen entstanden sind. Im Aquarium lassen sie sich aber bei 8–12° dH gut pflegen und vermehren. Da sich mit den Fischen in deren Lebensraum oft auch Insekten parallel entwickeln, haben diese Fische durchweg genügend fleischliche Nahrung und zeigen sich auch im Aquarium als gute Fresser solchen Futters.
Killifische zu züchten heißt, ihre oft sehr unterschiedlichen Fortpflanzungsgewohnheiten zu kennen und zu berücksichtigen. Ein Zuchtaquarium für diese kleinen Arten braucht nicht mehr Inhalt, als 5–15 Liter zu haben. Für die kleinsten genügt bereits ein Einweckglas. Entsprechend der Art, wie bzw. wohin die Eier abgegeben werden, unterscheidet man bodenlaichende und haftlaichende Arten. Zu den ersten, die ihre Körper in den weichen Boden bohren und dort ihre Eier abgeben, gehören in erster Linie die sogenannten Saisonfische, also diejenigen, deren Lebenszyklus nur von Beginn einer Regenperiode bis zum Austrocknen des Lebensraumes während der Trockenzeit währt. Die abgelegten Eier überdauern während der Trockenheit im Boden, während sich die Embryonen in den Eiern weiterentwickeln, um nach erneutem Einsetzen der Regenzeit als Larve aus den Hüllen schlüpfen zu können. Die Trockenzeit kann nun eine unterschiedliche Länge haben. In der Entwicklung der Eier bzw. der Embryonen muß eine „Dehnungsphase“ vorgesehen sein, um diesen unterschiedlichen Zeitraum auszugleichen. Man spricht hier von einer Diapause (griech. = „dazwischen ausruhen“), einer Entwicklungsruhe.

Als beendender Faktor gilt hier das Einsetzen der Regenzeit. Bei den haftlaichenden Arten entfällt die Entwicklungsruhe normalerweise. Man kann die Eier jedoch ebenfalls vom Substrat entfernen und in feuchten Torf geben (zum Beispiel, um sie in einem Briefumschlag während der warmen Jahreszeit zu verschicken). Bei ihnen beträgt die Ruhezeit jedoch höchstens 3–4 Wochen, während sie bei den bodenlaichenden Arten (gattungs- und artbedingt) 2–6 Monate betragen kann. Zu den Bodenlaichern gehören viele Arten dieser Familie, also große und kleine *Aphyosemion*-Vertreter, *Nothobranchius*-Arten. Ferner aus anderen Familien Arten der Gattungen *Cynolebias, Cynopoecilus, Austrofundulus, Rachovia* und *Pterolebias.* Dagegen gehören die Vertreter der Gattungen *Aplocheilus, Pachypanchax, Epiplatys* und *Rivulus* zu den erwähnten Haftlaichern. Wer sich für mehr Informationen über diesen Kreis der Killifische interessiert, der sollte sich ein spezielles Buch zulegen.

Aplocheilus-Arten stammen aus Asien. Wir kennen aus dieser Gattung eine Reihe interessanter und bekannter Aquarienfische, wie *A. panchax* und *A. lineatus,* deren Vorkommen in flachen Gewässern (Sumpfgebiete, Reisfelder usw.) oft beschrieben wurde. Wie Hechtlinge dieses Formenkreises leben und jagen auch sie unterhalb der Wasseroberfläche. Sie sind recht anpassungsfähig und stellen somit keine Ansprüche an die Wasserqualität. Das Wasser soll jedoch recht warm sein (26–30° C).

Die bekannteste Art aus der Gattung *Pachypanchax* dürfte *P. playfairii* sein. Heimat dieser Art sind die Seychellen, eine Inselgruppe östlich von Ostafrika im Indischen Ozean.

Epiplatys-Arten sind Hechtlinge, die ihre Eier an Wurzeln und Pflanzen heften (Haftlaicher). Sie nehmen ihr Futter ebenfalls überwiegend von der Oberfläche des Wassers, wo auch ihr Hauptlebensraum liegt. Bekannte Arten sind *E. (Pseudepiplatys) annulatus, E. lamottei, E. sexfasciatus* und etwa weitere rund 30 mehr oder weniger eingeführte Verwandte.

Aplocheilus lineatus, ♂ oben

Aplocheilus panchax, ♂ vorn

Epiplatys lamottei, ♂

Aphyosemion australe, goldene Zuchtform

Aphyosemion multicolor

Aphyosemion oeseri, ♂

Aphyosemion louessense (Form „Malinga"), ♂ ♀

Fundulopanchax sjoestedti, ♂

Fundulopanchax gardneri nigerianus („Makurdi"), ♂

Die Gattung *Aphyosemion* umfaßt etwa 90 Arten und Unterarten, die nicht einfach auseinanderzuhalten sind. Man nennt sie auch Prachtkärpflinge, weil sie meist außerordentlich bunt sind. Der Bekanntheitsgrad dieser Arten richtet sich nach dem speziellen Interesse des jeweiligen Aquarianers. Nur wenige kann man im zoologischen Fachhandel erwerben, eher ist das bei speziellen Killifischfreunden und in deren Klubs möglich.

Als „Kap Lopez" ist *A. australe* bekannt, den man neben seiner Stammform auch in einer goldenen Zuchtform eingeführt hat. Heimat dieser Art ist das Ogowedelta in Gabun / Afrika nahe der Ortschaft Kap Lopez. Ausgewachsen werden die Tiere etwa 6 cm lang. Man sollte sie keinesfalls bei Temperaturen über 22° C pflegen.

Die Aufzählung schöner und bekannter Arten der Gattung könnte beliebig fortgesetzt werden, denken wir nur einmal an die hier abgebildeten *A. louessense, A. multicolor, A. oeseri* oder einen der erst in jüngster Zeit bekanntgewordenen und beschriebenen Vertreter dieser Gattung, wie *A. nigrifluvi* Romand, der in Zentralguinea (Bafing-Fluß) entdeckt wurde.

Parenti erhob die bisherige Untergattung *Fundulopanchax* in den Rang einer Gattung und somit gilt *F. sjoestedti* als Gattungstyp. Als Untergattungen wurden angegliedert: *Paludopanchax* (Typ: *F. arnoldi), Paraphyosemion* (Typ: *F. gardneri), Gularopanchax* (Typ: *F. gularis), Raddaella* (Typ: *F. batesi)* und *Callopanchax* (Typ: *F. occidentalis).* Die bisherige Gattung *Roloffia* wurde als Synonym der letzten Untergattung angesehen.

Die Gültigkeit von *Roloffia* ist schon seit vielen Jahren strittig. Die Autorin (Parenti, 1981) schreibt unter anderem: „The designation of a type species for the genus *Callopanchax* as *A. occidentale* by the International Commission places the genus *Roloffia* as an objective synonym of *Callopanchax.*" (Die Bestimmung von *A. occidentale* als Gattungstyp von *Cal-*

Aphyosemion nigrifluvi, ♂

Fundulopanchax deltaensis

lopanchax durch die Internationale Kommission stellt *Roloffia* objektiv als Synonym zu Callopanchax).
Man kann feststellen, daß der „neuen" Gattung große, robuste Arten angehören. Zu den bekannten Typen der erwähnten Untergattungen gehören außerdem Spezies wie *F. kribianus, F. deltaensis, F. schwoiseri, F. filamentosus, F. robertsoni* und *F. rubrolabialis.* Es ist aber nicht nur die relative Größe der Fische, sondern auch ihre Farbenpracht, die sie zu häufig gepflegten Lieblingen der Killifischfreunde werden ließen. Gardners Prachtkärpfling *(F. gardneri)* dürfte mit seiner Variationsbreite an der Spitze liegen. Die Heimat dieser Art liegt in Westkamerun und Nigeria.
Der Blaue Prachtkärpfling *(F. sjoestedti)* und die nicht ganz so groß werdenden *F. gularis* (8 cm) und *F. deltaensis* (10 cm) sind zwar relativ wehrhaft und aggressiv, sollten aber trotzdem nur im Artaquarium gepflegt werden. Sie verlangen ein größeres Becken und kräftige Lebendnahrung. Auch von ihnen gibt es eine Reihe von Standortvarianten, denn ihr Verbreitungsgebiet erstreckt sich von Südnigeria bis Westkamerun.
Aus dem Kreis dieser Arten ist auch der Goldfasan-Prachtkärpfling zu erwähnen *(F. occidentalis).* Die Fische stammen aus den Regenwäldern und Savannen im Raum des westafrikanischen Staates Sierra Leone und werden etwa 9 cm lang.
Die Zahl der Arten, die früher zu *Roloffia* gestellt waren, liegt bei 16–18. Sie sind, wie erwähnt in der Gattung *Fundulopanchax* (Untergattung *Callopanchax)* überstellt. Die von den Autoren (Huber & Seegers) als Gattung aufgestellte *Diapteron* wird von Parenti als Untergattung von *Aphiosemion* zurückgestuft.
Prachtgrundkärpflinge stammen aus Afrika und gehören der Gattung *Nothobranchius* an. Freunde dieser Arten wissen, daß es sich dabei um typische Saisonfische handelt. Unter diesem Begriff versteht man Arten aus vielerlei Gattungen und Familien, deren Lebensraum normalerweise und ohne besondere Anpassung ein längeres Überleben der Arten nicht zuließe. Die Gewässer trocknen wäh-

Nothobranchius eggersi, rote Form, ♂

Nothobranchius guentheri, ♂

Nothobranchius patrizii, ♂

Nothobranchius jubbi, ♂

rend der heißen Jahreszeit aus, so daß die Fische sterben müssen. Die Anpassung dieser Arten liegt nun darin, daß ihr Lebenszyklus mit dem Rhythmus zwischen Regen- und Trockenzeit zusammenfällt: Während der trockenen Jahreszeit, in welcher der Lebensraum (etwa Tümpel, Bach, Wasserrinne) ausgetrocknet ist, liegen die Eier geschützt im Bodengrund. Mit Einsetzen des Regens werden diese Gebiete wieder mit Wasser angefüllt, die Eier entwikkeln sich, und die Jungfische bevölkern als neue Generation diesen Lebensraum. Je wärmer es in der Folgezeit wird, um so schneller verläuft der Lebenszyklus dieser nun erwachsenen Fische, denn auch das Wasser trocknet eher aus. Zwischen Ende der Regenzeit und Beginn der Trokkenzeit laichen diese Saisonfische und geben ihre Gelege in den Bodengrund, wo sie bis zur nächsten Regenzeit eine Ruhepause überstehen.

Nothobranchius-Arten haben eine gedrungene Körperform, und der Körper ist besonders bei den Männchen hoch und bullig. Die Färbung der Tiere ist einfach und weist keine so komplizierten Muster auf, wie wir sie etwa bei den vorher besprochenen *Aphyosemion-Arten* finden. Von den vielen bekannten Arten wie *N. guentheri, N. orthonotus, N. rachovii, N. palmqvisti* haben sich viele in unseren Aquarien gehalten. Neu entdeckte und beschriebene wie *N. korthausae, N. jubbi, N. polli, N. foerschi* und andere kamen im letzten Jahrzehnt hinzu und Arten, deren Status als umstritten galt *(N. patrizii),* konnten als „gut" anerkannt werden. Ebenfalls als neubeschriebene Art ist *N. eggersi* zu erwähnen, von dem mehrere Farbvarianten bekannt sind. Killifische wie diese hält man am besten im kleinen, gut abgedeckten (!) Artaquarium. Wer das nicht möchte, der solte keine viel größeren Mitbewohner einsetzen, weil die Killis sonst nur ein Unterdrücktendasein führen und ihr wahres Verhalten, das nicht immer friedlich ist, nicht zeigen können. Der Bodengrund soll weich und die Nahrung lebend sein. *Nothobranchius*-Arten bewohnen die unteren bis mittleren Wasserschichten. Sie werden 5–7 cm lang.

Die Bachlinge (Rivulidae)

Zur Familie der Bachlinge sind verschiedene mehr oder weniger bekannte Gattungen gestellt, wie *Rivulus, Pterolebias, Rachovia, Cynolebias, Austrofundulus, Neofundulus* und *Trigonectes.* Neben den artenreichen Gattungen *Aphyosemion* und *Aplocheilichthys,* die in andere Familien gehören, ist *Rivulus* mit über 50 Arten die größte. Auch *Cynolebias,* mit knapp 30 Arten, kann man noch als artenreich bezeichnen, während die übrigen relativ wenige Arten aufzuweisen haben.

Rivulus-Arten, auch Rivulinen oder Bachlinge genannt, sind über große Gebiete Amerikas verbreitet, von Florida über einige karibische Inseln, Mittelamerika bis auf die Höhe von Nordargentinien und Uruguay. Die Fische haben eine maximale Größe von 10 cm, jedoch erreichen nicht alle diese Länge. Ich fand sie auf meinen Reisen in vielen kleinen und flachen Tümpeln und ebensolchen Wasserrinnen, oft entlang einer schwach befestigten Straße. Wer diese Fische pflegt, sollte wissen, daß sie großartige Springer sind, die von schlechten Aquarienabdeckungen geradezu angezogen werden und durch kleinste Ritzen einen Weg ins Freie (und damit meist in den Tod) finden. Dieses Springvermögen ist es, mit dem sich die Fische, wenn ihr Lebensraum austrocknet, in andere, noch wasserreiche Reviere retten. Ob das allen Tieren in ihren oft so unterschiedlichen Lebensräumen gelingt, ist fraglich. Aber auch hier hat die Natur vorgesorgt und es den Fischen überlassen, auf welche Weise sie ihre Eier erbrüten lassen wollen: Erst nach einer Pause (durch eine Trockenperiode) oder ohne diese Ruhezeit. Man spricht hier auch von anuellen (mit Ruhepause) und nichtanuellen (ohne Ruhepause) Arten. Um die Vielzahl der Rivulinen übersichtlicher zu machen, hat man die Arten nach gewissen Bestimmungsmerkmalen in Formenkreise unterteilt. Von den vielen schön gefärbten Arten sind bestimmte immer wieder nachgezüchtet, angeboten und somit weiter bekannt geworden, allen voran *Rivulus holmiae* aus Westguayana, *R. magdalenae* aus dem Becken des Rio Magdalena in Kolumbien. *R. tenuis* aus Mittelamerika oder der erst vor wenigen Jahren beschriebene *R. amphoreus* aus Südamerika. Seltener ist der sehr schöne *R. xiphidius* aus dem südlichen Teil der Guayana-Länder.

Wie aus den einführenden Anmerkungen festgestellt werden konnte, sind Rivulinen ausgezeichnete Springer, die auch im Aquarium von diesem Können Gebrauch machen, besonders dann, wenn ihnen die angebotenen Lebensräume nicht behagen. Das Aquarium muß also „ritzfrei" abgedeckt werden – auch die Einlässe für die notwendigen Zuführungen (Heizung, Pumpe usw.). Andererseits sind Bachlinge auch Versteck-Künstler, so daß nur der erfahrene Aquarianer weiß, ob seine Pfleglinge wirklich noch alle im Becken sind. Die Beckeneinrichtung ist weniger problematisch: Lediglich beim Einsatz mehrerer gleichgeschlechtlicher Tiere einer Art soll man das Becken durch Abteilung mit Steinen oder Wurzelstücken so gliedern, daß Reviere gebildet und leicht erkannt werden können.

In der Gattung *Pterolebias* sind nur fünf Arten zusammengefaßt, von denen hauptsächlich zwei sich seit Jahrzehnten gehalten haben: *P. longipinnis* und *P. peruensis.* Wie ihre Verwandten aus der Gattung *Cynolebias* sind auch die Schleierkärpflinge (*Pterolebias*-Arten) Saisonfische, die ihren Körper zur Eiablage und Befruchtung in den Boden bohren – der dazu natürlicherweise recht weich sein muß (Torf). Die wenigen, in der

Rivulus holmiae

Rivulus amphoreus

Cynolebias whitei, ♂

Cynolebias nigripinnis, ♂

Pterolebias longipinnis, ♂

Cynolebias alexandri, ♂

Gattung zusammengeschlossenen Arten sind über Südamerika verstreut. Ich fand *P. longipinnis* im nordargentinischen Chaco in überschwemmten Wiesen und Gräben in einem Gebiet, in dem auch *Cynolebias bellottii* vorkam, und in dem später auch der Zwergcichlide *Apistogramma borellii* (früher *A. reitzigi)* gefunden wurde. Die Art wird bis zu 10 cm lang und kommt über diesen Fundort hinaus im gesamten Einzugsbereich des Rio Paraná (mit Rio Paraguay und Rio Uruguay) vor, ist jedoch an einigen Punkten selten.

Wie der Artname bereits erkennen läßt, ist *P. peruensis* in Teilen von Peru, im System des oberen Amazonas, beheimatet. Auch die Vertreter dieser Art werden bis zu 10 cm lang. Neuerdings wird gelegentlich eine weitere Art, *P. zonatus*, aus Kolumbien und Venezuela eingeführt.

Cynolebias-Arten sind beliebte Pfleglinge. Der Gattungsname *Cynopoecilus* wurde übrigens eingezogen und zum Synonym von *Cynolebias* erklärt (Parenti, 1981). Die Bewohner Südamerikas sind bei uns als Fächerfische bekannt, und sie machen diesem Namen alle Ehre. Diese Saisonfische, die sich ebenfalls auf die vorher beschriebene „bodenbohrende" Weise vermehren, bewohnen in ihren Heimatbiotopen kleine, flache Teiche und Tümpel und sind, bedingt durch ihre Kurzlebigkeit, schnellwüchsig und somit stets von großem Appetit geplagt. Fächerfische sind eher bullig gedrungen, was besonders bei größeren Männchen gut zu sehen ist. Wie erwähnt, umfaßt die Gattung (einschließlich der früheren *Cynopoecilus*-Arten) knapp 30 Vertreter, von denen einige durch viele Publikationen besonders gut bekannt wurden. Das sind *C. alexandri, C. bellottii, C. elongatus, C. nigripinnis* und *C. whitei.* Die erste Art, mit *C. nigripinnis* nahe verwandt, stammt aus Argentinien, nahe der Grenze zu Uruguay. *C. alexandri* zählt mit seiner senkrechten Streifung zu den schönsten Vertretern der Gattung.

C. bellottii und *C. elongatus* stammen ebenfalls aus Argentinien. Der erste, als „Blauer Fächerfisch" gut bekannt, wird etwa 6–8 cm lang und kommt in einer mehr bräunlichen und einer stahlblauen Variante vor. Dazwischen können Übergangsformen möglich sein. *C. elongatus*, der Gestreckte Fächerfisch, gehört mit Längen zwischen 10 und 14 cm zu den größten seiner Gattung. Zu seinem schnellen Wachstum merkt Dr. Foersch an: „Im Alter von fünf Wochen waren die neun Zentimeter großen Männchen noch schmutzig grau-blau. Drei Wochen später (!) waren sie mit 13 cm ausgewachsen. Die Körperform (♂♂) wurde mit zunehmendem Wachstum gedrungener. Jetzt erst konnte ich die wirkliche

Färbung der ausgewachsenen und laichreifen Tiere sehen! Körper und Flossen sind beim Männchen intensiv dunkelblau, beim Weibchen stumpf dunkel-blaubraun."
C. nigripinnis, der Schwarze Fächerfisch, und *C. whitei,* Whites Fächerfisch, kommen in Südbrasilien (ab Rio de Janeiro) und Nordargentinien vor. Der erste, aus dem Einzugsbereich des Rio Paraná, wird nur 4–5 cm lang, wogegen die Männchen von *C. whitei* (bis 8 cm) im Vergleich zu ihren Partnerinnen (bis 5,5 cm) deutlich größer werden. Beide tragen eine getüpfelte Musterung. Haltung und Vermehrung wie bei Aplocheilidae angegeben. Die Vertreter dieser Familie gehören zu den Haftlaichern.

Anableps anableps

Die Valenciakärpflinge (Valenciidae)

Eine neu geschaffene Familie aus der Parenti-Revision, der nur die Gattung *Valencia* angeschlossen ist, zu der wiederum nur zwei Arten: *V. hispanica* und *V. letourneauxi* gestellt sind, die aquaristisch beide von gelegentlichen Veröffentlichungen bekannt wurden. Beide sind Bewohner des Mittelmeerraumes. Als Aquarienfische konnten sie sich nicht durchsetzen.

Die Anablepiden (Anablepidae)

Verstanden wir früher unter den Vertretern der Familie Anablepidae ausschließlich die lebendgebärenden Vieraugen, und wurden früher die Vertreter der Gattungen *Jenynsia* (Familie Jenynsidae) und *Oxyzygonectes* als Mitglieder anderer Gruppierungen angesehen, so hat Parenti in ihrer Revision andere Maßstäbe angewandt und lebendgebärende wie eierlegende Arten in einer Familie zusammengefaßt.
Vieraugen wie *Anableps anableps* und *A. dowi* werden und wurden in regelmäßigen Abständen eingeführt. Sie sind nur Tiere für Aquarianer mit sehr großen Becken, weshalb sie meistens nur in Schauaquarien gezeigt werden. Der Name „Vierauge" wurde aus dem Spanischen der Länder Mittelamerikas übernommen, in denen die Fische beheimatet sind („Cuatro ojos"). Vier Augen haben die Fische natürlich nicht, doch ist die Hornhaut ihrer Augen durch ein einschnürendes Band derart getrennt, daß das Auge in zwei Hälften geteilt ist, von denen die eine sich unterhalb, die andere sich oberhalb des Wasserspiegels befinden kann. Auf diese Weise ist der Fisch in der Lage, bestimmte Vorgänge in beiden Medien zu beobachten. Ich konnte das Treiben dieser Fische an der kurzen pazifischen Küste von Honduras gut beobachten. Sie leben hier in einer Zone, die durch die Gezeiten angesalzt wird, jedoch überwiegend noch als „süß" zu bezeichnen ist.
Anableps-Arten werden zuweilen als reine Brackwasserfische angesprochen. Das sind sie nicht! Ich traf sie im Rio Choluteca (pazifische Seite von Honduras) an. Wassermessungen ergaben: 27° C Wasserwärme, 6° dH und 6° dKH, 320 μS und einen pH-Wert von 7,8. Vieraugen brauchen Becken mit viel Oberfläche und nur geringer Tiefe. Da die Fische zu den guten Springern gehören, muß die Oberfläche gut abgedeckt werden. Bei Zuchtversuchen ist darauf zu achten, welche Tiere miteinander harmonieren, was sich besonders auf das „Fassen" der Begattungsorgane bezieht. Diese Organe sind ähnlich angeordnet wie bei den folgend beschriebenen *Jenynsia*-Arten.
Jenynsia-Vertreter sind ebenfalls lebendgebärend. Sie kommen von Südbrasilien über Uruguay und Nordargentinien bis zum Golf von La Plata vor und sind als Linienkärpflinge bekannt. Mit den Vieraugen haben sie eines gemeinsam: Die Geschlechtsorgane der einzelnen Individuen sind entweder nach rechts oder links gerichtet, so daß ein linksseitiges Männchen nur mit einem rechtsseitigen Weibchen kopulieren kann. Zur Gattung *Jenynsia* wurden insgesamt vier Arten beschrieben, von denen *J. lineata* durch wenige Veröffentlichungen namentlich bekannt wurde.
Jenynsia lineata, der Linienkärpfling, hat – wie angeführt – eine starke Verbreitung in nordsüdlicher Richtung und ist demgemäß an sehr unterschiedliche Temperaturen gewöhnt. Der Größenunterschied der Geschlechter (♂♂ 3–4 cm, ♀♀ bis 12 cm!) ist ebenfalls beachtenswert. Man richtet ein Becken mittlerer Größe ein, in dem sich auch ein Pflanzenteil mit Verstecken befindet. An die Wasserqualität stellen die Fische keine besonderen Ansprüche. Sie sind gute Allesfresser, anderen Fischen gegenüber aber zuweilen zänkisch. Bei den erwähnten Wassertemperaturen kann man normaler-

Jenynsia lineata

Laichverhalten der Zahnkarpfen: Begattendes Männchen der lebendgebärenden *Poecilia* (oben), Substratlaicher (Eierleger) *Epiplatys* (Mitte) und bodenbohrender Eierleger *Pterolebias* (unten).

weise von Zimmertemperaturen ausgehen (18–22° C) und erhöht diese nur, wenn die Tiere die gewünschte Vitalität vermissen lassen.

Die Poeciliiden (Poeciliidae)

Um diese Familie vorzustellen und Mißverständnissen vorzubeugen, muß festgestellt werden, daß mit der letzten Revision drei Unterfamilien geschaffen wurden: Poeciliinae (Lebendgebärende Zahnkarpfen), Aplocheilichthyinae, (Leuchtaugenfische, eierlegend) und Fluviphylacinae (Fluviphylaxartige, Zwergkillifische).
Zwergkillifische nehmen eine besondere Rolle ein, denn die einzige Art der (ebenfalls) einzigen Gattung *Fluviphylax,* der Zwergkillifisch *F. pygmaeus* wird nur etwa 2 cm lang und ist somit der kleinste bekannte Killifisch überhaupt. Die Fischchen stammen aus Zentralamazonien, wo sie ihren Lebensraum in ruhigen Abschnitten an den Seiten größerer Gewässer haben. Aquaristisch haben sie keine Rolle gespielt.
Anders die Leuchtaugenfische der erwähnten Unterfamilie, zu der die Gattungen *Aplocheilichthys, Lamprichthys, Procatopus, Pantanodon, Cynopanchax, Plataplochilus* und *Hypsopanchax* gehören.

In der Gattung *Aplocheilichthys,* die mit 46 beschriebenen Typen zu den artenreichsten gehört, finden wir schlanke, kleine bis sehr kleine Fische, die über weite Teile Afrikas verbreitet sind. Nur wenige haben jedoch den tiefen Süden und den hohen Norden des Kontinents erreicht. Die bisher als selbständig angesehene Gattung *Congopanchax* wurde als Untergattung zurückgestuft.
Bei den *Aplocheilichthys*-Vertretern und verwandten Arten hat sich die bisher übliche Haltung (paarweise in kleinen Aquarien) als nicht günstig erwiesen. Paare, die so gehalten werden, vereinsamen und leben daher nicht lange. Bei diesen Tieren handelt es sich nach neueren Erkenntnissen eher um Schwarmfische, die aus ihrem natürlichen Verhalten an ein Leben in größeren Gruppierungen von mindestens einem Dutzend gewöhnt sind. Dies mag der Schlüssel dafür sein, daß diese Fische, obgleich sie in härterem Wasser ausdauernder sind als in sehr weichem, bei den meisten Aquarianern keine besonderen Freunde fanden. Die meisten Leuchtaugenfische sind an ein Leben in abgeschatteten Gewässern gewöhnt und meiden die hellen Stellen im Aquarium. Bei Arthaltung hat dies den Vorteil, daß sie nicht in besonders hellen Becken untergebracht werden können. Die Ausstattung dieser Aquarien kann ebenfalls dazu beitragen.

Lamprichthys tanganicanus

In der Gattung *Lamprichthys* ist nur eine Art vertreten, deren Vertreter jedoch in den letzten Jahren mehr und mehr an Beliebtheit gewannen, das Tanganjika-Leuchtauge: *L. tanganicanus.* Die Tiere aus dem gleichnamigen See in Afrika werden zwischen 10 und 14 cm lang (♂♂), Weibchen bleiben um etwa 2 cm kleiner. Die oft angeführte Empfindlichkeit dieser Fische kann ich aus eigener Erfahrung nicht bestätigen. Voraussetzung ist allerdings, daß man den Tieren ein geräumiges Aquarium anbietet und der Händler große, erwachsene Fische einzeln verpackt, weil sie sich im Transportbeutel gegenseitig leicht verletzen, wodurch bakterielle Entzündungen auftreten können. Da sich die Geschlechter gut unterscheiden lassen (man soll sie im Männchen/Weibchen-Verhältnis 1:3 bis 1:4 zusammenführen), ist die erfolgreiche Nachzucht nicht besonders problematisch. Gelaicht wird in spaltenreichen Aufbauten, von denen das Weibchen die passende aussucht. Die Eier werden so tief wie möglich in das Versteck befördert. Auch die Aufzucht der stets munteren Jungfische macht keine besonderen Schwierigkeiten.

Die Gattung *Procatopus* (Synonym *Hylopanchax*) umfaßt sechs Arten, von denen alle im westafrikanischen Gebiet von Nigeria und Westkamerun bis Gabun beheimatet sind. Die wenigen Vertreter werden 4–5 cm lang, haben eine typische Körper- und Flossenform und auch in der halbtransparenten Färbung viel Ähnlichkeit. Eine Ausnahme in jeder Beziehung bildet *P. silvestris,* dessen Körper gestreckter ist, und dessen Vorkommen die Autoren (Poll & Lambert, 1965) in einem Schwarzwasserbiotop in Zaire/Kongo (mit sehr geringem pH-Wert weit unter 5,0) beschrieben.

Procatopus aberrans ist, neben *P. nototaenia,* der bekannteste aus der Gruppe dieser Schwarmfische. Weiter wäre noch *P. similis* zu nennen. Für die Haltung dieser Leuchtaugenfische gilt Ähnliches, wie bei *Aplocheilichthys* angegeben wurde. Um ein Verblassen der Farben zu verhindern, soll man vitaminisiertes Futter reichen. Von den namentlich bekannten Arten der Gattungen *Plataplochilus* und *Hypsopanchax* konnten sich keine als Aquarienfische durchsetzen. Sie werden (wie auch viele andere der Familie) nur gelegentlich durch Eigeninitiative eingeführt.

Zu den oft wegen ihres ähnlichen Aussehens zusammen mit Leuchtaugenfischen in Publikationen behandelten Reiskärpflingen der Gattung *Orizias* ist zu sagen, daß diese in einer gesonderten Arbeit (Rosen & Parenti) jetzt zur Familie *Adrianichthyidae* (Ordnung *Beloniformes*) gestellt sind.

Lebendgebärende Zahnkarpfen, jetzt mit eierlegenden Arten zusammen in einer Familie geführt, jedoch in der Unterfamilie Poeciliinae zusammengefaßt, gehören zu den bekanntesten Aquarienfischen überhaupt. Helleris, Platys und Guppys in all ihren Zuchtformen sind, besonders für den Anfänger, die interessantesten Fische, nicht nur weil sie lebende Junge zur Welt bringen, sondern auch wegen ihrer Anpassungsfähigkeit. Die Poeciliiden stammen aus der Neuen Welt. Von den südlichen USA über Mittelamerika (einschließlich der Karibischen Inseln) bis zum nördlichen Argentinien

Procatopus aberrans

Orizias celebensis

reicht ihre Ausdehnung. Dort bevölkern sie ruhige und mit reichlichem Pflanzenbestand bewachsene Gewässer. Im Aquarium bieten wir den Fischen reichlich abgestandenes Wasser, das nicht zu weich sein soll. Einige Arten, die aus den Mündungsgebieten ins Meer stammen, brauchen einen Salzzusatz.

Die Geschlechter lassen sich bei Fischen dieser Familie sehr leicht unterscheiden. Die Männchen haben besonders prächtig gefärbte Schwanzflossen *(Poecilia reticulata)*, sehr hohe Rückenflossen *(Poecilia latipinna* und *P. velifera)*, eine durch ein „Schwert" verlängerte Schwanzflosse und tragen als besonderes Merkmal ihr Begattungsorgan (Gonopodium) gut sichtbar unter dem Körper. Dieses Gonopodium finden wir nur bei den Lebendgebärenden Zahnkarpfen und den Halbschnäblern (die zu einer eigenen Familie zählen). Bei diesen Arten müssen die Männchen die weiblichen Tiere im Körperinnern befruchten. Die Weibchen haben die Möglichkeit, die Samen im Körper zu speichern, so daß sie noch lange Zeit nach dem Zusammenleben mit einem Männchen Junge gebären können.

Man glaubte früher an eine Geschlechtsumwandlung bei lebendgebärenden Arten. In der Zwischenzeit gab es aber Veröffentlichungen wissenschaftlicher Arbeiten, nach denen bestimmte plumpe Tiere mit hohem Rücken (und somit weiblichem Aussehen) keine Weibchen sind. Sie lassen sich lediglich Zeit, ihre männlichen Merkmale auszubilden. Sie werden damit erst später fortpflanzungsfähig. Man spricht hier von „Spätmännchen". Im Gegensatz dazu nennt man die schlanken, maskulinen Tiere mit dem flachen Rükken „Frühmännchen".

Da Männchen verschiedener Arten fast gleiche oder doch sehr ähnliche gebaute Gonopodien besitzen, sind sie auch in der Lage, sich mit Weibchen solcher Arten zu kreuzen. Viele Aquarianer kennen das aus Erfahrung: Zuerst wurden einige Tiere verschiedener Gattungen aus reinen Stämmen ins Becken gesetzt, vielleicht kommen noch dritte Arten dazu, und schon nach einigen Monaten schwimmen muntere kleine Bastarde durch das Aquarium. Nun gibt es aber auch Züchter, die diese Kreuzungswilligkeit der Tiere für ihre züchterischen Zwecke in Anspruch nehmen. Aus solchen Kreuzungen erhalten wir dann so wunderschöne neue Varianten wie Wagtail-, Mondschein- oder Papageien-Platys, um nur einige bekannte zu nennen. Überhaupt ist das Herauszüchten von Flossenverlängerungen und -vergrößerungen bei lebendgebärenden Zahnkarpfen sehr beliebt. Fast jede Art hat ihre Nebenformen. So kennen wir zum Beispiel den Simpson-Helleri mit seiner fahnenartig ausgezogenen Rückenflosse, die verschiedenen Lyratail-Formen beim Molly und Helleri und vor allem das Herauszüchten unterschiedlichster Formen der Rücken- und Schwanzflossen beim Guppy.

Dieser berühmteste aller Aquarienfische hat eine große Vergangenheit. Schon 1859 beschrieb Peters das Fischlein als *Poecilia reticulata.* Den volkstümlichen Namen „Guppy" erhielt der Fisch zu Ehren seines Entdeckers, des Reverend Robert J. L. Guppy: *„Giardinus guppyi".* Seinen Namen *„Poecilia reticulata"* hat der Fisch nach einigen Mißverständnissen wiederbekommen. Der volkstümliche Name Guppy blieb ihm aber in der ganzen Welt erhalten.

Die Lebendgebärenden Zahnkarpfen setzen sich aus etwa 20 Gattungen mit rund 200 Arten zusammen. Es sind eben nicht nur die bekannten Arten aus den ebenso bekannten Gattungen, sondern auch viele Spezies, die selten oder nicht eingeführt werden. Nicht alle Arten sind, wie die bekannten, für die Haltung in einem Gesellschaftsbecken geeignet. Bevor ich zu den bekannten Arten und Gattungen komme, daher einige, die auch gelegentlich gehandelt, jedoch weitgehend unbekannt sind:

Alfaro cultratus ist ein Bewohner Mittelamerikas, der dort in klaren und schneller fließenden Gewässern lebt. Sie sind zwar für den Einsatz im Gesellschaftsbecken geeignet, jedoch empfindlich gegenüber Verletzungen, die aus Raufereien stammen (bakteriell befallene Entzündungen).

Belonesox belizanus ist ebenfalls Mittelamerikaner, der auch als Lebendgebärender Hechtkärpfling bekannt ist. Wie der Name bereits erkennen läßt, handelt es sich um einen Räuber, der für ein Gesellschaftsbecken kaum geeignet erscheint. Mit dem üblichen Lebendfutter (totes Futter mag er nicht!) wie

Alfaro cultratus

Belonesox belizanus

Brachyrhaphis terrabensis

Mückenlarven, Wasserflöhe usw. kann man höchstens sehr junge Tiere ernähren. Erwachsene nehmen diese Futter nur in Ausnahmefällen und fressen lieber kleine Fische. Daher Vorsicht! An die Wasserwerte werden keine Ansprüche gestellt.
Brachyrhaphis-Arten sind nicht immer einfache Pfleglinge. Es ist also vorteilhafter, sie nicht ins Gesellschaftsbecken zu geben. Sie halten sich besser mit geringem Salzzusatz von 2–3 Teelöffeln auf 50 Liter Wasser. Die Nachzucht macht meist insofern Schwierigkeiten, als die Weibchen ihren Partnern gegenüber sehr aggressiv sind (deshalb mehrere Männchen zugeben), und sich die meisten Eltern später als Jungfischräuber entpuppen. Bekannt und eingeführt sind *B. cascajalensis, B. episcopi, B. hartwegi, B. rhabdophora, B. terrabensis* und andere.

Gambusen *(Gambusia)* sind aggressive Fische, weshalb sie, trotz ihrer Genügsamkeit, nur unter Vorbehalt für ein Gesellschaftsbecken empfohlen werden können. Der Koboldkärpfling *G. affinis* kommt aus dem Süden der USA und ist als „Moskitofisch" (also zur Bekämpfung der Mückenplage) in viele Teile unserer Erde verschleppt und dort heimisch geworden. Dies gilt nicht nur für Südeuropa, sondern vor allem auch für viele Südseeinseln. Ich fand Exemplare sogar im einzigen Kraterteich auf der Osterinsel. *G. nicaraguensis* ist über weite Teile Mittelamerikas verbreitet, andere Arten kommen nur in Mexiko vor *(G. atrora, G. aurata, G. echeagarayi, G. eurystoma, G. marshi, G. panuco, G. regani, G. sexradiata* und andere), weitere auf karibischen Inseln *(G. dominicensis* – Haiti/Dominikanische Republik; *G. punctiulata* – Kuba; *G. wrayi* – Jamaika usw.)

Ein schöner Wildfang aus dem *Poecilia-sphenops*-Komplex, der an *P. maylandi* erinnert, mit diesem jedoch nicht identisch ist.

Poecilia sulphurarior, ♂

Priapella compressa und *P. intermedia* sind die beiden einzigen Vertreter der Gattung und stammen aus dem Süden Mexikos. Sie kommen dort in klarem, sauberem Wasser vor, das allgemein nicht sehr hart ist. Ein Salzzusatz ist daher für diese Arten nicht empfehlenswert. Man kann die Fische gut in einem Gesellschaftsbecken unterbringen, muß jedoch darauf gefaßt sein, daß es sich um arge Jungfischräuber handelt, die bereits als Jungfische diese kannibalische Neigung zeigen.
Arten der Gattung *Poecilia,* von denen eine ganze Reihe früher zur (inzwischen eingezogenen) Gattung *Mollienesia* gestellt waren, werden

Priapella intermedia

Poecilia velifera (Zuchtform)

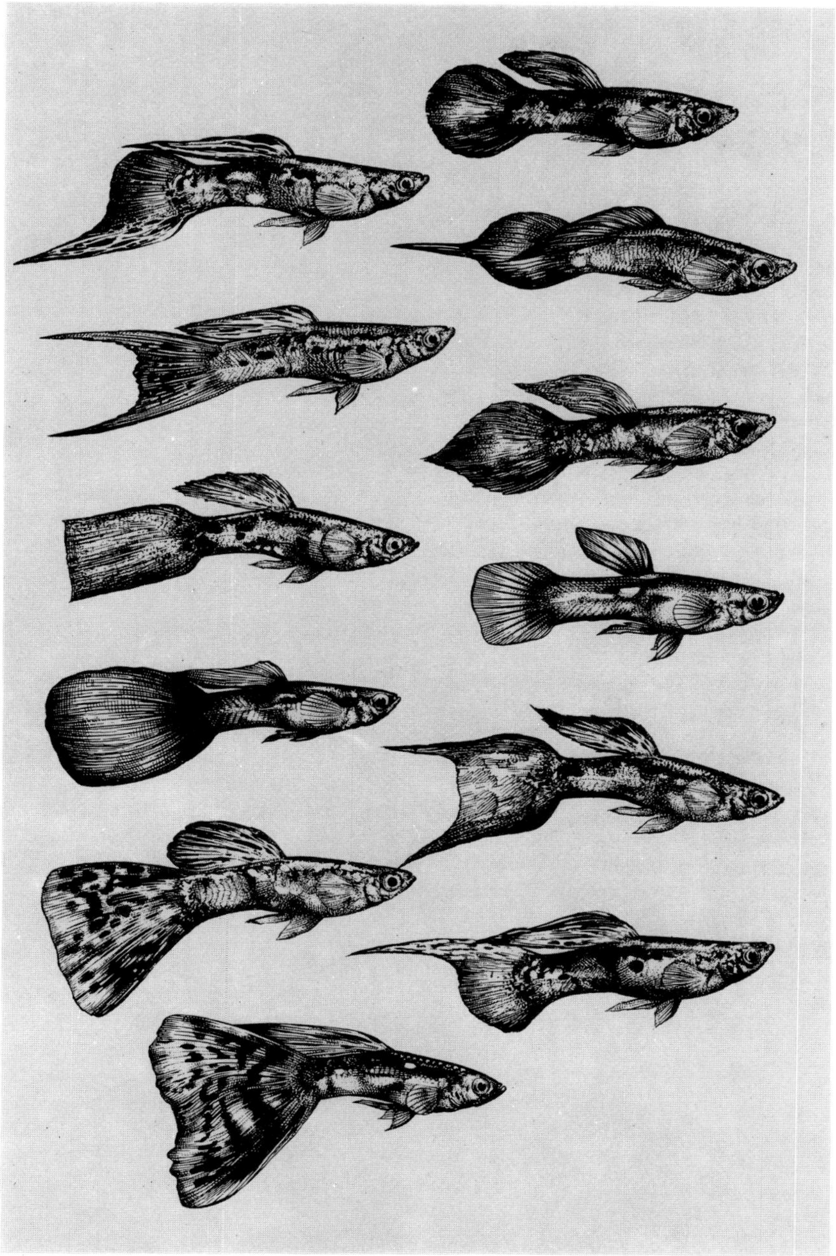

Guppy-Standardformen (von oben nach unten):

Linke Reihe	Rechte Reihe
Untenschwert	Rundschwanz
Doppelschwert	Nadelschwanz
Fahnenschwanz	Spitzschwanz
Schleierschwanz	Spatenschwanz
Fächerschwanz	Leierschwanz
Triangelschwanz	Obenschwert

unter Aquarienfreunden heute noch „Mollies" genannt. *Poecilia*-Arten lieben recht warmes Wasser, das keinesfalls weich sein darf! In weicherem Wasser ist daher ein Salzzusatz zu empfehlen. Arten wie *P. latipinna* und *P. velifera* werden verschiedentlich sogar in reinem Meerwasser angetroffen. *P. latipinna,* der Breitflossenkärpfling, und *P. velifera,* der Segelkärpfling, sind auch in Zuchtformen (meist aus Südostasien) im Handel, der letzte in einer grünblauen und einer goldgelben Farbform. Der Black-Molly, eine schwarze Zuchtform mit und ohne Lyraschwanz, ist dagegen (wahrscheinlich) eine Zuchtform, an der *P. latipinna* wie auch *P. sphenops* beteiligt sind. Die Arten dieser genannten Gruppe stammen alle aus einem Gebiet zwischen den südlichen USA und dem südlichen Mexiko. Sie fühlen sich, erst in recht warmem Wasser, etwa am 26° C., richtig wohl. So auch die erst kürzlich beschriebene Art *P. maylandi,* deren Lebensraum im Becken des Rio Balsas, am südlichen Rand des mexikanischen Hochlandes, liegt.
Meistens werden die Fische mit vielen anderen Lebendgebärenden vergesellschaftet. Da sie nicht allzu ruppig sind, ist das gut möglich. Mollies setzt man in reichlich bepflanzte und gut beleuchtete Aquarien, die nicht zu klein sein sollen. Sie stellen keine großen Ansprüche an die Wasserbeschaffenheit, das allerdings nicht zu weich sein sollte. Ein leichter Salzzusatz erhöht ihr Wohlbefinden. Gerade die großflossigen Arten, wie der Segelkärpfling, brauchen eine Angleichung an heimische Wasserbeschaffenheit sowie die Möglichkeit, sich auszuschwimmen. Ohne einen ausreichenden Schwimmraum wird sich die wunderschöne Segelflosse bei den Männchen nicht bilden. Diese Art wird unter einigermaßen idealen Umständen bis zu 12 cm groß.

Über den Guppy *(Poecilia reticulata)* wurde schon viel geschrieben. Die aus dem nördlichen Südamerika sowie Mittelamerika und den Karibischen Inseln stammende Art ist durch viele Kreuzungen untereinander zu wahren Superfischen herangezüchtet worden. Guppy-Vereinigungen in der ganzen Welt haben diese Hochzuchten gefördert und eigene Regeln aufgestellt, nach denen die Bewertungen bei Ausstellungen vorgenommen werden. Wer sich mit der Guppyzucht vertraut machen will und die Regeln kennenlernen möchte, der wende sich an die monatlich erscheinenden aquaristischen Magazine, die die Anschrift der Deutschen Guppy-Gesellschaft gern mitteilen.

Die Haltung der Guppys im Gesellschaftsaquarium ist unproblematisch, da die Tiere kaum Ansprüche stellen. Die Geschlechter lassen sich schon bei relativ jungen Tieren einfach unterscheiden: Männchen sind von kleiner, schlanker Gestalt und mit beginnender Geschlechtsreife durch attraktive bunte Flossen geschmückt. Die Weibchen dagegen haben einen wesentlich größeren Leibesumfang. Sie werden auch in der Gesamtlänge fast doppelt so groß wie die Männchen. Ihre Färbung ist eintönig grau mit gelegentlichem blauen oder grünen Schimmer auf den Schuppen. Das Becken, in dem Guppys gepflegt werden, soll mit einer dichten Randbepflanzung ausgestattet sein. Wer die Tiere mit Skalaren oder anderen gefräßigen Fischen (z.B. Barben) vergesellschaftet und den Jungtieren eine Überlebenschance geben will, der soll den Kleinen Schutz bieten, wie es bei den Helleris besprochen wird. Guppys sind nicht empfindlich gegenüber unterschiedlichen Wasserbedingungen, es soll nur nicht zu weich sein. Die Temperaturen liegen um 23° C und können gelegentlich bis auf 18° C absinken. Guppys fressen alles: Neben dem Lebendfutter auch Salat, Algen, überbrühten Spinat und feinzerriebene Haferflocken; natürlich auch fast jede Art von gefriergetrocknetem, Tiefkühl- und Trockenfutter.

Arten der Gattung *Xiphophorus* sind allen Aquarianern gut bekannt. Ihr Verbreitungsraum erstreckt sich ausschließlich über die atlantische Abdachung des nördlichen Mittelamerikas vom Norden Mexikos über Guatemala bis in den Norden von Honduras. Es sind bisher 16 Arten beschrieben worden, von denen die meisten Aquarianer nur drei kennen: *X. helleri*, *X. maculatus* und *X. variatus*. *Um andere, weitere Arten zu unterscheiden, bedarf es schon genauerer Kenntnisse, doch werden X. alvarezi, X. cortezi* oder *X. multilineatus* (meist durch Eigeninitiative von Aquarianern) von Zeit zu Zeit ebenso eingeführt, wie die eine oder andere weitere Art.

Im Gegensatz zu ihren *Poecilia*-Verwandten lieben *Xiphophorus*-Arten kein hartes Wasser, weshalb man unbedingt bei diesen Fischen auf einen Salzzusatz ins Aquarienwasser verzichten soll. Auch die Haltungstemperatur soll – normalerweise – merklich (2–3° C) unter der für *Poecilia*-Arten, also bei 24–27° C, liegen. Das gilt insbesondere für Wildfänge. Nachzuchttiere haben sich meist schon soweit angepaßt, daß ihnen höhere Wärmegrade nicht viel ausmachen. Die Zucht der verschiedenen Artvertreter macht generell keine besonderen Schwierigkeiten. Lediglich bei den gewöhnlich als Wildfänge eingeführten *X. nigrensis* und *X. pygmaeus* kann es Schwierigkeiten geben.

Viele der früher zur Gattung *Platypoecilus* (heute eingezogen) gestellten Arten gehören heute der Gattung *Xiphophorus* an. Für einige von ihnen

Xiphophorus helleri, „Simpson-Helleri“

Xiphophorus maculatus (Zuchtform)

hat sich trotzdem der deutsche Name „Platy" gehalten. Als Zuchtform verschiedenster Variationen sind uns Platy oder Spiegelkärpfling heute bekannt. All diese Formen entstammen der Wildform von *X. maculatus.* Ähnlich ergeht es den züchterischen Produkten, die wir vom Veränderlichen Spiegelkärpfling kennen. Für diese Tiere wie auch für den später besprochenen Helleri trifft das in der Vorbesprechung Gesagte zu: Die Tiere besitzen ähnlich gebaute Gonopodien und paaren sich untereinander. Aus einer Vermischung dieser beiden Rassen entstammen die meisten Bastarde, die in Gesellschaftsaquarien umherschwimmen. Die lebhaften und friedlichen Platys stammen ebenfalls aus dem weiten Gebiet um Mittelamerika. Sie werden bis zu 10 cm groß, bleiben aber im Heimaquarium meist etwas kleiner. Sie lieben eine gelegentliche pflanzliche Beikost, weshalb das Becken reichlich bepflanzt werden kann. Die Fische können einen guten Appetit entwickeln. Besonders Mückenlarven sind bei ihnen beliebt. Natürlich werden auch andere Futtertiere genommen. Sogar Trockenfutter ist für diese Arten ein Leckerbissen.

Schwertträger *(Xiphophorus helleri)* bringen all das mit, was der Durchschnittsaquarianer von seinen Pfleglingen verlangt: Eine kräftige Farbe (meist rot), einen besonderen Schmuck (das „Schwert" der Männchen), Anspruchslosigkeit (frißt alles, lebt in fast jedem Wasser, nur in ganz weichem nicht) und Ausdauer, gepaart mit Produktivität (lebt lange und sorgt für viele Nachkommen). Mit diesen Fischen im Aquarium kann sich jeder Aquarienfreund als Züchter versuchen. Der bis zu 12 cm groß werdende Fisch (Männchen bleiben ohne Schwert bis zu einem Drittel kleiner) stammt aus Mittelamerika, wo man die Tiere in Mexiko und Guatemala gefunden hat. Heutzutage dürften Schwertträger wohl kaum noch als Wildfänge in unsere Aquarien gelangen.

Schwertträger lassen sich ausgezeichnet vergesellschaften, da sie friedlich gegenüber anderen Fischen und auch zu ihren Artgenossen sind. Lediglich manche Männchen streiten sich gern untereinander. Ein Becken, in dem Schwertträger auf Dauer gepflegt werden, darf nicht zu klein sein. Eine Länge von 60 cm kann man als untere Grenze ansehen. Das Aquarium wird mit einem dichten Pflanzenbewuchs in den Randzonen ausgestattet. Der Schwimmraum in der Beckenmitte kann durch einige Steine und Wurzelstücke aufgegliedert werden. Helleris gedeihen in mittelhartem Wasser besser als in weichem. Bei einer Temperatur zwischen 22 und 25° C entwickeln sie ihr ganzes Temperament. Es schadet den Tieren nicht, wenn von Zeit zu Zeit die Aquarientemperatur einmal kurzzeitig um einige Grade abfällt. Die Quantität eines Wurfs hängt oft

Xiphophorus variatus, Zuchtform „Tuxedo"

Xiphophorus variatus, Hochflossiger Papageienplaty

Xiphophorus alvarezi

Xiphophorus multilineatus

von der Größe des Weibchens ab. Kleine Weibchen sind daher nicht die idealen Zuchttiere. Große und einigermaßen ausgewachsene weibliche Tiere bringen oft 160 und mehr lebende Junge zur Welt. Meist genügt nur ein aktives Männchen, um eine ganze Anzahl von Weibchen zu befruchten. Da diese Befruchtung auch „auf Vorrat" geschehen kann, kommt es dem Züchter mehr auf die produktiven Weibchen als auf aktive Männchen an. Werden die Jungen als zufälliges Zuchtprodukt in einem Gesellschaftsbecken geboren, so ist vom Pfleger dafür Sorge zu tragen, daß genügend Verstecke für die Jungfische in Form von feingliedrigen und bodenbedeckenden Pflanzen (Lebermoos und bestimmte *Cryptocoryne*-Arten) vorhanden sind. Da in Durchschnittsaquarien meist Lebendgebärende zusammen mit Skalaren gehalten werden, können von einem Wurf nur wenige Jungfische überleben, weil die Buntbarsche Jagd auf sie machen.

Die Hochlandkärpflinge (Goodeidae)

Hochlandkärpflinge kommen ausschließlich (!) im Hochland von Mexiko vor. In diesen Regionen ist der jahreszeitliche – und damit wärmebedingte – Ablauf nicht einheitlich. Es kann also sehr warm, aber auch gelegentlich recht kühl werden. Die Lebensräume dieser Fische liegen nicht in Meeresnähe, doch ist auch im Hochland das Wasser nicht immer besonders weich. In einigen Gebieten des Hochlandes ist das Wasser sogar ausgesprochen hart.
Von den Hochlandkärpflingen wurden in den letzten Jahren immer wieder neue Arten eingeführt und in der einschlägigen Literatur beschrieben, allen voran *Ameca splendens, Xenoophorus captivus* und *Xenotoca eiseni.* Zu den erst in jüngerer Zeit eingeführten Arten gehören *Allodontichthys tamazulae, Ilyodon whitei* und *Xenotoca variata.* In der Unterfamilie Goodeinae sind 17 Gattungen mit knapp 40 Arten zusammengefaßt.
Hochlandkärpflinge sind lebendgebärend, doch tragen die Männchen weder ein *Gonopodium,* noch sind die lebend geborenen Jungfische soweit entwickelt wie die der Poeciliinen. Dafür sind die Kleinen in den ersten Tagen (Wochen) ihres Lebens noch mit Wachstumsbändern (Trophotaenien) ausgestattet. Diese hängen aus der unteren Körperöffnung der Fischchen heraus und führen während der frühen Entwicklungsphase den Tieren Aufbaustoffe zu.
Hochlandkärpflinge sind anpassungsfähig, wie es von ihnen auch in ihrem natürlichen Lebensraum verlangt wird. Sie ernähren sich zum Teil vegetarisch, knabbern also an Pflanzen, wenn ihnen kein Grünfutter geboten wird. Manche Arten sind gewohnt, sich in ihrem Biotop zur Wehr setzen zu müssen und sind, wenn nötig, auch im Aquarium aggressiv. Entsprechend der vorausgegangenen Schilderung wird verständlich, daß die Fische auch einmal eine vorübergehende Wasserabkühlung (bis um 20° C) vertragen. Für die Haltung dieser hier angeführten Arten verwendet man ein nicht zu großes Aquarium (um 60 cm Frontlänge), das man mit ein paar Steinen und Wurzeln und nicht zu grobblättrigen Pflanzen einrichtet. Diese Arten sind sehr anpassungsfähig, so daß die Erwähnung bestimmter Wasserwerte sich hier erübrigt. Die Fische gehören zu den Haftlaichern (vergleiche auch Pflegeangaben bei Aplocheilidae).

Die Echten Zahnkarpfen (Cyprinodontidae)

Vor der Revision durch Parenti waren unter diesem Familiennamen (Cyprinodontidae) alle eierlegenden Zahnkarpfen vereinigt. Im Rahmen der immer weiter um sich greifenden Verfeinerung des hierarchischen Systems stehen augenblicklich in dieser Familie nur die Mitglieder der Gattungen *Aphanius, Cualac, Cubanichthys, Cyprinodon, Floridichthys, Jordanella* (Synonym: *Garmanella), Kosswigichthys* (Synonym: *Anatolichthys), Megupsilon* und *Orestias.* Nicht alle Gattungen stellen Arten, die aquaristisch interessant sind.
Aphanius-Arten sind rund um das Mittelmeer verbreitet, einige Arten kommen auch in Anatolien (Ost-Türkei), einige weitere in Vorderasien vor. Von den Gattungen *Cualac, Me-*

Xenotoca eiseni

Allodontichthys tamazulae

Cyprinodon variegatus variegatus, der Edelsteinkärpfling, ♂ vorn

Jordanella pulchra

gupsilon und *Floridichthys* gibt es nur jeweils eine Art, von *Cubanichthys* und *Jordanella* deren zwei.
Die beiden Jordanella-Arten, *J. floridae* und *J. pulchra* (früher als *Garmanella p.* bekannt), leben in gegensätzlichen Biotopen. Soweit bis jetzt beobachtet werden konnte, kommt *Jordanella floridae* in reinem Süßwasser auf der Halbinsel Florida vor, wogegen *J. pulchra* zwar auch im Süßwasser begrenzt haltbar, doch auf Dauer dahinsiechen würde. Diese Fische stammen von der mexikanischen Halbinsel Yukatan, die in erdgeschichtlicher Vorzeit mit Florida verbunden war. *J. floridae* ist mit seiner roten Tüpfelung (♂♂) ein sehr schöner Fisch, der allerdings im Gesellschaftsbecken nicht zur Geltung kommt und recht scheu bleibt. Das mag auch der Grund dafür sein, daß man die Tiere hauptsächlich in Bekken von Spezialisten findet, wo sie paarweise gepflegt werden. Bei der Haltung von *J. pulchra* ist ein kräftiger Salzzusatz praktisch unerläßlich, was natürlich von den Pflanzen nicht geschätzt wird. Beide Arten nehmen eine gemische Nahrung aus pflanzlicher und fleischlicher Zusammensetzung auf.
Die Vertreter der Gattung *Orestias* sind bis heute aquaristisch unbekannt geblieben. Von den etwa 20 beschriebenen Arten leben alle in Seen höherer und höchster Lage in den Andenregionen von Peru bis Nordchile, darunter auch dem Titicacasee in rund 3800 m Höhe. So ist auch der Gattungsname nach der griechischen Sagengestalt des Orestes abgeleitet, der sich in den Bergen versteckt hielt. Bei einem Besuch in Peru konnte ich im Titicacasee einige Tiere mit der Angel erbeuten. Meist werden sie fingerlang, doch ist *O. cuvieri* größer und erreicht die für Killifische gigantische Länge von 25–28 cm. Durch den Einsatz von Forellen im See sind die Bestände auf Dauer bedroht. Größere *Orestias*-Arten fanden wir als Trokkenfische bei den Bewohnern der Schilfinseln im Norden des Sees, den Uros.
Cyprinodon-Arten werden gelegentlich als privater Eigenimport oder als Nachzuchttiere angeboten. Da diese Fische oft in heißen, wüstenähnlichen Gebieten vom Südwesten der USA und Mexiko wie auch in weiteren Teilen Mittelamerikas und auch auf einigen karibischen Inseln vorkommen, erscheinen sie in der einschlägigen Literatur meist als

Wüstenbiotop bei Saratoga Springs.

Salt Creek im Death Valley Nationalpark.

Hinweisschilder verbieten den Fang der Fische.

„Wüstenfische", ein Name, der in vielen Fällen volle Berechtigung hat.
Cyprinodon variegatus ist ein naher Verwandter des Stahlblauen Wüstenfisches. Der „Edelsteinkärpfling" (Foto) ist wohl auch der Anpassungsfähigste seiner Gattung und ist auf der atlantischen Seite von den östlichen USA bis nach Venezuela zu finden. Im Aquarium brauchen sie härteres Wasser und einen pH-Wert über dem Neutralpunkt, gegebenenfalls Meerwassersalz-Zusatz.
Cyprinodon macularius dürfte eine der bekanntesten Arten sein, besonders wegen der verschiedenen Veröffentlichungen von Knaack Anfang der siebziger Jahre. Dieser „Stahlblaue Wüstenfisch" stammt aus den Wüstengebieten der westlichen USA. Andere Arten lassen an ihrem Artnamen ihre „ungemütliche" Herkunft erkennen: *C. diabolis* (Teufelskärpfling), *C. nevadensis* (Nevadakärpfling), *C. salinas* (Salt Creek-Kärpfling).
Wie viele Killifische sind auch diese äußerst gewandte Springer. Bei einem Besuch im Death Valley (= Tal des Todes), nördlich der bekannteren Mojave-Wüste an der Grenze zwischen den Staaten Kalifornien und Nevada/USA fand ich in einigen Creeks Teiche, in denen es „Pupfish" (sprich: Papfisch – so werden die kleinen Wüstenfische dort genannt) gab. Da es um diese Jahreszeit ungewöhnlich heiß war, konnten wir rund um die Teiche tote Fische antreffen: Sie hatten versucht, das Revier zu wechseln und waren dabei elend erstickt und auf dem heißen Wüstenboden verdorrt.
Wüstenfische sind nicht wegen ihrer Schönheit berühmt, wenn man einmal vom kräftigen Stahlblau des *C. macularius*-Männchen absieht. Ihr Körper ist plump. Wie fast alle eierlegenden Zahnkarpfen ist auch dieser Wüstenfisch ein reiner Tümpelbewohner. Der bekannte Wiener Killifischzüchter Karl Knaack hat durch seine Aufsätze sehr zur Popularisierung dieser Arten beigetragen. Diese Fische, die so gar nichts Elegantes an sich haben, erinnern an andere Lebewesen, die unter extremen Bedingungen leben müssen. Das, was wir Aquarianer unter Schönheit und Eleganz im Körperbau verstehen, ist ja in Wirklichkeit nur eine zweckbestimmte Anpassung an die natürliche Umgebung der Fische. In seinem Tümpel hat unser Wüstenfisch keine Gegner und auch keine Futterkonkurrenten. Sein Äußeres ist nur dem einen Zweck gewidmet: zu überleben.
Unser Stahlblauer Wüstenfisch *(Cyprinodon macularius)* erreicht eine Größe bis zu 4,5 cm. Er benötigt hartes Wasser (15–25° dH), dem etwas Salz beigegeben wird. Ihrer Größe entsprechend können wir für die Fische ein kleineres Aquarium verwenden. Eine Länge von 20 cm genügt vollauf für vier bis acht Tiere. Wenn die Tiere zusammengesetzt werden, kommt es meist bald zu heftigem Treiben durch die Männchen. Die Weibchen, die man stets in doppelter bis dreifacher Menge den männlichen Tieren zugesellen soll, benötigen jetzt einen Versteckplatz, um unbeschädigt davonzukommen. Für diesen Fall ist eine Bepflanzung von Nutzen, zumal es hübscher aussieht. Bei Temperaturen zwischen 25 und 27° C gedeihen die Fische gut. Sie sind zwar anspruchslos in der Wahl der Lebendfutterart, das sie aber auf jeden Fall dem Trockenfutter vorziehen.

Die Regenbogenfische (Melanotaeniidae)

Die aquaristische Verbreitung der Regenbogenfische hat in den letzten Jahren stark zugenommen. Regenbogenfische haben den optischen Nachteil, daß sie als Jungfische noch recht unscheinbar aussehen und ihre artbedingte Farbenpracht erst relativ spät zeigen – dann aber dauernd. Die Familie Melanotaeniidae ist in rund zehn Gattungen aufgeteilt, darunter so bekannte wie *Pseudomugil, Popondetta, Iriatherina, Glossolepis*

Besonders schönes Nachzuchtexemplar (junges Männchen) von *Melanotaenia trifasciata.*

***Melanotaenia boesemani,* einer der attraktivsten Regenbogenfische aus dem äußeren Westen der Neuguineainsel. Hier eine Küvettenaufnahme direkt am Fundort.**

und *Melanotaenia.* Sie kommen ausschließlich in den warmen Gebieten Australien, Neuguineas und einigen daran anschließender Inseln vor. Bei meinen Untersuchungen der Gewässer dieser Gebiete konnte ich feststellen, daß die Fische überwiegend in sehr weichem und mehr oder weniger saurem Wasser (oft sehr saurem) leben. Frühere Literaturangaben, in denen stets ein gehöriger Salzzusatz empfohlen wurde, sind also nicht ernst zu nehmen. Die Lebensräume dieser Fische sind noch nicht völlig erforscht – besonders auf der Westseite der großen Insel Neuguinea, auf der frühere Kolonialmächte eine völlig gegen Menschen und Natur gerichtete politische Aufteilung vorgenommen und die Insel zerteilt haben. So kann man heute im zu Indonesien gehörenden West Irian (Irian Jaya) sicherlich noch die Entdeckung neuer, bisher wissenschaftlich unbeschriebener Arten erwarten.

Glossolepis incisus, der Lachsrote Regenbogenfisch, kommt von der erwähnten Westseite Neuguineas und lebt vorwiegend im Sentani-See und wird 13–15 cm lang. Melanotaenia-Arten sind seit vielen Jahren eingeführt, doch wurden in früheren Jahrzehnten meist nur Tiere von *M. maccullochi, M. nigrans* sowie Unterarten von *M. splendida* gepflegt. Hinzu kommt noch *M. sexlineata,* früher unter dem inzwischen eingezogenen Gattungsnamen *Nematocentris* geführt. Heute sind vor allem die variantenreichen Vertreter von *M. trifasciata* und *M. affinis* hinzugekommen. Von der erst kürzlich neu beschriebenen Art *M. maylandi* wurden noch keine Exemplare eingeführt und zur Nachzucht gebracht. Als eine der schönsten *Melanotaenia*-Arten darf *M. boesemani* angesehen werden. Die Tiere wurden Ende 1982 erstmals von Aquarium Rio (Bleher) eingeführt und sind inzwischen auch reichlich vermehrt worden.

Vor etwa einem Jahrzehnt entdeckten die Herren Frech und Werner im indonesischen Teil von Südneuguinea eine neue Art, zu der auch eine neue Gattung beschrieben und mit dem Namen dieses Landesteiles belegt wurde: *Iriatherina werneri.* Dabei konnte man noch nicht wissen, daß diese Art nicht nur über die erwähnten Gebiete der großen Insel, sondern auch in einem eng begrenzten Gebiet hoch im Norden der Cape York-Halbinsel von Australien (Jardine River) beheimatet ist.

Durch die hohen „Segelflossen" angeregt, vermuteten viele eine nahe Verwandtschaft zwischen *Telmatherina*-Arten auf der indonesischen Insel Celebes (Sulawesi) und *Iriatherina.* Diese Vermutung wurde jedoch vom australischen Wissenschaftler Allen nach eingehenden Untersuchungen verworfen. *I. werneri* wird kaum größer als 3–3,5 cm und ist im Aquarium ein anspruchsloser Gast, den man allerdings nicht mit robusten Fischen vergesellschaften darf! Die Zucht ist insofern problematisch, als die winzigkleinen Jungfische, mit bloßem „unbewaffneten" Auge kaum wahrnehmbar, nicht jede angebotene Kleinstnahrung aufnehmen, also wählerisch sind.

Die Vertreter der Gattungen *Popondetta* und *Pseudomugil* sind vielen, an Regenbogenfischen interessierten Aquarianern bekannt, die letzten seit vielen Jahren. *Pseudomugil signifer* ist in seiner australischen Heimat als „Blauauge" bekannt, ein Name, der meist noch mit einem Zusatz („Southern Blue-eye", „Northern Blue-eye", „Townsville Blue-eye") ausge-

Glossolepis incisus: **Nur die Männchen zeigen die lachsrote Färbung – besonders während der frühen Morgenstunden.**

Pseudomufil signifer

Popondetta conniae

stattet ist. Eine Art, die früher als „Honey Blue-eye" bekannt war und außerordentlich schön befloßt ist, wurde erst kürzlich als *P. mellis* beschrieben. Diese kleinen Regenbogenfische werden 3–5 cm lang und tragen auch das Kennzeichen aller Regenbogenfische: eine zweigeteilte Rückenflosse.
Von den beiden *Popondetta*-Arten, *P. conniae* und *P. furcata*, wurden verschiedentlich Tiere eingeführt und auch nachgezüchtet. Auch sie sind schön gefärbt und haben eine attraktive Beflossung.
Regenbogenfische aller Arten sind sehr gut haltbar. Sie sind auch untereinander friedlich, stellen keine besonderen Ansprüche an die Futtersorten, wobei sie fleischliche Kost (Mückenlarven usw.) bevorzugen und brauchen ein mäßig hartes oder besser weiches Wasser. Da sie in ihrem natürlichen Lebensraum im Schwarm beisammen sind, soll man sie auch nur in größeren Becken in Zahlen ab 6–8 Tieren pflegen.
Zur Zucht müssen die Becken kleiner sein, das heißt sie sollten 60–100 cm Frontlänge nicht überschreiten. Das Zuchtwasser muß weich bis mäßig hart sein und einen ebenso leichten bis mäßig sauren pH-Wert (6,0–6,6) haben. Regenbogenfische lieben kräftig bepflanzte Becken. Pflanzen sind auch bei der Nachzucht von ausschlaggebender Bedeutung: Die Weibchen schleudern nach stürmischer Balz ihre Eier in den Blätterwald. Sie sind Dauerlaicher, und die Eltern stellen den bald schlüpfenden Larven und Jungfischen nicht nach! Die sich aus den Larven entwickelnden Jungfische sind sehr klein, wie bereits für *I. werneri* geschildert. Staubfutter ist für diese Fischchen noch zu grob. Füttert man Infusorien und ähnliches Kleinstfutter, so muß man den Wasserspiegel des Bekkens stark absenken, weil die Jungen dem Futter nicht „in die Tiefe" zu folgen vermögen. Am besten fängt man die Elterntiere heraus und siedelt sie in ein ähnlich eingerichtetes Becken um, wo sie wieder ablaichen können. Die Jungfische kann man dann in der schon beschriebenen Art in dem ursprünglichen Becken heranwachsen lassen.

Die Flossenblätter, Argus- und Schützenfische (Monodactylidae, Scatophagidae und Toxotidae)

Man sieht diese Fische zwar immer wieder im aquaristischen Handel, muß jedoch wissen, daß es sich hier eigentlich um Brackwasserfische handelt. (Ausgenommen sind nur die Schützenfische, bei denen zumindest die Jungen im Süßwasser leben.) Das mag auch der Grund dafür sein, daß beispielsweise herangewachsene Silberflossenblätter eines Tages aus nicht ersichtlichem Grund sterben: Sie brauchen Salz im Wasser.
Bei den Flossenblättern sind zwei Arten bekannt, die man aber nur begrenzte Zeit im Süßwasser pflegen kann. Flossenblätter *(Monodactylidae)* sind nämlich nicht nur Brackwasserfische, sondern kommen sogar in Zonen reinen Meerwassers vor. Jungtiere werden in den Zoohandlungen meist in reinem Süßwasser angeboten. Darin halten sie auch so lange aus, bis sie etwa die Größe eines Fünfmarkstücks erreicht haben. In diesem Stadium sollte langsam mit einem Salzzusatz begonnen werden. Bekommen die Fische diese „Prise" nicht (was leider oft der Fall ist), so sterben sie eines Tages, wie erwähnt, aus „unerklärlichen" Gründen – etwa dann, wenn sie die doppelte Fünfmarkstückgröße erreicht haben.
Auch Argusfische *(Scatophagidae)* sind Bewohner der Küstenzonen Südostasiens und Nordaustraliens und demnach als Brackwasserfische zu bezeichnen. Sie leben in den ausgesüßten Regionen vor den Flußmündungen. Die bis zu 30 cm groß werdenden Tiere leben im Schwarm und sind überwiegend Pflanzenfresser. Da sie dieses Grünfutter in großen Mengen zu sich nehmen können, ist ihr Stoffumsatz und die damit verbundene hohe Abgabe von Verdauungs-

Silberflossenblatt *(Monodactylus argenteus)*

Rotstirn-Argusfisch: *Scatophagus rubrifrons*

Scatophagus argus

rückständen für die Reinerhaltung des Aquarienwassers nicht förderlich und setzt einen Filter mit einer starken Leistung voraus. Die beiden Arten – der Argusfisch *(Scatophagus argus)* und der Rotstirn-Argusfisch *(S. rubrifrons)* – sind die bekanntesten Vertreter dieser Familie.
Sie tragen eine zweigeteilte Rückenflosse und unterscheiden sich hauptsächlich nur in der Art ihrer Tüpfel-Musterung. Man hält sie in einem Becken ab 100 cm Länge, das mit Wurzelstöcken dekoriert sein kann. Ein Salzzusatz ist anzuraten.
Schützenfische oder Toxotiden kennt man aus unseren Aquarien nur in zwei Arten *(Toxotes chatereus* und *T. jaculatrix).* Sie können sehr interessante Pfleglinge sein, allerdings müßte man sie, zur vollen Entfaltung ihrer „Schießkünste" (siehe weiter unten), in einem Uferaquarium halten, in einem Becken also, das neben einem Wasserteil auch über einen Landteil verfügt. Meist ist der Kostenaufwand nur für Schauanlagen vertretbar. Schützenfische sind eigentlich Brackwasserfische und leben in den Küstenzonen Indiens und Südostasiens, einschließlich der Sundainseln. Ihre Schießkunst besteht darin, daß sie Insekten, die sich außerhalb des Wassers auf Blätter oder Zweige gesetzt haben, mit einem gezielten Wasserstrahl herunter „schießen".
Schützenfische halten sich in den Mangrovenrevieren der Küstenzonen auf, wo es von Beutetieren meist wimmelt. Wer sie erfolgreich im Aquarium halten möchte, der verschafft ihnen einen großflächigen Behälter mit wenig Bepflanzung und viel freiem Schwimmraum. Jungtiere lassen sich noch besser an Süßwasserbedingungen anpassen; ältere Tiere können dagegen sehr empfindlich werden. Der Salzzusatz soll etwa 3 Teelöffel auf 10 Liter Wasser betragen. Die Oberflächentemperaturen müssen zwischen 26 und 28° C liegen. Die Fische sind keine Allesfresser, sondern sie benötigen zum Wohlbefinden Insektenfutter (Heimchen, Schaben, Fliegen und Heuschrecken), die man auf die Wasseroberfläche gibt. Oft sind die Tiere untereinander unverträglich. Gelegentlicher Teilwasserwechsel ist sehr vorteilhaft.

Die Nanderbarsche (Nandidae)

Nanderbarsche sind schwerpunktartig über einzelne Zonen unserer Erde verstreut. Dabei handelt es sich um die letzten Gruppen einer einstmals weitverbreiteten Familie. Bei dieser Familie finden die Vertreter der These, daß die beiden Kontinente Südamerika und Afrika in früheren Zeiten einmal zusammengefügt gewesen sein sollen, neue Nahrung. Die jeweils in diesen Kontinenten beheimateten Arten leben nämlich nur in den Gebieten, in denen sich diese beiden Erdteile einst berührt haben müssen: im nordöstlichen Südamerika und in der westlichen tiefen Einbuchtung des afrikanischen Konti-

Polycentrus schomburgki

nents. Des weiteren sind die Nanderbarsche *(Nandidae)* auch noch in Südostasien verbreitet. Die klein bleibenden Arten mit dem meist tiefeingeschnittenen Maul sind Raubfische von erstaunlicher Gefräßigkeit. Sie überwältigen und verschlingen Futtertiere von 70–80 % ihrer eigenen Körperlänge.
Der Südamerikanische Vielstachler *(Polycentrus schomburgki)* entspricht dieser Beschreibung besonders gut. Er hält sich im allgemeinen zwischen den Pflanzen auf, bis er mit plötzlichem Zustoß seine Beute packt. Die bis höchstens 10 cm groß werdenden Fische stammen aus den Gebieten Venezuelas, Guayana und der Insel Trinidad. Die Tarnfärbung kommt den Tieren zustatten, wenn sie im Pflanzendickicht auf ihre Beute lauern. Ihr stark vorstülpbares Maul erleichtert ihnen beim blitzschnellen Vorstoß und anschließendem Zupacken das Erfassen des Beutetieres. Sie erinnern dabei etwas an den südamerikanischen Blattfisch *(Monocirrhus polyacanthus)*, der ja über ähnliches Anpassungsvermögen verfügt und seine Beute in der gleichen Weise überfällt. Auch er gehört zu den Nanderbarschen und wird nur bis zu 8 cm groß.
Beide Arten bevorzugen sehr weiches und leicht saures Wasser, wobei die Werte für die letztgenannte Art noch unter denen des Vielstachlers liegen können. Man hält die Tiere nie in Gemeinschaftsbecken, sondern in Artenbecken, wobei aber immer auf das Vorhandensein vieler Verstecke geachtet werden muß. Kein zu helles Licht! Am liebsten erbeuten die Tiere kleine Fische, doch kann man sie auch an die Annahme von Herz- und Leberstücken gewöhnen.

Die Blaubarsche (Badidae)

In der monotypischen Familie, deren einziges Mitglied *Badis badis* ist, hat sich die Wandlung zur Selbständigkeit vollzogen. In früherer Zeit gehörte *B. badis* den Nanderbarschen an, doch fanden sich genügend Merk-

Monocirrhus polyacanthus

Badis badis burmanicus, geographische Variante mit roten Farbanteilen

Badis badis badis, Standortvariante mit braunem Körper

male zur Unterscheidung, um den heutigen Status herzustellen.
Badis badis ist über Asien (Indien bis vorderes Südostasien) verbreitet und wurde in die Unterarten *B. b. badis* und *B. b. burmanicus* aufgeteilt, doch gibt es darüber hinaus noch Farbvarianten in der Nominatform *B. b. badis*.
Der Blaubarsch wird nur bis zu 8 cm lang und ist farblich außerordentlich attraktiv. Er kann seine Färbung schnell wechseln. Seine Beliebtheit führt man aber wohl in erster Linie auf die Tatsache zurück, daß diese Art sich wohltuend von der Freßgier der anderen Arten der vorgenannten Familie abhebt. Haltung bei Temperaturen von 26–28° C und Härtegraden um 10–15° dH. Wichtig für das Wohlbefinden der Tiere ist ein gut eingerichtetes Becken mit vielen Verstekken, da die Fische sonst immer scheu bleiben. Die Männchen sind an der eingefallenen Bauchlinie zu erkennen. Die Weibchen sind voller, und zeigen nicht die intensive Färbung wie die Männchen. Die erwähnten Verstecke sollten keine Höhlen sein, in die sich die Fische zurückziehen können, sondern eher Unterstände, in die sie sich bei vermeintlicher Gefahr hineindrücken. In tieferen Höhlen würde man sie möglicherweise kaum zu sehen bekommen.
Blaubarsche sind einfach zu halten und zu ernähren – allerdings nicht mit Flockenfutter. Sie nehmen dagegen sehr gern tiefgefrorene rote Mükkenlarven. Für den Anfang reicht ein kleineres Aquarium mit 40 cm Frontlänge, in das man bis zu sechs Tiere geben kann. Es ist immer gut, wenn darunter zwei Männchen sind, weil die Anwesenheit eines gleichgeschlechtlichen Mitbewerbers die Vitalität dieser Tiere verstärkt und sie öfter imponieren, wobei alle Flossen gespreizt werden. In solch kleinen Becken wachsen die Tiere nur langsam. Wenn man sie erwirbt, sind sie meist nicht größer als 3–4 cm, können aber auch bereits mit dieser Größe attraktiv sein (♂♂).

Die Buntbarsche (Cichlidae)

Buntbarsche oder Cichliden: Welcher Aquarianer kennt sie nicht? Ob es der majestätische Skalar oder der königliche Diskusfisch ist, ob es die großen Bullen aus Mittel- und Südamerika oder Zwergcichliden aus den Regenwäldern Amazoniens sind. Wer kennt nicht die herrlich bunten Farben der Malawi-Buntbarsche und die langgezogenen Flossen einiger Cichlidenarten aus dem Tanganjika-See? Alle gehören zu dieser aquaristisch wohl verbreitetsten Familie.
Wie bereits angeführt, handelt es sich bei den hier vorgestellten Buntbarschen um Fische, die man nicht mit anderen Barschverwandten in einen Topf werfen sollte (Sonnenbarsche, Echte Barsche, Nanderbarsche), denn sie unterscheiden sich deutlich von diesen Arten durch zwei mehr oder weniger vereinigte Schlundknochen und vor allem (auch äußerlich gut erkennbar) nur ein Nasenloch auf jeder Kopfseite. (Die anderen Barschartigen haben deren zwei.) Es ist demnach falsch, von „Malawibarschen" oder „Schneckenbarschen" usw. zu reden, denn dies sind keine Barsche!
Bestimmte Cichliden zu pflegen heißt, die jeweiligen „Spielregeln" einzuhalten, besser, den Fischen einen ihnen genehmen Lebensraum im Aquarium zu schaffen. Nicht umsonst ist der Skalar so verbreitet. Er ist schön anzuschauen und führt im Aquarium keine Erdbewegungen durch. Viele Cichliden haben einen schlechten Ruf: Sie graben das Aquarieninnere um, entwurzeln die Pflanzen, beißen oder töten gar artengleiche oder fremde Fische, oder sie erweisen sich ganz einfach als Räuber. Natürlich legen die Buntbarsche ihr angeborenes Verhalten im Aquarium nicht ab. Wer sie sich anschafft, muß das wissen; doch sind sie nicht alle so „antiaquaristisch". Wichtig ist es, einen solchen Raufbold nicht in ein friedliches Gesellschaftsaquarium einzuquartieren. Wenn es Tumulte gibt, darf man nicht den Buntbarschen die Schuld daran geben.
Die Familie der Cichliden wird in viele Gattungen aufgeteilt, deren jeweilige Mitglieder aus unterschiedlichen Herkunftsgebieten kommen, eine unterschiedliche Lebensweise

Nicht alle Cichliden sind „aquariengerecht". Hier eines der wuchtigsten Exemplare, das mir je begegnet ist: Ein bis zu 60 cm groß werdender, namentlich noch unbekannter Buntbarsch aus dem Darién (Ostpanama).

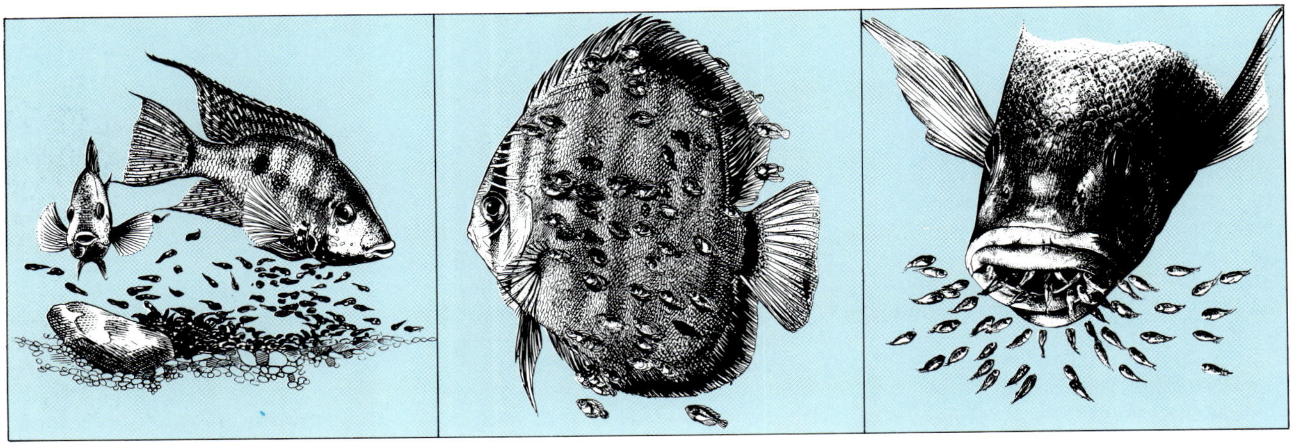

Die Vertreter der Buntbarschfamilie haben im Verlauf ihrer jeweiligen stammesgeschichtlichen Entwicklung uneinheitliches Fortpflanzungs- und Brutpflegeverhalten entwickelt. Hier die drei bekanntesten: Offenbrütender Substratlaicher *(Cichlasoma meeki);* Substratlaichender „Säugefisch", Diskusfisch mit Jungen; Maulbrütender afrikanischer Cichlide (hier *Oreochromis mossambicus).*

führen, sehr differierende Größen haben und große Unterschiede im Fortpflanzungsverhalten zeigen. Cichliden gibt es in vielen angepaßten Formen, das heißt, sie mußten sich in ihrer stammesgeschichtlichen Entwicklung (Evolution) an die jeweils vorhandenen Möglichkeiten zum Nahrungserwerb und der Vermehrung wie auch an äußere Widrigkeiten (Stromschnellen oder Ähnliches) anpassen.

Buntbarschen in einem Buch wie diesem völlig gerecht zu werden, ist nicht möglich. Dazu muß eine besondere Literatur herhalten, und selbst in solchen speziellen Büchern ist es nicht einfach, dieser Fülle an Arten Herr zu werden. Hier kann daher nur ein Querschnitt durch den vielhundertfachen Artenreichtum der Cichlidenwelt auf drei Kontinenten gegeben werden.
Begonnen werden soll mit der kleinsten Gruppe von verwandten Arten, die über Gebiete Südindiens, Ceylons (= Sri Lanka) und dem aquaristisch bis heute nicht interessanten Madagaskar verstreut leben. Hier ist vor allem ein kleiner Buntbarsch eingeführt, der aus den erwähnten asiatischen Regionen kommt und mit dem deutschen Namen „Punktierter Buntbarsch" belegt ist: *Etroplus maculatus.* Die Fische werden etwa 8 cm lang und auch in einer goldgelben Zuchtform angeboten. Die Standardform hat (wie die Zuchtform) einen hohen, scheibenartigen Körper. Ihre Grundfärung ist jedoch graubraun, zuweilen mit einem bläulichen Schimmer und von Längsreihen rötlicher Tüpfel überzogen. Auf der Flankenmitte liegen drei dunkle Punkte, von denen der mittlere größer ist und meist tiefschwarz. Ein friedlicher Buntbarsch, der sehr anpassungsfähig ist und in seiner Heimat auch ins Brackwasser geht. Er zeigt jedoch oft großes Unwohlsein, wenn man zuviel Wasser auf einmal wechselt. Bei diesem Offenbrüter betreiben beide Eltern Brutpflege.
Über afrikanische Buntbarsche ist viel geschrieben worden, da sich bei ihnen die auffälligsten Anpassungsmuster fanden: Besondere Körperform, differenzierte Gebisse für unterschiedliche Nahrungsaufnahme, wozu wohl auch die verdickten fleischigen Lippen einiger Arten gehören. Hinzu kommt ein sehr unterschiedlich geartetes Fortpflanzungsverhalten in den verschiedenen Lebensräumen. Generell kann man drei Regionen in Afrika feststellen: Die teilweise isolierten Gebiete der beiden großen Seen (Malawi- und Tanganjika-See) sowie Ost- und Westafrika. (Die ebenfalls zum Teil isolierten Arten im Viktoria-See und einigen umgebenden Gewässern sind aus aquaristischer Sicht – zumindest bis heute – nicht als interessant anzusprechen.)

Alle Buntbarsche, die im dicht bevölkerten Malawi-See vorkommen, sind Maulbrüter! Bei ihnen nimmt das Weibchen die Eier sofort nach der Ablage durch Rückwärtsschwimmen ins Maul, wo sie vom Männchen befruchtet werden. Die Mutter betreut die Jungen auch in der ersten Zeit nach dem Freischwimmen und nimmt sie (bis zu einer gewissen Größe) auch im Notfall wieder ins Maul zurück.
Die Gruppe der Haplochrominen, die im Malawi-See vorkommen, wurden 1989 von ECCLES & TREWAVAS einer Revision unterzogen, wobei die sogenannten Mbuna – die im Felsenrevier lebenden Verwandten von *Pseudotropheus* – ausgenommen waren. Dabei kam es zu einer Aufstellung von 23 neuen Gattungen, auf die der Autor aus Raumgründen leider nicht alle eingehen kann. Aus der Gruppe der „Utaka"-Cichliden, deren Mitglieder nun in der Gattung *Copadichromis* zusammengefaßt sind, wurde *C. jacksoni* neben einigen weiteren Verwandten der Gattung gut bekannt.

Durch die intensive Blaufärbung („electric blue") der Männchen fällt der gestreckte, gern gepflegte und leicht zu vermehrende *Sciaenochromis fryeri* auf. An ihrer fleckigen Tarnmusterung sind zwei räuberisch lebende Vertreter der Gattung *Nimbochromis* zu erkennen. Es sind *N. livingstonii* und *N. polystigma*. Einem ebenfalls fischfressenden und damit räuberischen Nahrungserwerb geht ein weiteres „Großmaul" nach: *Dimidiochromis compressiceps*. Diese seitlich komprimierten (zusammengedrückt erscheinenden) Fische bevorzugen ein Leben zwischen Schilfstengeln oder Vallisnerien, um aus dieser

Cyrtocara moorii. Typischer Lebensraum in der Sandzone, die stellenweise mit Vallisnerien bewachsen ist. Unterwasseraufnahme.

Copadichromis jacksoni, eine Art aus der Utaka-Gruppe; hier ein frisch gefangenes, lebendes Tier.

Sciaenochromis fryeri

Nimbochromis polystigma

Nimbochromis livingstonii

Dimidiochromis compressiceps

Cheilochromis euchilus

Aulonocara-Arten sind sehr nahe Verwandte von denen der Gattung *Aulonocara.* Hier ein schönes Exemplar von *T. jacobfreibergi* aus dem südlichen Gebiet des Malawi-Sees.

Tarnung vorbeischwimmende Jungfische zu erbeuten. Zu den Wulstlippenmaulbrütern, die in den Algenpolstern auf den Felsen mit Hilfe ihrer vorgestülpten Lippen nach Insekten- und Krebstiernahrung suchen, gehört *Cheilochromis euchilus.* Ausgewachsene und dominante männliche Tiere können eine ungeahnte Farbenpracht entwickeln (Foto). Beliebt und seit langem wohlbekannt ist der blaue „Beulenkopfmaulbrüter" *Cyrtocara moorii.* Tiere dieser Art gehörten zu den frühen Importen aus dem afrikanischen See und haben bis heute nichts von ihrer Attraktivität im Aquarium eingebüßt.

Bei vielen Kaiserbuntbarschen, also *Aulonocara*-Verwandten und -Varianten, fällt das Unterscheiden schwer, weil ähnliche in der aquaristischen

Aulonocara nyassae, Händlervariante „Blue regal".

Aulonocara nyassae, Händlervariante „Special".

Aulonocara baenschi

Aulonocara stuartgranti

Aulonocara maylandi

Aulonocara spec., Händlervariante „Usisya".

Literatur oft mit unterschiedlichen wissenschaftlichen Namen behandelt werden und die fundierte Arbeit fehlt. Lange ist der Name *A. nyassae* bekannt, doch werden darunter Tiere verschiedener Varianten vorgestellt. TREWAVAS beschrieb 1984 *A. maylandi*, und mit der Senckenberg-Revision von 1987 versuchten MEYER und Mitarbeiter eine erste umfangreichere Ordnung in die Artenvielfalt zu bringen.

Aulonocara-Vertreter erreichen Längen zwischen 10 und 13 cm. Als ihr besonderes Merkmal muß man die zusätzlich zum Seitenliniensystem vorhandenen Sinnesgruben im Bereich des Kopfes – vorwiegend auf dessen Unterseite – ansehen. Sie dienen wahrscheinlich dem Aufspüren von lebender Nahrung im Bodengrund. Die Cichliden leben über Fels-, wie auch über Sandgrund, suchen ihre Nahrung jedoch meist im Sand.

Von den hier abgebildeten *Aulonocara*-Varianten, die bisher noch nicht wissenschaftlich beschrieben sind, ist folgendes zu sagen: Bei *A. spec.* „Blue regal" und „Special" handelt es sich mit einiger Wahrscheinlichkeit um Formen von *A. nyassae*. Die als *A. spec.* „Chilumba" gehandelte Variante *(A. stuartgranti)* zeigt die stärkste Abweichung von *A. nyassae* und dürfte daher mit dem Status einer selbständigen Art zu belegen sein. Letzteres gilt auch für die Varianten *A. spec.* „Yellow regal" *(A. baenschi)* und „Usisya". Bei der mit dem Händlernamen belegten Form „Blue orchid" handelt es sich um eine Unterart von *A. maylandi*.

Nah miteinander verwandt, jedoch deutlich durch verschiedene Merkmale gattungsmäßig getrennt, sind die Vertreter von *Labeotropheus, Labidochromis, Melanochromis* und *Pseudotropheus*. Bei den Bewohnern um den Malawi-See werden sie auch Mbuna genannt, was soviel wie „Felsencichlide" bedeutet. Diese Arten kommen ausschließlich im Bereich der felsigen Uferzonen im See vor. Aus der ersten Gattung wären *Labeotropheus fuelleborni* und *L. trewavasae* zu nennen, die als „Schabemundbuntbarsche" bekannt wurden. Bekanntester Vertreter der Gattung *Melanochromis* ist *M. auratus*, eine Art, die auch heute noch viele Freunde findet, obgleich diese Fische die ersten waren, welche die „Malawi-Welle" mit ausgelöst haben. Von den verschiedenen bekannteren Arten aus der Gattung *Labidochromis* wird gelegentlich noch *L. vellicans* in den Export-Preislisten angeboten, doch scheint die Nachfrage erloschen.

In der Gattung *Pseudotropheus* ist der Artenreichtum groß. Nach wie vor werden der blau/gelbe *P. aurora* und der gelbe *P. fuscoides* wie auch die eine oder andere Variante von *P.*

Melanochromis auratus. Schwarzgrundiges Männchen mit gelbgrundigem Weibchen.

Labeotropheus trewavasae, gelbes Weibchen

Lebeotropheus trewavasae, blaues Männchen

Pseudotropheus callainos

Pseudotropheus lombardoi, gelbes Männchen, dessen Partnerin eine blaue Färbung mit dunklen Binden trägt.

Pseudotropheus elongatus; eine der unter diesem Namen eingeführten Formen.

elongatus eingeführt. Favoriten sind jedoch nach wie vor die Varianten von *P. zebra,* der Schneckenbuntbarsch *P. lanisticola, P. lombardoi* und die erst kürzlich neu beschriebenen *P. greshakei* (blauer Fisch mit roter Rückenflosse) und *P. hajomaylandi.* Da es noch eine Reihe unbeschriebener Spezies gibt, muß man mit der Erstbeschreibung weiterer Arten rechnen. Die direkten *P. zebra*-Verwandten, darunter *P. aurora, P. lombardoi, P. livingstonii, P. hajomaylandi* und *P. greshakei* wurden in die neugeschaffene Untergattung *Maylandia* gestellt, wogegen beispielsweise *P. tropheops* in die ebenfalls neu aufgestellte Untergattung *Tropheops* überstellt wurde.

Von den meisten im Malawi-See vorkommenden Arten sind gerade die Bewohner der Felsbiotope sehr revierabhängig, weshalb es bei ihrem Territorialverhalten oft zu Prügeleien kommt. Viele dieser Arten sind spezialisierte Algenfresser, die jedoch in Gefangenschaft auch viele andere Futterarten nehmen. Zu den Algenfressern aus der Gruppe der *Pseudotropheus*-Verwandten gehört auch *Petrotilapia tridentiger,* der durch seine dicken, mit kleinen Zähnchen besetzten Lippen auffällt. Es empfiehlt sich wegen der Zänkischkeit dieser Arten, bereits beim Erwerb darauf zu achten, daß artgleiche Fische untereinander harmonieren.

Man bringt die Fische in Becken unter, die 80–100 cm Frontlänge nicht unterschreiten sollten. Ein Steinaufbau mit vielen Durchlässen und Höhlen gibt den Fischen die Sicherheit, die sie auch im Heimatbiotop gewöhnt sind. Raumgliederung ist zudem alles! Das Wasser im Malawi-See ist, wie bereits in einem früheren Kapitel beschrieben, mit 3–5° dH recht weich!! Der relativ hohe pH-Wert um 8,4 darf darüber nicht hinwegtäuschen.

Normalerweise stellt man die Beckenheizung auf einen Wert zwischen 25 und 27° C ein. Ebenso wichtig wie die nicht sauren (!) Wasserwerte sind die Fakten für die Einrichtung eines Mbuna-Beckens, auf die ja bereits hingewiesen wurde. Ermittlungen im

Pseudotropheus greshakei

Pseudotropheus hajomaylandi, ♂, der „Goldkopfmaulbrüter".

natürlichen Lebensraum der Fische ergaben, daß diese selten weit von ihrer eigentlichen „Behausung" entfernt, das heißt also standorttreu sind. Wenn Ihr Aquarium daher einem Steinbruch gleicht, ist das kein Fehler. Nur sollten Sie, um auch die Beckenhöhe voll auszunutzen, diese Aufbauten bis zur Beckenoberkante in seiner vollen Breite reichen lassen. Nur so ist die Gewähr gegeben, daß sich die Fische auch in den oberen Wasserschichten aufhalten. Obgleich Pflanzen das aquaristische Bild entscheidend beleben können und außerdem die Aufrechterhaltung einer gewissen Wassermindestqualität garantieren, müssen sie nicht sein.

Petrotilapia tridentiger: Nicht jedes Männchen zeigt eine so attraktive Färbung wie diese Variante.

Wer jedoch Grünes in sein Becken einbauen möchte, der wähle nur harte und widerstandsfähige Pflanzen, wie sie auch im See vorkommen. Viele Händler bieten sie zusammen mit den Fischen an. Die Fütterung der Tiere, die in ihrem natürlichen Lebensbereich sehr stark spezialisiert sein können, macht im Aquarium keine Sorgen. Mbunas nehmen alles – vom üblichen Lebendfutter aus dem Zoo-Laden über Tümpel-Kost, Forellen- oder Karpfen-Futter (für große Tiere besonders sättigend) bis zu geschabtem Rinderherz und gehackter Leber. Grünkost wird ebenso gern als wichtige Zusatzkost genommen.

Wenn auch die Fortpflanzung der einzelnen Arten unterschiedlich sein kann, so wird es doch ausreichen, nur eine Art zu besprechen: den so variablen Zebrabuntbarsch. Bei dieser Art kennen wir eine Reihe von Farbvarianten: Zuerst einmal das blauschwarz gebänderte Männchen, dann die gefleckte Variante, bei der es sich fast ausschließlich um weibliche Tiere handelt und schließlich reinblaue bis hellblaue Tiere. Möglicherweise wird eines Tages eine neue Art bekannt, die aus diesem Kunterbunt herausgelöst wurde. Anlaß dazu geben die absonderlichen Verhaltensweisen der Männchen, die sich nicht bekämpfen (etwa Männchen der schwarz-blauen und der reinblauen Variante), sondern ruhig nebeneinander leben.

Die Balz geht nicht immer zärtlich zu. Nach einigen Scheinpaarungen gibt das Weibchen die Eier auf den Boden, oder es laicht in einer Höhle ab. Das Produkt ihrer Bemühungen wird aber gleich ins Maul genommen, wo es unter Anwendung der männlichen „Eifleck-Technik" befruchtet wird. Dabei präsentiert das Männchen seiner Partnerin, die das Maul voll noch unbefruchteter Eier hat, zitternd seine Afterflosse, auf der sich die Eiflecke befinden. Öffnet das Weibchen sein Maul, um die vermeintlichen Eier einzusammeln, so drückt das Männchen sein Sperma ab, womit die Eier befruchtet werden.

Etwa vier Wochen dauert es, bis die Mutter die sich daraus entwickelnden Jungen aus dem Maul entläßt. Während dieser Zeit ist die Nahrungsaufnahme der Weibchen weitgehendst eingeschränkt. Manchmal kommt es vor, daß Weibchen ihre Eier auffressen.

Eine gewisse Aggression ist den Kleinen schon angeboren, denn so-

Julidochromis dickfeldi

Julidochromis regani

Julidochromis marlieri

Julidochromis ornatus

bald der Pflegetrieb der Mutter nachläßt, haben die Tiere ihre Sicherheit im Auge: Sie errichten ein Revier sehr kleinen Ausmaßes, das sie aber gegen alle Mitbewohner mit Vehemenz verteidigen – auch gegen ihre Geschwister. Das gebotene Kleinstfutter vertilgen die Jungfische mit Riesenappetit und wachsen mäßig aber gleichmäßig heran.

Die Biotope im Tanganjika-See sind größtenteils sehr ähnlich, jedoch sind es die Wasserwerte nicht. Dieser See liegt näher am afrikanischen Vulkangürtel, was offenbar zur Erhöhung der Werte beiträgt: Gesamthärte 8–11° dH, Karbonathärte 16–18° dKH und pH-Wert um 9,0!

Das Fortpflanzungsverhalten der Tanganjika-Cichliden ist nicht einheitlich. Es gibt auch hier Maulbrüter, daneben aber auch viele Arten, beispielsweise in den Gattungen *Lamprologus* und *Julidochromis*, die ihre Gelege in Höhlen oder engen Spalten abgeben. Es sind also Substratlaicher. *Julidochromis*-Arten gehören dazu. Sie sind alle gut bekannte Aquarienfische, ob es sich dabei um *J. marlieri*, *J. regani*, *J. ornatus*, *J. dickfeldi* oder *J. transcriptus* handelt.

Der Schachbrettcichlide (*J. marlieri*) ist mit einer Länge von 12–14 cm der größte Vertreter seiner Gattung. Ihm folgen mit 10–12 cm *J. dickfeldi* und *J. regani*. Dagegen werden *J. ornatus*, der gelbe Schlankcichlide, und *J. transcriptus* nur 8 bzw. 6 cm lang. Das Verbreitungsgebiet dieser Arten ist um den ganzen Tanganjika-See verteilt. Von den meisten dieser Arten gibt es unterschiedliche farbliche Varianten (Farbrassen). Ein Becken für *Julidochromis*-Vertreter sollte 60–80 cm lang sein. Man kann die Fische, wenn man kein Artbecken vorzieht, mit dem nahen Verwandten der Gattung *Chalinochromis*, *C. brichardi*, wie auch mit Grundelbuntbarschen (*Eretmodus*, *Spathodus*, *Tanganicodus*) vergesellschaften.

Wichtig für all diese Fische ist: Kein saures Wasser und im rückwärtigen Bereich des Beckens Gestein bis unter die Abdeckscheibe. Die so entstehenden Höhlen und Spalten sind, wie erwähnt, für ein normales Verhalten der Fische äußerst wichtig. Die Fische bevorzugen fleischliche Kost, sind aber nach einer längeren Eingewöhnung (Nachzuchttiere ausgeschlossen) zur Annahme von Trokkenfutter bereit. Für eine erwartete Zucht ist wichtig zu wissen, daß die Fische möglichst nicht gestört werden sollen, weil sich im Falle einer Störung die Eltern bekämpfen, tödlich verletzen und somit auch die Jungen Schaden leiden können.

Unter dem Begriff „Grundelbuntbarsche" kennen wir eine kleine Grup-

Eretmodus caynostictus

Spathodus erythrodon

Spathodus marlieri

pe von Cichliden, deren Lebensraum hauptsächlich in Bodennähe des Felsrevieres im Tanganjika-See liegt. Die Tiere liegen meist in der Nähe ihres Verstecks, auf Brust- und Bauchflossen gestützt, wie wir das auch von Grundeln und Schleimfischen kennen. Aus der Gattung *Eretmodus* wird der einzige Vertreter, *E. cyanostictus* eingeführt, ein 7–8 cm langer kleiner Cichlide, aus einer weiteren Gattung *Spathodus erythrodon,* der ebenso lang wird. Seltener eingeführt werden *S. marlieri* (bis 10 cm) und *Tanganicodus irsacae* (bis 8 cm). Alle drei Arten leben endemisch (= ausschließlich) im Tanganjika-See und besiedeln hier meist die Geröllzone. Ihre Schwimmblase ist nicht besonders ausgebildet, weshalb sie keine Schwimmkünstler sind – nur auf der Flucht zeigen sie ihre blitzschnelle Reaktion und Gewandtheit. Das unterständige Maul ist breit. Bei diesen Arten handelt es sich um Maulbrüter. Bevor es zur Vermehrung kommt, besetzen beide Partner ein Revier, das sie hart verteidigen. Beim geringelten *E. cyanostictus,* den man auch „Tanganjikaclown" nennt, hat man festgestellt, daß beide Geschlechtspartner sich am Maulbrüten beteiligen: Zuerst nimmt das Weibchen die Eier ins Maul, und nach halber Entwicklungszeit werden diese ins Maul des Männchens überführt, so daß am Ende Mutter und Vater mit jeweils 12–14 Tagen am direkten Erbrüten der Nachkommen beteiligt waren. Ein brütendes Paar darf keinesfalls getrennt werden. Ebenfalls ist, wie vielfach erwähnt, darauf zu achten, daß der pH-Wert nie in den sauren Bereich abgleitet! Bevor ich zu den häufigsten gepflegten Arten komme, muß noch ein Fisch Erwähnung finden, der auch einen Teil aquaristischer Geschichte mitgeschrieben hat: *Cyphotilapia frontosa.* Dieser „Tanganjika-Beulenkopf" ist kein Zwerg! Die Tiere, die in jüngerem Alter an die verwandten Arten *Neolamprologus tretocephalus* oder *N. sexfasciatus* erinnern, haben wie diese eine weißliche Grundfärbung, über die sich etwa sechs breite schwarze Querbinden ziehen. Die

Neolamprologus aff. sexfasciatus, Goldvariante

Neolamprologus spec., „daffodil"

unpaaren Flossen sind hellblau gesäumt und ebenso „gepudert". Diese Cichliden erreichen die doppelte Länge der *Lamprologus*-Verwandten und können in größeren Becken somit 30 cm lang werden. Erwachsene Männchen bekommen einen kräftigen Stirnbuckel. *C. frontosa* lebt im See in 20–30 cm Tiefe und ernährt sich dort überwiegend von Krebstieren. Im Aquarium benötigen die Tiere ein Becken, das mindestens 120 cm lang sein sollte. Dieser ruhige Vertreter wühlt nicht, gräbt keine Pflanzen aus und frißt sie nicht. Er erkennt jedoch kleinere Fische als Nahrung, nimmt andererseits jede bekannte Futterart an, darunter – je nach Größe der Tiere – auch Fischfleisch, Herz, Regenwürmer und verschiedene vegetarische Kost (Salat, Spinat, Haferflocken und aufgetaute Tiefkühlerbsen). Die Fortpflanzung geschieht nach Maulbrüterart: Es werden 40–60 Eier abgegeben und befruchtet, die jeweils 6–7 mm groß sind und bei 24° C nach 50–54 Tagen schlüpfen. Eine Erhöhung der Wassertemperatur beschleunigt die Entwicklungszeit.
Mit der letzten Revision von POLL aus dem Jahre 1986 haben sich besonders beim Tribus der Lamprologini einige neue Gattungsnamen ergeben, die hier berücksichtigt sind. So wurde beispielsweise für die größer werdenden Arten die Gattung *Lepidiolamprologus* geschaffen. Zu ihr

Neolamprologus brichardi

Neolamprologus spec., „kasagera"

Neolamprologus pulcher

Neolamprologus falcicula

Altolamprologus calvus, ♂

Altolamprologus compressiceps, Variante „Goldkopf", ♂

Neolamprologus longior

Neolamprologus mustax, graugelbe Form, Jungtier

gehören *L. elongatus, L. cunningtoni, L. attenuatus, L. nkambae, L. kendalli* sowie der Riese *L. profundicola.*
Altolamprologus ist ein weiterer neuer Gattungsname für die beiden derzeit beschriebenen hochrückigen und hochflossigen Arten: *A. compressiceps* und *A. calvus.*
Von den verbleibenden Arten gehören auch weiterhin acht zu der Gattung *Lamprologus: L. lemairii, L. callipterus, L. ocellatus, L. stappersi, L. finalimus, L. ornatipinnis, L. signatus* und *L. kungweensis.* Dem Kenner fällt auf, daß darunter auch einige Schneckenbuntbarsche sind, auf die ich später noch zurückkomme. Alle übrigen Arten wurden der Gattung *Neolamprologus* zugerechnet, also auch *N. brichardi,* der damit seinen Namen (entgegen der Revision von COLOMBE & ALLGAYER, 1985) nicht ändern muß.
Nicht alle Vertreter aus dem Lamprologus-Komplex kommen allein im Tanganjikasee vor; einige leben auch im Zaire-(Kongo-)Becken und sind somit an entsprechend geänderte Wasserqualitäten gewöhnt, die man im Becken des großen Zaire-Flusses als sehr weich und dazu mehr oder weniger sauer bezeichnen kann. Nicht jede Art der hier angesprochenen Gattungen ist – aquaristisch gesehen – ein Renner. Die Trends ändern sich ständig. Tiere aller Arten sind Kämpfer und Räuber, wobei man zum letzten Begriff jedoch einschränkend feststellen muß, daß nur Jungfische zur Nahrung der Cichliden gehören.
Seit mehr als einem Jahrzehnt ist *Neolamprologus brichardi* bekannt, der als „Prinzessin von Burundi" eingeführt, inzwischen aber auch in anderen Varianten von verschiedenen Fangplätzen im See bei uns eingeführt wurde. Wegen der Schönheit der Tiere mit ihren Flossenfilamenten dürfte der deutsche Name „Feenbuntbarsch" zutreffender sein. Als besonders schöne Variante darf man die mit dem Händlernamen *„daffodil"* (= Osterglocke) belegten Tiere aus dem äußeren Südosten des Sees ansehen. Sie fallen durch gelbe Beflossung und gelbe Tüpfelreihen auf den Flanken auf. Daneben gibt es weitere Standortvarianten wie *„kasagera", N. falcicula* und *N. pulcher.* Zu den relativ klein bleibenden Gabelschwanzcichliden gehört auch der erst kürzlich beschriebene N. buescheri.
Zu den Fischräubern der bereits erwähnten Gattung *Altolamprologus,* zu der man wohl auch einen neuen, noch nicht wissenschaftlich beschriebenen kleinen Schnecken-

Neolamprologus fasciatus

Neolamprologus cylindricus

Neolamprologus mustax, goldgelb

Neolamprologus calliurus, ♂

Neolamprologus brevis, ♂

Neolamprologus multifasciatus, ♂

buntbarsch vom Süden des Sees zählen muß, kann man auch einige der schlanken Arten rechnen: *N. fasciatus, N. christyi* und *N. cylindricus.* Zu aquaristischen Dauerbrennern entpuppten sich Vertreter von Arten wie *N. leleupi,* die gelbe Variante von *N. mustax, N. petricola* oder auch der etwas größer werdende *N. sexfasciatus,* von dem es auch eine gelbe Variante gibt.

Abschließend sei noch auf eine besonders spezialisierte Gruppe von Cichliden des Tanganjikasees hingewiesen, deren aquaristisch interessante Vertreter nur wenige Zentimeter lang werden. Sie leben in sandigen Mulden, in denen sich die leeren Gehäuse der Schnecke *Neothauma tanganyicensis* angesammelt haben. Diese Kleinstunterkünfte dienen den Cichliden sowohl als Schutz gegenüber Räubern wie auch als Brutstätte für ihre Nachkommen (Substratbrüter). Für diese Arten hat sich der Name „Schneckenbuntbarsche" eingebürgert. Es gibt eine ganze Reihe von bekannten und weniger bekannten Arten, bei anderen ist die Entwicklung zum Schneckenbuntbarsch immer noch in vollem Gange.

Zu den bekannteren Arten gehören: *Lamprologus ocellatus, L. signatus, L. ornatipinnis, Neolamprologus brevis, N. meeli, N. multifasciatus* und andere.

Von den bisher gepflegten kleinen Buntbarschen, deren Verhalten auf eine enge Bindung an leere Schneckengehäuse abgestimmt ist, kann man sagen, daß man sie mit größeren Arten (soweit sie keine Fischräuber sind) vergesellschaften kann. Auch wenn diese Fische klein sind und, je nach Art, Endgrößen zwischen 4 (!) und 10 cm erreichen, verteidigen sie ihr kleines Revier meist sehr aggressiv und schrecken auch vor der Hand des Pflegers keinesfalls zurück.

Nicht jeder ist in der Lage, seinen Fischen Gehäuse aus dem Tanganjika-See anzubieten. Das ist auch nicht nötig! Häuser der einheimischen Weinbergschnecke, wie wir sie (schlimmstenfalls) im Feinkostgeschäft kaufen können, werden ebenso angenommen, wie die starken Gehäuse einiger Murex-Arten aus dem Meer (auch Mittelmeer). Die letzten sind auf Dauer ohnehin haltbarer, weil der Kalk der Häuser mit der Zeit gelöst wird.

Schneckenbuntbarsche brauchen einen sandigen feinen Grund. In vielen Fällen wollen sie ihr Haus soweit einbuddeln, daß nur noch das Schlupfloch in der flachen Sandzone erkennbar ist. Die Fische schwimmen, soweit ich bis jetzt feststellen konnte, alle ausschließlich mit dem Kopf voran in ihr Gehäuse. Wenn sie wieder hervorkommen, geschieht das niemals in einem Zug. Zuerst schieben sie Schwanzflosse und Schwanzstiel nach außen – wahrscheinlich, um eine Wasserbewegung in der Nähe festzustellen. Ist diese – wenn auch nur leicht – vorhanden, schwimmt der Fisch sofort wieder vorwärts in sein Haus hinein. Im natürlichen Biotop kann man (häufiger als im Aquarium) beobachten, daß die Fische, wenn sie verfolgt werden und ihr Haus nicht mehr erreichen, sich blitzschnell in den weichen Sandboden einbuddeln.

Beim Kampf (♂ gegen ♂) werden alle Flossen gespreizt, wie bereits viele schöne Magazin-Aufnahmen bewiesen haben. Die Nachkommen werden ausschließlich im Schneckenhaus herangezogen, wobei die Mutter die eigentliche Brutpflege übernimmt und der Vater – noch energischer als gewöhnlich – Störenfriede fernhält. Die Fischchen sind alle gute Fresser, die keine besonderen Ansprüche stellen, jedoch auch sehr gern fleischliche Nahrung nehmen.

Lamprologus ocellatus, ♂♂

Cyprichromis microlepidotus

Cyprichromis leptosoma

Paracyprichromis nigripinnis

Eine Gruppe besonders schlanker Cichliden hat in den letzten Jahren aquaristische Aktivitäten geweckt. Es sind die wenigen Arten der Gattung *Cyprichromis,* deren Vertreter im Tanganjika-See meist in großen Gruppen, ja Schwärmen, in den seichten Uferzonen angetroffen werden. Möglicherweise kommen die Tiere hauptsächlich zur Paarung und Vermehrung aus größeren Tiefen in die Nähe der Wasseroberfläche.
Vier Arten sind aus der Gattung beschrieben und aquaristisch bekannt: *C. leptosoma, C. microlepidotus, Paracyprichromis nigripinnis,* und *Paracyprichromis brieni.* Wer diese schlanken Fische mit dem schmalen, spitz zulaufenden Kopf sieht, wird kaum glauben, daß es sich bei ihnen um Maulbrüter handelt. Im Gegensatz zu den meisten übrigen Cichliden handelt es sich bei *Cyprichromis*-Arten nicht um Substratlaicher, sondern um Freilaicher, das heißt, die Eier werden nicht auf ein Substrat geheftet und dann ins Maul genommen, sondern im freien Wasser abgegeben und darauf ins Maul genommen. Dies geschieht kopfab in Schräglage und Ei für Ei! Erst, wenn alle der meist rund 30 Eier im nach hinten gedehnten Kehlsack der Mutter untergebracht sind, werden sie befruchtet, wobei das Weibchen sein Maul in die Genitalregion des Partners bringt, dessen Bauchflossen trichterförmig zusammengelegt sind.
Cyprichromis-Arten lieben wärmere Randzonen, in denen die Temperaturen zwischen 26 und 28° C liegen. Bei diesem Temperaturbereich im Aquarium hält das Weibchen Eier, Larven und Jungfische bis zu etwa 20 Tagen im Maul und spuckt sie erst dann aus. Die Fischchen müssen dann selbst sehen, wie sie weiterkommen. Eine Brutpflege findet nicht statt! Das ist ein weiteres typisches Verhalten für Freilaicher – nur daß diese, wenn sie Maulbrüter sind, nur aus dem Meer bekannt wurden. Beobachtet man dagegen die Tiere im See, so stellt man fest, daß sie sich zu Jungfischschwärmen zusammenschließen und die Mütter, wenn sie ihre Nachkommen vollentwickelt ausspucken, das mit Vorliebe in einen Jungfischschwarm tun, was wahrscheinlich zu deren Schutz dient.
Man nennt sie „Fadenmaulbrüter", die Vertreter der Gattungen *Cyathopharynx* und *Ophthalmotilapia, die*

Ophthalmotilapia nasuta, goldgelbe Variante. Bei diesem Exemplar erkennt man deutlich die namengebende „Nase".

Ophthalmotilapia ventralis. Junges, noch nicht geschlechtsreifes Männchen der nördlichen Rasse.

Tropheus moorii, „Katonga“-Variante aus dem Süden von Kigoma

endemisch (= nur hier vorkommend) im Tanganjika-See leben. Zwei artenarme Gattungen mit nur einer Art *(C. furcifer)* bzw. zwei Arten *(O. nasuta* und *O. ventralis),* deren besonderes Merkmal die stark verlängerten Bauchflossen der männlichen Tiere sind, an deren Ende sich zwei orangegelbe Läppchen befinden. Werden diese kleinen Hautlappen gespreizt, so üben sie eine Signalwirkung auf die Partnerin aus, und man sagt ihnen einen ähnlichen „Anwendungszweck“ nach, wie den Eiflekken in den Afterflossen der Maulbrüter aus dem Malawi-See, die eine wichtige Rolle bei der Befruchtung der Eier im Maul der Mutter spielen. Bei diesen Arten handelt es sich also ebenfalls um Maulbrüter.

C. furcifer wird 15 bis 20 cm lang (♂♂), doch wachsen erfahrungsgemäß die Tiere auch in größeren Becken kaum noch. Trotz ihrer relativ großen Augen leben sie im Flachwasser der felsigen Küstenzone des Sees und nicht in tieferen Wasserzonen. Die Männchen bauen Laichgruben, die das Zentrum ihres Reviers bilden. Die Weibchen bleiben kleiner und farblich unscheinbar.

O. nasuta macht seinem Artnamen alle Ehre: Männliche Tiere tragen eine verdickte, vorspringende Partie oberhalb der Oberlippe (Foto), die der Art den deutschen Namen „Nasenmaulbrüter“ eintrug. Die Tiere werden 15–18 cm lang und sind recht gedrungen gebaut.

O. ventralis wird in zwei Unterarten aufgeteilt, der Nominatform *O. v. ventralis* und einer weiteren: *O. v. heterodontus.* Die Verbreitung der ersten soll sich auf den Süden des Tanganjika-Sees, die der zweiten auf seine nördlichen Reviere beschränken.

Über all diese Fadenmaulbrüter, zu denen man auch noch *Ophthalmotilapia boops* (eine bisher nicht eingeführte Art) rechnen muß, sind Artikel über den natürlichen Lebensraum wie auch das Verhalten im Aquarium geschrieben worden. Sie reichen nach meiner Meinung aber bei weitem noch nicht aus, den verschiedenen Farbrassen wie dem gesamten Komplex Rechnung zu tragen. Das gilt ebenso für das bisher veröffentlichte Fotomaterial, wie man an den beigefügten Bildern erkennen kann.

Die Arten der Gattung *Tropheus* sind nicht zahlreich, und wohlbekannt wurden eigentlich nur zwei: *T. duboisi* und *T. moorii.* Daß sie trotzdem zu den meistbegehrten und höchstbezahlten Süßwasserfischen gehören, hat einen anderen Grund: Ihre Heimat ist – ausschließlich – der Tanganjika-See. Hier leben sie, ähnlich wie die *Pseudotropheus*-Arten im Malawi-See, in der ufernahen Felsenzone. Nun ist diese Zone nicht als fortlaufendes Ufer anzusehen, sondern hin und wieder von Sandbuchten unterbrochen. Diese Räume können die Fische nicht durchschwimmen. So kommt es vor, daß sie in bestimmten Abschnitten immer wieder isoliert lebende Populationen bilden, bei denen es im Verlauf der stammesgeschichtlichen Entwicklung (Evolution) zuerst zur Variantenbildung kommt. Man kann sagen, daß diese Entwicklung hier noch in vollem Gang ist und sich im Verlauf der kommenden Zeit neue Arten bilden.

Es sind diese Varianten – Farbformen – die von vielen Aquarianern gesammelt und weitervermehrt werden. Die meisten gehören (noch) *Tropheus moorii* an, nur wenige der zweiten der genannten Arten. Nicht jede dieser Farbformen ist farblich so schön, daß die Tiere begehrte Zuchtobjekte darstellen. Von *T. duboisi* gibt es durchgehend schwarze Tiere und solche mit unterschiedlich weißlichgelben und goldgelben Binden. Davon gibt es bei jedem Tier nur eine, die dann hinter dem Ansatz der Brustflossen um den Körper läuft. Jungfische sind immer weißlich getüpfelt auf schwarzem Grund.

Die vielen altbekannten und neu hinzugekommenen Varianten von *T. moorii* aufzuzählen, hat in diesem, eher allgemein gehaltenem Buch wenig Sinn. Dem in den Anfängen eingeführten „Brabantbuntbarsch“, benannt nach seiner „belgischen“ schwarz/rot/goldenen Färbung, folgten immer weitere Beschreibungen von Farbpopulationen, und die Entdeckungen dürften noch nicht beendet sein, weil die Ufer der zu Zaire

Tropheus duboisi, Variante mit breiter, gelber Querbinde.

Tropheus moorii, Variante „Mupulungu" vom Süden des Tanganjika-Sees.

gehörenden westlichen Seeseite sicher noch bisher unbekannte Formen beherbergen. Alle *Tropheus*-Arten sind Maulbrüter.
Wie der Malawi-See hat auch der Tanganjika-See Arten hervorgebracht, die nur wenig Eingang in die Aquaristik fanden, weil sie entweder auch in ihrem Lebensbereich selten sind, so tief leben, daß man sie kaum fangen kann oder einen „Makel" haben, der sie für die aquaristische Pflege ungeeignet macht, wie etwa die Schuppenfresser, die diesem Nahrungserwerb auch im Aquarium nachgehen, wie ich wiederholt feststellen konnte. Einer dieser Schuppenfresser, *Perissodus microlepis,* aus dem Tanganjika-See, von der Natur mit einem besonders für diesen Zweck konstruierten Gebiß ausgestattet, macht als Aquarienfisch dem Pfleger solange Freude, bis sein Naturell mit ihm durchgeht. Meist dauert das nicht lange.
Ein weiterer Vertreter, *Haplotaxodon microlepis,* hat große Augen und ein fast senkrecht angeordnetes, oberständiges Maul. Von den auffälligen Augen auf ein Leben in größerer Tiefe zu schließen ist ebenso falsch, wie von dem oberständigen Maul auf ein Leben an der Oberfläche des Wassers: Die Tiere leben über felsigem Grund in durchschnittlich 5 m Tiefe. Ob es daran liegt, daß die Fische bis etwa 26 cm lang werden, daß man sie kaum verlangt und einführt? Ihr Fortpflanzungsverhalten ist bisher weitgehend unbekannt geblieben. Um einen Maulbrüter soll es sich jedoch nicht handeln (Poll).
Bevor ich zu den ost- und westafrikanischen Arten komme, möchte ich noch auf die wenigen Vertreter der Gattung *Telmatochromis* hinweisen. Sie sind ausgezeichnete Aquarienfische und stammen aus der Litoralzone, der felsigen Uferzone des Tanganjika-Sees wie die meisten, aquaristisch interessanten Bewohner dieses Gewässers. *T. bifrenatus, T. vittatus* werden zuweilen miteinander verwechselt. Sie sind jedoch leicht zu unterscheiden, weil die Tiere der ersten Art zwar auch eine unübersehbare dunkle Längsbinde über den braunbeigegrundigen Körperseiten tragen, doch ist diese bei *T. brifrenatus* zusätzlich mit einem Muster feiner Schrägstriche überzogen, die zuweilen auch als Zickzackmuster auftreten. *T. bifrenatus* ist mit etwa 6 cm Länge ausgewachsen, wogegen *T. vittatus* um rund die Hälfte größer wird.

Haplotaxodon microlepis, ♂, eine Art, deren Vertreter es stets zum Wasserspiegel zieht.

Perissodus microlepis, ♂, ein in Körperform gestreckter Schuppenfresser aus dem Tanganjika-See.

Ebenso gestreckt, jedoch im Habitus wesentlich bulliger sind die beiden Verwandten *T. caninus* und *T. temporalis.* Beide werden zwischen 10 und 12 cm lang. Männchen bekommen mit zunehmendem Alter einen leichten Stirnbuckel. Alle *Telmatochromis*-Vertreter sind gute Fresser mit Vorliebe für fleischliche Kost. Sie lassen sich im Aquarium leicht zur Nachzucht bringen, ein gut harmonierendes Paar vorausgesetzt. Meist gibt das Weibchen sein Gelege im Inneren einer Höhle ab, pflegt die Brut und betreut die Jungen, während sich der männliche Partner dann ausschließlich um die Verteidigung des Reviers kümmert. Dabei können die Tiere recht ruppig werden.

Bewohner ost- und westafrikanischer Gewässer, die für die aquaristische Haltung in Frage kommen, gibt es eine Menge. In diesem Buch sollen jedoch nicht die vielen großen Cichliden so stark interessieren. Zu ihnen gehören Arten der Gattungen *Oreochromis, Sarotherodon* und *Tilapia.* Bei den beiden ersten handelt es sich um Gruppierungen von Maulbrütenden Arten aus Ost- *(Oreochromis)* und Westafrika *(Sarotherodon).* Arten der Gattung *Tilapia* gehören zu den substratlaichenden Offenbrütern, die über ganz Afrika verbreitet sind. Zu den am häufigsten gepflegten Arten gehören zweifellos *O. mossambicus* und *T. mariae,* und mit Abstrichen, *T. joka* und *T. buettikoferi.* Ein interessantes Fortpflanzungsverhalten zeigt eine Gruppe von *Oreochromis*-Verwandten, die man aufgrund dieses Verhaltens auch „Geißeltilapien" nennt: Nachdem das maulbrütende Weibchen seine noch unbefruchteten Eier ins Maul genommen hat, präsentiert das Männchen seine „Geißel", ein quastenähnliches Gebilde, das sich aus der Genitalpapille herausschiebt. Das Weibchen saugt hiervon das Sperma ab, womit die Befruchtung der im Maul befindlichen Eier stattfindet.

Tilapien werden für die meisten Heimaquarien zu groß. Diese Fische gelten in ihren Heimatländern meist als Nutzfische, und es kommt hier oft so zu überragenden Fangergebnissen. Eine Reihe von Tilapien hat man in andere Gebiete unserer Erde gebracht und hier in die Gewässer gesetzt. Sie haben sich dort gut eingelebt und vermehren sich stark – auf Kosten der einheimischen Fischfauna.

Haplochrominen nennt man Arten, die in früheren Jahrzehnten alle zur Gattung *Haplochromis* gestellt waren. Durch eine Reihe von wissenschaftlichen Arbeiten wurden sie jedoch in verschiedene, zum Teil neu aufgestellte Gattungen überführt. Eine davon ist *Astatotilapia,* zu der die bekannten *A. burtoni, A. desfontainesii* und *A. calliptera* gehören. Gerade über die erste Art ist viel geschrieben worden, und sie wurde in früheren Jahren oft als treffendes Beispiel für Maulbrutverhalten herangezogen, wenn es darum ging, Laichverhalten und Befruchtung der Eier darzustellen: Das Männchen macht die Vorarbeit, hebt die Laichgrube aus und beginnt die Balz. Das Weibchen übernimmt nach der Eiablage die Brutpflege. Der Blaumaul-Maulbrüter *(Astatotilapia burtoni)* ist ein sehr auffälliger Vertreter dieser Afrikaner. Meist schwimmt er lebhaft und stolz im Becken herum, dabei tut er fremden Fischen selten ein Leid an.

Telmatochromis bifrenatus

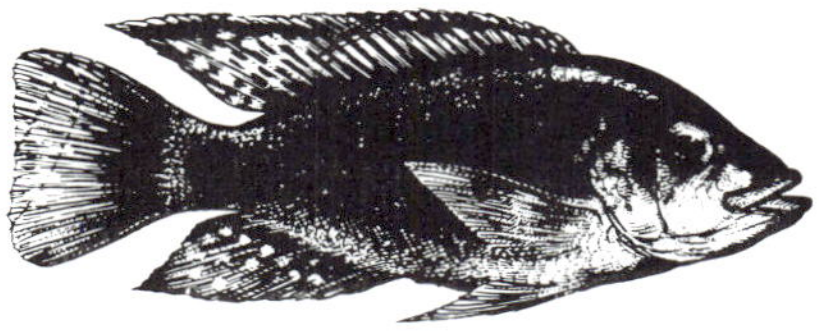

Oreochromis mossambicus

Tilapia mariae

Tilapia joka, adultes Männchen

Tilapia buettikoferi

Astatotilapia burtoni

Man richtet den Fischen ein Becken mit dichter Randbepflanzung ein und sorgt mit den Stein- und Wurzelholzaufbauten für ausreichende Versteckmöglichkeiten. Da man die Fische ohnehin am zweckmäßigsten im Artenbecken hält, füllt man den Boden vor den Verstecken mit feinem Sand auf. Die Wasserqualität spielt nur eine untergeordnete Rolle, und die Temperatur liegt bei 23–25° C. Die Fische, die eine Größe von etwa 12 cm erreichen, nehmen fast nur Lebendfutter der bekannten Arten, aber auch geschabtes Muskelfleisch und kleinere Regenwürmer sind ihnen willkommen.

Wie schon die Eiflecke auf der Afterflosse der Männchen verraten, hat sich die Natur bei diesen Fischen etwas Besonderes ausgedacht. Nach dem Ablaichen nimmt das Weibchen die Eier blitzschnell ins Maul – unbefruchtet! Nun schwimmt das Männchen unruhig vor diesem Maul hin und her und wartet auf eine Gelegenheit, sein Sperma doch noch auf die Eier zu geben. Dabei helfen ihm die Eiflecke, nach denen das Weibchen gierig schnappt. So gelangen die Spermien ins Maul des Weibchens und damit auf die Eier. Nach dem Schlüpfen und Freischwimmen bleiben die Kleinen noch eine Zeitlang unter der Obhut der Mutter. Die Anfütterung beginnt nach dem bekannten Verfahren mit Artemia-Nauplien.

Drei Cichlidengruppen aus Afrika, die außerhalb der Seen leben, haben ebenfalls Bedeutung erlangt: Die westafrikanischen Zwergbuntbarsche, die ebenfalls hier beheimateten *Hemichromis*-Arten sowie eine Reihe von kleinen Buntbarschen, die sich besonders auffällig an ihren Lebensraum anpassen mußten: Stromschnellencichliden.

Westafrikanische Zwergbuntbarsche gehören den Gattungen *Nanochromis, Anomalochromis* und *Pelvicachromis* an. Unter ihnen, wie auch unter den weiteren folgenden Westafrikanern, befindet sich kein Maulbrüter! Nicht alle Zwergbuntbarsche aus Westafrika, die in der Literatur gelegentlich erwähnt werden, kann man im Zoogeschäft kaufen! Es sind immer wieder dieselben Arten, deren Vertreter als Nachzuchttiere angeboten werden: *N. parilus, Anomalochromis thomasi, Pelvicachromis pulcher* und, seltener, eine der verschiedenen Varianten von *P. taeniatus.*

Der Blaugrüne Kongozwergbuntbarsch *(N. parilus)* unterscheidet sich optisch von seinem engen Verwandten *(N. nudiceps),* unter dessen bekannterem Namen er oft gehandelt wird, durch die Musterung in der unteren Hälfte der Schwanzflosse: Sie ist bei *N. parilus* ungemustert, bei *N. nudiceps* erkennt man ein Muster roter, vertikal ausgerichteter Tüpfelreihen. Diese Zwergbuntbarsche werden meist vom unteren Zaire-(Kongo-)Fluß eingeführt. Sie werden nur 6–8 cm lang und lassen sich gut in einem versteckreichen Becken pflegen, das reichlich bepflanzt sein darf. Große Schwimmer sind diese Tiere nicht, vielmehr leben sie lieber vor oder in ihrem höhlenartigen Versteck. Diese Behausung wird auch für die Brutpflege benutzt, wo das Weibchen seine 60–100 Eier meist an die Höhlendecke heftet und sie bis zum Ausschlüpfen der Jungen bewacht. Bereits sechs bis acht Tage nach der Eiabgabe stecken die Jungfische vorwitzig ihre hungrigen Mäulchen aus der Höhlenöffnung, und bald darauf führt die Mutter ihre Kinder zum ersten Mal aus. Man sollte das Männchen nun (falls das nicht schon früher geschehen ist) herausfangen, um es vor Angriffen der eigenen Partnerin zu schützen.

Prachtbuntbarsche nennt man die verschiedenen Arten der Gattungen *Anomalochromis* und *Pelvicachromis. Anomalochromis thomasi,* der Thomas-Prachtbuntbarsch, ist ein lebhafter, revierbildender, dabei friedlicher kleiner Fisch. Die meisten seiner Verwandten sind ähnlich gute Pfleglinge. Bei den bis zu 10 cm lang werdenden Tieren können die Weibchen etwas größer werden. Die Weibchen unterscheiden sich bei einigen anderen Arten noch durch eine abgerundetere Schwanzflosse (beim Männchen spitz zulaufend). Wie für die meisten Buntbarsche, ist auch bei dieser Art das Herstellen von Versteckplätzen aus Holz und Steinen für die Tiere lebenswichtig. An die Wasserhärte stellen die Fische keine Ansprüche, da sich in ihren heimatlichen Gewässern das weichere Wasser der Flüsse an einigen Stellen sogar mit dem härteren des küstennahen Gebietes zu einem mittelharten Element vermischt. Die Temperaturen sollen bei etwa 25° C liegen. Es wird überwiegend Lebendfutter gefressen, doch schließt das nicht aus, daß die Fische auch Trockenfutter nehmen.

Die Zucht von *Anomalochromis*- und

Nanochromis parilus

Pelvicachromis pulcher, ♂♀

Pelvicachromis-Arten ist nicht allzu schwierig. Oft sogar züchten die Tiere im Gesellschaftsbecken nach. Das ist für die Eltern aber später keine einfache Aufgabe, da das Bewachen der Jungfische im Zusammenleben mit möglichen Feinden der Kleinen für die Eltern eine arge Anstrengung ist. Der Ablaichvorgang ist nicht bei allen Arten gleich. Wohl bevorzugen sie immer ein Substrat; nur die Art, in der sie ihre Eier anheften, ist unterschiedlich. Einige laichen in Höhlen mit dem Bauch nach oben, andere wieder, wie der *A. thomasi,* ziehen einen flachen Laichstein vor. Auch Blätter oder züchterische Hilfsgaben wie Blumentöpfe aus Ton oder Kokosnußschalen können geeignet sein. Es werden immer Elternfamilien gebildet, in denen beide Partner Brutpflege betreiben. Die Jungfische schlüpfen nach etwa 72 Stunden und schwimmen bald darauf frei. Die Fütterung erfolgt in der bekannten Art, beginnend mit Artemia- und Cyclops-Nauplien.

Eine größere Artenzahl umfaßt die Gattung *Pelvicachromis.* Der Thomas-Prachtbuntbarsch wurde nach Aufstellung der Gattung *Anomalochromis* (Greenwood, 1985) zu dieser gestellt. Einer der bekanntesten Aquarienfische ist der Purpurprachtbuntbarsch, *Pelvicachromis pulcher,* der früher auch unter seinem Synonym *P. kribensis* gehandelt wurde. Diese Buntbarsche werden bis zu 10 cm (♂♂) groß, während die Partnerinnen (bis 7 cm) auffällig klein bleiben. Nigeria ist die Heimat dieser Tiere, die hier meist in klaren Wasserläufen vorkommen, die sich zuweilen auch zu ruhigeren Buchten mit reichhaltigem Pflanzenbestand erweitern. Das Wasser ist ziemlich weich, und sein pH-Wert liegt fast überall im sauren Bereich, teilweise weit unter 6,0! Die bei uns meist als Nachzuchttiere angebotenen Purpurprachtbuntbarsche haben sich jedoch oft als sehr anpassungsfähig erwiesen. Das gilt auch für die Futteraufnahme, von der oft gesagt wird, daß die Tiere Alles-

Anomalochromis thomasi, ♀ bei Eiablage

Hemichromis elongatus

Hemichromis lifalili in Prachtfärbung mit Jungen

fresser seien. Wie alle Cichliden, nehmen auch sie mit Vorliebe Insektenlarven, geben sich jedoch auch mit anderen Futterarten zufrieden.
Pelvicachromis taeniatus ist eine von vielen Aquarianern geschätzte Art, von der eine Reihe von Varianten bekannt wurden, deren schönste man jedoch leider nicht im Handel sieht. Hier ist der Liebhaber auf teure Eigeninitiative angewiesen. Ähnlich ist es mit weiteren Arten der Gattung wie *P. subocellatus, P. humilis* oder *P. roloffi.*
Von den allseits bekannten Arten der Gattung *Hemichromis* wird die eine oder andere eingeführt. Meist werden alle roten oder rötlichen Formen als *H. bimaculatus* im Handel angeboten, weil Unterscheidungsmerkmale bei Jungtieren nur schwer zu finden sind. Bei der leuchtend roten Form mit den himmelblauen Tüpfeln handelt es sich um *H. lifalili,* ein Artname, der auf afrikanischen Ursprung zurückgeht. Beim „echten" *H. bimaculatus* handelt es sich ebenfalls um Tiere mit viel Rotanteil in der Färbung. Sie sind jedoch ohne hellblaue Tüpfel und haben eine lehmfarbene Tönung über dem Rücken, die bei Männchen auch den hinteren Unterkörper überziehen kann. Die Roten Cichliden, wie sie genannt werden, sind als große Rauhbeine verschrien, und daß sie mit schwächeren Mitbewohnern nicht zimperlich umgehen, kann jeder bestätigen, der sie einmal gepflegt hat. Das sollte aber niemanden davon abhalten, diese Fische einmal in einem besonderen Becken zu pflegen und zur Nachzucht zu bringen. Erst hier zeigt sich die Art als aufopfernder Brutpfleger, und alle Ruppigkeit, die ihr anhaftet, ist vergessen. Rote Cichliden stammen aus dem tropischen Afrika. In der Natur erreichen sie eine Größe bis etwa 15 cm, im Aquarium meist nur ⅔ davon. Entsprechend groß muß trotzdem das Becken sein. Sicher wollen die meisten Pfleger auch züchten: Dann werden mehrere Tiere benötigt, um die Geschlechter bestimmen zu können. Die Revierfische belegen schon nach kurzer Eingewöhnungszeit ihren Platz, und die Streitereien würden in einem zu kleinen Becken kein Ende nehmen. Die Einrichtung besteht aus vielen eckigen Steinen. Aus Wurzelstücken wird an der Aquarienrückwand ein Wall mit möglichst vielen Höhlen gebaut. Sollen – was nicht sehr ratsam ist – Pflanzen eingebracht werden, so müssen sie sehr robust sein. Am besten geeignet sind große Vallisnerien- und Crinum-Arten. Die Wurzeln sollte man mit einem Stein beschweren. Ein Bodengrund aus einer Mischung von mittelfeinem Sand und nicht zu grobem Kies eignet sich ganz gut. In diesen Boden lassen wir wieder einen flachen abgerundeten Stein ein, womit wir den Fischen gleich einen Laichplatz anbieten. Die Wasserqualität ist nicht so wichtig. Die Temperatur soll zwischen 22 und 24° C liegen. Auch diese Fische entwickeln einen so kräftigen Appetit, daß sie mit kleinem Lebendfutter nicht satt zu machen sind. Geschabtes Herz, Regenwürmer und gelegentlich auch Fischfleisch kann gereicht werden.
Die Balz der Roten Cichliden zeigt das, worauf die meisten Aquarianer schon warten: Die knallrote Färbung der Tiere, die im Aquarium bei gelegentlicher Kampferregung intensiviert wird. Meist erkennen wir das Weibchen an der kräftigeren Rotfärbung wie auch am ausgeprägteren Leibesumfang. Die nun einsetzende erbarmungslose Kampftätigkeit um das Laichrevier (nämlich das ganze Aquarium) muß bei einem einsichtigen Pfleger dazu führen, sich in diesem Becken auf ein Paar dieser Art zu beschränken und alle übrigen Fische auszuquartieren. Wichtig für eine glückliche Zucht ist ferner, daß die zurückbleibenden Partner miteinander harmonieren, damit die Kämpfe ein Ende finden. Auf der Suche nach einem geeigneten Substrat wird der vom Pfleger bewußt an einem vordergründigen Platz po-

stierte Laichstein angenommen. Nun wird dessen Oberfläche geputzt. Dabei rutschen die Fische beide immer wieder in „Generalprobe" mit dem Bauch über den Stein. Wahrscheinlich wollen sie dabei Algen ablösen. Das kann viele Stunden, manchmal auch Tage so gehen, bis das Weibchen schließlich ablaicht. Das Männchen besamt sofort danach die Eier – etwa vierhundert an der Zahl. Nach 48 Stunden schlüpfen die Jungen und werden gleich von beiden Elterntieren in vorher angelegte, gutgeschützte Gruben umgebettet. So rauh vorher der Kampf war, so aufopfernd bemühen sich jetzt die Alttiere um ihre Kleinen. Sie schwimmen immer wieder um ihre Brut herum und prüfen offenbar dabei ihre angeborenen Reaktionen, denn bald schon sollen die Kinder ausgeführt werden. Weitere zwei Tage nach dem Schlüpfen schwimmen die Jungen frei und fressen jetzt schon große Mengen kleinsten Lebendfutters. Die Fütterung mit Artemia-Nauplien reicht nur für eine Übergangsperiode, und schon bald kann der Pfleger auf die nächstgrößere Futterart gehen, die Cyclops.

Fünffleckbuntbarsche derselben Gattung (die man gattungsmäßig von den Roten Cichliden trennen sollte), gehören zu den bissigsten und aggressivsten Buntbarschen überhaupt. *H. fasciatus* und *H. elongatus* unterscheiden sich durch die mehr gelbliche Grundfärbung des ersten, wogegen *H. elongatus* über den Flanken grünlich irisiert. Diese Räuber, deren Revierumfang im natürlichen Lebensraum die Flächengröße eines gewöhnlichen Wohnraumes hat, kommt selbst in einem großen Aquarium mit dem Raumangebot nicht aus. Es empfiehlt sich daher, bei Paarbildungsversuchen entweder auf ein bereits harmonierendes Paar zurückzugreifen, oder (besser noch zusätzlich) anfangs mit einer Trennscheibe zu arbeiten.

Zwischen den beiden Arten besteht ein klarer Größenunterschied: *H. fasciatus* wird 20–25 cm lang; sein enger Verwandter reicht dagegen kaum einmal über 15 cm hinaus. So ruppig die Tiere sein können, so intensiv betreiben sie andererseits die Brutpflege. Es ist nicht sicher, ob es sich bei den rotbauchigen und mit kleinen schwarzen Tüpfeln überzogenen Tieren um eine Farbvariante handelt. Naheliegender ist die Vermutung, daß es besonders große, ausgewachsene Männchen sind, wie sich bei Vergleichen auch unschwer am Stirnbuckel und an den langausgezogenen Rücken- und Afterflossen erkennen läßt. Die schon als Jungfische angriffslustigen Räuber eignen sich nicht für ein Gesellschaftsaquarium, da sie sich hemmungslos über entsprechend große Mitbewohner hermachen würden. Beckeneinrichtung mit Steinen, Wurzelstöcken und robusten Pflanzen empfehlen sich.

Fische, die im Gebiet von Stromschnellen leben, haben meist eine besondere, den Wasserverhältnissen angepaßte Körperform, wie auch eine besonders entwickelte schubartige Schwimmweise. Der durch viele Veröffentlichungen bekanntgewordene Buckelkopf-Cichlide *(Steatocranus casuarius)* ist der bekannteste von ihnen, doch nicht der einzige derart konstruierte Bewohner der Stromschnellen. Der sogenannte Gorillakopfbuntbarsch *(Steatocranus tinanti)* oder der besonders extrem gebaute Quappenbuntbarsch *(Teleogramma brichardi)* sind Mitbewohner dieses Biotops. Diese bis zu etwa 10 cm lang werdenden „Aquarienmäuse" kommen aus den Stromschnellengebieten des oberen, mittleren und unteren Kongo-Flusses, der jetzt wie das ganze Land „Zaire" heißt. Sie leben dort zwischen Hölzern und Steinen, und die Anpassung ihres Körperbaus und ihrer Verhaltensweise an die extrem ungünstigen Lebensbedingungen in den Gewässern mit teilweise hohen Strömungsgeschwindigkeiten ist somit ideal zu nennen. Das Becken soll man dem Biotop so naturgetreu wie möglich nachgestalten, wobei jedoch kaum Aussicht besteht, die übrigen Naturkräfte voll und ganz zu imitieren. Die Wasserqualität ist zweitrangig. Die Fische benötigen kein (auch nicht zur Nachzucht) besonders weiches Wasser. Die Gesamthärte kann zwischen 10 und 15° liegen, die Wassertemperaturen zwischen 24 und 26° C. Die friedlichen Fische haben auch gegen Wasserpflanzen nichts einzuwenden. Den Bewohnern schnellfließender Gewässer tut ein Wasserwech-

Hemichromis lifalili juv.

Steatocranus casuarius, Paar, Männchen oben.

Teleogramma brichardi, ♂

sel in nicht zu großen Abständen wohl. Gefressen werden neben gelegentlichen Trockenfuttergaben alle gängigen Lebendfutterarten.
Neben den beiden genannten *Steatocranus*-Arten ist eine Reihe weiterer bekannt: *S. gibbiceps, S. glaber* und *S. mpozoensis,* die aus dem gleichen Gebiet am unteren Kongo kommen, wie die beiden erstgenannten, denen sie ähneln. Sie werden auch zuweilen sogar als *S. casuarius* eingeführt und weiterverkauft.
Buckelköpfe können manchmal auch im Gesellschaftsbecken nachzüchten; meist aber richtet der Pfleger ein Zuchtbecken ein. Es soll eine Länge von mindestens 60 cm haben. Da die Fische höhlenartige Verstecke einfachen Unterständen vorziehen, sind das Einbringen von umgestülpten Blumentöpfen mit kleiner Eingangsöffnung, das Verklemmen von entsprechend großen Bambusrohr-Abschnitten oder der Eintrag einer Tonröhre angebracht. Die Cichliden werden während der Balz- und Laichzeit ziemlich ruppig und beanspruchen ein Revier von etwa 0,25 qm Grundfläche rund um ihre Behausung. Fremde Fische werden meist barsch fortgeschubst und -gebissen. Bei gerade geschlechtsreif gewordenen Tieren sind die Geschlechter noch nicht gut zu unterscheiden, da sich der „Helm“ des Männchens erst mit zunehmendem Alter bildet. Am zweckmäßigsten ist es, aus einem halben Dutzend dieser Art ein Paar (oder mehrere) bilden zu lassen. Die ovalen, etwa drei Millimeter langen Eier sind gräulich-weiß und werden innerhalb der gewählten Höhle abgelegt und befruchtet. Bei der Brutpflege teilen sich die Eltern die Arbeit: Das Männchen hält das Revier von Eindringlingen frei, während das Weibchen sich um die Kinder kümmert. Nach dem Freischwimmen werden die Jungfische von den Eltern durch das Becken geführt und können mit kleinstem Lebendfutter verköstigt werden.
Buntbarsche gibt es nicht nur in Afrika und Asien: Südamerika und Mittelamerika stellen einen großen Teil der beliebten Buntbarsche der Neuen Welt. Wie ihre Verwandten von anderen Kontinenten lassen auch sie

Bujurquina vittata

Aequidens coeruleopunctatus

sich meist gut zur Nachzucht bringen. Wir begegnen auch bei diesen Arten einem differenzierteren Fürsorgeverhalten für die Jungtiere. Da gibt es Elternfamilien, bei denen Vater und Mutter die Brutpflege gemeinsam ausüben, Weibchen, die ihre Männer nach der Befruchtung regelrecht in die Flucht schlagen und auch Maulbrüter, wie wir sie aus Afrika kennen. Andererseits gibt es bei einigen Arten ein noch nicht völlig entwickeltes Maulbrutverhalten, bei dem die Mutter die Eier erst nach einer zeitlich begrenzten Entwicklung ins Maul nimmt. Hier ist möglicherweise die Evolution noch in vollem Gange.
Bei der Brutfürsorge darf schließlich das Ernähren der Jungfische durch Hautsekret nicht übersehen werden. Das ist eine besondere Aufzuchthilfe, wie man sie nicht nur bei Diskusfischen vorfindet, sondern auch bei verschiedenen anderen größer werdenden Buntbarscharten, wie etwa bei *Cichlasoma citrinellum*.
Einer der „alten Bekannten" unter den Buntbarschen ist der Blaupunktbarsch *(Aequidens pulcher)*. Der Südamerikaner ist im Gebiet von Kolumbien und Panama beheimatet und wird bis zu 15 cm groß. Er zählt zu den friedlichen Arten unter den Cichliden. Daher beansprucht er auch keine allzu großen Becken (Mindestlänge 60–80 cm). Die Barsche benötigen Versteckmöglichkeiten, die ihrer robusten Art angepaßt sind. Dazu kommen Pflanzen mit starken Blättern. Das nicht zu harte Aquarienwasser soll eine Temperatur von etwa 24° C haben und ist in nicht zu großen Abständen zu einem Drittel durch Frischwasser auszutauschen. Blaupunktbuntbarsche fressen das meiste, das ihnen angeboten wird: Lebendfutter, Trockenfutter sowie gefriergetrocknete und tiefgekühlte Nahrung.
Aequidens pulcher ist im Geschlecht kaum zu unterscheiden. Wenn die Tiere in Laichstimmung sind und in einem Gesellschaftsbecken leben, so muß man sie zumindest von kleineren Fischen trennen, weil das Revierbewußtsein der Buntbarsche den Kleineren bald den Garaus machen würde. Meist laichen die Tiere an Steinen und nur selten an Pflanzen. Sie gehören zur Elternfamilie, da sich Männchen und Weibchen in der Pflege der Jungfische ablösen. Unter günstigen Bedingungen sind Alttiere schon nach wenigen Wochen wieder zur Zucht neuer Nachkommen bereit. In einem solchen Fall muß man die Jungen des letzten Wurfes rechtzeitig aus dem Becken fangen, da sie nicht nur als Konkurrenten, sondern als Feinde angesehen und bekämpft werden.

Aequidens pulcher

Cichlasoma portalegrense

In Teilrevisionen wurden inzwischen Mitglieder des *Aequidens*-Komplexes in der Gattung bestätigt, zum Teil in neu geschaffene Gattungen *(Bujurquina, Laetacara)* überführt oder auch zunächst unter Vorbehalt in *Aequidens* belassen. Der früher zu *Aequidens* gestellte *portalegrensis* gehört nun der Gattung *Cichlasoma* an und wird somit *(C. portalegrense)* mit geänderter Endung des Artnamens geführt.
Aus dem Kreis der Zwergbuntbarsche wurde der „Ramirezi" oder „Schmetterlingsbuntbarsch" 1978 zur damals von KULLANDER neu geschaffenen Gattung *Papiliochromis* gestellt. Dabei blieb die Tatsache unberücksichtigt, daß bereits ein Gattungsname existierte: *Microgeophagus.* Er erhielt Priorität und damit Gültigkeit. Der Schmetterlingsbuntbarsch *(Microgeophagus ramirezi)* bleibt in Nachzuchtformen nicht kleiner als seine nicht weniger bekannten Verwandten: der Buntschwanz-Zwergbuntbarsch *(A. agassizii)*, Borelli's Zwergbuntbarsch *(A. borellii)* sowie *A. cacatuoides, A. bitaeniata* und *A. nijsseni.* Mit 6 bzw. 8 cm sind die Tiere ausgewachsen. Sie stammen aus dem nördlichen und mittleren Südamerika. Zwergbuntbarsche mögen kein hartes Wasser. Es soll daher 10° dH nicht übersteigen. Die Haltungstemperatur soll um 24° C liegen, bei der Zucht etwas darüber.

Beckeneinrichtung, wie man sie für Zwergbuntbarsche wählen kann: Übereinandergelegte Steinplatten und weitere, höhlenbildende Steine (auch Grottengestein), dazu große, gliedernde Wurzeln, *Echinodorus tenellus* (vorn) und *E. bleheri* (o. ä.).

Wichtig ist ein saurer pH-Wert, der durch eine Torffilterung zu erreichen ist. Je nach Ausgangswasser (Leitungswasser) muß der Säureeintrag mehr oder weniger stark sein. Ein häufiger Frischwasserzusatz bzw. -austausch bekommt den Tieren ausgezeichnet. Viele Zwergbuntbarsche sind empfindliche Pfleglinge, da sie im Gegensatz zu ihren robusteren, großen Verwandten höhere Ansprüche stellen und beispielsweise Chemikalien im Wasser gar nicht gut vertragen. Arten der Gattung *Apistogramma* leben in der Natur recht versteckt in höhlenartigen Unterschlupfen. Im Aquarium bieten wir ihnen deshalb Wurzelverstecke an, aber auch übereinandergelegte Steine. Die Beckenrandbepflanzung soll ziemlich dicht sein. In der Beckenmitte bleibt ein freier Schwimmraum, der durch einen oder zwei Wurzelholzäste aufgegliedert wird. Es sind Allesfresser.
Für die Zucht ist es wichtig, ein gut harmonierendes Paar zu finden. Die Geschlechter lassen sich gut unterscheiden, da die Männchen etwas größer sind, schönere Farben und ausgezogenere Beflossungen haben. Im allgemeinen wird der Laich nach vorausgegangenem, peinlich genauem Reinigen des Substrates in Höhlungen abgelegt.
Bei *M. ramirezi,* den Offenbrütern, übernehmen beide Elterntiere die Brutpflege (Elternfamilie); bei den meisten übrigen Arten ist dies eine

Microgeophagus ramirezi,

Apistogramma agassizii, ♂, rote Form

Apistogramma agassizii, ♂, blaue Form

Apistogramma borellii, Wildform aus Paraguay

Apistogramma cacatuoides, ♂, rote Form

Apistogramma bitaeniata, ♂

Apistogramma nijsseni, ♂

Sache der weiblichen Tiere (Mutterfamilie). Nach 3–4 Tagen schlüpfen die Jungfische und werden von den pflegenden Tieren umgebettet. Artemia- und Cyclopsnauplien, fein gehackte Enchyträen und Tubifex sowie Staubfutter kann man den Jungen anbieten.

Im Gegensatz zu den Zwergbuntbarschen ist der Pfauenaugenbuntbarsch *(Astronotus ocellatus)* ein Riese. Auch der aus dieser Art herausgezüchtete Rote Oskar steht ihm an Größe nicht nach. Als Jungfische werden die Tiere in Größen zwischen 2 und 4 cm angeboten. Man sollte aber bedenken, daß dieser „Bulle" aus Südamerika bis zu 35 cm lang werden kann. Ab einer Größe von etwa 10 cm sind die Tiere schon geschlechtsreif. Ausgewachsene oder auch nur halb erwachsene Tiere beginnen damit, das Aquarium nach ihren Vorstellungen umzubauen. In diesem Stadium sind die Buntbarsche nicht mehr für eine Vergesellschaftung geeignet und müssen in ein speziell für sie eingerichtetes Becken gesetzt werden. Eine Abdeckung der Wasseroberfläche mit Schwimmpflanzen sorgt für diffuses Licht. Die Tiere benötigen Versteckmöglichkeiten. Den Boden bedeckt man am günstigsten mit einer nicht zu flachen Schicht aus mittelfeinem Sand, den man von Zeit zu Zeit absaugen und auswaschen kann. Pfauenaugenbuntbarsche sind große und robuste Fische. Wer sie nachzüchten möchte, wird eine Menge Arbeit haben. Die Männchen lassen sich nicht ganz einfach vom anderen Geschlecht unterscheiden. Zwar wird in der Literatur auf drei schwarze Flecken an der Rückenflosse hingewiesen, doch scheint dies kein sicheres Merkmal zu sein. Die Balz verläuft äußerst lebhaft, und das Weibchen hat manchmal schwer unter der Wucht des treibenden Männchens zu leiden. Falls das Männchen zu hart mit seiner Partnerin umgeht, muß der Pfleger eingreifen, um das Weibchen vor stärkeren Schädigungen zu schützen. Eine Trennscheibe kann zeitweilig gute Dienste tun. Das Zuchtbecken darf nicht zu klein sein, und die Scheiben sollten kräftiges Glas haben. Eine Paarung dieser Fische hinterläßt auch im Aquarium seine Spuren. Putzt das Paar erst einen Stein gemeinsam, so weiß der Pfleger, daß „es" nun losgeht. Die Buntbarsche hält man gewöhnlich in weichem bis mittelhartem Wasser bei 26° C. Ist jedoch die Stunde des

Becken für große Buntbarsche: Große, schwere, unverrückbare Steine (direkt auf die Bodenplatte gelegt!); gut verankerte, große Wurzeln; an der Wurzel abgedeckte harte Pflanzen, Schwimmpflanzen; Grund aus groberem Kies.

Astronotus ocellatus, Zuchtform „Roter Oskar"

Astronotus ocellatus, marmorierte Normalform

Ablaichens nahe, sollte man die Temperatur auf etwa 28° C heraufsetzen. Der Laichablauf, wie auch das Schlüpfen, gehen dann zügiger vonstatten. Sind die Kleinen geschlüpft, bringen beide Elterntiere (Elternfamilie) sie in eine vorbereitete Grube. Hier bleiben sie bis zum Freischwimmen. Die Kinderschar des *A. ocellatus* kann, gemessen an der Größe der Elterntiere, erheblich sein und bei über tausend Jungen liegen. Doch die Größeren fressen die Kleineren auf, so daß am Ende meist „nur" noch zwei- bis dreihundert Nachzuchttiere übrigbleiben, die man loswerden muß, denn wer will wohl die schnell wachsenden Buntbarsche pflegen und großziehen. – Da ist es mit einer Handvoll Tubifex nicht getan! Diese Fische brauchen kräftige Kost.

Weit über ein Jahrzehnt ist es her, daß asiatische Züchter eine kupferrote Zuchtform des Pfauenaugenbuntbarsches auf den amerikanischen und später auch europäischen Markt brachten: Den Roten Oskar, wie die Tiere bald genannt wurden. Für die Beckeneinrichtung, Haltung und Nachzucht gilt im Grunde auch bei den Roten Oskars das für die ganze Art der Pfauenaugenbuntbarsche Gesagte.

Auch diese Rauhbeine benötigen paarweise Einzelhaltung, damit sie nicht allzusehr über die Stränge schlagen.

Ein weiterer sehr interessanter Vertreter aus der Familie der Buntbarsche ist der Feuermaulbuntbarsch *(Cichlasoma meeki)*. Diese Cichliden werden bei weitem nicht so groß wie die Tiere der vorgenannten Art. Der Feuermaulbuntbarsch ist ein Mittelamerikaner. Er stammt aus Guatemala und Yukatan, wird bis zu 15 cm groß; doch sind die Tiere schon bei einer Länge von etwa 10 cm geschlechtsreif. Dieser Buntbarsch macht seinem Namen dann alle Ehre, wenn die Tiere in Imponierhaltung die Kiemendeckel spreizen und gleichzeitig den Mundboden senken. Es entsteht ein roter Fächer, wie er in der Fischwelt seinesgleichen sucht. Die Pflege der Tiere ist nicht schwierig. Man sollte diesen Anfängerfischen eine Mindestbeckenlänge von 80 cm geben. Wie viele ihrer Verwandten, wühlen auch die Meekis gern den Boden einmal durch. Ein Bodengrund aus mittelfeinem Sand, den man mit feinkörnigem Kies mischt, ist daher sehr geeignet. Die Stein- und Wurzelaufbauten müssen solide miteinander verbunden sein und fest auf dem Boden aufliegen, damit sie nicht eines Tages einstürzen. Die Tiere stellen keine besonderen Ansprüche an die Wasserverhältnisse, Temperatur 22–24° C. Ins Becken eingebrachte Pflanzen sollen nur den Beckenrand verschönern. Sie sind mit Steinen an den Wurzeln festzuhalten. Gefressen wird alles Lebendfutter, Regenwürmer, Trockenfutter, gefriergetrocknetes und tiefgekühltes Futter.

Wer die Fische nachzüchten möchte, benötigt zuerst einmal ein gut harmonisches Paar. Die Männchen wer-

Cichlasoma meeki

Cichlasoma octofasciatum

Cichlasoma bifasciatum, ♂

den meist etwas größer als die Weibchen und sind kräftiger gefärbt. Abgesonderte Paare gibt man in ein separates Zuchtbecken. Das Paar betreibt die Brutpflege gemeinsam (Elternfamilie), die wieder damit beginnt, daß das Substrat geputzt wird. Ein Gelege hat meist einen Umfang von drei- bis vierhundert Eiern. Es wird von beiden Elternteilen gut behütet und befächelt. Nach zwei Tagen schlüpfen die Jungen und werden in eine Grube umgebettet. Nach dem Freischwimmen, das etwa acht Tage darauf erfolgt, muß kräftig gefüttert werden. Artemia- und Cyclops-Nauplien sowie Staubfutter in den ersten Tagen, später können die Futtertiere größer gewählt werden. Vier Wochen dauert es, bis der Pflegetrieb der Eltern nachläßt.

Der Schwarzgebänderte Buntbarsch *(Cichlasoma octofasciatum)* kommt von Yukatan bis nach Honduras vor und wird bis zu 20 cm lang. Ein Pflegling wie er trägt das Artenmerkmal – seine Ruppigkeit – leider mehr und öfters zur Schau, als es seinem Besitzer lieb sein kann. Er ist gezwungen, den Tieren entgegenzukommen und ihnen eine, den speziellen Bedürfnissen vieler Buntbarsche entsprechende „Wohnstube" einzurichten. Die grauen Jungtiere mit den spärlichen blauen Punkten färben sich nach und nach zu ihrer wunderschönen Endfärbung um. In seinen Ansprüchen an die Haltetemperaturen ist der Schwarzgebänderte großzügig: Ihm genügen schon 20–22° C, und erst wenn man die Tiere zur Zucht bringen will, soll man bis 26° C hochgehen.

Cichlasoma bifasciatum sieht man sogleich seine Verwandtschaft mit *C. synspilum* an. Beide kommen im Flußsystem des Rio Usumacinta (an der Grenze zwischen Mexiko und Guatemala) vor und sind sich vor allem in der farblichen Musterung ähnlich. Der erstgenannte bleibt etwas kleiner als der Feuerkopf-Buntbarsch, *C. synspilum,* der in großen Becken eine Länge von 30 cm erreichen kann.

C. carpinte heißt die Form des Perlcichliden, der aus dem Nordosten von Mexiko kommt und der meist in unseren Aquarien unter diesem deutschen Namen gepflegt wird. Sein naher Verwandter, *C. cyanoguttatum,* ist nur im Süden von Texas verbreitet und wird daher „Texascichlide" genannt. In der Natur werden beide stattliche 30 cm groß, in unseren Aquarien zwischen 10 und 20 cm. Diese als aggressiv und rauflustig beschriebenen Fische benötigen Becken, in denen sie sich austoben können. Die Behälter sollten stabil und mindestens 120 cm lang sein. Die Wasserqualität spielt bei der Haltung nur eine untergeordnete Rolle. Man kann die Fische sogar bei normalen Zimmertemperaturen halten, jedoch nicht unter 18° C. Zur Zucht halten wir das Wasser auf einer Wärme um 24° C. Entsprechend der Größe der Tiere ist auch ihre Futterverwertung, was einen häufigen Wasserwechsel nach sich zieht. Die

Cichlasoma synspilum, **Männchen mit unübersehbarem Stirnbuckel**

Cichlasoma carpinte, junges WF-Weibchen

Cichlasoma labiatum, Porträt eines dicklippigen Tieres

Fütterungsfrage ist die gleiche wie für die vorgenannte Art. Die Beckeneinrichtung sollte nur aus Steinen (große Brocken) bestehen. Für die Beckenmitte oder eine besonders ausgesuchte Stelle besorge man sich einen flachen, runden Stein von etwa 30 cm Durchmesser. Meist nehmen ihn die Tiere später als Laichsubstrat an, so kann man den Laichplatz einigermaßen vorausbestimmen. Der Bodengrund besteht aus mittelfeinem Sand, dem zu 50% feinkörniger Kies untergemischt wird. Die Geschlechter lassen sich erst mit höherem Alter leicht feststellen, da dann die Männchen ihr prägnantes Stirn-Fettpolster bilden. Beim Zusammensetzen fremder Partner zu einem Paar ist Vorsicht geboten. Auch bei dieser Art ist eine Nachzucht äußerst produktiv und kann viele hundert Junge umfassen. Verwechselt wird diese Art mit dem erst in jüngster Zeit beschriebenen *C. pantostictum* aus dem System des Rio Pánuco (feiner getüpfelt).

C. citrinellum und *C. labiatum* sind Bewohner von Gewässern im nicaraguanischen Becken Mittelamerikas. Während jedoch der Zitronenbuntbarsch auch in Zuflüssen zu den beiden großen Seen (Nicaragua- und Managua-See) angetroffen wird, lebt der Variable Buntbarsch (soweit bekannt) ausschließlich in den beiden Seen. Von Zitronenbuntbarsch wie vom letzten gibt es goldgelbe und rotgelbe Varianten. Der Variable Buntbarsch ist zudem noch mit schwarzen Flecken, also in einer gescheckten Form, bekannt. *C. labiatum*-Vertreter haben fleischige Lippen, und es sind bei vielen gefangenen Exemplaren Tiere mit vorgestülpten Wulstlippen festgestellt worden, wie man sie darüber hinaus auch bei Tieren von *C. rostratum* und *C. tuba* (Nicaragua und Costa Rica) feststellen konnte. Beide Arten, *C. citrinellum* und *C. labiatum,* werden über 20 cm lang, lassen sich jedoch gut unterscheiden. Von der ersten gibt es eine graue Form mit dunklen Vertikalbinden, die aquaristisch verständlicherweise weit weniger be-

Cichlasoma pantostictum, ♂

Hypselecara temporalis, Porträt eines alten Männchens

liebt ist. Der Zitronenbuntbarsch hat eine steilere Stirn; das Kopfprofil ist, besonders bei erwachsenen Tieren, in Höhe der Augen eingebuchtet. Männchen tragen mit zunehmendem Alter einen auffälligen Höcker, wie man ihn bei geschlechtsgleichen Tieren von *C. labiatum* nicht sieht.

Hypselecara temporalis wurde mit dem deutschen Namen „Smaragdbuntbarsch" belegt, woraus man erst einmal auf die Farbe Grün schließen muß. Sie ist jedoch nicht bei allen Tieren dominierend. Neben der weinroten Farbzone über Kopf, unteren Körperpartien und den Flossen, zeigt der größte Teil der Flanken mal lehmgelbe, mal oliv/schwarzgrüne Färbungen, zu denen noch stimmungsbedingte Abstufungen kommen. Die Tiere brauchen große Bekken, wenn sie sich wohl fühlen sollen und können dann bis zu 30 cm lang und recht hoch gebaut werden. Jungfische haben meist eine arttypische Schwimmweise, wobei die Tiere schräg, mit dem Kopf nach oben im Wasser stehen. Wie alle *Cichlasoma*-Arten gehören auch diese zu den Offenbrütern, deren Gelege 2000–3000 Eier umfassen. Ich konnte bei verschiedenen Zuchten eine besondere Aggressivität der Muttertiere feststellen, die bereits dann unruhig reagierten, wenn man sich dem Becken um weniger als einen Meter näherte.

Cichlasoma dovii ist ein sehr groß werdender, räuberischer Cichlide, dessen deutscher Name „Leopard-Buntbarsch" bereits viel über diesen Mittelamerikaner aussagt. Er kann bis zu 50 cm lang werden und steht im Verhalten seinen ebenso räuberischen Verwandten *C. managuense* ebenso wenig nach wie in der Körpergröße. Aus der Gruppe dieser Räuber sind weitere Mittelamerikaner eingeführt und gepflegt wie auch vermehrt worden, darunter *C. friedrichsthalii, C. motaguense* und *Petenia splendida,* die mit Längen um 20–30 cm kleiner bleiben.

Cichlasoma fenestratum ist seit vielen Jahren namentlich bekannt, wurde jedoch erst vor kurzer Zeit eingeführt. Schöne Tiere – wie man erst feststellen kann, wenn man sie ausgewachsen und in ihrer typischen Tüpfelmusterung sieht. Sie stammen aus dem südlichen Mexiko, wo auch *C. hartwegi* beheimatet ist, eine Art, die erst vor wenigen Jahren wissenschaftlich beschrieben wurde. Diese sehr schöne Art aus dem Hochland von Chiapas kann man daher mit dem deutschen Namen „Hochlandcichlide" belegen. Besonders *C. hartwegi* kann sich im Aquarium als aggressiver Fisch erweisen, wenn er in ein nicht genehmes (sprich: zu kleines) Becken gesetzt wird. Beide Arten sind bereits nachgezogen worden. Die Tiere werden um die 20 cm lang.

Cichlasoma festae ist Südamerikaner. Er stammt aus einem Gebiet westlich der Anden in Ecuador und wird gut und gern 30 cm lang. Nach seinem Entdecker wurde er „Festa-Buntbarsch" genannt. Solch große und kräftig werdende Fische brauchen ein sehr geräumiges Aquarium, vor allem dann, wenn sie sich darin vermehren sollen. Mit anderen Fischen kann man die Tiere nur im Jugendstadium vergesellschaften – und dann nur mit gleichgroßen. Kommen diese Cichliden in Brutstim-

Cichlasoma labiatum

Cichlasoma managuense

Cichlasoma dovii

Cichlasoma festae, Weibchen mit Jungen

Cichlasoma fenestratum

Cichlasoma nicaraguense, Paar, ♂ größer

Cichlasoma hartwegi

Cichlasoma panamense

Cichlasoma maculicauda

mung, zeigen sie ihre schönsten Farben: Männchen haben einen stark seegrün irisierenden Körper, während die Weibchen ein kardinalrotes Kleid anlegen. Dunkle Querbinden treten zwar zurück, können aber dennoch wahrgenommen werden.
Cichlasoma maculicauda ist eine der am weitesten verbreitetsten Arten Mittelamerikas (atlantische Seite von Südmexiko bis zum Gebiet des Rio Chagres in Ostpanama). Die meisten Standortvarianten verfügen über das arttypische optische Merkmal: Eine unterhalb des Rückenfirstes mehr oder weniger unterbrochene schwarze Körperquerbinde. Kehle und Schwanzflosse sind rötlich bis rot. Für Jungtiere (mit dunklem Fleck auf Schwanzstiel) genügt ein Becken um 100 cm Frontlänge; mit dem Heranwachsen der Fische wird ihnen eine solche Behausung zu eng.
Der Nikaragua-Buntbarsch *(C. nicaraguense)* gehört, was die Färbung und relative Verträglichkeit anbelangt, zu den sehr interessanten Aquariencichliden. Männchen können etwa 22 cm lang werden, Weibchen bleiben deutlich kleiner und sind in ihrer Endfärbung außerordentlich bunt und somit attraktiv. Meist haben die größeren Männchen, die mit zunehmendem Alter eine stark abfallende Stirn bekommen, eine goldgelbe Gesamtfärbung, es soll jedoch auch einige leichte Varianten geben. Die Geschlechter lassen sich also an der Färbung erkennen, doch färben sich die Tiere erst mit der Geschlechtsreife um. So verträglich die Tiere außerhalb der Brutzeit sind, so aggressiv werden sie, wenn diese Zeit naht, weshalb es sich empfiehlt, für ein Zuchtpaar ein eigenes Becken zur Verfügung zu stellen, in dem eine stabile große, von vorn einsehbare Höhle vorbereitet ist. Alle Steine sollen haltbar in trockenem Zustand zusammengefügt worden sein (mit Silikonkautschuk) und auf der Bodenscheibe aufliegen. Die Tiere legen Laichgruben an – meist mehrere zur späteren Wahl. Die abgegebenen und befruchteten Eier liegen später locker als Häufchen in der Grube, haften also nirgends an! Sie sind verhältnismäßig groß und haben eine entsprechend längere Entwicklungsdauer als die von anderen *Cichlasoma*-Arten. Diese und andere Merkmale haben schon wiederholt zu Vorschlägen geführt, für diese Art eine gesonderte Gattung zu schaffen.
Hat das Zuchtwasser eine Temperatur zwischen 26 und 28° C, so liegt die Entwicklungszeit bei rund 80 Stunden. Hatten die Eier keine Haftfähigkeit, so haben die Larven sie auch nicht: Nach dem Schlupf liegen die Larven ebenso im Häufchen beisammen, wie das bei den Eiern der Fall war. Erst wenn der Dottersack aufgezehrt ist und die Jungen schwimmfähig werden, gleicht ihr Verhalten anderen *Cichlasoma*-Jungfischen.
Zebra- oder Grünflossenbuntbarsch *(Cichlasoma nigrofasciatum)* heißt eine andere kleine, aber bullige Art

aus Mittelamerika, die hier Flüsse und einige Seen bevölkert. Die Art wird bis zu 10 cm lang und ist ab 8 cm zuchtfähig. Das ausgewachsene Männchen trägt einen stattlichen Stirnbuckel. Die Fische lassen sich, im Gegensatz zu den meisten *Cichlasoma*-Arten, bedingt vergesellschaften. Dazu benötigen sie aber ein Bekken, das mindestens 100 cm Länge hat. Zebrabuntbarsche wühlen gern den weichen (Sand-)Bodengrund durch. Andererseits benötigen sie Verstecke. Pflanzen lassen sie bei ihrer Buddelarbeit leider nicht immer ungeschoren, weshalb man sie in entsprechende Behälter setzen sollte. Die Tiere sind gute Fresser, die sich gelegentlich auch einmal über eine Schnecke hermachen. Geschlechtsunterschiede lassen sich eindeutig an den spitzer zulaufenden Rücken- und Afterflossen des Männchens erkennen. Die Temperaturen im Becken sollen nicht hoch sein (22–24° C) und können ruhig einmal bis auf 20–18° C absinken. Zur Zucht wird die Temperatur um einige Grade angehoben.

Cichlasoma nigrofasciatum

Ähnlich dieser vorgenannten Art in Körperform und -größe sind einige weitere *Cichlasoma*-Arten aus Mittelamerika: *C. sajica, C. spilurus, C. spinosissimus* und *C. septemfasciatum*. Es gibt auch bei diesen Fischen geschlechtlich bedingte Größenunterschiede, doch kann man für diese Fische einen mittleren Größenwert um 10 cm angeben. Auch im Fortpflanzungsverhalten sind sie ähnlich. Fast wäre ich geneigt, hier von einem Formenkreis zu sprechen, denn sie haben alle die bei *C. nigrofasciatum* erwähnte gute Eigenschaft, sich sehr verträglich auch im Gesellschaftsbecken zu zeigen. Das kann man beispielsweise von ebenfalls kleineren Arten wie *Neetroplus namatopus* und *C. panamense* nicht behaupten (wenn nicht ein stärkeres Tier sie unterdrückt). Kommen die Tiere in Balzstimmung, so ändert sich das Bild allerdings – ein normaler, naturbedingter Prozeß.

Auch bei der Zucht dieser Arten sind höhlenartige Verstecke im Zuchtbecken wichtig – auch wenn keine anderen Mitbewohner in einem 80–100 cm langen Aquarium mehr geduldet werden. Auch in Brutfärbung sind bei diesen Arten die Weibchen die Schöneren, wie man aus verschiedenen Fotos ersehen kann. Auch diese Arten legen Laichgruben an. Manche Weibchen tun das besonders gern (oft zum Leid-

Cichlasoma septemfasciatum, ♀

Cichlasoma sajica, ♀

Heros severus, rote Farbform

wesen des Züchters) in den Aquarienregionen, in denen es kräftige Pflanzen gibt, weil die Gruben dann von ebenso starken Wurzeln durchzogen werden, an welche die Eier oder später die Larven geheftet werden können. Bei einer Wassertemperatur von etwa 27° C schlüpfen die Larven innerhalb von rund 60 Stunden.

C. panamense hat eine gestrecktere Körperform als die vorgenannten Arten; vor allem aber hat er ein fast unterständiges Maul, das tief unten am Vorderkopf sitzt, und wie wir das auch von *Neetroplus nematopus* kennen, der als „Felsenbuntbarsch" bekannt ist, der bis zu 12 cm lang wird und verschiedene Gewässer in der nicaraguanischen Senke bewohnt. Beide bevorzugen ein an Höhlen gebundenes Leben, Verstecke, in denen auch abgelaicht wird. Beide Arten sind in Gesellschaftsaquarien untereinander und auch anderen Fischen gegenüber zänkisch und allgemein unverträglich, so daß man eher zur Haltung im Artbecken raten kann. Nachzuchten sind nicht schwer zu bekommen, doch attackieren die Eltern, bevor sie ihre Kinder aus der Bruthöhle lassen, rabiat jeden anderen Fisch im Becken und töten ihn meist, falls sich der Pfleger nicht erbarmt.

Salvins Buntbarsch *(Cichlasoma salvini)* wird bis zu 15 cm groß und stammt aus dem südlichen Mexiko und ist in Guatemala etwa bis zur honduranischen Grenze verbreitet. Dieser Cichlide gehört, wenn man ihn in seiner Prachtfärbung während der Balz oder beim Führen der Jungen sieht, zu den schönsten seiner Gattung. Man kennt verschiedene Farbvarianten (siehe Foto Seite 84).

Neetroplus nematopus, **Jungtier**

Cichlasoma spilurus, **Paar mit Jungen,** ♂ vorn

Wie die meisten mittelamerikanischen Buntbarsche, ist auch der Salvini nicht empfindlich gegen gelegentlich kühlere Temperaturen; doch sollte sie nie 20° C unterschreiten. Zur Zucht muß die Wassertemperatur etwa 4–5 Grad höher eingestellt sein. In der Zeit der Balz und der anschließenden Zucht sind die Tiere anderen Fischen gegenüber äußerst aggressiv und bissig.

Der Augenfleckbuntbarsch *(Heros severus)* gehört der gleichen Gattung an. Er ist etwas wuchtiger als der Meeki und stammt aus einem Gebiet, das sich von Guayana bis zum Amazonas zieht. Die bis zu 20 cm groß werdenden Fische sind mit etwa halber Größe bereits geschlechtsreif. Sie sind friedlich, können aber während der Laichzeit sehr aggressiv werden. Zur Beckeneinrichtung benötigt man in erster Linie Steine, mit denen man stabile Burgen für diese Ritter baut. Der Bodengrund wird aus einer Mischung von mittelfeinem Sand und feinem Kies zusammengestellt. Gerade bei den Großcichliden ist es wichtig, den Bodengrund zusammen mit dem Beckenwasser in bestimmten Abständen abzusaugen und auszuwaschen bzw. das Aquarienwasser zu erneuern.

Die Fütterung dieser Cichliden ist nur in deren Jugendzeit einfach. Werden die Tiere erwachsen, so benötigen sie kleingeschnittene Fleischstücke (Herz), den Inhalt verschiedener Muscheln, große Regenwürmer und vieles andere. Die Temperaturen sollen bei 25° C liegen. Auch die Augenfleck-Buntbarsche lassen sich zur Nachzucht bringen. Die Männchen haben meist ausgeprägtere und spitzer zulaufende Rücken- und Afterflossen. Wie beim Feuermaulbuntbarsch findet man die Paare am einfachsten aus einer Schar von Jungfischen heraus, die man großzieht und wartet, bis sich die Tiere zueinanderfinden. Die Buntbarsche bilden eine Elternfamilie. Das Ablaichen erfolgt auf einem Substrat, von dem die geschlüpften Jungfische bald umgebettet werden. Ihre Aufzucht ist nicht

Dicrossus filamentosus

mehr schwierig. Mit Artemia- und Cyclops-Nauplien bringt man sie erst nach dem Aufzehren des Dottersackes über die ersten Tage. Bald fressen sie größeres Futter und wachsen zusehends.
Bei den Arten der Gattungen *Dicrossus* und *Nannacara* haben wir es mit kleineren Buntbarschen zu tun. Der Schachbrettcichlide *(D. filamentosus)* zählt zu den Schönheiten, die sich nur unter extremen Bedingungen (sehr weiches Wasser und recht saurer pH-Wert) zur Nachzucht bringen lassen. *Nannacara*-Arten wie *N. anomala* und die erst in jüngster Zeit beschriebene *N. aureocephalus* aus Guayana werden etwa 8 cm groß und sind nicht immer einfach zu halten. Der aus Westguayana stammende *N. anomala* dagegen bleibt etwas kleiner und läßt sich leicht pflegen. Die Weibchen bleiben, wie wir das bei den meisten Zwergbuntbarschen beobachten können, immer einige Zentimeter kleiner. Diese Zwergbuntbarsche benötigen ein weiches bis mittelhartes Wasser, das 12° dH nicht überschreiten sollte. Die Temperaturen liegen zwischen 24 und 26° C. Die Tiere sind friedlich, auch wenn sie ein Revier beanspruchen. Das Becken richten wir mit Steinen, Wurzelholz, feinkörnigem Kies als Bodengrund und Pflanzen ein. Einen runden flachen Stein (oder mehrere) läßt man halb in den Bodengrund ein. Man bietet den Tieren damit das Substrat für einen späteren Laichprozeß an.
Ist das Becken groß genug, geben wir einem kräftigen Männchen mehrere Weibchen bei. Die Zwergbuntbarsche paaren sich beliebig oft mit verschiedenen Weibchen. Hat ein Männchen eine willige Partnerin gefunden, so beginnt es, das ausgewählte Substrat peinlich genau zu reinigen.
Bei diesen *Nannacara*-Arten überwiegt die Mutter-Familie, das heißt, die Mutter bewacht und pflegt das Gelege und hütet später auch die Jungen. Sie läßt das Männchen nur von weitem heran; kommt es näher, so wird es mit Rammstößen vertrieben. Für das männliche Tier ist es besser, wenn man es herausfängt. Die Jungen werden nach Art mancher Cichliden aus der Eihülle herausgekaut und gleich in eine Mulde umgebettet. Die nach einigen Tagen freischwimmenden Jungtiere werden von der Mutter geführt. Wir füttern die Kleinen mit Artemia-Nauplien. Schon bald können wir auf Cyclops (in kleinen Mengen) und Staubfutter übergehen. Die Fischlein entwickeln einen großen Appetit und wachsen schnell heran.
Seit einigen Jahren hat eine Art wieder an Popularität gewonnen, um die es lange Zeit still geworden war. Es ist der Regenbogencichlide *(Herotilapia multispinosa)*. Viele Arten der Gattung *„Tilapia"* kennen die Aquarianer aus Afrika, die hier genannte *„Herotilapia"* dagegen stammt aus Mittelamerika, wo die Fische einige Seen bewohnen. Offenbar sind vielen Pflegern die Tiere nicht attraktiv genug. Die Männchen werden knapp 14 cm lang und somit 2 cm größer als ihre weiblichen Partnerinnen. Man muß den Tieren schon einen Lebensraum (sprich: Aquarium) von mindestens 80 cm Länge einräumen, damit sie in einer Wasserwelt von knapp 200 Litern leben können. Die Beckeneinrichtung besteht aus Steinen, großen (!) Pflanzen und evtl. einem Blumentopf, der – quergelegt – als Versteck dienen kann. Ihre Nachzucht kann ein sehr gutes Ergebnis bringen, da ein Gelege von tausend Eiern keine Seltenheit ist.
Bei den in der Gattung *Crenicichla* zusammengefaßten Arten handelt es sich um sogenannte Hechtcichliden. Das sind Buntbarsche von hechtartig gestreckter Gestalt und tief gespaltenem Maul: Räuber. Es ist bisher eine Vielzahl von Arten eingeführt worden, doch sind die großen Fische manchen Aquarianern oft für geräumige Becken noch zu groß oder „irgendwie unpassend". Auch diese Arten bevorzugen ein Leben in höhlenartigen Unterständen, in denen sie sich auch fortpflanzen. Bekannt durch verschiedene Veröffentlichungen wurden Arten wie *C. lepidota, C. saxatilis* und *C. strigata*. Die Fische werden artunterschiedlich 20–30 cm lang. Man hat sie zuweilen auch „Kammbuntbarsche" genannt. Alle stammen ausschließlich aus südamerikanischen Gewässern.

Nannacara aureocephalus, ♂

Herotilapia multispinosa

Crenicichla strigata

Crenicichla saxatilis

Geophaginen der Gattungen *Geophagus, Gymnogeophagus* und *Satanoperca* sind in der deutschen Literatur als „Erdfresser" bekannt – eine wörtliche Übersetzung des Gattungsnamens! Die Begründung liegt darin, daß die Fische – wie übrigens auch ein naher Verwandter: *Acarichthys heckelii* aus Amazonien – den Bodengrund nach nahrhaften Partikeln durchkauen und darauf feinere, nicht verwertbare Bestandteile durch die Kiemen wieder ausblasen. In allen (!) Gattungen gibt es Maulbrüter und Offenbrüter. Mit anderen Worten: Das unterschiedliche Fortpflanzungsverhalten ist kein Unterscheidungsmerkmal für die Zugehörigkeit zur einen oder anderen Gattung! Erdfresser sind relativ friedlich.

Satanoperca daemon ist ein bekannter Aquarienfisch geworden, der allerdings meines Wissens bisher noch nicht nachgezogen werden konnte. Da wir in diesen Gattungen nicht nur Offen- und Maulbrutverhalten, sondern auch Übergangsformen finden, ist anzunehmen, daß die komplizierten Vermehrungsabläufe die Tiere daran hindern, sich in der von den meisten Pflegern erwarteten und somit angebotenen Weise fortzupflanzen.

S. daemon und *S. acuticeps* (der weitaus seltener im Handel angeboten wird) sind sich ziemlich ähnlich. Man unterscheidet sie optisch am Fleckenmuster: Der erste hat drei, der zweite vier dunkle Flecke über dem Körper. Es gibt bei *S. daemon* Tiere mit roten Farbzonen in den Flossen und solche ohne.

Satanoperca leucosticta, bekannt als „Teufelsangel", fällt durch sein Tüpfelmuster über Kopf und Flossen auf. Bei diesem Fisch hat man lange nicht gewußt, auf welche Weise er sich fortpflanzt. Begriffe wie Maulbrut und Maulbrutpflege (oder Maulpflege der Brut) wurden für diese und die folgende Art und ihr Fortpflanzungsverhalten geprägt. Tatsache ist, daß die Fische ihre Eier erst einige Tage – teilweise im Sand verborgen – ihrer normalen Entwicklung überlassen und sie erst darauf von der Mutter ins Maul genommen werden. Bei *G. surinamensis* ist das ähnlich. Beide Arten werden in der Natur bis etwa 25 cm lang, bleiben im Aquarium jedoch meist um 20–30% kleiner. Wichtig für Harmonie und wenig Streit in einem *Geophagus*-Becken ist die Größe des Aquariums. Sie sollte für ausgewachsene Tiere 150 cm Länge nicht unterschreiten!

G. brasiliensis hat eine gedrungene Körperform und wird um die 30 cm groß. Der „Brasil-Perlmutterfisch" wird aber bereits mit einer Körperlänge von 6–8 cm zuchtfähig. Oft werden die Männchen ihrer Partnerin gegenüber ziemlich rabiat, weshalb man ein großes Becken für diese Fische mit vielen größeren und kleineren Verstecken ausstatten sollte – aber solide müssen sie gebaut sein! Bei diesen Tieren handelt es sich um Substratlaicher, die ihre Gelege gern in enge unzugängliche, spaltenartige Verstecke geben. Die Partner (Elternfamilie) betreiben gemeinsam intensive Brutpflege.

Geophagus steindachneri (Synonym: *G. hondae)* stammt aus Kolumbien, wird im Aquarium selten größer als 12–15 cm und pflanzt sich bereits mit 6–8 cm fort. Vom „Rothaubenerdfresser" kaufte ich einmal fünf Wildfangtiere, zwei Männchen und drei Weibchen. Was geschah? Das stärkere Männchen (alle Tiere 6–8 cm groß) brachte zuerst seinen etwas kleineren Geschlechtsgenossen um, und innerhalb weniger Tage hatte der überlebende Mann sich so gut mit seinen drei Partnerinnen „angefreundet", daß sie alle von ihm die Schnauze voll hatten. Mit anderen Worten: Die Maulbrüter-Weibchen trugen allesamt Eier im Maul. All das geschah in einem 400 Liter fassenden Aquarium, das reich bepflanzt war. Das Problem begann: Im selben Aquarium befanden sich weitere Cichliden anderer Art, und die Mütter würden ihre Jungen kaum durchbringen können. So begann eine Stunden dauernde Fangaktion, die Weibchen behielten ihre Eier im Maul (manche spucken sie auch aus und nehmen sie nicht wieder auf!) und wurden in kleinere Becken umquartiert, wo sie mit ihren Kindern allein waren. Die

Geophagus brasiliensis

Gymnogeophagus balzanii, ♂

Acarichthys heckelii, Jungtier

Satanoperca leucosticta

Satanoperca daemon

Geophagus steindachneri, ♂

Jungen sind in der Anfütterung äußerst unproblematisch; sie nehmen sofort feines Tablettenfutter oder auch Artemia, später, wenn sie sie packen und beißen können, verspeisen sie mit Heißhunger rote Mückenlarven. Dem ständigen gesunden Appetit entsprechend wachsen die Kleinen außergewöhnlich schnell heran. Ein wahrer Anfängercichlide, der nur eine geschickte Behandlung sowie ein größeres Becken (um 100 cm Länge) benötigt.

Gymnogeophagus balzanii, der Paraguay-Maulbrüter, lebt im System des Rio Paraná, wozu auch der Rio Paraguay gehört. Ich konnte die Fische im Chaco von Nordargentinien feststellen und ihren Lebensraum studieren. Die Fische sind recht ruhig und verträglich ihren Mitbewohnern gegenüber. Es kann allerdings unter artgleichen Männchen zu Beißereien und Rammstößen kommen, die nicht selten den Tod des unterlegenen Tieres zur Folge haben. Männchen unterscheiden sich mit zunehmendem Alter durch ihre steil abfallende Stirn. Ihre Gestalt wirkt daher kompakt, fast bullig. Wie der deutsche Name bereits erkennen läßt, handelt es sich auch bei dieser Art um einen Maulbrüter, vielleicht den am südlichsten vorkommenden überhaupt. Die Tiere werden bis knapp 20 cm groß und (Männchen) dabei sehr hochrückig. Zuchtversuche kann man mit ihnen jedoch schon mit etwa halber Länge unternehmen. An die Wasserqualität stellen sie keine besonderen Ansprüche, nur „hart" sollte es nicht sein. Die Jungen lassen sich ebenso unproblematisch aufziehen wie die der vorgenannten Art.

Skalare zu beschreiben hieße, Fische zum Amazonas tragen. Sie sind die Stars unter den Aquarienfischen und zählen zusammen mit den Guppys und Schwertträgern zu den bekanntesten überhaupt. Nun ist aber Skalar nicht gleich Skalar. Es mag mehrere Arten unter den Segelflossern geben: Für die meisten Aquaria-

Pterophyllum scalare, marmorierte Zuchtform

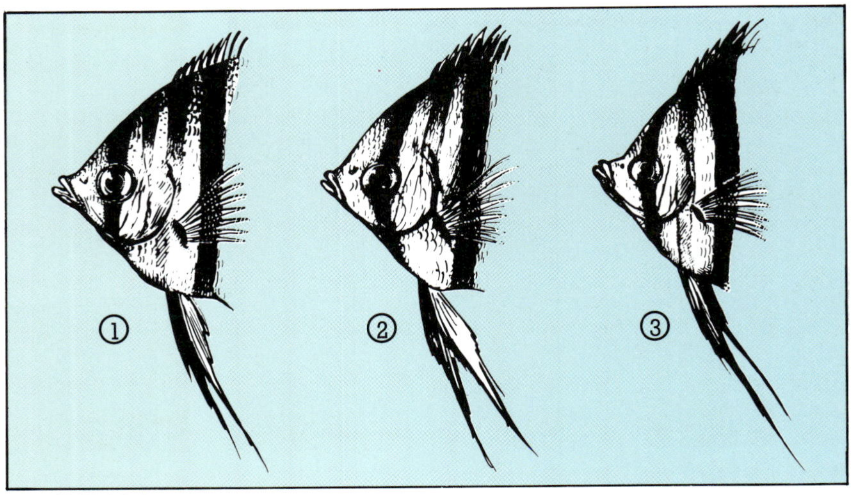

Die Unterschiede der *Pterophyllum*-Arten sind bereits an den Kopfformen zu erkennen: 1) *P. scalare,* 2) *P. leopoldi,* 3) *P. altum*

ner sind nur die rein optischen Zuchtmerkmale interessant. Wir kennen neben der normalen Silberfärbung mit den schwarzen Querbinden noch marmorierte Formen, solche mit lang ausgezogenen Schleierflossen, andere, die ganz schwarz sind sowie rein silberne Formen mit rosa Rükken. Skalare können eine stattliche Größe in Länge und Höhe erreichen. Man sollte sie daher nicht in Kleinaquarien einsetzen. Der Skalar *(Pterophyllum scalare)* liebt hohe Becken mit ausreichenden Pflanzen und Steinaufbauten; vor allem aber Wurzelstücke, deren Äste quer durch das Becken verlaufen können. Obgleich Skalare in fast jedem Wasser gehalten werden können, bekommt ihnen weiches Wasser weitaus besser. Die Gäste aus dem nördlichen Südamerika fühlen sich bei einer Wasserwärme um 24° C wohl, vertragen aber auch vorübergehend höhere Temperaturen. Die Tiere haben ununterbrochen Hunger, doch soll man sie nicht überfüttern. Viele können sich einen knallrunden Bauch anfressen. Neben Tubifex, Mückenlarven, Wasserflöhen, Cyclops und Enchyträen fressen Skalare auch sehr gern Jungfische oder besser Neugeborene von lebendgebärenden Mitbewohnern. Sie können zu mehreren Tieren regelrecht Jagd auf einen ganzen Wurf machen. Andererseits gibt es Arten fremder Familien, die man tunlichst nicht mit Skalaren vergesellschaften sollte. Werden einige dieser Segelflosser beispielsweise mit einem Schwarm Sumatrabarben *(Barbus tetrazona)* zusammen gehalten, so knabbern die Barben den Skalaren solange die Flossen ab, bis von der ganzen Pracht nicht mehr viel übrig ist.

Neben dem gewöhnlichen Skalar sind noch der Hohe Segelflosser *(P. altum)* und der Peru-Segelflosser *(P. leopoldi)* bekannt; der erstgenannte wurde in letzter Zeit häufig eingeführt, der andere weniger. Der Hohe Segelflosser stammt aus dem Orinoco und von einigen seiner Nebenflüsse. Er ist ausgesprochen hoch gebaut. Seine Maulpartie ist nach oben gebogen, was ihr das Aussehen einer „Sattelnase" verleiht. Bei falscher Haltung (zu enge Becken und zu wenig Verstecke) können die Tiere sehr schreckhaft werden. Über eine Nachzucht ist nichts bekannt.

Geschlechtsunterschiede sind bei

Diskus-Biotop im Rio Negro: Man kann sich gut vorstellen, daß verschiedene Fischarten, darunter auch der hier vorkommende Heckel-Diskus, bei höherem Wasserstand solche Wurzellabyrinthe als Verstecke wählen.

Mit diesem „Probefang" sollte die farbliche Qualität der hier vorkommenden Tiere festgestellt werden.

Wildform von „Royalblue"

Segelflossern nicht leicht zu erkennen. Eher kann man die Geschlechter an ihrem Verhalten unterscheiden. Gibt es im Becken keine Störungen, so kann es vorkommen, daß die Skalare selbst in einem Gesellschaftsaquarium ablaichen. Die Alttiere hüten die Eier und später die Jungen bis zum Freischwimmen. Dann allerdings haben diese Jungen eine Menge Feinde. Wer die Kleinen großziehen möchte, muß entweder Mitbewohner oder Jungtiere umquartieren.

Nahe verwandt mit den Skalaren sind die Diskusfische, deren Haltung schwierig ist. Sie brauchen, besonders für die Nachzucht, sehr weiches Wasser von 1–5° dH mit einem pH-Wert zwischen 6,2 bis 6,6; es kann sogar noch saurer sein. Eine größere Schwierigkeit sind die verschiedenen Krankheiten, von denen die Fische befallen werden können oder deren Erreger sie schon in sich tragen. Diskuspfleger kennen in der Hauptsache drei Feinde ihrer Schützlinge. Da ist zuerst einmal das Geißeltierchen *Spironucleus,* dessen Namen kaum ein Mensch kennt. Es ist aber fast identisch mit *Hexamita,* von manchen Aquarianern auch noch als *Octomitus* bezeichnet. Den Namen hat der Flagellat geändert, geblieben ist er trotzdem als Feind unserer Fische. Dieser Schmarotzer befällt, aufgrund schlechter Umweltbedingungen für den Fisch (ein Aquarium ist kein Amazonas), zu Millionen den Darm der Tiere und dringt von da aus in weitere Organe vor.
Wir bekämpfen die Flagellaten mit „Clont", einem verschreibungspflichtigen Präparat. Nach Schubert verwenden wir eine gelöste Tablette (= 250 mg aktive Substanz) für 62,5 Liter Wasser, behandeln die Fische vier Tage damit und filtern während dieser Zeit nicht über Kohle. Noch einfacher (und preiswerter) ist es heute, diese aktive Substanz ohne die Füllstoffe der Tabletten zu erwerben: Das Präparat heißt Metronidazol (Dr. August Wolff) und kann in Apotheken in 10 Gramm-Gläschen (als Rezeptursubstanz) erworben werden. Das Präparat ist vor Licht zu schützen. Bei Anwendung wird das Pulver in lauwarmem Wasser gelöst und dem Beckenwasser zugegeben. Es reichen also 4 g für 1000 Liter Wasser, 2 g für rund 500 Liter usw.
Kiemenwürmer sind eine weitere Bedrohung für die Fische. Wir stellen meist an den Tieren ein kurzes ruckartiges Atmen fest. Die Würmer können sich in ungünstigen Fällen stark vermehren und es damit zu einer Katastrophe im Becken kommen lassen. Man kann sie mit dem Medikament Masoten erfolgreich bekämpfen.
Von diesem, eigentlich für Nutzfische gedachten, nur in 500 g-Dosen erhältlichen Medikament, reichen für unsere Behandlung 0,4 mg/l. Eine leichte Überdosierung schadet dem Diskus meist nicht, wohl aber anderen Fischen wie Welsen, die ja gelegentlich in solchen Becken mitgepflegt werden. Die Kur wird bei einer Temperatur um 28° C vorgenommen und 4 Tage lang fortgesetzt (Vorsicht

***Symphysodon discus* im Fotobecken**

mit Augen, Präparat ätzt!). Danach wird ein möglichst großer Wasserwechsel vorgenommen. Die Kur muß nach acht bis zehn Tagen wiederholt werden, da das Medikament die Eier mancher Wurmarten nicht abtötet. In dieser Zeitspanne kann man damit rechnen, daß die jungen Würmer geschlüpft sind.

Die berüchtigte Lochkrankheit hält Schubert ursächlich für eine Bakterieninfektion, die sich mit Sulfanilamid oder Sulfathiazol bekämpfen lassen soll. Von dieser Substanz gibt man 100 mg/l ins Aquarium, wo sie sich schnell auflöst. Nach sechstägiger Kur entfernt man das Medikament durch Filterung über Aktivkohle oder durch einen Wasserwechsel.

Diskusfische sind Bewohner Zentralamazoniens und kommen im und neben dem Flußgebiet etwa von östlich der kolumbianischen Stadt Leticia am oberen Amazonas bis zum Mündungsgebiet des riesigen Wasserlaufes, sowie in einigen Nebenflüssen vor. Man unterscheidet zwei Arten und davon einige Unterarten: *Symphysodon discus* (Heckel), der in der Nominatform *S. d. discus* im Rio Negro (von Manaus bis zur Einmündung des Rio Branco) vorkommt und in einer Unterart, *S. d. willischwartzi,* südlich des Amazonas, in einem Nebengewässerabschnitt des Rio Madeira entdeckt wurde.

Die zweite, aquaristisch bekanntere und zum Teil bereits „verzüchtete" Art ist *Symphysodon aequifasciatus,* der Amazonas-Diskus. Von dieser Art wurden neben der Nominatform noch zwei Unterarten bekannt und eingeführt, so daß jetzt die drei Unterarten lauten: *S. a. aequifasciatus, S. a. axelrodi, S. a. haraldi.*

Sie wurden jedoch bereits 1986 von KULLANDER zu Synonymen erklärt.

Das sind in der Reihenfolge folgende deutschen Namen: grüner, brauner und blauer Diskusfisch. Das Vorkommensgebiet dieser Unterarten: Von der kolumbianischen Grenze etwa bis zur Stadt Tefé *(S. a. aequifasciatus),* Region Rio Purús und Manacapurú *(S. a. haraldi)* und östlich von Manacapurú bis Belém *(S. a. axelrodi).*

Aus den ersten beiden der genannten Unterarten wurden viele herrliche Formen herausgezüchtet. Leider gibt es auch viele „Kunterbunt-Züchtungen", bei denen nicht das herauskommt, was gläubigen Aquarianern beim Kauf versprochen wird (Jungtiere zeigen noch nicht die begehrten Farben).

Ein Diskus-Becken einzurichten, ist nicht schwer. Vor allem muß es groß genug sein. 50–80 Liter Wasser pro Fisch, je mehr um so besser, rechnet man als untere Grenze. Züchter halten ein Paar in einem 300–400-Liter-Becken. Natürlich wollen viele Aquarianer, die nicht die Absicht haben, die Fische zur Nachzucht zu bringen, auch Bodengrund und Pflanzen im Becken haben. In diesem Fall empfiehlt es sich, aus einem PVC-Material, das keine Giftstoffe an das Wasser abgibt, genau passende breite Bodengrundschalen selbst herzustellen. In diese Schalen kann man dann Bodengrund und Pflanzen einsetzen, die man ohne viel Mühe bei Bedarf wieder aus dem Becken herausnehmen kann, um ihren Inhalt außerhalb des Aquariums zu reinigen. Große Moorkienholzäste ersetzen den Tieren das heimatliche Geäst. Man sollte sie so ins Aquarium hängen, daß die Fische sich unter sie stellen können.

Die Beköstigung der Tiere ist ein weiteres Kapitel, das manchen Freund dieser wunderschönen Fische abhalten könnte, sie zu pflegen. Sie lieben Tubifex und weiße Mückenlarven (Glasstäbchen), aber aus Wasserflöhen, roten Mückenlarven oder den zu kleinen Cyclops machen sie sich nicht allzuviel. Tubifex ist allerdings kein preiswertes Futter, und wer eine sechs- bis achtköpfige Gruppe hungriger Diskus-Fische zu füttern hat, weiß, was er für sie anlegen muß.

Die Nachzucht der Fische ist ein Geduldspiel selbst dann, wenn alle bekannten Voraussetzungen erfüllt sind. Allein das Herausfinden der männlichen und weiblichen Tiere erfordert viel Sachkenntnis und Routine. Die Fische müssen dabei ständig beobachtet werden, damit man aus ihrem Verhalten die nötigen Schlüsse ziehen kann. Gelaicht wird meist an einem harten Substrat. Nach dem Schlüpfen werden die Jungen umgebettet. Sie hängen dann oft an einer anderen Stelle des gleichen Substrates, bis sie sich nach Aufzehren des Dottersackes freischwimmen. Nach dieser Zeit leben sie in den ersten Tagen und Wochen ihres Lebens vom Hautsekret der Eltern, das sie von den Körperseiten „abweiden". Die Umstellung auf feinstes Lebendfutter (Artemia-Nauplien) kann noch einfach sein, doch ist es schwierig, die Futtergröße langsam mit dem Wachstum der Fische zu steigern und dabei gleichzeitig das richtige Futter zu finden.

Zweifellos ist die Haltung, und besonders die Zucht, nur fortgeschrittenen Aquarianern anzuraten. Viele Fischfreunde aber reizt gerade diese schwierige Aufgabe.

Den Abschluß aus der amerikanischen Familie der Buntbarsche soll eine Art bilden, die, ähnlich den Diskusfischen, bei den meisten Händlern zu „stolzen Preisen" angeboten wird. Es ist der Keilfleckbuntbarsch *(Uaru amphiacanthoides),* den 1840 Heckel zusammen mit dem *Symphysodon discus* erstmals beschrieb. Die Tiere bevölkern das ganze Amazonasbecken bis hinauf nach Guayana. Ausgewachsene Exemplare können 30 cm lang werden, doch sieht man sie im Aquarium fast nie so groß. Die ruhigen Cichliden bevorzugen eine ruhige Gesellschaft, und man kann sie durchaus mit Diskusfischen zusammen pflegen. Wie andere Buntbarsche (etwa der Gattung *Cichlasoma)* lieben sie höhlenartige Verstecke, in denen sie unterstehen können. Einige Ansprüche an das Wasser bringen sie aus ihrer südamerikanischen Heimat mit: Es soll weich und leicht sauer sein. An die Temperaturen stellen sie ähnliche Ansprüche wie die Diskusfische und mögen es nicht zu kühl. Die Art läßt sich auch nachzüchten, doch muß man sich mit den Jungen etwas mehr Mühe machen als mit den meisten anderen der großen Buntbarsch-Arten. Die Kleinen sind in ihrer Jugend noch sehr dunkelgefärbt und erhalten ihr endgültiges Farbkleid erst mit der Geschlechtsreife.

Farbform „Flächigtürkis". Die Haut dieses Weibchens ist von Nahrungssekret für die Jungfische überdeckt, was der normalen Färbung die Leuchtkraft nimmt (links: Männchen, rechts Weibchen).

Männchen der Farbform „Redroyal" mit Jungen

Der sogenannte Brillanttürkis-Diskus

Uaru-Jungfisch

Uaru amphiacanthoides

Die Grundeln (Eleotridae und Gobiidae)

Hemieleotris latifasciatus

Stigmatogobius sadanundio

Schläfergrundeln (Eleotridae) und Meergrundeln (Gobiidae) sind eng miteinander verwandt und stellen beide Arten, die im Meer, im Süßwasser oder zum Teil auch in beiden Zonen vorkommen. Die bekannteren Süßwasserbewohner stellen die Schläfergrundeln.

Vier Vertreter der Gattungen *Hemieleotris, Hypseleotris, Mogurnda* und *Tateurndina* haben in den letzten Jahren als Aquarienfische Karriere gemacht, aber nur die beiden kleineren werden auf Dauer ihre derzeitige Beliebtheit halten können. *Hemieleotris latifasciatus*, die Breitbindengrundel, soll in der Natur zwar etwas länger werden, bleibt aber in einem meiner größeren Aquarien seit vielen Monaten bei einer Größe von 6 cm stehen. Diese Südamerikanerin kann ich als absolut anspruchslos bezeichnen. Sind jedoch kleine Jungfische im selben Becken, so macht sie regelrechte Jagd auf sie. Man kann die Fische als bodennahe Bewohner ansehen: Meist stehen sie mehrere Zentimeter über Grund oder schwimmen in diesem Abstand langsam umher und halten Ausschau nach Lebendigem, Fleischigem.

Wie die beiden noch folgenden Arten dieser Familie, kommt auch *Tateurndina ocellicauda* aus dem Raum um Nordaustralien und Neuguinea und bewohnt hauptsächlich die Süßgewässer im Tiefland im Osten der Insel Neuguinea: Diese herrlichen Tiere gehören zu den buntesten Aquarienfischen, die wir kennen. Das Zweitbeste an ihnen ist ihre geringe Größe von höchstens 5–6 cm. Die Pfauenaugengrundel (Peacock-Eye Gudgeon), wie sie in ihrer Heimat genannt wird, stammt aus mineralarmen und somit sehr weichen Gewässern, in denen auch der pH-Wert etwas unterhalb der Neutralgrenze (7,0) liegt. Die Fische sind bereits nachgezogen worden.

Mogurnda mogurnda nennt man in ihrer australischen Heimat Perserteppichgrundel. Sie ist neben Nord- und Nordostaustralien auch in Süßgewässern in Neuguinea verbreitet. Die herrlich purpurrot getüpfelten Tiere haben aus aquaristischer Sicht den Nachteil, daß sie bis etwa 18 cm groß werden können. Nur 10–12 cm wird dagegen die Australische Karpfengrundel, *Hypseleotris compressus*. Die Tiere sind im Aquarium sehr ausdauernd, zeigen ihre Intensivfärbung jedoch nur bei Imponiergehabe oder bei der Balz. Auch diese beiden Arten bevorzugen weiches, leicht saures Wasser, womit – zumindest für diese Arten – gesagt wäre, daß nicht alle Grundeln Wasser mit Salzzusatz brauchen.

Von den sogenannten Meergrundeln (Gobiidae) werden in der Regel nur wenige Süßwassergrundeln eingeführt, wie etwa die Rittergrundel *(Stigmatogobius sadanundio)* oder die Celebes-Grundel *(S. hoevenii)*, die etwa 7–8 cm lang werden. Die Goldringelgrundeln *(Brachygobius aggregatus, B. nunus* und *B. xanthozona)* werden häufiger importiert. Falls vorhanden, benutzen sie gern leere Schneckengehäuse als Zufluchtsstätte oder auch als Wohnrevier und ziehen darin sogar ihre Jungen auf. Diese kleinen Goldringelgrundeln werden nur 4–5 cm lang und ernähren sich am liebsten von lebendem Futter aller Art in Größen, die sie mit ihren kleinen Mäulchen

Tateurndina ocellicauda

Brachygobius xanthozona

bewältigen können. Sie sind bereits zur Nachzucht gebracht worden (120–150 Eier je Gelege), wobei das Weibchen die aktivere bei der Partnerwahl ist, das Männchen sich später um das Gelege (bis zum Schlupf der Larven) kümmert. Darauf muß man die Eltern entfernen, weil sie den nun bald schwimmfähigen Jungfischen nachstellen.

Die Kletterfische (Anabantidae)

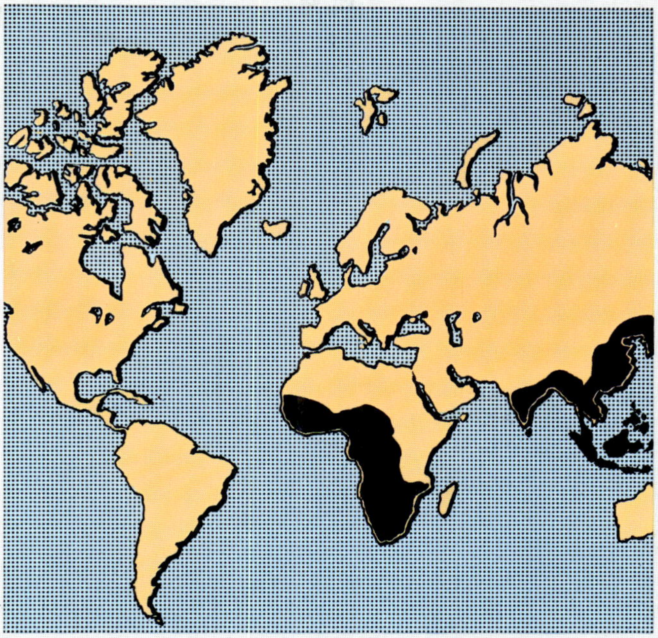

■ = Verbreitung der Kletter- und Labyrinthfische

Die in zwei bekannten Gattungen aufgeteilten Familienmitglieder umfassen den „Echten Kletterfisch": *Anabas testudineus* und eine Vielzahl von *Ctenopoma*-Verwandten in der zweiten Gattung.
A. testudineus stammt vom (tropischen) indischen Subkontinent und aus Teilen Südostasiens und wird rund 20 cm lang. Die Fische wurden häufig beobachtet, wie sie in den frühen Morgenstunden, wenn der Boden vom Tau der Nacht noch feucht ist, Wanderungen von einem Gewässer ins andere unternehmen und dabei in der Lage sind, gewisse Strekkenabschnitte ohne das Vorhandensein von Wasser zu überqueren. Ihr Vorderkörper ist leicht verbreitert... es muß eine anstrengende Spring- und Rutschpartie sein!
Im Aquarium bleiben diese Fische einerseits scheu, andererseits sind sie wegen ihrer Aggressivität nicht gut zu vergesellschaften. Im Gegensatz zu anderen Verwandten baut diese Art kein Schaumnest und betreibt auch keine Brutpflege. Kletterfische bevorzugen fleischliche Kost. Wenn sie davon nicht satt werden sollten, können sie sich an ihren Mitbewohnern vergreifen. Man soll sie deshalb nicht mit zu kleinen Fischen vergesellschaften.
Ctenopoma-Arten kennen wir aus Afrika, wo sie in ihren teils verkrauteten Heimatbiotopen vorkommen. Einige der etwa 30 Arten dieser „Buschfische" kommen im Flußsystem des unteren Zaire (= Kongo) vor, darunter die hauptsächlich eingeführten, andere leben in West- oder Zentralafrika. Das Fortpflanzungs- und Brutpflegeverhalten ist bei den Fischen der verschiedenen Arten unterschiedlich ausgeprägt: Manche bauen ein Schaumnest und betreiben Brutpflege, andere tun beides nicht.
C. acutirostre, der Leopard-Buschfisch, ist einer der begehrtesten Vertreter der Gattung. Sein auffälliges, attraktives Kleid mit der schwarzen Musterung aus dunklen, zuweilen tiefschwarzen Punkten dient dem Jäger in seinem Revier als gute Tarnung. Der Aquarianer benötigt ein größeres Becken (ab etwa 100 cm Länge), denn die Tiere können bis 15 cm, zuweilen sogar größer werden. Man soll diese Fische nicht mit *C. ocellatum* verwechseln: Beide tragen einen auffälligen Augenfleck (Ocellus) auf dem Schwanzstiel, doch ist die Körpermusterung des zweiten nicht aus Punkten, sondern aus unregelmäßigen Flecken und Binden zusammengesetzt. Beide Arten werden etwa gleich lang und stammen aus dem Gebiet des unteren Zaire.
C. ansorgii ist ein Bewohner wenig bewegter Uferzonen einiger Gewässer in Kamerun. Man nennt ihn „Orange-Buschfisch", weil die langgezogenen Rücken- und Afterflossen der Tiere (insbesondere der Männchen) die schwarzen Vertikalbinden der Flanken weiterführen und die Zwischenräume (meist bei Balzstimmung) dann leuchtend orangerot gefärbt sind. In diesem Zustand ist die Körperfarbe der Männchen von einem Goldton überlagert, die Schwanzflosse ist tiefschwarz, und die langausgezogenen Bauchflossen zeigen neben ihrer (ebenfalls) tiefschwarzen Färbung einen feinen weißen vorderen Saum. Diese schönen Fische lieben ein Leben in geschütztem Pflanzenbewuchs. Eine Haltung im Gesellschaftsbecken ist zwar möglich (die Tiere führen dann ein zurückgezogenes Leben), die Pflege im Artbecken ist aber vorteilhafter. Die Fische bevorzugen weiches Wasser und einen leicht sauren ph-Wert (6,2–6,4). Sie werden 7 (♀) bis 8 cm (♂) groß.

Ctenopoma ansorgii

Ctenopoma fasciolatum

Ctenopoma oxyrhynchum, ♂ juv.

Der Kongo-Buschfisch *(C. congicum)* und der Gebänderte Buschfisch *(C. fasciolatum)* werden im Handel ebenfalls oft verwechselt: Beide sind gebändert und haben blaugrüne Tüpfel in den unpaaren Flossen. Die Schwanzflosse des zweiten ist jedoch auffällig größer, wie auch Rükken- und Afterflosse länger ausgezogen erscheinen. *C. congicum* ist im ganzen heller bräunlich gefärbt, während *C. fasciolatum* (stimmungsbedingt) seine hellen Körperschuppen „verdunkeln" kann, so daß er fast schwarz aussieht. Beide werden etwa 8 cm lang und kommen aus dem System des Zaire-(Kongo-)Flusses.
C. oxyrhynchum ist eine Art, deren Vertreter recht beliebt sind. Der Pfauenaugen-Buschfisch liebt träge fließende Gewässerabschnitte und lebt im westlichen Teil des Zaire-(Kongo-)Beckens. Er unterscheidet sich durch sein typisches Muster in den unpaaren Flossen: Die hinteren Teile von Rücken-, Schwanz- und Afterflosse sind transparent. Auffällig dabei die Schwanzflosse, die in der vorderen Hälfte rehbraun ist, dann durch eine dunkle Trennlinie mit hellem Rand vom hinteren transparenten Teil abgegrenzt wird. Ein großer dunkler Fleck liegt in der Körpermitte. Manche Tiere zeigen weiße Partien in Kehl- und Brustregion. Die Fische werden um die 10 cm lang.

C. kingsleyae, der Schwanzfleckbuschfisch, gehört zu den großen Arten der Gattung, wird bis 20 cm lang und kann daher nur in großen Aquarien von über 100 cm Länge gepflegt werden. Die Fische sind nicht, wie einige ihrer Verwandten, scheu und können Mitbewohnern gegenüber recht ruppig werden. Sie benötigen ein ihrer Größe entsprechendes Futter, darunter Mehl- und Regenwürmer, Fisch- und Warmblüterfleisch (mager). Es werden auch Fische verspeist, wenn sie die „passende" Größe haben.
Nachdem von einigen der hier angeführten *Ctenopoma*-Arten bekannt ist, daß sie brutpflegende Schaumnestbauer sind *(C. ansorgii, C. congicum, C. fasciolatum)*, bei denen, wie bei den Bettas und ihren Verwandten, die Männchen das Nest anlegen und die Brut betreuen, gehören *C. acutirostre, C. ocellatum, C. oxyrhynchum* und auch *C. kingsleyae* zu den Arten, die weder ein Schaumnest bauen noch die Brut pflegen. Sie sind Freilaicher, die ihre Eier an die Wasseroberfläche abgeben und (in der Natur) dort treiben lassen. Da die Laichkörner bei dieser Vermehrungsart stark gefährdet sind, muß ihre Produktionsrate höher liegen: Sie beträgt bei *C. kingsleyae* bis zu 20 000!!

Ctenopoma acutirostre

Ctenopoma kingsleyae

Bettas unter dem Schaumnest *(B. splendens)*, ♀ vorn

Macropodus chinensis

Die Labyrinthfische oder Bettas (Belontiidae)

In dieser artenreichen und aquaristisch sehr interessanten Familie sind die Gattungen *Belontia, Betta, Colisa, Macropodus, Malpulutta, Parosphromenus, Pseudosphromenus, Sphaerichthys, Trichogaster* und *Trichopsis* zusammengefaßt.
Labyrinther tragen ihren eingedeutschten Familiennamen nach einem zusätzlichen Atmungsorgan, dem Labyrinth. Kaum ein Eingeweihter wird es für möglich halten, daß es im Reiche der Schuppenträger bestimmte Arten gibt, die in ihrem Lebenselement ertrinken können, wenn man ihnen nicht die Möglichkeit gibt, atmosphärische Luft einzuatmen. Dieses zusätzliche Organ, das aus gefalteten und in vielen Windungen zusammenliegenden Lamellen aufgebaut ist, liegt beiderseits der Kiemenhöhlung hinter den Augen und ist nur von einer Haut überzogen. Es erfüllt somit in gewissem Sinne die Funktion der Lungen. Sinn des Labyrinths ist das Leben und Überleben in sauerstoffarmen Gewässern. Auf diese Weise konnten Fische dieser Familie, heute oft als die „Pioniere" der Aquaristik angesehen, in den damals noch so primitiven Aquarien ohne zusätzliche Sauerstoffanreicherung des Wassers überhaupt überleben.
Die Fische suchen sich in der Natur überwiegend stark verkrautete Bäche und Gräben als Wohngebiet aus. Um dem Laich zum nötigen Sauerstoff zu verhelfen, baut bei vielen Arten das Männchen in einem Gebiet mit wenig Strömung an der Wasseroberfläche ein Schaumnest. Atmosphärische Luft wird mit Hilfe eines Sekrets zu kleinen Blasen geformt, die aneinandergereiht dieses Nest bilden. Beim folgenden Laichprozeß umschlingt das Männchen das Weibchen, damit es mit dem Bauch nach oben seine Eier in das Schaumnest gibt. Abfallende Eier werden von beiden Eltern aufgesammelt und in das Nest zurückgespuckt. Das Männchen überwacht nun das Nest und gibt laufend neue Luftblasen hinzu, um die Eier mitsamt dem Schaumpaket über die Wasseroberfläche zu bringen. Zwei Tage nach der Befruchtung der Eier schlüpfen die Jungen, die schon bald nach Aufzehrung ihres Dottersacks kleinstes Lebendfutter fressen. Vorsicht: Die Fürsorge des Männchens erlischt schnell. Auch können schneller wachsende Jungfische sich an ihren im Wachstum zurückgebliebenen Geschwistern vergreifen.
Die Paradiesfische *(Macropodus opercularis* und *M. chinensis)* leben in einem Gebiet, das von Korea über China bis nach Vietnam reicht. Sie werden im Aquarium bis zu 8 cm groß. Die erste Art galt in früheren Zeiten als „der" Aquarienfisch, da er nicht so sauerstoffbedürftig war und auch in unbelüfteten Becken gut lebte. Die anspruchslosen Tiere sind im Gesellschaftsaquarium insofern etwas heikel, als sie Mitbewohnern gegenüber zeitweise recht ruppig werden können. Sind die Beckengenossen dagegen stärker, werden die Tiere scheu. So gesehen, eignet sich in erster Linie die Artenhaltung. Mit

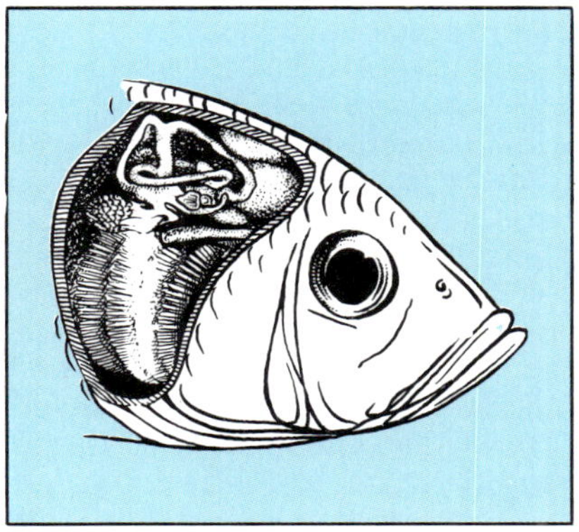

Das Labyrinth ist ein zusätzliches Atmungsorgan. Es hat seinen Sitz hinter den Augen.

dichten Pflanzenbeständen eingerichtete (verkrautete) Becken, die auch noch mit Schwimmpflanzen versehen sein können, entsprechen in etwa dem natürlichen Lebensraum der Tiere. Die Allesfresser benötigen ein mittelhartes Wasser und Temperaturen, die um 24° C liegen. Ihr Körper ist meist prächtig rot gefärbt und mit vielen schwärzlichen, blau schimmernden Querbinden versehen. Der Rücken ist etwas dunkler und die Kehle hell. Alle Flossen sind lang ausgezogen und in ähnlichen rot-schwarz-blauen Strich- und Punktmustern gezeichnet. *Macropodus chinensis,* der Rundschwanzmakropode, wird um 6 cm lang und überdauert in normalen Tropenaquarien kaum. Man muß für seine Pflege die Wassertemperatur auf 20–22° C absenken.

Der bekannteste Vertreter der Gattung *Betta,* der Siamesische Kampffisch *(B. splendens)* hat in vielen Zuchtvarianten nicht nur im eigenen Land, sondern vor allem auch bei den Aquarianern in aller Welt Karriere gemacht. Die Fische, die in langsam fließenden oder auch stehenden Gewässern vorkommen, kamen ursprünglich in bestimmten Gebieten Südostasiens vor, nicht nur in Thailand (dem früheren Siam), sondern auch von Birma bis Vietnam (früher eher als Hinterindien bekannt). Wildformen weisen nicht die Langflossigkeit der unpaaren Flossen auf, sie sind ein Ergebnis intensiver Hochzucht. Solche Schleierformen gibt es in vielen farblichen Varianten. Männchen der Betta-Wildform haben eine runde Rücken- und Schwanzflosse sowie eine langgestreckte, hinten spitz zulaufende Afterflosse.

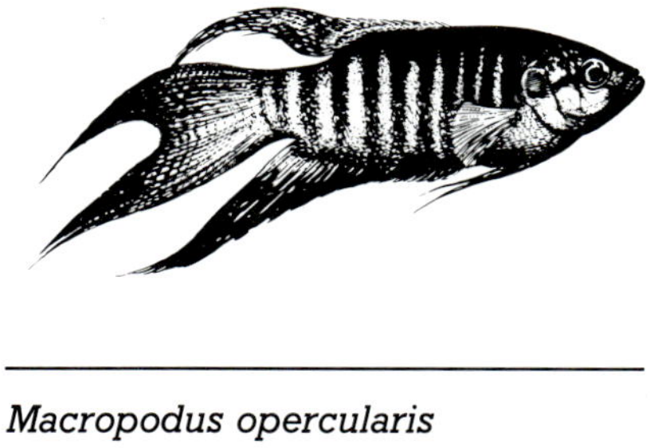

Macropodus opercularis

Mit der Haltung der ständig im Handel angebotenen Siamesischen Kampffische tun sich viele Aquarianer schwer: Besonders die attraktiven Männchen halten es bei ihnen nur wenige Tage oder Wochen aus und werden eines Morgens als Leichen entdeckt. Andererseits kann man feststellen, daß sie in der Enge von Marmeladengläsern oft sehr lange aushalten. Kampffische mögen es gern warm und bevorzugen ein schützendes Pflanzendickicht. Ich konnte in verschiedenen Versuchen feststellen, daß sie bei artgerechter Haltung bessere Pfleglinge sind als in einem Gesellschaftsbecken. Das Wasser in den Heimatbiotopen der Fische ist meist ziemlich weich. Zuchtexemplare (und um die handelt es sich meist) sind anpassungsfähiger und akzeptieren in der Regel (fast) jedes gesunde Wasser. Zur Zucht sollte man allerdings weiches verwenden.

Diese Kampffische, wie auch weitere *Betta*-Arten *(B. imbellis, B. smaragdina, B. coccina* und andere) gehören zu den erwähnten Schaumnestbauern, während ein paar Vertreter dieser Gattung von dieser Fortpflanzungsmethode keinen Gebrauch machen und die sicherere Art des Maulbrütens vorziehen *(B. brederi, B. picta, B. pugnax* und *B. taeniata).* In allen Fällen ist es schließlich das Männchen, das die Hauptarbeit beim Brutgeschäft übernimmt: Bau und Bewachung des Schaumnests, in dem die Eier bis zum Freischwimmen der Jungfische unter der Obhut des männlichen Elternteils stehen. Maulbrütende Paare bauen dagegen kein Schaumnest. Sie paaren sich oft in Bodennähe. Nach Eiabgabe und Befruchtung werden die Eier anfangs vom Weibchen ins Maul genommen, nach kurzer Zeit jedoch dem Partner vors Maul gespuckt, der die Laichkörner darauf übernimmt und weiter erbrütet.

Wie der Name „Kampffisch" aussagt, sind die Männchen von *Betta splendens* meist sehr unduldsam. Die Tatsache, daß zwei im selben Aquarium gehaltene Männchen das Becken als jeweils ihr Revier ansehen und den Gegner oft bis zum Tod bekämpfen, hat daraus für viele Asiaten einen Sport werden lassen. Aber auch dann, wenn ein halbwüchsiges mit einem ausgewachsenen Männchen zusammengesetzt wird, und das jüngere Tier sofort Demutshaltung annimmt, kommt es auf Dauer nicht „ungeschoren" davon. Diese Verhaltensweise ist nichts anderes, als die Zurückweisung aus einem bezogenen Revier, nur kann das schwächere Tier aus dem Aquarium nicht entweichen, wie das in natürlichen Gewässern üblich ist. Daß das jeweils kräftigste Männchen auserkoren ist, für die Fortpflanzung zu sorgen, stellte schon Charles Darwin, der Vater der Evolutionstheorie, fest.

Nicht nur männliche Rivalen lernen die Rauhbeinigkeit eines dominanten Männchens kennen. Auch Weibchen, wenn sie dazugesetzt werden, müssen meist zuerst einige Stöße und Knüffe über sich ergehen lassen und durch Demutsgesten (zum Boden geneigter Kopf) und weitere Signale (etwa die Umwandlung der Körpermusterung in „quergestreift") zu erkennen geben, daß Paarungsbereitschaft besteht.

Bettas, wie auch die meisten übrigen Labyrintherverwandten, sind gute Futterverwerter. Abgesehen davon, daß sie auch andere Futterarten akzeptieren, kann man aber doch sa-

Bedingt durch ihre Anpassungsfähigkeit bei Sauerstoffarmut im Wasser, lassen sich Kampffische gut in kleinen Behältern halten und verschicken. Hier ein Versandkarton mit mehreren Schichten kleiner Betta-Versandbeutel.

Betta splendens bei der Balz, aufgenommen durch den Glasboden eines speziellen Fotoaquariums.

gen, daß Mückenlarven mit Abstand am liebsten genommen werden. Erst, wenn dieses Futter gereicht wird und die Temperatur des Wassers um 28–30° C liegt, entwickeln Bettas ihre volle Vitalität.

Die Gattung *Colisa* umfaßt 4 Arten, die allesamt als Aquarienfische eingeführt und fast ständig im Handel sind. Der Honiggurami *(C. sota)* ist ein Zwerg von nur 4,5 cm Größe. Seine Heimat liegt im Nordosten von Indien: In Assam und Bangla Desh, dort, wo der große Brahmaputra das Wasser der nördlichen Gebirgszüge auffängt und in den Indischen Ozean leitet. Mit 3–4° dH ist es recht weich, doch liegt der pH-Wert nicht im sauren Bereich (7,5) – höchstens in sumpfigen Gebieten.

Hält man die Fischchen im Aquarium, so erweisen sie sich, was die Wasserhärte anbelangt, als recht anpassungsfähig: Das Haltungswasser muß nicht so weich sein – das Zuchtwasser sollte es. Wasserwärme ist wichtig, muß aber auch den üblichen Rahmen für Aquarienfische – 25–28° C – nicht überschreiten. Honiggguramis nehmen Trocken- und Lebendfutter, letztes besonders gern. Kleine Fische wie diese soll man nicht mit größeren vergesellschaften, weil das

Männchen von *Colisa sota* in Prachtfärbung

meist auf Kosten der kleinen geht. Es kommt vor allem auf die Gesellschaft an: Wenn sie die kleinen Guramis akzeptieren, kann auch ein harmonisches Zusammenleben stattfinden.

Die Zucht der Honiggurамis ist normalerweise einfach. Es kann jedoch auch Stämme geben, bei denen die Fortpflanzung nicht auf Anhieb funktioniert. Das Männchen baut ein Schaumnest aus ziemlich großen Schaumblasen, das über lange Zeit aufrechterhalten und stets ausgebessert wird. Es gibt regelrechte Baukünstler, deren Schaumnester (gemessen an der Größe des Fischchens) enorm sein können: handtellergroß. Nur Männchen in einer guten und gepflegten Verfassung zeigen ihre herrliche Prachtfärbung.

Colisa lalia, der Zwergfadenfisch, wird mit 6 cm Länge etwas größer als der vorgenannte Verwandte. Die Körperfärbung der Männchen (Weibchen blasser und mehr ins graubeige gehend) ist rostrot/himmelblau, wobei der Eindruck eines Musters schräger, abwärts nach hinten verlaufender Vertikallinien entsteht. Die Lalias stammen aus Nordostindien: Bengalen und Assam. In Südostasien haben einheimische Züchter aus der Stammform verschiedene, farblich sehr attraktive Formen herausgezüchtet, darunter eine überwiegend leuchtend rote und eine neonblaue. Auch diese Art ist Schaumnestbauer und vermehrt sich auf diese Weise. Die Nachzucht ist recht einfach. Dazu wird Arthaltung empfohlen.

Colisa fasciata, der Gestreifte Fadenfisch, und *C. labiosa,* der Dicklippige Fadenfisch, sind nahe Verwandte, deren Vorkommen aneinander grenzt: *C. fasciata* lebt in Regionen des wasserreichen nordöstlichen Indien, einem Tiefland zwischen diesem Staat und Bangla Desh. Östlich daran schließt sich der Lebensraum vom *C. labiosa* an (Birma). Beide unterscheiden sich in ihrer Körpergröße, sind sonst aber recht ähnlich. Mit 10–12 cm ist der erste fast schon ein Riese, während die größeren Männchen der zweiten Art 8–9 cm lang werden können. Beide Arten bauen Schaumnester, wobei *C. fasciata* im Durchschnitt um die 800 Eier je Gelege ausbrüten.

Noch größer als *C. fasciata* können die „Östlichen Fadenfische" werden. Sie gehören der Gattung *Trichogaster* an, darunter so bekannte Arten wie *T. leerii,* der Mosaikfadenfisch, *T. microlepis,* der Mondscheinfadenfisch und *T. trichopterus,* der Punktierte Fadenfisch, mit seinen verschiedenen Zuchtformen („cosby") sowie der Unterart *T. t. sumatransus.* Die meisten Tiere dieser Arten lassen sich gut vergesellschaften. Man soll jedoch keine kleinen, empfindlichen Mitbewohner zugesellen.

Der von diesen Arten am häufigsten gepflegte Mosaikfadenfisch kann (in sehr großen Becken) zwar 10–12 cm

Colisa lalia, Zuchtform „neonblau", ♂

Colisa lalia in Normalfärbung, ♂

Trichopsis pumilus, ♂

Länge erreichen, bleibt aber in Aquarien normaler Länge im Wachstum meist bei 8–10 cm stehen. Es handelt sich um prächtige Tiere, wenn man sie richtig pflegt: Sie wollen ein größeres Becken (etwa ab 100 cm Länge), das eine reichhaltige Hintergrundbepflanzung aufweist und im Vordergrund genügend Schwimmraum hat. Barben, die ihre langen Flossen häufiger anknabbern, mögen sie als Mitbewohner nicht! Eine Wassertemperatur von mindestens 24° C wird empfohlen, doch wirken die Farben der Tiere prächtiger, wenn man diese Temperatur um einige Grade höher ansetzt (26–28° C). Möglicherweise bekommt dann anderen Mitbewohnern diese Wärme nicht. Man muß sie danach auswählen.

Trichogaster- wie auch *Colisa-* und die in der Folge beschriebenen *Trichopsis-*Arten sind keine Nahrungsspezialisten, sondern nehmen die meisten üblichen Futterangebote problemlos, wobei sie, wie die meisten Allesfresser, fleischlicher Kost, wie Mückenlarven, den Vorzug geben.

Die drei bekannten Vertreter der Gattung *Trichopsis: T. pumilus, T. schalleri* und *T. vittatus* sind gute Aquarienpfleglinge für mittelgroße Aquarien (60–80 cm Länge). Sie werden bis zu 4, 6 und 6,5 cm lang und stellen keine besonderen Ansprüche an die Härte des Wassers. Die Südostasiaten vermehren sich nach Art der Schaumnestbauer, also wie die meisten Mitglieder der Familie. Man nennt sie „Knurrende Guramis", ein Name, den wohl in erster Linie *T. vittatus* verdient. Beide Geschlechter geben Tonstöße ab, die aus zwei Einzeltönen bestehen und in den Labyrinthhöhlen erzeugt werden. Diese knurrenden, knarrenden Geräusche sind ein Teil des Imponiergehabes, entstehen also bei Rivalitätsdrohungen und -kämpfen. Trotz dieser Lautäußerungen kann man die Tiere gut vergesellschaften, soll ihnen jedoch keine zu rauhen Mitbewohner beigeben.

Der Schokoladengurami *(Sphaerichthys osphromenoides)* war lange Zeit für viele Aquarianer ein Buch mit sieben Siegeln. Dem nur 5 cm lang werdenden Bewohner der malaiischen Halbinsel und Sumatras wurden fast alle Fortpflanzungsarten angedichtet, vom Lebendgebärenden über den Schaumnestbauer bis zum Maulbrüter. Das lag wohl in erster Linie daran, daß die Nachzucht dieser Fische nicht so einfach ist, wie bei den meisten übrigen Arten dieser Labyrintherfamilie. Das natürliche Vorkommen dieses Maulbrüters (!) weicht von dem der anderen Arten wesentlich ab, da diese Art aus einem anderen Lebensraum kommt: Es sind Gräben und Tümpel, in denen das Wasser von eingefallenem Astwerk und Laub dunkelbraun gefärbt ist, einen pH-Wert um 5,5 aufweist und extrem weich ist. In solchen Gewässern liegt dann die Temperatur bei 28 oder sogar 30° C. Wenn man diese Werte kennt, wird einem klar, daß mit den üblichen Zuchtmethoden bei diesen Fischen nichts auszurichten ist.

Wenn man solche Tiere erwirbt, die möglicherweise bereits durch falsche Haltung geschädigt sind, muß man ihnen zuerst einmal über einen längeren Zeitraum optimale Bedingungen und Fütterung bieten. Zeigen sie Spuren einer Erkrankung, so ist auch diese medikamentös zu behandeln. Das Angebot im Handel ist bei dieser Art nie groß. Man ist oft gezwungen, mit den Tieren vorlieb zu nehmen, die man erhalten kann, ob sie einem zusagen oder nicht.

Sphaerichthys osphromenoides

Trichogaster trichopterus; Unterart *T. t. sumatranus*

Blick auf ein Belontia-Biotop, dem Mahaweli-Fluß im Hochland von Sri Lanka

Soeben gefangene *Belontia signata*

Viele Aquarianer haben versucht, diesen Maulbrüter zur Nachzucht zu bringen, bei dem das Weibchen die Eier erbrütet, es ist aber nur wenigen gelungen.
Von den übrigen Vertretern in restlichen Gattungen dieser Familie ist aquaristisch nur wenig zu berichten. Gelegentlich werden *Pseudosphromenus cupanus,* der Spitzschwanzmakropode, oder *Malpulutta kretseri* angeboten und gepflegt, doch ist das Interesse für diese zweifellos interessanten Arten aus Südindien und Sri Lanka oft auf wenige Spezialisten beschränkt. Auch sie stammen aus sehr weichen Gewässern, und die Männchen bauen bei der Fortpflanzung Schaumnester. Von der Insel Sri Lanka, dem früheren Ceylon, stammt übrigens auch der Ceylon-Makropode, *Belontia signata.* Diese bis zu 12 cm lang werdenden Ceylonesen, ebenfalls Schaumnestlaicher, brauchen größere Aquarien um 120 cm Länge mit reichlichem Pflanzenbewuchs und einigen höhlenartigen Unterständen. Zuweilen können die Fische zarten Mitbewohnern gegenüber rabiat werden, weshalb eine Vergesellschaftung mit gleichgroßen, friedlichen Arten empfehlenswert erscheint.

Die Küssenden Guramis (Helostomatidae)

Wegen der verschiedenen Besonderheiten dieser Fische wurde für sie eine eigene Familie geschaffen, der nur eine Gattung mit einer Art angehört: *Helostoma temminckii,* der weitbekannte Küssende Gurami.
Wie ist es zu dieser Benennung („Kissing Gourami"), gekommen? Der Küssende Gurami ist ein Fisch, den man eigentlich nur in der kleinen Jugendform als schön bezeichnen kann. Beim Abweiden von Algen oder bei Scheinkämpfen stülpen die Fische ihre Lippen vor und haben dann ein Aussehen, das ihnen ihren Namen gab. Die Südostasiaten, die auch im Aquarium bis zu 30 cm groß werden können, brauchen ein gut bepflanztes und mit einigen Wurzelstücken gegliedertes Aquarium. Die Fische sind anspruchslos und fast mit jedem Wasser zufrieden. Sie sind nicht so wärmebedürftig wie die vorgenannten Arten und können bei

Helostoma temminckii

Luciocephalus pulcher, der Hechtkopf, Porträt

24° C gehalten werden. Die meisten dieser Guramis sind weißlich gefärbt und haben einen fleischfarbenen Schimmer. Varianten in rötlicher und grünlicher Tönung kommen vor.

Die Riesenguramis (Osphronemidae)

Der Riesengurami, *Osphronemus goramy,* ist in seiner Heimat ein Nutzfisch. Er wird 60–70 cm groß und bewohnt Kanäle, Flüsse und Teiche. Entsprechend seinem Nutzen als Speisefisch hat man die Tiere weiter verbreitet, als sie es ursprünglich waren (im Bereich der drei großen Sundainseln Sumatra, Borneo und Java). So kann man sie heute in vielen Gebieten Südostasiens finden.
Riesenguramis sind höchstens als Jungfische für ein normales Heimaquarium größeren Ausmaßes geeignet. Häufiger findet man sie dagegen in Schauanlagen, wo die Riesenaquarien die Haltung dieser großen Fische eher zulassen. Riesenguramis sind starke Fresser, die fleischliche wie auch vegetarische Kost gleichermaßen in großen Mengen verspeisen und entsprechend schnell wachsen. Da die Abgabe von Verdauungsrückständen entsprechend hoch ist, muß die Filterung kräftig sein und der Filter bei der Haltung größerer Tiere öfter als üblich gereinigt werden.
Es sind keine Zuchten in Becken üblicher Größe (bis 120 oder 150 cm Länge) bekannt, doch sollen die Tiere, wie man Hinweisen aus Asien entnehmen kann, bereits bei einer Länge von 12–15 cm geschlechtsreif und damit fortpflanzungsfähig sein. Wahrscheinlich bauen die Fische ein Schaumnest in seichteren Gewässerabschnitten.

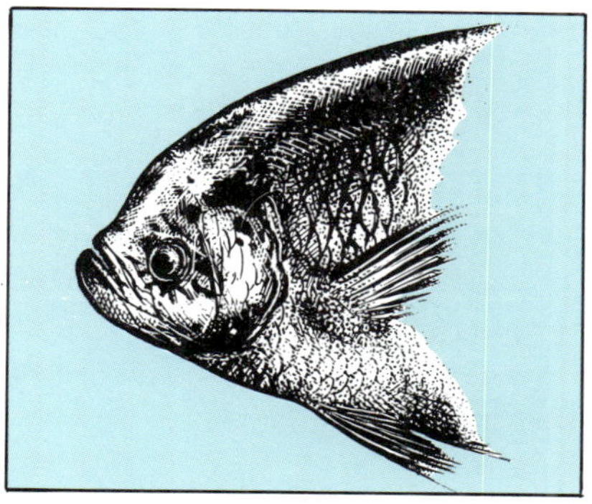

Ein kleiner Kopf mit großem, wuchtigen Körper. Der Riesengurami ist in seiner Heimat ein Nutzfisch und nur als Jungfisch für normale Aquarien geeignet.

Die Hechtköpfe (Luciocephalidae)

Hechtköpfe sind gestreckte Raubfische aus Südostasien (malayische Halbinsel, Sumatra, Borneo). Sie stehen meist in strömungsarmen Gewässerabschnitten und lauern auf Beute. Es ist nur eine Gattung mit einer Art bekannt: *Luciocephalus pulcher.* Im aquaristischen Handel werden die Fische von Zeit zu Zeit angeboten, doch sind sie wohl in erster Linie Pfleglinge für Spezialisten. Sie können 16–18 cm lang werden, haben einen spitz zulaufenden Kopf. Eine breite schokoladenbraune Längsbinde zieht sich von der Oberlippe bis zum Ende des Schwanzstiels, oben und unten begrenzt von hellen Parallelzonen, die wiederum in dunklere Braunzonen übergehen. Die Rückenflossen sind weit hinten.

Die Stachelaale (Mastacembelidae)

Der gestreckte, aalartige Körper gab den Fischen ihren deutschen Namen. Dies ist jedoch auch die einzige Übereinstimmung mit Aalen. Stachelaale sind hauptsächlich nachts aktiv und verlassen dann ihr Versteck. Sie sind gewandte Schwimmer, die sich ungeheuer schwer in einem größeren Aquarium fangen lassen, es sei denn, man überlistet sie, legt ihnen rechtzeitig ein paar enge Rohre ins Becken und schüttelt diese bevorzugten Verstecke über einem Kescher aus. Diese Fische verstecken sich aber nicht nur in Höhlen oder höhlenartigen Unterständen: Sie buddeln sich auch im (sandigen) Bodengrund ein.
Stachelaale im Aquarium sind ein Völkchen für sich. Sie leben in ihrer afrikanischen und südostasiatischen Heimat in verkrauteten Gewässern. Die Pfleglinge ernähren sich hauptsächlich von Würmern, die diese Bodentiere erbeuten. Die meisten von ihnen leben in küstennahen Gebieten, wo das Süßwasser schon mit einem leichten Salzzusatz angereichert ist. Daher vertragen die Tiere

auch einen solchen Zusatz im Aquarium (2 Teelöffel Salz auf 10 Liter Wasser).

Der Pfauenaugen-Stachelaal *(Macrognathus aculeatus)* stammt aus Südostasien und wird bis zu 35 cm lang. Als Beckeneinrichtung wird weicher, schlammiger oder sandiger Bodengrund empfohlen. Die Tiere liegen gern in Verstecken aus Steinen, Pflanzen oder in einem Tonrohr. Gegen Abend werden sie aktiv. Im allgemeinen kann man sie nicht als Anfängerfische bezeichnen, obgleich ihre Haltung durchweg problemlos ist. Zur Fütterung soll kein eintöniges Futter gereicht werden. Gelegentlich nehmen die Fische auch gern größere Brocken. Die obere Körperhälfte des Pfauenaugen-Stachelaals ist schokoladenbraun, der Bauch hell. In der Rückenflosse befindet sich eine Reihe von „Pfauenaugenflekken". Die Tiere können aggressiv werden und den Pfleger schmerzhaft in die Hand beißen, wenn er ihnen zu nahe kommt.

Der Rhomben-Stachelaal *(Mastacembalus armatus)* ist ein Riese, der unter Umständen bis zu 80 cm lang werden kann. So stark er ist, so groß ist auch sein Appetit. Der Fisch kann große Brocken verschlingen, weshalb man ihn nur mit größeren Fischen vergesellschaften darf. Die Tiere stammen, wie die vorgenannte Art, auch aus Südostasien und brauchen von Zeit zu Zeit einen Frischwasserzusatz.

Mastacembelus circumcinctus

Eine weitere Art, *M. circumcinctus*, kommt hauptsächlich auf der malaiischen Halbinsel vor und wird überwiegend aus Thailand eingeführt. Sie wird im Aquarium höchstens bis zu 16 cm lang.

Die Kugelfische (Tetraodontidae)

Die putzigen Fischlein mit den Kulleraugen sind mit den Kugelfischen des Meerwassers nahe verwandt und stellen die besten Schneckenvernichter dar, die man sich denken kann.
Diese Fähigkeit verdanken sie ihrem Körper- und Gebißbau. Klein und wendig können sie, hauptsächlich durch das Paddeln mit ihren Brustflossen, ihr Opfer umkreisen, um dann bei passender Gelegenheit mit dem schnabelartigen Gebiß zuzubeißen. Bei Gefahr können sich die Tiere kugelförmig aufblähen, um so ihrem Gegner als „zu groß zum Fressen" zu erscheinen.
Zwei Arten sind es, die hauptsächlich im Handel angeboten werden: Der Grüne Kugelfisch *(Tetraodon fluviatilis)* und Steindachners Kugelfisch *(T. steindachneri)*. Letzterer wird, wie erst mit der Revision von Dekkers bekannt wurde, meist als Palembang-Kugelfisch *(T. palembangensis)* gehandelt, doch hat der wirkliche *T. palembangensis* ein Netzmuster, weshalb er von Bleeker als *T. reticulatus* (heute ein Synonym) angesehen wurde. *T. fluviatilis* ist in die beiden Unterarten *T. f. fluviatilis* und *T. f. sabahensis* unterteilt, letztere benannt nach der Provinz Sabah (Ostmalaysia) im Nordosten von Borneo. Beide Unterarten zeichnen sich durch sattelförmige einzelne Quer-

Macrognathus aculeatus, ein weit verbreiteter Stachelaal

Tetraodon steindachneri

Tetraodon cutcutia

Colomesus psittacus

Tetraodon leiurus

flecke über dem Rücken aus. Ein ausschließliches Punktemuster hat dagegen *T. nigroviridis,* eine Art, die ebenfalls oft zu Verwechselungen mit *T. fluviatilis* Anlaß gibt.
All diese Arten werden 6–7 cm lang, halten es aber in den meisten Aquarien nicht lange aus. Sie sind untereinander bissig. Oft werden sie als Schneckenvertilger angeschafft und müssen „nach getaner Arbeit" wieder weichen, weil sie häufig die Flossen anderer Fische anknabbern. Diese Kugelfische nehmen kein Trockenfutter, sondern nur fleischliche Nahrung, wie man auch im folgenden Abschnitt erfährt.
Kugelfische hält man, indem man ihnen ein nicht zu kleines Becken mit höhlenartigen Steinaufbauten und gemäßigter Randbepflanzung anbietet. Das Wasser darf nicht zu weich sein und wird mit einem gehörigen Zusatz an Seesalz (3–4 Teelöffel auf 10 Liter Wasser) versehen. Eine Haltung im Artbecken bringt große Vorteile, doch müssen dann Verstecke in ausreichendem Maße vorhanden sein, da sich die Fische gern untereinander befehden. Ihre Heimat sind die Küstenzonen Südostasiens. Die Wassertemperaturen können zwischen 22 und 26° C liegen. Je nach Größe nehmen die Tiere auch verschieden große Futterstücke. Neben dem üblichen Lebendfutter kann man geschabtes Herz und gehackte Leber füttern. Auch Schnecken, die andere Aquarianer gern los wären, kann man ins Becken geben. Nur muß man dann gelegentlich den Boden von leeren Gehäusen befreien.
Neben diesen beiden genannten Kugelfischarten gibt es eine Reihe weiterer, die fast in regelmäßigen Abständen eingeführt werden und andere, die man seltener findet. Sie kommen als Beipack (als Einzelstücke) in Sendungen anderer Arten mit.
Tetraodon cutcutia, der Gemeine Kugelfisch, stammt aus Küstengewässern des östlichen Indien, Ceylons, Bangla Deshs und Birmas. Wie der deutsche Name bereits erkennen läßt, handelt es sich hier um eine einfache Art, einfach im Aussehen und in der Haltung. Ein anderer Asiat, der Kammkugelfisch, hat schon viele Namen getragen: *T. somphongsi, Carinotetraodon chlupatyi, T. werneri* (nomen nudum), *Monotreta caria* und *M. tiranti.* Alle sind falsch, auch *Carinotetraodon somphongsi,* ein Name, den man zuletzt für gültig hielt. Dekkers wies in seiner Revision von 1975 bereits nach, daß *Tetraodon lorteti* Tirant, seit 1885 der gültige Name für den Kammkugelfisch ist. Die Geschlechtsunterschiede lassen sich am Farbkleid beider Tiere feststellen – zudem gibt es noch farbliche

Tetraodon fluviatilis

Tetraodon lorteti, ♂

Varianten dieses rotäugigen Asiaten. Rund 6 cm werden Tiere beiderlei Geschlechts lang. Die Männchen tragen einen unübersehbaren weißen Saum um die runde Schwanzflosse, hinter dem eine ebenso breite schwarze Zone liegt. Richter beschrieb die Zucht, nach der die Männchen ein Revier errichten und später den Laich bewachen. Diese wie auch die vorher genannte Art konnten, wie vor ihnen einige andere Kugelfisch-Vertreter, im Aquarium zur Nachzucht gebracht werden.

Chonerhinus modestus

Tetraodon steindachneri ist bisher nur von Westmalaysia, Thailand und Borneo bekannt – ein Kugelfisch, der beim ersten Hinsehen an *T. palembamgensis* erinnert, als der er auch in verschiedenen Schriften bereits abgehandelt wurde. Die Fische werden bis etwa 6 cm lang.

Tetraodon leiurus ist eine recht bissige Art mit einem unübersehbaren roten, kleinen Fleck auf der hinteren Körperseite in Höhe der Afterflosse. Ich fand die Tiere in einem Bach in Südthailand (nördlich Nakhon Si Thammarat) im Landesinneren in sehr weichem Wasser (2° dH) und leicht saurem pH-Wert (6,5) zusammen mit *Rasbora hengeli, Kryptopterus bicirrhis, Trichopsis vittatus* und anderen Arten verschiedener Familien. Es gab dort nach meiner Feststellung nur Tiere bis zu etwa 6–7 cm Länge, doch liegen Beschreibungen vor, nach denen diese Kugelfische 11–13 cm lang werden können. Der als *T. leiurus brevirostris* (Benl, 1957) und *T. ocellaris* (Klausewitz, 1957) beschriebene Kugelfisch hatte bereits seit vielen Jahren einen wissenschaftlichen Namen: *T. fangi* Pellegrin und Chevey, 1940, wie sich erst bei der Revision von 1975 (Dekkers) herausstellte. *T. fangi*, der Augenfleck-Kugelfisch, ist keine besondere Schönheit. Auffällig ist der dunkle Fleck auf der hinteren Körperseite in Höhe der Afterflosse und die halb kugelförmig vorstehende Hornhaut der Augen. Die Art ist von Südostasien (Thailand bis Vietnam) bekannt und dürfte um 6 cm lang werden.

Der Goldene Kugelfisch *(Chonerhinus modestus)* ist eine der beliebtesten, aber leider nur selten eingeführten Vertreter dieser Gattung, deren Körper keine Musterung zeigt. Auch er und sein ähnlicher Gattungsverwandter *(C. naritus)* sind in Südostasien beheimatet und können Längen zwischen 12 und 14 cm erreichen.

Von den afrikanischen Kugelfischen wurden hauptsächlich drei Arten bekannt. *Tetraodon fahaka*, der Gestreifte Kugelfisch, ist von Westafrika bis zum Nil verbreitet und kann die für aquaristische Haltung enorme Länge von 40 cm erreichen. Noch länger wird der Kongo-Kugelfisch, *Tetraodon mbu*, dem man eine Endgröße von 75 cm nachsagt, in Aquarien (Schauaquarien) jedoch meist wesentlich kleiner bleibt. Dieser und der folgende leben im mittleren und unteren Zaire-(Kongo-)Fluß und seinen Nebengewässern. *Tetraodon miurus* fällt durch seine abgeflachte Körperform auf und erinnert mehr an Arten aus dem Meer. Der Kopf ist auffällig groß und nimmt rund ⅓ der Körperlänge ein. Er ist im Aquarium ziemlich unverträglich, frißt kaum Schnecken, wie seine übrigen Verwandten, sondern überfällt lieber Fische, die er regelrecht zerbeißt. Man kann ihn somit nur im besonderen Aquarium pflegen. Die Tiere werden rund 15 cm lang.

Abschließend sei noch eine Kugelfischart aus Südamerika erwähnt: *Colomesus psittacus*, der Papageikugelfisch, der in *Chelonodon patoca* sein asiatisches Gegenstück hat. Beide werden 20–30 cm lang und sind daher für die meisten Aquariengrößen nur als Jungfische zu pflegen, die gelegentlich auch angeboten werden.

Tetraodon mbu

Tetraodon fahaka

Tetraodon miurus

Tabelle einiger Familien, die aus räumlichen Gründen in diesem Buch nicht näher angesprochen werden konnten.

Familie deutscher Name wissensch. Name	Bekannte Gattungen (wiss. Name)	Bekannte Arten (wiss. Name)	Allgemeines über Herkunft und Haltung
Flösselhechte Polypteridae	*Polypterus, Calamichthys*	*P. congicus* *P. delhezi* *P. ornatipinnis*	Afrika. Meist aus weichen Gewässern, aber nicht besonders anspruchsvoll. Gehören zu ältesten bekannten Fischen. Dämmerungsaktiv, 22–28° C, 30–70 cm lang. Lebendfutter.
Knochenzüngler Osteoglossidae	*Osteoglossum, Arapaima, Clupisidus (Heterotis), cleropages*	*O. bicirrhosum* *O. ferreirai* *A. gigas (größter Süßwasserfisch, bis 4 m)*	Erste beiden: Südamerika; dritte: Afrika; vierte: Südostasien bis Nordaustralien. Nur als Jungtiere für Normalaquarien. Bevorzugen fleischliche Kost. Wasser 24–28° C , möglichst weich. Bekannteste Art ist „Gabelbart" *(O. bicirrhosum),* bis 60 cm lang.
Schmetterlingsfische Pantodontidae	*Pantodon*	*P. buchholzi*	Nur eine Art in Familie. Afrika, Oberflächenfisch, fleischliche Nahrung (auch Insekten), Wasser weich, 24–28° C, springt!
Altweltliche Messerfische Notopteridae	*Notopterus, Xenomystus*	*N. afer* *N. chitala* *N. notopterus* *X. nigri*	Afrika und Asien. Bevorzugen ruhiges Wasser und Verstecke (auch Pflanzen). Vorwiegend fleischliche Nahrung. Meist Jungtiere eingeführt. Wasser weich bis wenig hart. 24–28° C.
Nilhechte Mormyridae	*Gnathonemus, Marcusenius, Petrocephalus*	*G. elphas* *G. ibis* *G. petersii* *G. tamandua* *M. isidori* *M. ansorgii* *P. ballayi* *P. bovei*	Afrika. Dämmerungs- bzw. nachtaktiv. Bevorzugen fleischliches Futter, das mit oder ohne „Rüssel" aufgenommen wird. Wasser weich, pH 6,5–6,8, 24–26° C. Leben bodennah, ruhig und in Trupps.
Stichlinge Gasterosteidae	*Pungitus* *Gasterosteus*	*P. pungitus* *G. aculeatus*	Kaltwasserfisch der gemäßigten Zonen mit 2–17 isoliert stehenden Stacheln. Europa, Nordasien, Nordamerika; bis 12 cm. Baut zur Laichzeit Nester. Höchsttemperatur im Sommer 22° C; im Winter nur 5–8° C. Verschiedene Nahrung, vor allem Fleischliches.
See- und Süßwassernadeln Syngnathidae	*Syngnathus* *Microphis* *Dorichthys*	*S. pulchellus* *M. smithi* *D. fluviatilis* *D. lineatus*	Kein Unterschied zwischen „süß" und „salzig" für die Wissenschaft. Interessante Pfleglinge, die man jedoch nicht mit schnellen Schwimmern halten darf, weil sie dann verhungern, keine Nahrung bekommen. Leicht zu fangen und in Kleinstbehälter zu füttern. Keine besonderen Ansprüche ans Wasser.
Schlangenköpfe Channidae	*Channa*	*C. africana* *C. obscura* *C. micropeltes*	Raubfische von gestreckter Körperform. Becken gut bepflanzt und mit Verstecken. Gute Abdeckung: Fische springen! Nehmen nur Lebendfutter bzw. fleischliche Nahrung. Meist Jungtiere im Angebot. Ausgewachsene Tiere bis zu 100 cm lang. Keine Ansprüche ans Wasser.
Glasbarsche Centropomidae	*Chanda*	*C. ranga*	Afrika, Asien, Australien. In letzter Zeit aquaristisch wenig gehandelt. Zweigeteilte Rückenflosse. Meiste Verwandte im Meer. Bepflanzte Aquarien mit härterem Wasser! Salzzugabe (5 Teelöffel auf 10 Liter Wasser). Fleischliche Nahrung. 20–26° C.

Familie deutscher Name wissensch. Name	Bekannte Gattungen (wiss. Name)	Bekannte Arten (wiss. Name)	Allgemeines über Herkunft und Haltung
Afrikanische und Amerikanische Hechtsalmler Hepsetidae und Ctenolucidae	*Hepsetus*, *Boulengerella*, *Ctenolucius*	*H. odoe* *B. maculata* *B. lateristriga* *B. lucia* *C. hujeta*	Afrika (Hepsetus) und Südamerika bis Panamá. Räuber, der normalerweise nur Fische nimmt. Wasser nicht zu hart, pH leicht sauer, lieben Verstecke, 24–28° C.
Raubsalmler Erythrinidae	*Hoplias*, *Erythrinus*	*H. malabaricus* *H. microlepis* *E. erythrinus*	Gefährliche Raubfische Amerikas. Nur für Spezialaquarien geeignet. Wasser weich, 22–28° C.
Neuweltliche Messerfische und Messeraale Gymnotidae Rhamphichthyidae Apteronotidae	*Gymnotus* *Eigenmannia* (R) *Steatogenys* (R) *Apteronotus*	*G. carapo* *E. virescens* *S. elegans* *A. albifrons*	Südamerika bis Nicaragua. Ruhiges Wasser bzw. entsprechende Wasserabschnitte (z. B. unter Uferabschnitten). Dämmerungs- bzw. nachtaktiv. Möglichst Lebendfutter. Wasser weich, 24–28° C.
Gebirgswelse Sisoridae	*Nangra* *Bagarius* *Hara* *Sisor* *Laguvia* *Glyptothorax*	*N. nangra* *B. bagarius* *H. hara* *S. rhabdophorus* *L. asperus* *L. shawi* *G. anamaliensis*	Asien, von Pakistan bis China, nicht in Sri Lanka, 18 Gattungen kleiner Welse, die leider zu wenig importiert werden. Viele schöne Arten, anpassungsfähig, unterschiedliche Formen. Allesfresser, dämmerungsaktiv, 22–28° C.
Elektrische Welse Malapteruridae	*Malapterus*	*M. electricus* *M. microstoma*	„Zitterwels" aus Afrika, unverträglicher Räuber in Wurstform. Nur gut in Spezialaquarium zu pflegen. Kann Spannungen von etwa 100 Volt erzeugen. Anpassungsfähig an Wasserqualität. 22–26° C.
Kreuzwelse Ariidae	*Arius*	*A. seemani*	Südamerika, Afrika und Asien; oft aus dem Meer in die Flüsse eingewandert. Anspruchslos und anpassungsfähig.
Falsche Dornwelse Auchenipteridae	*Auchenipterus* *Auchenipterichthys* *Centromochlus*	*A. nuchalis* *A. thoracatus* *C. aulopygius* *C. heckelii*	Südamerika, vom Mato Grosso nordwärts. Meist nur als Beifang eingeführt, anspruchslos. Wasser nicht zu hart. Allesfresser mit Vorliebe für Lebend- oder anderes Fleischfutter.
Fähnchen- und Schmerlenwelse Helogeneidae und Trichomycteridae	*Helogenes* *Tridens*	*H. marmoratus* *T. melanopus*	Fähnchenwelse (10–12 cm) aus Südamerika, ebenso Schmerlenwelse. Mit wurmförmigen Körpern. Verschiedene Arten selten eingeführt.

Clupisidus niloticus, sehr junges Jungtier

Channa obscura, der am häufigsten eingeführte afrikanische Schlangenkopffisch.

Raubsalmler wie diese *Erythrinus*-Art sind bullige, in der Körperform gedrungene Fleischfresser.

Osteoglossum ferreirai, sehr junges Importtier

Polypterus ornatipinnis

Xenomystus nigri

Notopterus chitala

REGISTER

AMLACHER, E.: „Taschenbuch der Fischkrankheiten"; Gustav Fischer Verlag, Jena/DDR, 1976

BRICHARD, P.: „Fishes of Lake Tanganyika"; T. F.H. Publications, Neptune City, N.J., USA, 1978

BRITTAN, M. R.: „A revision of the Indo-Malayan fresh-water fish genus Rasbora"; Institute of Science and Technology, Manila, 1954

BOULENGER, G. A.: „Fresh-water fishes of Africa"; Nachdruck 1964, J. Cramer, Weinheim, 1909-1916

COLOMBE, J. & ALLGAYER, R.: „Description de *Variabilichromis, Neolamprologus* et *Paleolamprologus,* genres nouveaux du lac Tanganyika, avec redescription des genres *Lamprologus* Schilthuis 1891 et *Lepidiolamprologus* Pellegrin 1904". Rev. Franc. des Cichlidophiles, no. 49, pp. 9–28, 985.

DAGET, J.: „Les poissons du Fouta Dialon et de la basse Guinée"; Ifan, Dakar, 1962

DEKKERS, W. J.: „Review of the asiatic freshwater puffers of the genus Tetraodon"; Bijdragen tot de Dierkunde, 45/1, Amsterdam 1975

FRYER, G. & ILES, T. D.: „The Cichlid fishes of the Great Lakes of Africa, their biology and Evolution"; Oliver & Boyd, Edinburgh, 1972

GÉRY, J.: „Characoids of the world"; T.F.H. Publications, Neptune City, N.J., USA, 1977

GOSSE, J.-P.: „Révision du genre Geophagus"; Koninklijke Academie voor Overzeese Wetenschappen, Brüssel, 1975

GOULDING, M.: „The fishes and the forest"; University of California Press, Berkeley, 1980

GREENWOOD, P. H.: „The Haplochromine Fishes of the East African Lakes"; Kraus International Publications, München, 1981

JACOBS, K.: „Vom Guppy, dem Millionenfisch"; Landbuch Verlag, Hannover, 1976

JAYARAM, K. C.: „The freshwater fishes of India – a handbook"; Zoological Survey of India, Calcutta, 1981

JORDAN, D. S.: „The genera of Fishes and A Classification of Fishes"; Stanford University Press (Nachdruck 1968 – überarbeitet), 1963

JUBB, R. A.: „Freshwater fishes of Southern Africa"; Gothic Printing Comp., Cape Town, 1967

MAYER, E.: „Grundlagen der zoologischen Systematik"; Paul Parey, Hamburg/Berlin, 1975

KEENLEYSIDE, M. H. A.: „Diversity and Adaption in Fish Behaviour"; Zoophysiology, vol. 11, Springer-Verlag, Berlin/New York, 1979

KRAUS, O.: „Internationale Regeln für die Zoologische Nomenklatur"; Verlag Waldemar Kramer, Frankfurt, Senckenberg-Buch 51, 1970

KULLANDER, S. O.: „A taxonomical study of the genus *Apistogramma* REGAN, with a revision of Brazilian and peruvian species"; Bonner zoologische Monographien, Nr. 14, 1980

KULLANDER, S. O.: „A revision of the South American cichlid genus *Cichlasoma*"; The Swedish Museum of Natural History, Stockholm, 1983

LADIGES, W. & VOGT, D.: „Die Süßwasserfische Europas"; Verlag Paul Parey, Hamburg/Berlin, 1965

LAKE, J. S.: „Freshwater Fishes and Rivers of Australia"; Thomas Nelson Ltd, Melbourne, Australien, 1971

LATTIN DE, G.: „Grundriß der Zoogeographie"; Gustav Discher Verlag, Jena/DDR, 1967

LINKE, H. & STAECK, W.: „Afrikanische Cichliden I (Westafrika)"; Tetra-Verlag, Melle, 1981

LINKE, H. & STAECK, W.: „Amerikanische Cichliden I (Kleine Buntbarsche)"; Tetra-Verlag, Melle, 1984

LOWE-McCONNELL, R. H.: „Fish Communities in Tropical Freshwaters"; Longman, London/New York, 1975

LOWE-McCONNELL. R. H.: „The Biology and Culture of Tilapias"; ICLARM; Manila, 1982

LÜLING, K. H.: „Die Knochenzüngler-Fische"; A. Ziemsen Verlag, Wittenberg/DDR, 1977

LOISELLE, P. V.: „A revision of the genus Hemichromis"; Musée Royal de l'Afrique centrale, Tervuren/Belgien, Série 8, No. 228, 1979

MAYLAND, H. J.: „Diskusfische – Könige Amazoniens"; Landbuch Verlag, Hannover, 1981

MAYLAND, H. J.: „Der Malawi-See und seine Fische"; Landbuch Verlag, Hannover, 1982

MAYLAND, H. J.: „Mittelamerika – Cichliden und Lebendgebärende"; Landbuch Verlag, Hannover, 1984

MAYLAND, H. J.: „Große Aquarienpraxis"; Landbuch Verlag, Hannover, 1977-79

MAYLAND, H. J.: „Labyrinthfische"; Albrecht Philler Verlag, Minden, 1980

MAYLAND, H. J.: „Regenbogenfische"; Albrecht Philler Verlag, Minden, 1981

MUNRO, I.S.R.: „The fishes of New Guinea"; Department of Agriculture, Stock and Fisheries, Port Moresby, New Guinea, 1967

PAFFRATH, K.: „Bestimmung und Pflege von Aquarienpflanzen"; Landbuch Verlag, Hannover, 1978

PARENTI, L. R.: „A phylogenetic and biogeographic analysis of Cyprinodontiformefishes"; Bull. amer. Mus. nat. Hist., New York, vol. 168, art. 4, 1981

POLL, M.: „Exploration hydrobiologique du Lac Tanganika"; Brüssel, 1956

POLL, M.: „Révision des Synodontis africains (Famille Mochocidae)"; Musée royal de l'Afrique centrale, Tervuren/Belgien, Série 8, No. 191, 1971

POLL, M.: „Exploration du Parc Nationale de l'Upemba"; Brüssel, 1976

POLL, M.: „Classification des Cichlidae du lac Tanganyika – Tribus, genres et espèces". Acad. Royale de Belgique. Mémoires de la classe des sciences. Coll. in-8°, 2. série, 1986

REGAN, C. T.: „Biologia Centrali-Americana: Pisces"; (Nachdruck JUNK, Lochem, Niederlande, 1972), 1906-1908

RICHTER, H. J.: „Fische züchten – ein Problem?"; Landbuch Verlag, Hannover, 1980

RIEHL, R. & BAENSCH, H. A.: „Aquarien-Atlas"; Mergus Verlag, Melle, 1982

SANDS, D.: „Catfishes of the world" (mehrere Bände nach Familien geordnet); Dunure Publications, Dunure Schottland, 1984

SCHMETTKAMP, W.: „Die Zwergcichliden Südamerikas"; Landbuch Verlag, 1982

SCHMETTKAMP, W.: „Die Namen unserer Aquarienfische"; Landbuch Verlag, Hannover, 1985

SCHUBERT, G.: „Krankheiten der Fische"; Kosmos Verlag, Stuttgart, 1964

SIOLI, H.: „Amazonien – Grundlage der Ökologie des größten tropischen Waldlandes"; Wissenschaftliche Verlagsgesellschaft, Stuttgart, 1983

STAECK, W. & LINKE, H.: „Afrikanische Cichliden II (Ostafrika)"; Tetra Verlag, Melle, 1981

STERBA, G.: „Süßwasserfische aus aller Welt"; Neumann-Neudamm, Melsungen, 1977

THORSON, T. B.: (Herausgeber): „Investigations of the Ichthyofauna of Nicaraguan Lakes"; School of Scienses, University of Nebraska, Lincoln, 1976

THYS VAN DEN AUDENAERDE, D. F. E.: „Révision systematique des espèces congolaises du genre Tilapia"; Musée royal de l'Afrique centrale, Tervuren/Belgien, Série 8, No. 124, 1964

TREWAVAS, E.: „Tilapiine Fishes of the genera Sarotherodon, Oreochromis and Danakilia"; British Museum Natural History, Publ. Nr. 878, 1983

TREWAVAS, E.: „Un nom et une description pour l'*Aulonocara* Sulphur-head, Poisson Cichlidé du Lac Malawi"; Revue fr. Aquariol., 11, 1, 1984

WIT, DE, H.C.D.: „Aquarienpflanzen"; Ulmer Verlag, Stuttgart, 1971

ISBN 3 8094 0215 X

Die Ratschläge in diesem Buch sind von Autor und Verlag sorgfältig erwogen und geprüft, dennoch kann eine Garantie nicht übernommen werden. Eine Haftung des Autors bzw. des Verlags und seiner Beauftragten für Personen-, Sach- und Vermögensschäden ist ausgeschlossen.

Gesamtkonzeption:
Bassermann'sche Verlagsbuchhandlung, D-65527 Niedernhausen/Ts.

190741 9185X817 2635 4453

Bildquellenverzeichnis:

Das **Titelfoto** zeigt ein junges Männchen der Art *Neolamprologus brichardi,* Farbform »Daffodil« (Foto Hans J. Mayland).

Seite 1: *Cichlasoma salvini* beim Führen der Jungen in Prachtfärbung
Seiten 2/3: Junges Wildfangmännchen von *Cichlasoma carpinte*
Seiten 6/7: Ein Schwarm des Roten Neon, *Paracheirodon axelrodi*
Seiten 82/83: Unterwasseraufnahme eines Felsabschnittes mit *Neolamprologus fasciatus*
Seite 84: Männliche Tiere des Roten Helleri, *Xiphophorus helleri,* Zuchtform Lyratail

Fotos:
Heiko Bleher: S. 52, S. 218 u.;
Otto Böhm: S. 199, S. 209;
Horst Walter Dieckhoff: S. 82/83;
Stuart M. Grant: S. 70, S. 225 o.;
Hans-Jürgen Günther: S. 186 o.;
Hilmar Hansen: S. 269;
Dr. Hugo Herkner: S. 135 Mi. re., S. 273, S. 275 o. li.;
Burkard Kahl: S. 1, S. 84, S. 148, S. 149, S. 151, S. 156 o., S. 158, S. 160 o., S. 162, S. 163 li., S. 164 o., S. 170 (3), S. 171, S. 173 o., S. 175, S. 180, S. 181, S. 182 (2), S. 183 u., S. 184, S. 187 o., S. 190 o., S. 200 o., S. 202 o. + Mi., S. 214 (2), S. 226 o., S. 228 (3), S. 231, S. 240, S. 254 o., S. 257 o., S. 264 u. re., S. 271 u. li.;
Kurt Paffrath: S. 94 Mi. + o., S. 97 (7), S. 98 (7), S. 101 (4), S. 103 (4), S. 105 (3), S. 107 (4), S. 109 (6), S. 111 (4), S. 113 (5), S. 115 (3), S. 116, S. 117;
Hans Joachim Richter: S. 6/7, S. 150 o., S. 217 o. re., S. 219 o., S. 222 Mi., S. 241 u., S. 242 re., S. 245 u. re., S. 267 (2), S. 275 u. re.;
Günther E. Schmida: S. 219 u. (2);
Rudolf Zukal: S. 94 o.
Von folgenden Firmen wurden freundlicherweise Fotos kostenlos zur Verfügung gestellt:
Dupla: S. 41 (2);
Eheim: S. 21, S. 25, S. 28 re., S. 36 (2), S. 42;
Jäger: S. 31 li.;
Just: S. 39;
Juwel: S. 10 (2), S. 14;
Tunze Aquarientechnik (Vorlagen für S. 22, 23);
Schego: S. 31 re., S. 33 u.
Alle übrigen Fotos stammen vom Autor.

Zeichnungen:
Alois Bleichner, Zora Davidović, Ursula und Dieter Gielnik, Burkard Kahl